# 퀴어 한국사

1일 1페이지 퀴어한 역사 읽기
퀴어 한국사
루인 한채윤 지음
LOVE WINS
이매진

[이매진 컨텍스트 78]

**퀴어 한국사**

**1일 1페이지 퀴어한 역사 읽기**

**초판 1쇄** 2025년 1월 6일
**지은이** 루인 한채윤
**펴낸곳** 이매진 **펴낸이** 정철수
**등록** 2003년 5월 14일 제313-2003-0183호
**전화** 02-3141-1917 **팩스** 02-3141-0917
**이메일** imaginepub@naver.com
**블로그** blog.naver.com/imaginepub
**인스타그램** @imagine_publish
**ISBN** 979-11-5531-148-6 (03900)

## 일러두기

- 단행본, 신문, 정기 간행물 등은 겹화살괄호(《 》)를, 논문, 연극, 그림, 음악, 방송 프로그램 등에는 홑화살괄호(〈 〉)를 썼다.
- 제목 옆에 붙은 'BO-0000966'나 'DB-0001143' 같은 번호는 한국퀴어아카이브 퀴어락 소장 기록물 등록 번호다. 해당 주제에 관련해 퀴어락이 소장하고 있는 자료를 쉽게 찾을 수 있도록 병기했다. 다만 한 주제당 한 번호만 넣을 수밖에 없어서 대표적인 자료 하나만 적은 것일 뿐 자료가 하나만 있다는 의미는 아니다.
  - 퀴어락 등록번호 중 'BO'는 단행본, 'DA'는 미간행 자료집, 'DB'는 회의록이나 메모 등 낱장이나 묶음 자료, 'TH'는 학위 논문, 'SE'는 퀴어를 전면에 다룬 연속 간행물, 'PU'는 홍보 인쇄물, 'PL'은 개인 기록물, 'AC'는 액세서리(굿즈), 'PO'는 포스터, 'CL'은 헝겊류(옷 같은 것), 'etc'는 기타 모든 형태를 지칭한다. 알파벳 뒤에 붙은 숫자는 등록 순서를 가리키는 번호다. 등록된 기록물은 모두 등록 번호, 곧 절댓값을 갖는다. 따라서 해당 번호를 요청하면 원하는 자료를 찾을 수 있다.
  - 모든 주제에 번호가 붙지는 않는데, 미등록 상태이거나 아직 퀴어락이 자료를 수집하지 못한 때문이다. 그래서 번호가 없는 주제에 관련된 자료를 가지고 있다면 퀴어락으로 기증해 주시기를 기대하면서 비워 놓았다.
- 한자는 원칙상 병기하지 않았는데, 다만 단어 뜻을 더 잘 파악하는 데 도움이 된다고 보일 때는 예외로 했다.
- 본문 중 괄호 안에 넣은 글은 모두 독자가 이해하기 쉽게 도우려고 필자들이 추가한 설명이다.
- 각 꼭지를 배열한 순서는 해당 주제에 관련해 첫 사건이 일어난 연월일을 기준으로 정했고, 한 주제 안에서는 과거에서 현재까지 전체 흐름을 볼 수 있도록 서술했다.

차례

# 오래됐고, 오래 버텨 왔고, 오래 살아갈 존재들 | 한채윤

정말 쓰고 싶은 책이지만 진짜 쓰겠다고 결심하지는 않아야 했다는 생각을 내내 했다. 퀴어의 역사를 정리한다는 목표는 한번 빠지면 헤어 나올 수 없는 늪이나 마찬가지여서 과연 내가 여기에서 살아남을 수 있을까 하는 위기감에 늘 시달렸다. 게다가 과거 기록을 찾는 작업이란 필연적으로 새로운 기록이 언제든 나올 수 있다는 점에서 출간 뒤에 거의 100퍼센트 확률로 후회하거나 아쉬워하거나 괴로워할 게 뻔하기 때문이었다.

20세기에 한국에 들어온 영어 단어인 '퀴어(queer)'로 반만년 한국사를 엮으려는 시도는 종종 한국이란 대체 무엇인가, 단군까지 거슬러 올라가는 방식은 타당한가, 동성 간 성관계와 동성 간 연애와 퀴어의 역사는 일치하는가 같은 질문에 발목이 잡혔다. 그런데도 우리는 이 책에 모든 것을 넣기로 했다.

이를테면 공민왕 관련 기록을 퀴어 역사의 한 조각으로 가져온 이유는 남성 간 성관계를 한 인물이기 때문은 아니다. 또한 이런 사실을 동성애로 해석하기 때문도 아니다. 동성애자라는 개념은 19세기 말 이후 오로지 '남녀 간의 연애와 결혼, 성교'만을 인정하고 권장하는 사회에서 별도의 고유한 정체성으로 등장했다. 이렇게 보자면 공민왕 사례는 '동성 간 성행위' 자체보다는 지위 높은 남성이 자기 마음대로 상대를 결정하고 관계를 규정하는 관계이자 행위에 따른 보상을 주다가 마음이 변하면 꼬투리를 잡아 처벌하는 관계로 보는 편이 더 적절하다. 이런 관계를 오늘날 통용되는 기준에 따라 동성애나 퀴어라고 부르면 안 된다(공민왕은 김흥경을 아끼면서도 자기가 볼 때 건방지게 행동한다면서 거의 죽을 정도로 때리는 형벌을 내린 적도 있다).

그런데도 이 책에서 공민왕 항목을 넣은 이유는 동성 간 성행위와 사랑을 모두 '변태'나 '성적 타락'으로 보는 현대의 관점에 저항하고 싶기 때문이다. 남녀가 자석처럼 이끌리는 모습이 인류에게 가장 자연스럽다고 믿는 이 시대에 단 한 번도 그런 자연스러움이 완벽하게 남녀 사이에만 있던 적은 없다는 점, 예외적이고 비정상적인 현상으로 치부하기에는 동성 간 끌림은 역사에 '끊김' 없이 존재한 감정이고 행동이고 사건이라는 점에서 이 기록들을 누락시키지 않았다. 현대의 관점으로 과거 역사를 재단하고 평가하는 대신에 과거를 통해 현대에 저지른 오류를 성찰해야 한다. 특히 성소수자의 역사라는 커다란 묶음을 고리로 삼아 지금을 살아가는 내가 역사의 어떤 흐름 속에서 여기까지 와 있는지를 느끼고 이제 어디로 나아갈지를 생각할 수 있다고 기대했다.

고대를 지나 근대까지는 눈을 부라리고 온갖 기록을 뒤지고 뒤져서 흔적을 찾아야 했지만, 1990년대, 그리고 2000년대를 넘어가면 기록할 사건이 너무 많았다. 유명한 사건일수록 한국 사회에 끼친 영향과 의의가 그만큼 크기 때문에 이 책에 당연히 기록돼야 했다. 그렇지만 우리 두 사람은 인터넷에 검색만 하면 기록이 주르륵 뜨고 많은 이들이 지금도 기억하는 유명한 사건은 오히려 짧게 다루기도 했다. 덜 알려져 있지만 의미를 새롭게 해석해야 할 사건을 기록하는 데 좀더 힘을 기울였다. 특히 같은 주제가 계속 반복되면서 시대 흐름이 드러날 때는 그 사건이 처음 벌어진 시기에 배치한 뒤 최근 일어난 변화까지 한 페이지로 정리하려 했다.

여기에서 미리 밝혀 둘 또 한 가지는 형평성 문제다. 우리 두 사람도 처음에는 우리가 발 딛고 활동한 근거지나 평소 관심을 둔 주제와 그렇지 않은 것들 사이에서 형평성을 지키려고 끊임없이 노력했다. 5년 동안 목록을 수도 없이 고치면서 결국 '완벽해지기'를 포기했다. 어차피 누가 써도 중립이나 공평을 완벽하게 보장할 수는 없는 만큼 굳이 전지적 시점에서 모든 내용을 다 담으려 하기보다는 이 기록을 쓴 사람의 위치와 관점을 명확히 드러내는 방식이 나중에 역사 기록을 참고할 때 더 도움이 된다며 위로하기로 했다. 더 많은 이들이 우리하고 비슷한 작업을 해서 더 다양하고 풍부한 기록이 넘쳐 나기를 바랄 뿐이다.

우리는 시스젠더 중심 역사에 견줘 트랜스젠더의 역사를, 게이 중심 역사에서 레즈비언에 관한 역사를, 그리고 고대부터 1990년대까지 시기를 되도록 더 자세히 담으려 노력했다. 우리는 지난 시기는 더 보수적이었고, 성소수자들은 숨죽여 지냈고, 퀴어함은 없었다는 편견을 품기 쉽다. 아쉽게도 성소수자가 직접 남긴 기록은 과거로 갈수록 많지 않다. 사극부터 근현대를 다룬 드라마나 영화도 모두 시스젠더 이성애자의 삶을 다루기 때문에 좀처럼 퀴어의 모습을 발견하기 힘들다. 흔적을 찾으면 거기에 상상을 더할 수 있으리라는 기대로 옛날 신문과 잡지, 논문 등 자료를 뒤져 인용하기도 했다.

이 책은 단군 시대부터 현대까지 한국 역사 전체에서 퀴어의 흔적을 찾아내는 첫 작업일 뿐이다. 이 책이 부디 독자들에게 밤이 깊어지는지도 모르고 듣는 구수하고 재미난 옛날이야기처럼 다가가기를 바란다. 현대로 가까이 올수록 '맞아, 이런 일도 있었지'라고 맞장구치기를 기대하며 집요하게 자료를 수집하고 열거하고 정리했다. 이런 작업이 누구가에게는 오랜 기억이 되고, 또 누군가에게는 새로운 기억이 될 것이다. 기억이 기록이 되고, 기록이 기억이 되는 과정을 통해 역사가 이어지기를 바란다. 물론 어떤 이는 '응? 왜 이 기록은 빠졌지' 하면서 서운해할 수 있다. 그런 이들에게는 미리 미안한 마음을 보낸다. 다른 한편 또 다른 누군가가 '와, 여기에 기록됐어' 하면서 기뻐할 수 있기를 바라는 마음도 크다.

무엇보다도 이 책을 읽는 독자가 돼주신 모든 분에게 깊이 감사한다. 언제 이 책을 손에 들고 독서가 시작되든 당신의 365일, 그렇게 이어질 한 해 한 해의 나날들에 퀴어의 기운과 행운이 흐르기를 바란다. 우리는 생각보다 오래됐고, 오래 버텨 왔고, 오래 살아갈 존재들이다.

1부

# 전환, 시작하다

고대부터 1940년대까지

## 001 우리의 시작은 '전환'이었다

퀴어의 역사를 찾아내고 모아서 재해석하는 책의 첫 글인 만큼 고조선부터 시작하자. 한국사는 단군 신화부터 퀴어하다. 일연 스님이 13세기에 쓴 《삼국유사》에 따르면 호랑이와 곰은 한 동굴에 살았다. 어찌하여 서로 다른 종인 호랑이와 곰이 한 동굴에 살았을까? 흔히 호랑이는 수컷으로 곰은 암컷으로 상상하지만 어떤 기록에도 호랑이와 곰의 성별은 나오지 않는다. 그러니 둘 다 암컷일 수도 있고 곰이 수컷일 수도 있다. 곰이 여자가 된 이야기라고 하니 암컷이라 생각하기 쉽지만, 곰이 사람으로 바뀌는 마당에 성별만 그대로 있을 이유는 없다. 게다가 사람이 된 곰이 간절하게 소망한 일이 임신과 출산이었다는 점을 떠올리면 수컷 곰으로 봐도 어색하지 않다.

《삼국유사》에서 환웅은 아이를 낳고 싶다는 웅녀의 소원을 들어주려고 잠시 '사람'으로 모습을 바꿔 웅녀와 관계를 맺는다. 그런데 비슷한 시기에 쓰인 《제왕운기》에 보면 곰은 나오지 않고 환웅이 손녀에게 약을 먹여 사람으로 변신하게 한 뒤 단군신과 혼인하게 해 단군을 낳는다는 설정이 등장한다. 18세기 초 설암 스님이 쓴 《묘향산지》에서는 곰이 아니라 호랑이가 여자로 변해 단군을 낳는다.

그러니 공통된 핵심은 이것이다. 어떤 상황이든 하늘에서 내려온 존재와 땅을 밟고 선 존재 사이에서 우리 민족의 시조가 태어나고, 이 둘 중 하나는 반드시 '전환'을 한다. 신화에서 '전환'이란 순수한 근원이 변질되거나 주위를 속이는 방식이 아니라 새로운 근원이 되는 '탄생'과 기성 질서를 뛰어넘는 새로운 '시작'이다. 미래가 암울하게 느껴지는 이 시대, 지금 우리에게는 이런 전환을 향하는 풍부한 상상력이 필요하다.

# 002 화랑은 게이일까

7세기 통일 신라 시대에 김대문이 쓴 《화랑세기》라는 책이 있다. 원본은 남아 있지 않고 1930년대에 박창화가 옮겨 쓴 필사본만 일부 전해진다. 이 필사본도 진위를 둘러싸고 논란이 벌어지기는 하지만 완전한 허구는 아니라고 본다면 어느 정도 시대상을 살펴볼 수 있다.

《화랑세기》에 보종공은 이렇게 묘사된다. "호림이 사랑하여 부제로 삼았다. 정이 마치 부부와 같아 스스로 여자가 되어 섬기지 못하는 것을 한스러워했다." 보종공은 여성에 관심이 없었다. "궁주(미실)는 이에 윤궁의 딸 현강에게 공을 모시도록 하였으나, 공은 접촉한 일이 없이 호림공을 불러 함께 살았다. 호림공은 이에 현강과 통하여 딸 계림을 낳았다. 공은 이에 현강을 호림공에게 넘겨주고, 스스로 아내를 맞지 않았다. 궁주가 근심하여 종실의 여자들을 모아 말하기를 '나의 아들과 친할 수 있는 상을 주겠다' 하였다. …… 보명궁의 딸 양명공주가 꾀를 내어 공을 유혹하여 (정을) 통하였다. 공은 비로소 여색을 알게 되었다. 궁주가 크게 기뻐하여 양명에게 큰 상을 주었다. 보라와 보량 두 딸을 낳고는 가까이하지 않았다." 보종공의 '아름다움을 좋아하여 자원하여 아우가 된' 염장공과 보종공의 관계에 관해서는 이런 기록도 있다. "공의 말을 들어주지 않는 것이 없었고, 정은 마치 부부와 같았다." 또 다른 화랑인 천광공에 관해서는 이렇게 적고 있다. "얼굴이 아름다운 꽃과 같고 교태는 마치 부인과 같았다." 천광공과 양도공 사이를 보면 '정이 마치 부부와 같았다'는 구절도 있다. 화랑을 현대적 개념에서 '게이'라고 하면 무리일 수 있지만 통일 신라가 남성 간의 정서적 유대감과 육체적 친밀함이 자연스럽게 여겨진 시대라는 점은 확실하다.

《삼국유사》에 실린 〈모죽지랑가〉도 동성애에 관한 기록이라는 주장도 있다. 이 향가는 화랑 득오가 선배 죽지랑을 그리워하는 내용인데, 해석에 따라 득오의 마음이 죽지랑을 존경하는 수준을 넘어 육체적 관계도 포함해 연모한다고 볼 수도 있기 때문이다.

# 003 왕의 사랑을 받는 남자, 용양신

중국 전국 시대에 위나라 안리왕이 곁에 두고 사랑한 신하는 이름이 '용양'이었다. 그 뒤 이런 신하를 용양군(龍陽君), 또는 용양신(龍陽臣)이라 부르고 왕의 사랑은 '용양지총(龍陽之寵)'이라 했다. 《화랑세기》에는 용양신과 용양군이라는 구절이 세 번 나온다.

처음은 이런 대목이다. "법흥대왕은 옥진궁주의 사부인 영실공을 용양군으로 삼아 총애하며 높은 위에 있게 하고, 원화를 물러나도록 하였다." 법흥왕은 옥진궁주를 좋아해 둘 사이에 아들을 낳기도 하지만 옥진궁주의 남편인 영실공도 무척 아꼈다. 영실공에게 왕위를 물려주고 싶어 자기 딸인 지소태후에게 영실공하고 결혼하라는 유언을 남길 정도였다.

나머지 두 번은 왕족인 구리지와 설성을 다룰 때 나온다. 먼저 구리지의 아들인 '사다함' 편에 이런 짧은 구절이 있다. "구리지에게는 용양신 설성이 있었는데, 모습이 아름답고 교태를 잘 지어 보였다. 구리지가 출정하여 자리를 비우자, 금진과 정을 통하여 설원랑을 낳았다."

다음으로 '설원랑' 편에서는 설성이 구리지를 만나게 된 과정을 상세히 적어 놓았다. 요약하면 구리지가 우연히 냇가에서 노는 아이들을 바라보다가 눈에 띄는 아이가 있어 그 집을 찾아간다. 아이 이름은 설성으로, 구리지는 설성의 어머니가 지조를 지키며 곤궁하게 살아가는 처지를 살피고 큰 집을 지어 준다. 더불어 설성은 구리지를 따르는 신하가 되는데, 구리지는 설성이 변변치 못한 출신인 점을 염려해 다른 가문으로 보내 벼슬길을 열어 준다.

# 004 혜공왕을 의심하지 마라

"표훈 스님의 말이 맞았다. 어린 왕은 이미 여자로서 남자가 되었으므로 돌날부터 왕위에 오를 때까지 여자들이 하는 장난을 하고, 비단 주머니 차기를 좋아하며, 도류와 어울려 희롱하였다. 그러므로 나라에 큰 난리가 있어 마침내 왕은 김양상에게 살해되었다."《삼국유사》에 나오는 혜공왕 이야기의 한 구절이다. 표훈 스님이 맞는다는 말은 무슨 뜻일까?

통일 신라 때 쓰인《법계도기총수록(法界圖記叢髓錄)》에 실린 표훈 대사 일대기에서 속사정을 엿볼 수 있다. 표훈 대사는 금강산에 표훈사를 창건하고 경주 석굴사(지금 석굴암) 주지를 지낸 고승으로, 천궁을 자유롭게 오가며 직접 천제를 만날 정도였다. 어느 날 경덕왕이 표훈 대사를 불러 왕위를 이을 아들을 낳게 해달라고 천제에게 간청해 주십사 부탁했다. 표훈 대사는 천제의 뜻은 딸이고 아들을 낳게 되면 나라가 망할 수 있다며 경고했다. "나라가 위태로워져도 아들을 얻어서 뒤를 잇는다면 족하겠소." 경덕왕은 이렇게 대답하면서 무조건 아들을 낳게 해달라고 부탁했다. 그 뒤 태어난 아들이 바로 혜공왕이다.

민간에서 떠도는 설화나 민담까지 다 모은《삼국유사》에 견줘 왕명을 받아 김부식이 쓴《삼국사기》에는 혜공왕을 이렇게 기록하고 있다. "임금이 어린 나이에 왕위에 올라 장성하자 음악과 여색에 빠져 돌아다니며 노는 것을 절제하지 않았다."

사람들은 흔히 혜공왕의 성적 지향이나 성별 정체성을 궁금해하지만 사실 선덕여왕이나 진덕여왕처럼 공주도 왕위를 계승한 신라에서 경덕왕이 아들만 원한 이유를 더 궁금해해야 한다. 표훈 대사가 말한 대로 혜공왕 일가는 반란군에 모두 살해됐고, 결국 무열왕부터 이어지던 성골의 시대는 끝났다.

# 005 용양지총과 왕의 남자

"(유)행간은 모습이 아름답고 고와 임금이 사랑하니 그 옛날 중국의 용양이 받은 사랑과 같았다(行簡姿美麗; 王愛幸; 有龍陽之寵)."

《고려사절요》 제2권에 나오는 구절이다. 고려 7대 왕 목종은 신하인 유행간에게 '용양지총'을 드러낸 일로 유명하다. 목종은 유충정이라는 신하도 사랑했는데, 《고려사》에 유충정에 관해 이렇게 기록돼 있다. "본래 발해 사람으로 별다른 재능이 없는데도 왕에게서 큰 총애를 받았다."

목종은 이 둘을 무척 아껴서 정사를 볼 때 모든 사안을 유행간에게 먼저 물었고, 몸이 아플 때도 두 사람만 가까이 오게 해 다른 신하들에게 자기 뜻을 전하게 했다.

목종이 반란군에 쫓겨나 폐위될 때 유행간은 죽음을 맞고 유충정도 힘을 잃지만, 그 시대 역사가들은 남자를 사랑하는 행위 자체를 두고 옳고 그름을 판단하지는 않았다. 《고려사》에는 인물 열전이 있는데, 왕에게 아첨해 총애받고 나라를 어지럽힌 신하는 〈폐행전〉에 넣고 행실이 바른 신하는 〈제신전〉에 넣었다. 고려 시대에 용양지총을 받은 신하로 기록된 인물은 목종 때 유행간과 유충정, 충선왕 때 원충, 공민왕 때 김흥경 등인데, 유행간과 김흥경은 폐행으로 분류하고 원충은 제신으로 넣지만 유충정은 따로 나누지 않았다. 〈폐행전〉에는 용양지총하고 상관없는 신하들도 포함돼 있다. 충신과 간신을 판단하는 기준은 용양지총 자체가 아니라 그 신하가 한 처신이었다.

## 006 왕이 사랑하고 주위 사람들은 존경한 원충

고려 제26대 왕인 충선왕은 즉위한 지 일곱 달 만에 폐위됐다. 뒤를 이어 왕위에 오른 충렬왕이 세상을 떠난 뒤 충선왕은 다시 왕위에 올라 5년 동안 나라를 다스렸다. 충선왕은 원충이라는 신하를 아꼈는데, 어찌나 사랑이 깊은지 왕씨 성을 하사해 이름을 '왕주'로 고치게 할 정도였다.

18세 때부터 충선왕을 모신 원충은 왕이 자기를 아껴 계속 승진시켜도 즐거워하지 않았다. 그래서 또다시 높은 벼슬을 받자 완강하게 고사했다. "나이가 젊고 아직 아는 것이 없는데 갑자기 3품에 오르면 많은 비난을 받게 될 것입니다." 충선왕은 임금으로서 베푼 호의를 거절당하자 몹시 화가 나 예전에 하사한 왕주라는 이름을 빼앗고 원충을 멀리 좌천시켰다. 그런데도 원망하는 마음 없이 왕을 대하는 마음이 극진하자 마음이 풀린 충선왕은 원충을 다시 불렀다.

원충은 충선왕이 물러난 뒤에도 충숙왕과 충혜왕 때까지 깊은 신뢰를 받으며 충직한 신하로 지냈다. 그런데도 '용양지총'이라는 표현은 오로지 충선왕 때만 등장한다. 원충은 다른 사람들이 시기할 정도로 왕에게 사랑받은 신하이면서도 왕이 죽거나 실권한 때 같이 몰락하지 않은 매우 드문 사례다.

국사편찬위원회가 출간한 《고려사》 중 〈열전〉 제20권 〈제신〉의 '원충' 편에는 '옛날의 용양처럼 남색으로 총애를 받은 것이 있어'라는 구절이 나온다. 번역자는 '용양지총'을 '남색으로 사랑받았다'고 풀어 썼다. 똑같이 국사편찬위원회 발간물이어도 번역자가 달라서 그런지 용양지총은 등장할 때마다 조금씩 다르게 번역된다. '남색'이라는 용어가 현대인들에게 받아들여지는 의미를 생각할 때 적절한 번역인지는 의문이 남는다.

007

## 결코 알 수 없는 공민왕의 진심

공민왕을 동성애자로 다룬 드라마나 영화가 종종 나온 이유는 《고려사》 중 〈세가〉 제43권에 실린 공민왕 21년 10월 겨울에 관한 기록 때문이다.

"자제위(子弟衛)를 설치하고 나이가 어리고 예쁜 용모를 가진 자들을 선발하여 여기에 속하게 하고, 대언(代言) 김흥경이 총괄하게 하였다. 이에 홍륜·한안·권진·홍관·노선 등은 모두 총애를 받아 항상 침실 내에서 시종하였다. 왕은 본래 여색을 좋아하지 않고, 또한 감당하지 못하였으므로 공주가 살아 있을 때에도 어행(御幸)이 매우 드물었다. 공주가 죽은 후에 비록 여러 비를 들여 별궁에 두었으나 가까이 하지 못하고 밤낮으로 슬퍼하며 공주를 생각하다가 마침내 마음에 병이 들었다. 항상 스스로 부인의 모양으로 화장을 하고 먼저 어린 내비(內婢)를 방 안으로 들여 그 얼굴을 보자기로 가리게 하고는 김흥경 및 홍륜 무리를 불러들여 난잡한 행위를 하게 했다. 왕은 옆방의 틈으로 그것을 보다가 마음이 동하게 되면 곧 홍륜 등을 침실 안으로 들여 자신에게 남녀의 행위와 같이 음행하게 했다. 다시 수십 인과 치르고 멈추었으니, 이 때문에 늦게 일어나고 혹은 뜻에 맞으면 상을 내림이 헤아릴 수 없었다."

공민왕이 아내 노국공주를 무척 사랑한 사실은 틀림없다. 노국공주는 공민왕을 죽이려는 이들이 올 때마다 앞을 가로막아 남편을 몇 번이나 살렸다. 출산 중 노국공주가 죽자 공민왕은 직접 그린 초상화 앞에서 혼자 울면서 밥을 먹었고, 3년 동안 고기를 입에 대지 않았다. 공민왕이 노국공주 곁에 묻히고 싶다고 늘 말했기 때문에 공민왕릉은 고려 왕릉 중 유일한 쌍릉이다. 그렇지만 공민왕이 남성들하고 성관계를 즐긴 사실도 맞다. 이런 탓에 공민왕이 동성애자냐 양성애자냐 하는 논쟁도 벌어진다. 정체성에 이름 붙이는 일보다 먼저 인정해야 할 점이 있다. 우리는 결코 공민왕이 품은 진심을, 외로운 한 사람을 휘감은 절망과 그런데도 포기하지 못한 바람이 뭔지 알 수 없다는 사실 말이다.

## 008 박씨 소년을 사랑한 고승

고려 문인 이규보가 쓴 《동국이상국집》 제9권에 〈차운공공상인 증박소년 오십운(次韻空空上人 贈朴少年五十韻)〉이라는 긴 시가 있다. '공공상인'은 당대에 고승으로 칭송받은 경조다. 이규보와 경조는 친구였는데, 세속의 어떤 유혹에도 흔들리지 않던 경조가 아름답고 총명한 소년을 만나 사랑에 빠진 일을 기념하는 시를 썼다.

앞부분에서는 경조가 '절세미인이 방 안에 가득 차고/ 미녀들이 또한 월랑에 줄지어 있어도' 전혀 흔들리지 않기 때문에 아양 떠는 여우도 아름다운 선녀도 유혹할 수 없다고 강조한다. 그런 뒤에 이런 구절이 이어진다.

"어떠한 망상의 유혹이 있었어도/ 아마 꿋꿋이 서서 꼼짝도 하지 않았을 것인데/ 박씨 소년이 대체 어떠한 외모이기에/ 공공상인을 미치게 했나."

이어서 시는 경조가 박씨 소년에게 미칠 만한 근거를 제시한다.

"더욱이 이 소년은 총명한 천성에다/ 해박한 학식까지 마냥 간직하여/ 마치 봄날의 윤택한 숲과 같고/ 또한 둥근 보름달과 같네/ 침실에 이불을 함께하니 정의가 진실로 도탑고/ 궁중의 대식을 본받은들 뭐가 해로우랴."

고려 시대에 스님과 소년의 사랑을 이렇게 아름답고 긍정적으로 묘사한 시를 유명 문인인 이규보가 쓴 사실이 놀랍다. 또한 '하늘과 땅이 개벽하고 음과 양이 생기고 수컷이 암컷을 부르자 여가 남을 따른다'며 이성 간에 서로 끌리는 감정이 자연의 이치라는 점을 먼저 서술한 다음 박씨 소년이 지닌 외모와 학식이 출중하다는 사실을 배치해 동조를 구하고 이런 정도면 동성 간에 싹트는 애정도 해로울 일이 없지 않겠냐며 옹호하려 한 점도 인상적이다.

0
0
9

# 〈한림별곡〉 제8장에 담긴 비밀

고려 고종 때였다. 어느 날 왕명을 받들어 문서를 만드는 기관인 한림원에 신진 사대부들이 모였다. 한자리에 모인 귀족들은 모두 8장으로 구성된 노래를 불렀다. 바로 〈한림별곡〉이다. 문인들의 뛰어난 능력을 칭송하거나 서체와 붓, 술과 꽃, 음악과 아름다운 자연 풍경 등을 다루던 노래는 마지막 8장에서 '그네 타기'를 묘사한다.

'당당당 대추나무 쥐엄나무에/ 붉은 실로 붉은 그네를 매어/ 당기시라 미시라 정소년이여./ 내가 가는 곳에 남이 갈까 두렵네./ 옥을 깎은 듯한 고운 손길에, 옥을 깎은 듯한 고운 손길에, 손 마주 잡고 노니는 풍경, 그것이 어떠한가.'

그네는 혼자 타거나 두 사람이 마주 보고 탄다. 이 노래에서는 정씨 성을 가진 소년과 작중 화자가 마주 보고 그네를 타는 장면처럼 보인다. 여기에서 화자의 성별이 무엇인지를 둘러싸고 의견이 부딪친다. 어떤 이는 여자가 주로 그네를 탄 만큼 당연히 여자라고 하지만, 그렇다고 반드시 여자만 그네를 타지는 않았다. 남자 선비 여덟 명이 모여 한 명씩 돌림 노래를 지어 부르는데 앞서 7장까지 명확히 남자인 화자가 8장에서 갑자기 여자로 달라지는 상황도 어색하다.

〈한림별곡〉 8장이 이성 간 그네 타기를 묘사하는지 동성 간 그네 타기를 노래하는지 아무도 확실히 말할 수는 없다. 그렇지만 아주 자연스럽게 동성 간에 오가는 애틋한 감정을 다룬 노래일 수도 있다는 점에서 기꺼이 여기에 기록해 두려 한다.

# 010 세자빈 봉씨는 누구를 사랑했을까

세종의 장자인 문종이 세자 시절에 맞은 첫 세자빈은 김씨였다. 세자가 자기를 가까이하지 않자 김씨는 여러 술책을 꾸미다가 들통나 2년 만에 폐위됐다. 그러자 세종은 외모를 중시해 다음 세자빈을 간택하는데, 바로 세자빈 봉씨다.

세자 부부는 사이가 좋지 않았다. 두 사람 사이에 자식이 없자 세종은 조급한 마음에 후궁을 셋이나 더 뽑았고, 그러자 세자빈 봉씨는 마음이 더 괴로워졌다. 급기야 권승휘가 임신하자 세자빈은 더욱 불안해했고, 이런 모습을 본 세종이 여러 차례 세자빈을 꾸짖었다. 그 뒤 궁궐에 흉흉한 소문이 돌기 시작했다. 세자빈이 소쌍이라는 궁녀를 매우 아껴 동침할 뿐 아니라 소쌍이 단지라는 다른 궁녀하고 친하게 지내지 못하게 방해까지 한다는 내용이었다.

세종이 직접 소쌍을 불러 사실이냐고 묻자 소쌍이 대답했다. "저에게 같이 자기를 요구하므로 저는 이를 사양하였으나, 빈께서 윽박지르므로 마지못하여 옷을 한 반쯤 벗고 병풍 속에 들어갔더니, 빈께서 저의 나머지 옷을 다 빼앗고 강제로 들어와 눕게 하여, 남자와 교합하는 형상과 같이 서로 희롱하였습니다." 세종이 사실을 명확히 확인하려고 묻자 세자빈 봉씨도 대답했다. "소쌍이 단지와 더불어 항상 사랑하고 좋아하여, 밤에 같이 잘 뿐 아니라 낮에도 목을 맞대고 혓바닥을 빨았습니다."

봉씨는 그런 적이 없다고 부인하지만, 세종은 시중드는 여종들을 모두 조사해 떠도는 소문이 사실이라고 확인한 뒤 세자빈을 폐위한다. 이 모든 일이 〈세종실록〉에 자세히 기록돼 있다. 다만 세종이 바라보는 관점에서만 사건을 알 수 있을 뿐이다. 세자빈 봉씨가 사랑한 사람은 누구일까?

011

# 옷소매 붉은 끝동에 숨겨진 사랑

드라마에서 왕이 궁녀를 사랑하는 사건은 아름다운 이야기가 된다. 궁녀가 다른 누군가를 사랑하면 어떻게 될까? 궁에 사는 모든 여성은 왕에게 속한다는 규율 때문에 그런 궁녀는 혹독한 처벌을 받았다.

〈세종실록〉 18년 10월 26일 기록에 따르면 세종은 이렇게 말한다. "내가 항상 듣건대, 시녀와 종비 등이 사사로이 서로 좋아하여 동침하고 자리를 같이한다고 하므로, 이것을 매우 미워하여 궁중에 금령을 엄하게 세워서, 범하는 사람이 있으면 이를 살피는 여관이 아뢰어 곤장 70대를 집행하게 하였고, 그래도 능히 금하지 못하면 혹시 곤장 1백 대를 더 집행하기도 하였다. 그런 후에야 그 풍습이 조금 그쳐지게 되었다." 세자빈 봉씨를 폐위한 결정을 내릴 수밖에 없는 상황을 설명하려고 한 말인데, 우리는 여기에서 궁녀끼리 하는 연애가 '풍습'이라고 부를 만큼 흔한 일이라는 사실을 눈치챌 수 있다.

이런 기록은 세종 시대로 끝나지 않는다. 각별한 관계를 맺은 궁녀들은 몰래 팔에 친구를 뜻하는 글자 '붕(朋)'을 새겼는데, 이 사실을 적발해 처벌하기도 했다. 〈연산군일기〉 11년 7월 13일에는 이런 기록이 있다. "명하여 두 궁인을 밀위청에 내려서 그 가슴에 위법교붕(違法交朋)이라는 네 자를 먹으로 새기게 했다." '위법교붕'이란 '법을 어기고 벗을 사귀다'는 뜻이다.

가끔 조선 시대 동성애 관련 기록물로 영조 때 조현명이 상소를 올리며 쓴 구절인 '궁인들이 대식(對食)을 핑계로 요사한 여중이나 천한 과부와 교통한다'를 사례로 들기도 하는데, 잘못된 인용이다. 여기에서 '대식'이란 한번 궁에 들어가면 평생 밖으로 나올 수 없는 궁녀가 가끔 가족이나 친지 중 여성을 불러 함께 밥을 먹는 일을 가리킨다. 조현명은 궁궐에 아무나 드나들어 온갖 소문과 뇌물이 오가는 사태를 막자는 뜻에서 한 말이었다.

## 012 세종대왕의 사촌은 왜 그랬을까

세종 29년 4월 18일에 세종대왕의 사촌 이선이 병조 판서에 임명됐다. 《조선왕조실록》은 이 소식을 전하면서 이선의 사람됨을 길게 이야기하는데, 용렬하고 괴팍하며 불손해 사무를 잘 처리하지 못하는데다가 동료와 부하를 신임하지도 않아 가는 데마다 일을 잡치고 만다면서 이런 말을 덧붙인다.

'평상시 집에 있을 때는 방 한 칸을 따로 두고서 얼굴 반주레한 사내종 하나를 데리고 가면서 거처하기를 처첩같이 하니 동네에 그 종을 가리켜 이 정승의 첩이라고 이르고, 그 종놈은 안방에도 거침없이 출입하게 되고 그의 처와 동침하게까지 되어 추잡한 소리가 자못 밖에까지 들리되, 선이 금하지 않고 또한 꺼리지도 아니하며…….'

조선 시대에 어떻게 이런 일이 일어날 수 있는지 믿기지 않을 만큼 충격적이다. 자기 며느리들도 내쫓고 동침한 궁녀들을 곤장 100대나 칠 만큼 엄격하던 세종은 이런 추문을 뿌리는 이선이 관직 생활을 아무 어려움 없이 이어 가게 놔뒀다. 무척 의아할 따름이다. 《조선왕조실록》은 이선의 사람됨이 얼마나 나쁜지를 밝히려고 이웃들을 괴롭힌 사례까지 자세히 덧붙여 놓으면서도 정작 사내종 문제에 관해서 딱히 더 이야기하지 않는다.

# 013 실록에 남겨진 인터섹스, 사방지

〈세조실록〉 8년 4월 27일, 이런 기록이 있다. 과부가 된 이씨 부인이 사방지라는 여종하고 내통한다는 소문이 난 사건을 정리한 보고가 올라온다. 세조이 내린 명을 받아 조사에 나선 승정원은 사방지를 잡아 살펴본 뒤 이렇게 보고한다. "머리의 장식과 복색은 여자였으나 형상과 음경과 음낭은 다 남자인데, 다만 정도가 경두 아래에 있어 다른 사람과 조금 다를 뿐입니다." 이 보고를 들은 세조가 말한다. "사방지는 병자이니 추국하지 말라."

세조는 그 뒤에도 사방지가 이씨 부인 말고도 여러 여성하고 성관계를 맺은 사실을 밝히며 강하게 처벌해야 한다고 주장하는 신하들 의견을 계속 묵살한다. 한 신하는 사방지가 중비라는 여승하고 관계를 맺으면서 자기가 다른 사람들하고 많이 관계해도 지금까지 임신이 된 적은 없으니 걱정하지 말라는 말을 한 사실, 그리고 사방지의 어머니가 어릴 때부터 여자 옷을 입혀서 지금에 이른 사실을 알리면서 모두 잡아서 취조해야 한다고 간청한다. 그러나 세조는 간통 현장을 적발한 적도 없고 사방지 어머니가 일부러 여자 옷을 입힌 일도 없을 텐데 소문을 어떻게 다 믿느냐고 하면서 조사마저 허락하지 않는다.

여러 대신이 5년째 포기하지 않고 줄기차게 처벌을 간청하던 끝에 사방지를 사형해야 한다는 주장까지 나오자 세조도 마침내 이렇게 명한다. "이 사람은 인류가 아니다. 마땅히 모든 원예와 떨어지고 나라 안에서 함께할 수가 없으니, 외방 고을의 노비로 영구히 소속시키는 것이 옳다." 그렇게 사방지가 간 곳은 오늘날 충청남도 아산시 신창면이다. 사방지 이야기는 입에서 입으로 오르내리다가 조선 후기에 박지원이 쓴 《열하일기》에도 실린다.

## 014 부인을 레즈비언으로 몬 대군

두 살 때 원자에 책봉된 제안대군 이현은 아버지인 예종이 일찍 세상을 뜨는 바람에 사촌 형 성종에 밀려 왕이 되지 못했다. 12세 때 상주 김씨를 아내로 맞는데 처음부터 이혼하고 싶어했다. 성종은 제안대군이 아무리 졸라도 처음에는 반대하지만 간청에 못 이겨 결국 김씨하고 이혼을 허락한다. 그렇지만 곧 순천 박씨하고 재혼시켰다. 그러자 제안대군은 이번에는 엉뚱하게도 전처 김씨를 다시 몰래 만나러 다녔다. 이 사실이 들통나자 적반하장으로 박씨하고 이혼하게 해달라고 조른다. 그러던 어느 날 제안대군은 부인 박씨가 여종들하고 동침한 사실을 알게 됐다며 이혼하게 해달라고 요청한다. 왕실에서 벌어진 큰 사건이라 승정원이 직접 조사를 했다. 여종인 내음금과 둔가미는 박씨 부인이 시켜 어쩔 수 없이 동침했다고 인정했다. 제안대군의 유모인 금음물은 그 장면을 녹덕이라는 다른 노비하고 함께 목격했다고 진술한다. 그렇지만 박씨 부인은 완강히 부인했고, 승정원 조사가 더 치밀하게 진행되면서 결국 모두 금음물이 꾸민 거짓이라는 사실이 밝혀진다.

거짓 증언을 한 내음금, 녹덕, 둔가미, 개질동은 곤장을 맞은 뒤 유배를 떠났고, 사건을 주도한 금음물은 제안대군이 아끼는 유모라는 이유로 사형을 면하고 관비가 된다. 이때 제안대군은 17세였다. 박씨 부인은 누명을 벗지만 제안대군은 계속 이혼하게 해달라고 조른다. 성종은 늘 제안대군 대신 왕위에 올랐다고 생각해 제안대군이 부탁하면 거절하기 힘들어했다. 결국 박씨 부인은 이혼을 당하고 얼마 지나지 않아 세상을 떠났다.

제안대군은 다시 첫 번째 부인 김씨하고 재혼하게 해달라고 졸랐는데, 성종이 새로운 사람을 맞이하라 명령하자 다른 사람하고 결혼하느니 평생 혼자 살겠다고 맞선다. 제안대군을 독신으로 살게 할 수는 없던 성종은 결국 재결합을 허락한다. 제안대군은 그 뒤 쭉 김씨하고 함께 살지만 둘 사이에 자녀는 없었다.

# 015 여자에게 장가가고 남자에게 시집간 임성구지

1548년 11월 18일, 함경도 감사가 장계를 올린다. "길주 사람 임성구지는 양의가 모두 갖추어져 지아비에게 시집도 가고 아내에게 장가도 들었으니 매우 해괴합니다."

여기에서 '양의(兩儀)'란 여성과 남성의 성기를 다 갖추고 있다는 뜻이다. 명종은 법률에도 이런 사례가 없어 난감하다며 사방지 때 사건을 처리한 방식이 무엇인지 묻는다. 영의정 홍언필이 답한다. "사방지의 예에 의하여 그윽하고 외진 곳에 따로 두고 왕래를 금지하여 사람들 사이에 섞여 살지 못하게 하여야 합니다." 명종은 그대로 하라고 명한다.

며칠 뒤 사간원에서 임성구지를 두고 사형으로 단죄해야 한다고 간언한다. '천지간에 요사하고 음예한 요물'이며 '남자 의복, 여자 의복으로 변환하여 남의 가정에 드나들면서 몰래 독란(黷亂)함을 행하여 성스러운 교화를 더럽'힌 만큼 '죄악이 이미 지극하다'는 이유를 든다. 독란은 '더럽히고 욕되게 한다'는 뜻이다.

명종은 사형에 반대한다. "임성구지는 괴이한 물건이지마는 다만 인간의 목숨이 매우 중하니 그윽하고 외진 곳에 두어 인류에 섞이지 못하게 하고 구태여 엄격한 법률을 쓸 것까지는 없다."

이렇게 보면 사방지를 죽이라고 요구하는 신하들 말을 듣지 않고 끝까지 버틴 세조가 그나마 다행스러운 전례를 만든 셈이다.

## 016 죽음마저 뛰어넘은 여성들 사이의 우애

조선 시대에 죽음을 뛰어넘은 두 여성 사이의 우애는 〈매죽당 이씨전〉에 담겨 있다. 매죽당 이씨는 왕실 후예로 어릴 때부터 총명하고 학문을 좋아했다. 어릴 때 좋아한 꽃 기르기를 부인이 맡을 소임이 아니라고 탄식하며 그만둔 뒤 스스로 매죽당이라는 호를 짓고 학문을 닦아 《주역》까지 통달했다. 그때 사람됨이 맑고 높으며 글을 잘하는 조옥잠이라는 친구를 만나 세상일을 이야기하고 학문을 나누며 지냈다. 어느 날 조옥잠이 세상을 떠나자 괴로움을 이기지 못한 매죽당 이씨는 몇 년 뒤 피를 토하고 죽는다. 그때 나이가 열아홉 살이었다.

"당시 그들의 담론과 의기는 아름답고 군자의 풍이 있었다." 〈매죽당 이씨전〉을 쓴 임경주는 이렇게 평하면서 두 사람이 단명한 탓에 재주와 덕을 세상에 남기지 못한 점을 안타까워한다. 또한 매죽당 이씨가 다섯 살 때 어린 동생이 세상을 떠나자 아들을 잃고 슬퍼하는 부모를 보고 어떻게 하면 자기가 동생을 대신할 수 있을까 고민하면서 운 이야기를 덧붙여 지극한 효심을 강조하기도 한다.

이 두 사람 사이의 우정이 워낙 유명해서 작자 미상인 《좌계부담》에도 실려 있는데, 이 책에서는 이매헌이 아이를 낳다가 먼저 죽자 조옥잠이 슬퍼하며 스스로 곡기를 끊고 병들어 죽는다. 조옥잠은 죽기 전에 이매헌을 그리워하는 시를 한 수 남긴다. 내용은 다음 같다. "이매헌의 아리따운 용모와 슬기로운 언어를 다시는 보고 들을 길이 없으니, 내가 사는 것이 슬픔이 될 뿐이구나."

두 여성 중 먼저 죽은 사람이 누구인지 알 수는 없지만, 벗을 잃고 슬퍼하다가 죽음을 맞이하는 이 둘의 운명은 결국 인생이란 누구를 위한 삶이냐는 질문을 환기시킨다.

## 017 이것이 조선의 퀴어 페미니즘이다

조선 후기 유학자 안석경은 1770년에서 1773년 사이에 《삽교만록》을 쓴다. 삽교 근처에 살면서 집에 온 손님들이 전하는 온갖 세상 이야기를 들은 대로 정리한 책으로, 지금 읽어도 흥미로운 두 여자 이야기가 실려 있다.

부모가 억울하게 역적으로 몰려 죽게 되는 와중에 겨우 살아남은 아홉 살 낭자와 동갑내기 몸종이 있었다. 둘은 부모 원수를 갚으려고 남장한 채 검술을 배운다. 그렇게 7년 세월을 보낸 뒤 마침내 공중을 나는 수준에 오른다. 도시로 나가 기예를 선보여 돈을 벌고, 그 돈으로 보검을 네 자루 산다. 원수가 사는 집을 찾아가 기예를 보여 주는 척하다 순식간에 수십 명을 베어 버린다. 복수에 성공한 낭자는 부모 묘를 찾아가 사실을 고한 뒤 이제 더 살 이유가 없다며 그 자리에서 자결한다. 다만 죽기 전에 여종에게 부탁을 하나 남긴다. "너는 기이한 뜻과 걸출한 기개가 있으니 어찌 평범한 남자에게 머리를 숙이고 살겠느냐." 그러면서 나라 안을 돌아다니다가 뛰어난 선비를 만나서 살라고 당부한다. 그 뒤 몇 년 곳곳을 떠돈 여종은 명성이 자자한 선비 소응천을 찾아가 지낸다. 그렇지만 3년이 흐른 어느 날 여종이 밤에 술상을 차려서 소응천 앞에 앉는다. 지난 이야기를 들려주고는 같이 지내보니 뛰어난 선비가 아니라서 이제 떠나겠다고 말한다. 믿지 못하는 듯해 그 자리에서 공중을 날아 전광석화처럼 칼을 쓰는 무술을 보여 주자 소응천은 놀라 기절한다. 소응천을 다시 깨운 여종은 다시 남장하고 멀리 떠난다.

안석경은 남의 종이 된 여자도 가벼이 아무 남자에게나 자기를 맡기지 않는데 선비들이 좇을 바를 안 가리면 되겠냐는 훈계로 이야기를 마무리하지만, 지금 우리에게는 시대를 넘어선 두 여성의 멋진 삶을 만나는 경험이 아닐 수 없다.

## 018 예나 지금이나 남장 여자는 인기 있다

〈매화전〉은 조선 후기 판소리계 소설이다. 부모를 잃은 매화라는 여자가 남자로 변장해서 조병사네 집에 들어가 살게 되는데, 조병사의 아들인 양유가 매화를 사랑한다. 양유는 남자인 매화를 사랑하고 성적으로 끌리는 마음 때문에 괴로워하지만 매화는 성별이 들킬까 봐 사랑을 거부한다. 그렇지만 두 사람은 우여곡절을 거쳐 마침내 결혼한다.

〈홍계월전〉의 주인공 홍계월은 어릴 때부터 남장을 하는데, 뜻하지 않은 사고 때문에 부모하고 떨어져 다른 집에서 자란다. 계월은 그 집 아들인 보국하고 함께 무술을 닦아 장원 급제를 하고 반란군을 진압해 공을 세운다. 황제는 여자라는 사실이 밝혀진 계월을 여전히 지지하면서 보국하고 결혼시킬 뿐 아니라 계월하고 작전을 짜서 아내를 무시하는 보국을 여러 차례 혼내 주는 등 재미난 설정이 깔려 있다.

〈홍계월전〉하고 이야기 구조가 비슷한 〈이학사전〉(〈이현경전〉)도 있다. 남장을 하고 자라서 과거에 급제하고 벼슬길에 올라 성별이 밝혀진 뒤 결혼하는 단계까지는 비슷하게 흘러가지만, 〈이학사전〉의 주인공은 결혼한 뒤 시가를 박차고 나와 친정으로 돌아가서 남편이 합방하자고 요구해도 거부하는 등 유교적 여성상에 저항한다. 결국 남편이 반성한 다음에야 화해하는 결말로 마무리된다.

같은 남장 여자 설정이어도 《부장양문록》은 구도가 좀 다르다. 여자로 태어난 주인공 장벽계는 영웅 군자로 살아가는 삶을 꿈꾸며 남장을 선택한다. 장벽계를 사랑한 윤선강이라는 여자와 부계라는 남자가 등장해 세 사람 사이에 엇갈리는 사랑과 오해가 파란만장하게 펼쳐진다. 장벽계는 여자라는 사실이 밝혀진 뒤에도 장군 지위를 유지하면서 영광을 누리며 살 뿐 아니라, 결혼은 남성인 부계하고 하지만 윤선강하고도 헤어지지 않은 채 더불어 한집에서 사이좋게 지내다가 나이 들어 죽는다.

# 019 조선 통신사가 일본에서 본 남색

조선 통신사들은 일본을 방문한 뒤 기행문을 남겼다. 통신사들은 일본의 남색이 평민부터 왕까지 일상적인 일이라는 사실에 놀라워하며 조선이 성 풍속 면에서 더 우월하다는 듯 은근히 일본을 비하하는 태도를 내비치기도 했다.

1420년 무렵 세종이 내린 명을 받들어 일본에 간 강희맹은 《일본행록》에 이런 기록을 남겼다. "남자 나이가 20세 이하로서 절에서 학습하는 자는 승도가 그의 눈썹을 깎고 먹으로 눈썹을 그리며, 입술에 붉은 칠을 하고 낯에 분을 바르며 채색옷을 덮어쓰게 하여, 여인의 모양을 만들어서 거느리고 있다."

1636년에 일본을 방문한 김세렴은 《해사록》에 이렇게 썼다. "이 나라 풍속이 남색을 아주 중히 여기므로 길에 보이는 7, 8세 이상 20여 세까지 사내들이 누구나 다 고운 옷에 단장한 얼굴인데, 이를 와가(瓦家)라 한다. 이는 곧 귀염받는 사내를 일컫는 것인데, 위아래가 모두 풍습을 이루어 원망하는 계집이 많기까지 하다고 한다. 한나라의 《오행지》에는 색요(色妖)라 하여 한나라 말년에 이런 풍습이 지극히 성행하여 곧 어지러워져 망할 형상이었는데, 일본의 풍습이 바로 이와 비슷하다."

1719년에 통신사로 일본에 간 신유한은 《해유록》에 일본 유학자 아메노모리 호슈(雨森芳洲, 또는 雨森東)하고 나눈 대화를 옮기며 혀를 찼다. "내가 말하기를, '귀국의 풍속이 괴이하다 하겠습니다. 남녀의 정욕은 본래 천지 음양의 이치에서 나온 것이니, 천하가 동일한 바이나 오히려 음(淫)하고 혹(惑)하는 것을 경계하는데, 어찌 양(陽)만 있고 음(陰)은 없이 서로 느끼고 좋아할 수 있다는 말입니까?' 하였다. 우삼동이 웃으며 대답했다. '학사(學士)는 그 즐거움을 알지 못하는 모양입니다' 하였다. 우삼동과 같은 사람이 말하는 것도 오히려 그와 같은 것을 보면 그 나라 풍속의 미혹(迷惑)함을 알 수 있겠다."

020

# 천하에 없는 것이 없다

영조 때 활동한 문인 윤기는 호가 '무명자'로, 세상만사 돌아가는 원리에 관한 생각을 모아 20권에 이르는 책으로 남겼다.

《무명자집》 제12권에 '남녀의 욕망'에 관한 글이 있다. 윤기는 남녀가 큰 욕망에 구별과 예절이 없으면 금수하고 다르지 않다고 강조한다. 중국 고사에 나오는 인물들을 열거하면서 왜 이런 짓을 하는지 알 수 없다며 한탄한다. 남녀 사이에 욕망 때문에 벌어지는 윤리를 벗어난 일도 이해되지 않지만 자기가 가장 알 수 없는 문제는 '남색'이라고 덧붙인다. 고대부터 남색을 다룬 기록이 끊이지 않는다면서 다음 같은 말로 끝을 맺는다. "향녕, 태강 이후로 남총이 크게 유행하여 여색보다 심하니 이를 숭상하지 않는 사대부가 없고, 온 천하가 본받아 부부마저 떨어져 지낸다. …… 이로써 본다면 이런 풍조가 당송 시대에 이미 있었음을 알 수 있다. 아, 괴이하다. 혹시 천하만사에 없는 것이 없다는 말이 이런 것인가."

영조 때 실학자 이익도 일평생에 걸쳐 《성호사설》을 썼다. 이 책에 화랑 이야기가 실려 있는데, 이익은 화랑 제도가 신라 시대 때 인재를 뽑은 방법이라고 설명한다.

"화랑이라는 이름은 신라로부터 시작하였는데, …… 대체로 여색(女色)에는 사람들이 쉽게 미혹되므로 성기(聲妓)들의 마당에 섞어 넣으면 진심을 볼 수 있는 까닭에 반드시 이 방법으로 시험한 것이다. 또 반드시 미남자로서 한 것은, 또한 옛사람이 말한 남색(男色)의 유라 하겠다." 또한 과거 시험에 합격한 선비들이 지나친 가무를 즐기는 모습도 화랑을 따라 하는 관행이라고 덧붙인다.

021

## 박지원도 피하지 못한 검열

연암 박지원은 1780년에 청나라 황제 생일 축하 사절단에 끼여 중국에 간다. 이때 일을 세세히 기록한 여행기가 《열하일기》다. 필사본으로 유통되던 이 책은 1901년에야 활자본이 나오는데, 필사한 사람에 따라 원본 내용을 삭제하거나 살짝 윤색하기도 했다. 그런 까닭에 판본이 여러 개 있다. 그렇다면 원본에서 빠진 이야기는 무엇일까? 박지원도 피하지 못한 검열은 바로 동성애다.

《열하일기》 중 〈경개록〉은 중국에서 만난 사람들 이야기인데, 여기에 왕삼빈이라는 인물이 나온다. 박지원은 왕삼빈과 기려천이 서로 격렬하게 키스하는 모습을 본 하인이 전하는 말을 그대로 옮겨 놓는다.

"왕삼빈은 복건성 사람이다. 나이는 스물다섯인데, 아마도 윤형산의 청지기 같기도 하고 혹시 기려천의 비복 같기도 하다. 창대가 말하기를, '어제 아침에 우연히 명륜당 오른쪽 문 가리개 아래에 있었는데, 기려천과 왕삼빈이 팔짱을 끼고 목을 나란히 하여 홰나무 뒤에 서 있더니 한참 뒤에 입을 맞추고 혀를 빨더군요. 마치 전각 위의 얼룩무늬 목을 한 비둘기처럼 하였는데, 사람이 가리개 사이에 있으면서 훔쳐보는 줄도 모릅디다. 왕삼빈은 수도 없이 음란한 교태를 간드러지게 떨더이다. 그저께 새벽에는 책을 가지고 윤 대인의 구들방에 갔더니 왕삼빈이 윤 대인의 이불 속에서 머리를 내밀고 책을 받았습지요'라고 한다. 곡정의 비복인 악씨도 그 아름다운 젊은이를 닮았다. 왕삼빈은 비단 얼굴이 잘생겼을 뿐 아니라 글씨를 이해하고 그림을 잘 그린다."

박지원은 들은 대로 적고 아는 대로 쓸 뿐 편견이나 혐오가 담긴 평가나 감상은 덧붙이지 않았다. 그런데 《열하일기》를 필사한 후손들은 검열하고 삭제했다.

## 022 정약용이 조선에 없다고 말한 것

다산 정약용이 1822년에 쓴 《흠흠신서》는 관리들이 살인 사건을 체계 있게 조사하고 형벌을 내리는 데 참고하도록 쓴 법제서이자 형법서다. 중국과 조선에서 일어난 살인 사건을 분석한 〈의율차례〉에서는 '간음 때문에 재앙이 일어나다'는 제목 아래 중국에서 남녀 간에 벌어진 5건과 남성 간에 벌어진 2건을 소개했다. 그중 하나가 한 남성이 성행위를 거부하는 다른 남성을 죽인 사건인데, 형량은 동성애냐 이성애냐 여부가 아니라 '싸우다가 사람을 죽인 사건'이라는 기준에 따랐다.

대학자다운 엄청나게 꼼꼼하고 날카로운 분석을 담은 책이지만, 정약용이 '예장우 판결문'을 다루면서 마지막에 덧붙인 의견에는 고개를 갸웃하게 된다.

"남자끼리의 동성애 풍속은 중국에서 유독 심하였다. 이 판결문을 보면, 남자끼리의 동성애에 대해서는 추악한 일로 여기지 않았고, 잔인하게 주인을 죽인 것에 대해서만 배은망덕한 짓이라 하여 마치 부부의 도리처럼 책망하였다. 그러한 풍속이 일상적인 것이 되어서 학자나 명망 있는 관리라 하더라도 이러한 일이 하늘의 이치에 몹시 어긋난다는 것을 몰랐기 때문에 판결문의 내용이 이와 같았던 것이다. 일본의 풍습도 남자끼리의 동성애를 소중히 여긴다. 이런 점으로 말하면 우리나라는 참으로 예의의 나라이다"(《흠흠신서》 권2 〈비상준초〉 3).

정약용은 우리나라는 중국이니 일본하고 다른 '예의의 나라'라고 높게 평가한다. 정말 그랬을까? 세상 만물을 관찰하며 지낸 실학자 정약용은 어째서 자기 주변에 있는 남성 간의 사랑이나 성관계를 보지 못했을까?

인용한 부분에서 '동성애 풍속'이라는 구절은 원문에서는 '남음지속(男淫之俗)'으로 '남성의 음란한 풍속'이라는 뜻이고, '남자끼리의 동성애'라는 구절은 원문이 '계간(鷄奸)'이다. 한자어를 그대로 써도 되는데 굳이 '동성애'로 옮긴 번역은 적절하지 않아 보인다.

## 023 조선 시대 백과사전에 기록된 인터섹스

조선 후기 학자인 이규경은 19세기 초에 《오주연문장전산고(五洲衍文長箋散稿)》라는, 지금으로 말하자면 백과사전이라 할 만한 책을 썼다.

이 책 〈인사편〉의 '성행(性行)'에서는 '음과 양의 두 가지 신체에 대한 변증'이라 해서 지금 개념으로 치면 인터섹스를 다뤘다. 중국 고문서인 《역요》, 《저시유서》, 《계신잡지》를 비롯해 불전인 《대반야경》 등에 실린 음양을 다 갖춘 사람에 관한 기록을 모은 항목이다. 고대 자료에서는 남자와 여자를 한 몸에 갖춘 사람이 태어나면 나라가 망할 징조로 여긴 사실도 적어 놓았다.

이규경은 뒤이어 조선에도 '인괴(人傀)'가 있다며 사방지를 소개했다. 김종직이 쓴 문집에 실린 사방지에 관한 이야기부터 서거정이 쓴 《필원잡기》의 기록까지 아주 자세하고 길게 인용했다. 자기가 한양에서 지낼 때 김이교라는 사람네 집 행랑에 붙어사는 아이가 음양을 모든 갖춘 자여서 그 집 노비하고 정을 통하더니 서로 미칠 듯이 좋아해 밤낮으로 떨어지지 않는다는 이야기를 직접 들은 적이 있는데, 더 많은 이야기를 들어 알지만 '번거로워 다 기록하지 않는다'는 말도 덧붙였다.

또한 별자리에도 음양의 두 형체를 다 갖춘 별이 있다며 《옥력통정경》을 인용했고, 《풍토기》에 '진랍국(지금 캄보디아)에는 두 형체를 가진 사람이 많은데 10여 명씩 떼를 지어 다닌다'는 기록이 있다는 말로 적어 놓았다. 이 밖에도 음부가 배나 머리에 달린 사람이 있다거나 월경이 입속에서 나오는 사람이 있다는 둥 온갖 진기한 기록을 찾아 정리했다.

# 024 온 천하에 널리 퍼진 남총과 대식

이규경이 쓴 《오주연문장전산고》는 일종의 백과사전이다. 이 책에 '남총(男寵)에 대한 변증설'이라는 글이 실려 있다. 중국 여러 고문서에서 남색에 관해 쓴 기록을 모아 정리한 글인데, 분량이 꽤 많다. 고대부터 여색보다 남색을 더 밝히기도 한 적이 있다며 줄곧 못마땅한 투인데, 송나라와 명나라 때 남자가 임신하고 아이를 낳은 기록도 소개했다. 남색을 다룬 소설이 하나의 장르로 자리 잡았고, 이런 소설을 일본과 아란타(지금 네덜란드)에서도 매우 좋아한다고 적었다. 특히 명나라에서 큰 인기를 끈 《변이채》라는 단편 소설집을 언급하며 '극히 추하다'는 평을 달았다. 결국 이규경도 이 '추한' 이야기를 읽은 사람이라는 뜻이어서 흥미롭다.

이규경은 일본도 남색이 심하다면서 다음 문장으로 글을 마무리한다. "이것이 무슨 아름다운 풍속이라고 온 천하가 같이하는지 모르겠다. 우리나라의 경우는 민간의 무뢰배들이나 사찰의 추한 중들이 서로 이런 짓을 할 뿐이다." 앞서 조선에 남색은 없다고 단정한 정약용을 떠올리면 흥미로운 부분이다.

여성 간 사랑을 의미하는 '대식(對食)'을 다룬 기록도 있다. 이규경은 뭔가 괴이한 풍습은 대체로 한나라 때부터 시작된다고 지적하면서 대식이란 원래 궁에서 살아가는 환관과 궁녀가 서로 부부처럼 지내는 풍습을 가리키는데 궁녀와 궁녀끼리 서로 배우자가 되는 모습도 대식이라 부른다고 설명했다.

# 025 조선의 퀴어 페미니스트 영혜빙

지은이와 창작 연대를 정확히 알 수 없는 한문 소설 〈방한림전〉은 19세기 작품으로 짐작할 뿐이다. 방한림이라는 여성이 남장하고 영웅이 되는 이야기가 핵심 줄거리이지만 영혜빙이라는 등장인물에도 주목해야 한다.

영혜빙의 아버지는 과거에 장원 급제한 방한림을 장래가 촉망되는 청년이라고 생각해 자기 딸하고 혼인시키려 하지만 영혜빙은 첫눈에 방한림이 여성이라는 사실을 알아챘다. 영혜빙은 평소에 '온갖 일에 이미 마음대로 못하여 남의 규제를' 받으며 살아가야 하는 여성의 처지를 한탄하고 '남자가 되지 못할 바에야 인륜을 끊는 것이 옳다'며 비혼으로 살 작정을 하고 있던 터라 남장한 방한림을 보고 오히려 기뻐한다. '영웅 같은 여자를 만나 일생 지기가 되어 부부의 의리와 형제의 정을 맺어 한평생을 사는 것이 소원'이던 영혜빙은 '남자의 사랑하는 아내가 되어 그의 절제를 받으며 눈썹을 그려 아첨하는 것을 괴롭게' 여기는 자기에게 하늘이 준 기회라 여기고 혼인하기로 선택한다. 영혜빙이 첫날밤에 방한림에게 비밀을 지켜주겠다고 약속한 뒤 두 사람은 부부로서 깊이 사랑을 나누며 지낸다. 그러던 어느 날 하늘이 도와 갓난아이를 얻어 아들로 키운다. 방한림은 큰 공을 세우고 높은 벼슬에 올라 명예를 누리다가 병을 얻어 죽음이 가까워지자 황제를 비롯한 주변 사람들에게 자기가 여성이라는 사실을 밝힌다. 방한림이 세상을 떠나자 영혜빙도 곧 기운이 다해 숨을 거둔다.

소설은 원래 천상에 살던 두 사람이 너무 금슬이 좋아 일도 안 하고 서로 한시도 떨어지지 않으려 하자 괘씸히 여긴 옥황상제가 벌을 주려 인간 세상에 내려보내 둘 다 여성으로 태어나게 한 후일담을 들려주며 끝난다. 유교적 질서가 엄연한 사회에서 동성 간 사랑이 합리화되는 방식을 엿보는 한편으로 영혜빙을 통해서는 현대 퀴어 페미니스트의 모습을 찾아볼 수도 있다.

## 026 이웃집 소년을 사랑한 선비

조선 말, 시대 변화를 받아들이려는 지식인으로 살고자 한 학자이자 소설가 육용정은 직접 만나거나 전해 들은 실존 인물을 다룬 소설을 여러 편 남겼다. 그중에 이웃집 소년을 사랑한 어느 선비 이야기를 담은 〈이성선전〉이 있다.

주인공 이성선은 조상이 큰 훈공을 세운 적도 있는 양반이지만 벼슬에 뜻이 없어 관직에 나아가지는 않았다. 청렴결백한데다 성품이 바르고 어질어 사람들 사이에 신의가 두터웠다. 가난한 탓에 품삯을 받고 남의 집 일을 해 먹고살았는데, 아내가 죽은 뒤에도 재혼하지 않고 인간사를 하찮게 여기며 지냈다. 다만 궁인들이 즐긴다는 대식처럼 '풍남지희(風男之戲)'를 좋아했다. 이웃집 소년을 더불어 기뻐하는 애정이 자못 깊어서 이런 약속도 했다. "그대가 혼인하기 전까지는 한결같이 변하지 않기를 바란다." 그렇지만 그 뒤 잘 살피지 못하던 차에 소년이 다른 사람을 만나 가끔 잠을 잔 사실을 알고 화가 난 이성선은 칼을 빼 들고 행패를 부리기도 했다. 육용정은 이성선이 원래 인자한 사람이므로 그 뜻을 경솔하게 함부로 깎아내릴 수 없을 뿐 아니라 행패를 부린 이유도 소년이 약속을 어기고 신의를 저버린 탓이라고 쓰면서 소설을 마무리한다.

소설에서 이전까지 더 흔히 쓰던 '남색' 대신 '풍남지희'라는 표현을 고르고, 남성 간의 정서적이고 육체적인 관계를 비하하지 않을뿐더러, 심지어 이성선이 저지른 폭력적 행동마저 상대가 신의를 지키지 않은 탓이라고 적극 옹호하는 태도가 눈에 띈다. 육용정은 또 다른 작품 〈송소합전〉에서도 술을 즐겨 마시던 두 남성 사이의 관계가 남녀 사이에 오가는 정하고 똑같다는 표현을 서슴없이 쓴다.

# 027 외국인이 기록한 조선의 남색

일본 사람 혼마 규스케는 1893년 조선 방방곡곡을 정탐한 뒤 이듬해에 《조선잡기》라는 기행문을 출간한다. 곧 조선에 올 일본인들에게 정보를 제공하려는 속셈이었다. 앞서 조선 통신사들이 일본은 남색이 심하고 조선은 아니라는 척했다면, 이번에는 혼마 규스케가 그런 태도를 보인다.

"팔도 가는 곳에 남색이 유행하지 않는 곳이 없다. 경성과 같이 좋은 집안의 자제라고 해도, 아름다운 옷을 입고 시가를 횡행하며 공공연히 볼기살을 팔고도 부끄러운 기색이 없다. 한어로 이것을 칭해서 '벽장사'라고 한다. 즉 남색상이라는 뜻이다. 특히 넓적다리를 가리키는 '벽살'이라고 부르는 것은 매우 심하다고 할 만하다. 살은 고기라는 뜻이다."

일본이 달라진 사실은 맞다. 1876년 일본을 방문한 김기수가 남긴 《일동기유》에 '옛날에는 남색을 숭상하였지마는 지금은 이것을 폐지했으니'라는 구절이 있다. 일본은 메이지 유신 뒤에 서구에서 '동성애'에 관한 편견을 받아들이고 재빠르게 '남색' 흔적을 지웠다.

민속학자 이능화는 《조선해어화사》(1927)에서 이렇게 썼다. "우리나라 풍속에는 미동이 하나 있으면 여러 사람이 질투하여 서로 차지하려고 장소를 정하여 각법, 속칭 택기연(택견)으로 자웅을 겨뤄 이긴 자가 미동을 차지한다. 조선조 철종 말년부터 고종 초까지 대단히 성했으나 오늘날에는 볼 수 없다." 그렇지만 《조선잡기》를 보면 고종 말기에도 유행한 사실을 알 수 있다.

1880년에 조선에서 근무한 미국 해군 중위 조지 포그가 남긴 보고서에도 이런 기록이 있다. "한국에서 동성애는 널리 행해진다. 사실 거의 공공연히들 이야기하는 듯하다. 동성애를 하는 젊은이들은 여기저기 다니지 않으며, 많은 사람을 거쳐 가지도 않는다. 좋은 외모 때문에 선택되는데, 일반적으로 그런 아이들을 좋아하는 사람들에게 이용된다. …… 이런 아이들을 '비역(pi-ok)'이라고 부른다."

# 0 2 8 음담패설이 남성 간 성행위를 다루는 법

양반 계층이 아닌 사람들은 동성 간 성행위를 어떻게 다뤘을까. 《기이재상담》과 《유년공부》에서 흔적을 확인할 수 있다. 둘 다 일본인이 조선 사람들 사이에서 떠도는 음담패설을 모은 책으로, 《유년공부》는 17세기 초를, 《기이재상담》은 19세기 말을 배경으로 한다.

《유년공부》에는 남편이 다른 소년을 만나 성관계를 즐기자 불만을 제기하는 아내 이야기가 나온다. 여기에서 아내는 동성 간 성행위 자체를 문제 삼지는 않는다. 다만 자기하고 그만큼 관계를 갖지 않는다며 질투할 뿐이다. 남편이 질투를 피하려고 대충 거짓 핑계를 대다가 결국 친구에게 자기 아내하고 한 번만 자달라고 부탁하는 상황까지 벌어진다. 이런 이야기를 통해 우리는 조선의 성 풍속을 새롭게 상상할 수 있다.

2008년 일본 후쿠오카에 자리한 어느 고서점에서 발견된 《기이재상담》에도 동성 간 성행위가 등장하는 음담패설이 한 편 실려 있다.

"어떤 상민이 학질을 잘 치료한다는 소문을 듣고 한 양반이 치료를 부탁했다. 상민은 양반의 간청을 마지못해 받아들이더니, 치료를 한다면서 양반을 산으로 데려가서 말뚝에다 묶어 놓고 강제로 관계를 맺었다. 분하고 부끄럽고 화가 난 양반은 열이 올랐고, 그 바람에 학질이 떨어져 버렸다. 이후 양반의 부인이 학질을 앓게 되어 그 상민을 소개해 달라고 하자 양반이 화를 내며 막았다."

강제적이고 갑작스러운 남성 간 성행위가 학질을 치료한다는 설정은 또 다른 책에서는 상민이 아니라 노비와 양반이 주인공인 형태로 전해진다. 동성 간 성행위를 부정하는 듯하지만, 체면만 중시하는 양반을 놀리는 설정이기도 하다는 점에서 또 다른 의미가 있다.

# 029 인터섹스 상상력을 담은 조선 시대 소설

《유화기연》은 조선 후기에 나온 작자 미상 소설이다. 내용이 비슷한 《유화기몽》이라는 책도 있다. 남장 여성 영웅 소설처럼 보이지만 독특한 설정이 더해져 있다.

명나라에 사는 한 부부가 마흔이 되도록 자식이 없다가 오랜 기도 끝에 아들을 낳는데, 명확한 남성 성기가 없는 상태로 태어난다. 아기 이름은 유춘으로, 어릴 때부터 영특하고 기상이 높아 열 살 때 절에 들어가 공부를 시작한다. 그곳에서 만난 화영이 유춘을 사윗감으로 점찍고 자기 딸 화소저하고 결혼하라며 종용한다. 비밀이 있는 유춘은 처음에 거부하다가 결국 받아들인다. 그렇지만 뒤늦게 다른 몸을 한 사람이라는 사실 알게 된 화영은 유춘을 내쫓는다. 유춘은 여기저기 떠돌다가 한 도사 밑에서 도술과 병법을 익히던 중 우연히 옥낭이라는 기생을 만난다. 옥낭은 유춘에게 반해서 다가서지만 유춘은 계속 잠자리를 피한다. 꾀를 낸 옥낭이 유춘에게 술을 잔뜩 먹여 취하게 한 뒤 옷을 벗기는데 성기 모양이 이상하다는 사실을 발견하고 성기 부분을 칼로 찢으니 남성 성기가 튀어나온다. 옥낭 덕분에 온전한 남성이 된 유춘은 과거 시험을 봐 장원 급제를 한다. 전쟁에 나가 오랑캐를 무찌르고 큰 공을 세우는데, 우연히 화소저를 다시 만나 부부의 인연을 회복한다. 화소저는 그동안 이야기를 듣고 옥낭에게 감사하다며 함께 살자고 한다. 높은 벼슬에 오른 유춘은 화소저와 옥낭하고 함께 자식을 낳고 천수를 누린다.

소설에서는 천상계에 살다가 연회에서 함부로 소변을 봐 자리를 어지럽힌 죄를 지은 유춘이 벌을 받아 인간으로 환생하되 외성기의 남녀 특징이 없게 태어난 식으로 설명한다. 이런 상황이 옥낭이라는 기생을 만나서 해결된다는 설정도 인상적이다.

## 030 김구, 동성애를 이용해 탈옥하다

스물한 살 무렵 김구는 우연히 만난 일본인을 명성황후를 시해한 일본군이라 여겨서 원수를 갚겠다며 죽인다. 1896년 인천형무소에 수감된 김구는 처음에는 언젠가는 풀려나겠거니 기대하면서 책을 읽거나 다른 죄수들에게 글을 가르치며 착실히 지낸다.

감옥에서 김구는 의인으로 존경받는다. 그러던 어느 날 10년 형을 받고 옥살이하던 조덕근이 김구에게 탈옥시켜 달라고 조른다. 김구는 처음에는 거절하지만 이대로 갇혀 지내다가 죽으면 일본한테 좋은 일이라는 생각이 들자 마침내 탈옥을 결심한다. 김구는 먼저 다른 죄수를 감시하는 노릇을 하는 황순용을 자기편으로 만들 작전을 짠다. 출소를 얼마 남기지 않은 황순용은 김백석이라는 17세 소년을 사랑하는 사람이다. 김백석은 절도죄로 10년 형을 받은 지 이제 한 달 정도 된 신참이다. 김구는 조덕근에게 은밀히 김백석을 부추기라고 시킨다. 김백석이 황순용에게 탈옥하고 싶다고 조르면 마음이 약해진 황순용이 김구를 찾아오리라고 계산한 결과다. 예상대로 황순용은 김구를 찾아와 울면서 간청한다. "제가 백석의 징역이라도 대신 살겠습니다. 백석이를 살려 주신다면 죽을 데라도 사양치 않겠습니다." 김구는 짐짓 믿을 수 없다며 거절한다. "더러운 정으로 백석이를 살리고 싶은 것이 아니냐." 황순용이 절대복종을 다짐하며 애원하자 그제야 탈옥시켜 주겠다고 약속한다. 며칠 뒤 조덕근은 형무소로 술과 고기를 잔뜩 보내라고 집에 부탁한다. 잔칫날을 맞은 죄수와 간수들은 몹시 취한다. 그 틈을 타 김구는 감옥 바닥 벽돌을 뜯고 조덕근, 황순용, 김백석, 양봉구하고 더불어 탈옥한다.

김구는 1898년 3월 19일에 벌어진 이 일을 《백범일지》에 기록했다.

## 031 《매천야록》에 남총이 남은 이유

"오백 년간 사대부를 길렀으니, 이제 망국의 날을 맞아 죽는 선비 한 명이 없다면 그 또한 애통한 노릇이 아니겠는가." 1910년 8월 29일, 경술국치가 일어나자 매천 황현은 이런 시를 남기고 자결했다. 매천 황현이 1864년부터 1910년까지 혼란스런 조선 역사를 새로운 관점으로 기록한 책이 《매천야록》이다.

중요한 자료이지만 엄밀한 역사서로 보기는 어렵다. 지리산 근처에 살던 황현이 한양에서 벌어지는 일과 온갖 풍문을 그러모은 뒤 자기 생각과 감정을 섞어 쓴 책이기 때문이다. 이를테면 이완용이 아들이 죽자 며느리를 첩으로 맞아들인 이야기가 나오지만 사실이 아니다. 다만 그런 소문이 떠돌 정도로 그때 사람들이 매국노 이완용을 싫어한 사실을 가늠할 자료는 될 수 있다.

흥선대원군과 명성황후의 측근인 김병국과 민규호가 남총 관계라는 기록도 비슷한 맥락인 듯하다. "김병국과 민규호는 남총 관계다. 김병국이 자헌대부 품계를 받자 민규호가 축하하며 말하기를 대감이 판서가 되셨으니 저는 이제 정경부인이 되었습니다라고 하였다"(《매천야록》 권1 〈갑오이전〉 상권 21). 앞뒤 맥락 없이 이렇게 짧게 적고 있다.

두 사람이 실제 남총 관계는 아닌 듯하다. 정경부인은 정1품 관리의 부인에게 붙이는 칭호이고 자헌대부 품계는 정2품이라서 정부인이라 해야 한다. 이런 오류는 이 책에 실린 이야기가 저잣거리에서 대충 떠돈 소문이라는 증거이기도 하고, 관직명을 모를 리 없는 황현이 그대로 옮긴 점 또한 비꼬려는 의도가 깔려 있다고 볼 만하다.

그런데 한글로 풀어 현대에 발간된 《매천야록》(서해문집)에는 이 부분이 아예 삭제된 상태이고, 국사편찬위원회 '한국사데이터베이스'에는 남총이 '동성연애'로 번역돼 있다.

## 032 이광수, 일제 강점기에 '비엘'을 쓰다

한국 최초 현대 장편 소설로 불리는 《무정》을 쓴 이광수. 그 이광수가 처음 쓴 소설은 1909년 일본어로 발표한 단편 〈사랑인가〉다. 가난하지만 똑똑한 조선인 문길이 일본에서 유학하던 중 미사오라는 소년에게 마음을 뺏긴다. 혈서까지 쓸 정도로 간절해 집 앞까지 찾아가지만 미사오가 나오지도 않자 크게 상심한 문길이 기찻길에서 자살하려는 장면으로 끝난다.

1918년 이광수는 《청춘》 4월호에 〈윤광호〉라는 한글 단편 소설을 게재한다. 줄거리는 〈사랑인가〉하고 비슷하다. 조선인 유학생 윤광호는 전차에서 우연히 만난 'P'에게 반한다. 용기 내어 고백하고 혈서를 써서 보내지만, 'P'는 다른 사람에게 사랑을 구하려면 황금, 용모, 재지를 지녀야 하는데 너는 재지밖에 없으니 안 된다며 거절한다. 냉정한 편지를 받은 윤광호는 돈도 없고 미모도 모자란 신세를 한탄하다가 결국 자살한다. 소설은 짧은 한 문장으로 끝난다. "P는 남자러라."

20대 청년이 애절하게 연모한 상대가 남자라는 반전을 노려 앞부분에는 윤광호가 전차 안에서 '다홍치마를 입은 여학생'에게 끌리고, '여자의 하얗고 따듯한 손'에 스치는 쾌감을 은근히 즐기고, '아름다운 소녀'하고 포옹하는 꿈도 꾼다는 내용이 배치돼 있다. 또한 윤광호가 'P'를 좋아하면서 자기 얼굴도 '어여삐 보이도록' 사람들 몰래 화장품을 바른다는 설정도 나온다.

이 두 소설은 이광수가 식민지 출신 남성으로서 대일본 제국 출신 남성에게 느낀 열등감과 선망을 표현한다는 평가를 주로 받지만, 한편 동성애를 소재로 한 점에서 현대 퀴어 소설로 분류할 수도 있다. 요즘은 두 소설을 한국 '보이스 러브(Boys Love)', 곧 '비엘(BL)'의 효시로 보기도 한다.

# 033 100년 전에도 실행된 성전환 수술

'여자인가 남자인가 출가하였다 취첩, 여자가 변하여 남자된 해괴한 일'(《매일신보》 1917년 3월 20일), '여자가 변하야 남자로…이십사세까지 계집 노릇한 가메오'(《동아일보》 1921년 7월 8일), '여자가 남자로. 이십년간 여성이 여성에서 실격. 이리의 작부 남성의 낙인'(《동아일보》 1939년 1월 29일).

일제 강점기 언론에는 젠더가 바뀌거나 성전환 수술을 한 이들 소식이 여러 차례 보도됐다. 기자들은 어떤 때는 돌연 젠더가 변한 양 적었고, 어떤 때는 성전환 수술을 받아 성이 바뀐 결과라고 했다. 일본에서 성전환 수술을 받은 사실을 알려 주는 기사가 있는가 하면, 조선에서 진행한 수술 정보를 소개하는 기사도 보인다.

성전환 수술은 서구 유럽에서 비슷한 시기에 시행되기 시작했다. 유럽의 성과학 관련 지식을 일본이 적극 수입한 덕분에 우리에게도 이런 정보가 널리 알려졌다. 성전환 수술 관련 기사가 자주 나온 이유는 특이한 사건에 쏠리는 관심 때문이기도 하겠지만 그때 유행한 지식이 무엇인지 보여 주는 구체적 증거에 가깝기도 하다.

성전환 수술을 받은 사람으로 기록된 인물을 두고 오늘날 통용되는 정체성 범주인 트랜스젠더나 인터섹스, 혹은 또 다른 퀴어로 부르려는 의도는 없다. 무엇보다 성전환 수술, 남성에서 여성으로 변하거나 여성에서 남성으로 바뀐다는 이런 기사가 반드시 정체성에 관련되지는 않는다. 그런데도 성전환 수술이 20세기 초에 한국에도 알려졌고, 이 기술을 적용한 수술을 했으며, 그 사실을 언론이 관심사로 다룬 점에서 이 기사들을 주목해야 한다. 성전환 수술이 기사로 실을 만한 가치가 있는 사회적 사건으로 널리 받아들여진 증거이기 때문이다. 가십으로 실린 기사이기는 해도 인간의 젠더가 고정되지 않고 바뀔 수 있다는 인식은 100년 전에도 널리 알려진 사실이었다. 오늘날 성전환은 낯선 사건이 아니라 오래된 역사로 이해돼야 한다.

# 034 양복 입고 머리카락 잘라 저항하다

"나도 사람이며 남자와 똑같이 살아갈 당당한 사람이다. 남자에게 의뢰를 하고 또는 남에게 동정을 구하는 것이 근본으로부터 그릇된 일이다. 세상의 모든 고통은 자기가 자기를 알지 못하는 곳에 있다. 나의 고통도 내가 나를 알지 못하는 곳에 있다 하였다. 이리하여, 나도 남자와 같이 살아보겠다."

1922년 한때 유명한 기생으로 일하다 배화여자보통학교에 진학한 강향란이 《동아일보》 인터뷰에서 한 말이다. 한 남자를 사랑하다 아픈 실연을 맛본 강향란은 이발관을 찾아가 머리를 짧게 자르고 남성용 양복을 입는다. 머리를 깎은 탓에 학교에서 퇴학을 당하자 곧장 남자만 다니는 서대문 근처 정측강습소에 들어간다. '여성의 남성화는 조선 사회를 병들게 한다'는 비난이 쏟아지지만, 그 뒤 여성 단발은 더 확산한다.

1924년에는 부모가 결혼하라고 재촉하자 가출해 머리를 자른 채 양복을 입고 함경도에서 경성으로 온 황육진이 기사에 등장한다. 입학 허가에 상관없이 무작정 남학교 교실에 들어가 수업을 듣는데 남자만 입학할 수 있다는 학칙 때문에 안 된다는 말을 듣고 저항한다. "저는 죽어도 그 학교 문 옆에서 죽겠습니다. 학칙도 사람이 만든 것이니까 사람으로 고칠 수도 있겠지요."

강향란은 1923년에도 남장을 하고 중국으로 가는 배에 오르는데, 당대의 유명 활동가 허정숙, 주세죽, 고명자도 단발을 해 화제가 된다. 이런 까닭에 1926년에 여성 단발을 주제로 한 찬반 토론회가 열리고, 1928년에 잡지 《별건곤》에 〈기괴천만한 중성남녀의 떼〉라는 만평이 실린다. 1929년에는 《동아일보》에 골퍼들이 등에 남녀라는 성별 표시를 달고 있는 해외 만평이 실리기도 한다. 그림 밑에는 '여자의 머리가 짧아져서 겉모습으로 남자와 여자를 구분할 수 없게 되면 이렇게 구분하게 될까'라는 문구가 붙어 있다.

# 035 1920년대 '동성연애주의 실행자'가 등장하다

일본이 유럽에서 수입한 단어 '호모 섹슈얼리티'를 '도우세이아이(同性愛)'로 번역한 시기는 1920년대다. 조선에서도 점차 남색이라는 단어를 대신해 동성애나 동성연애 등을 쓰기 시작한다.

1925년 1월 19일 《동아일보》에는 '동성연애주의 실행자'로 이름 있는 수원군 수원면 북수리에 사는 이 모 씨가 '나이 사십이 되도록 끝내 버릇을 고치지 못하고' 우편국에서 일하는 안 모 씨라는 젊은 남자에게 반해 아버지 재산을 저당 잡고 애인을 꼬드긴다는 기사가 실린다. 동성연애주의를 실행한다는 표현에서 비꼬려는 의도가 보이지만 사회적으로 심각한 문제로 다루지는 않는다는 사실을 알 수 있다.

1926년 7월 3일 《조선일보》에는 자살하려고 우물에 몸을 던지는 17세 처녀를 행인이 구한 기사가 실리는데, 정이 든 이웃집 여학생하고 방학 때 함께 있지 못하는 처지를 비관해 자살하려 한 사연을 전할 뿐 다른 논평은 없다. 특히 일본과 조선은 다르다는 태도를 보이는데, 이런 점은 1924년에 어느 일본인 대학 교수가 제자에게 키스하려다 문제 제기를 당해 사직한 일을 두고 '고양이와도 죽는 처녀가 있는 일본에서는 그다지 문제 될 것도 없으려만'이라고 쓴 구절을 봐도 알 수 있다.

이 시기에는 일본인들이 감행한 동반 자살 기사가 자주 실린다. 두 여성이 함께 음독하거나 서로 껴안고 바다로 뛰어들어 자살한 소식뿐 아니라 '철도굴 속에서 십팔 세가량 되어 보이는 잘생긴 청년 두 명이 자살하였는데 원인은 동성연애라고' 같은 식으로 단출하게 보도하면서도 굳이 '잘생겼다'는 표현을 넣기도 한다.

# 036 신여성, '동성연애'를 유행어로 만들다

1930년에 《별건곤》 11월호에 '여류 명사의 동성연애기'가 실린다. 이미 결혼도 하고 사회적 명성도 얻은 여성 명사 넷이 여학교 시절에 어떤 마음으로 누구를 좋아한 적 있다는 이야기 등을 인터뷰에서 밝힌다. 언론인 황신덕은 말한다. "여학생 시대에 동성연애를 안 해본 사람은 별로 없으리다." 이 네 여성이 여학교를 다닌 때가 1910년대인 만큼 이때부터 동성 간 사랑이 흔한 일로 여겨진 사실을 알 수 있다.

그래서 그런지 1923년 11월 잡지 《신여성》에 실린 〈요때의 조선신여자〉라는 글에 이런 구절이 있다. "사랑-애형, 애제~! 이것은 주로 여학생 사이에, 여학생 중에서도 기숙사에 들어 있는 학생 사이에 잇는 일이거니와, 그들 사이에는 남자 편으로 치면 '짝패'라 할 만한 사랑이란 것이 있다. 가령 갑이란 여자와 을이란 여자 사이에 사랑이 생겼다 하면, 그들은 거의 죽을지 살지를 모르고, 서로 그리워하며 서로 따르는 것이다. …… 이것이 유행어로 말하면 이른바 동성연애라는 것이다."

《동아일보》 1929년 4월 10일자를 펼치면 〈동성애로 출가 봄바람을 따라〉라는 제목이 눈에 들어온다. "평양부 율리면 중리 48번지 임인순의 처 이 씨가 지난 6일 오전 10시에 같은 마을에 사는 이정순과 약혼한 처녀와 도망하였다는 바 이성 간의 사랑을 등지고 동성의 사랑에 그려 봄바람에 불려간 것이라고 상당한 이야기거리가 되었다더라." 남편 이름은 나와도 봄바람을 타고 사라진 여성들 이름은 찾아볼 수 없다. 결혼까지 한 여성이 다른 여성을 만나 사라진 사건인데도 전혀 심각하게 다루지 않은 사실도 눈에 띈다.

## 037 조선에 수입된 '봄철의 센세이숀'

1931년 4월 8일, 조선 사회에 큰 충격을 주는 사건이 일어난다. 스물한 살 여성과 열아홉 살 여성이 서로 부둥켜안고 영등포역 근처에서 달리는 기차에 뛰어들어 자살했다.

다음 날 두 사람 신원이 밝혀지면서 기사가 쏟아지기 시작했다. 세브란스병원 의사 홍석후 박사의 딸 홍옥임과 종로2가에 자리한 덕흥서림 사장의 딸 김용주였다. 두 사람은 동덕여자고등보통학교를 같이 다닌 동창생이었다. 김용주는 결혼해서 학교를 중퇴한 상태였다. 부모가 강권해 억지로 결혼한 친구를 동정한 홍옥임이 김용주하고 동반 자살한 사건으로 여겨졌다. 신문 기사는 논조가 거의 비슷했다. "일본에서 유행하는 동성애 자살극이 조선에도 수입되어 봄철의 센세이숀을 일으킨다."

사건이 벌어지고 겨우 일주일이 지난 때 조선영화제작연맹에서 '명일의 여성'(내일의 여성)이라는 제목으로 출연진과 제작진 이름까지 밝히면서 영화 제작 계획을 발표했다. 이 자리에서 중국에 배급하겠다는 계획까지 밝히는데 그 뒤 촬영이나 개봉에 관련된 기사가 없는 만큼 제작에 들어가지는 못한 듯하다. 그렇지만 곧바로 영화화하려는 움직임이 일어난 사실만 봐도 이 사건을 둘러싼 시대 분위기를 가늠할 수 있다.

김용주가 기혼자 입학을 불허하는 학칙에 따라 결혼 뒤 학교에 다니지 못하고 홍옥임이 불륜을 저지른 아버지 문제로 괴로워하는 등 두 사람을 실망하게 한 낡은 사회 제도를 고치자는 주장부터 자살은 이기적이고 건전하지 않은 행동이라며 비난하는 목소리도 나왔다.

두 사람 이야기는 80년이라는 시간을 뛰어넘어 2012년 〈콩칠팔 새삼륙〉이라는 창작 뮤지컬로 제작됐다.

# 038 이성애에 지지 않는 사랑을 나눈 두 처녀

홍옥임과 김용주가 감행한 동반 자살을 두고 《동아일보》는 '젊은 여자가 동성연애로 자살하는 것은 조선에서는 유례가 없는 새로운 일'이라 평가하는데, 1930년대에는 비슷한 사건이 많이 일어난다. 성별이 같은 두 사람이 함께 죽으면 일단 '동성연애' 관계로 추정하는 경향이 강해진 탓이다.

1931년에 벚나무 아래에서 죽은 채 발견된 두 청년, 1936년에 많은 아편을 먹고 자살한 두 남성에 관해서도 언론은 모두 '동성정사(同性情死)'라는 이름을 붙인다. 1937년에만 7월에는 한강변을 걷던 두 남성이 말다툼하다가 한 사람이 강에 뛰어들자 나머지 사람도 뛰어들어 사망한 사건, 8월 28일에 다리를 저는 장애를 지닌 친구하고 깊은 사랑을 나눈 기혼 여성이 철도에 뛰어들어 자살한 사건, 9월 27일에는 대동강에서 20대 여성 두 명이 시신으로 발견된 사건이 보도된다. 특히 9월 7일 전라남도 무안군에서 벌어진 사건에 관해서는 '서로 동성연애에 불타는 사이로 이성애에 지지 않는 사랑을 주고받고 해오던' 두 처녀가 부모에게 꾸지람을 듣고 힘들어하다 '한 쌍의 꽃과 같이 투신자살'한 비극이라며 '동성애에 희생된 두 처녀'라는 제목을 붙이기도 했다.

동성애라는 단어를 거룩한 우정의 의미로 사용한 사례도 있다. 1936년 8월 18일 《동아일보》에는 해산 뒤 심한 하혈 때문에 죽어 가는 여성을 위해 같은 동네 친구가 자기까지 죽을 수 있는데도 자진해 헌혈해서 살린 미담을 전하며 '이 동성애를 본 사회에서는 칭송이 자자'하더라고 쓴다.

# 039 여성 간 결혼식 100년사

여성 간 결혼식은 오래전부터 있었다. 이를테면 일제 강점기에 발행된 월간지 《여인》 1932년 6월호에 이런 기사가 실렸다. "김모 씨의 부인 정순임과 김씨의 부인 장경희와는 오랫동안의 독수공방을 해오다가 두 사람이 그 사회에서 연애를 하게 됐다 한다. 그러다가 이 두 부인은 정식으로 결혼까지를 하게 됐는데 정씨가 신랑이 되고 장씨가 신부가 돼서 각각 고래식으로 예복을 입고 요리집에서 식을 거행했다고 한다."

주간지 《주간한국》(통권 65호, 1965년 11월 28일자)에는 1965년 11월 20일 탑골공원에서 결혼식을 올린 레즈비언 커플 소식이 나왔는데, 1960년대부터 이미 동성 결혼식, 특히 여성 간 결혼식을 올린 잡지 기사가 심심찮게 등장했다. 1970년대 이태원에 자리한 트랜스젠더 업소에서 활동한 문옥정은 자서전에서 자유롭고 다양성을 존중한 이태원 분위기를 기록하면서 친하게 지낸 레즈비언 부부를 이야기했다. 그만큼 레즈비언 결혼이나 파트너십은 일상에서 흔하게 볼 수 있는 일이었다.

여성 간 결혼식은 영화나 다큐멘터리로 기록되기도 했다. 권종관 감독은 기록과 전해 들은 말을 바탕으로 1980년대 이발소를 운영한 퀴어 파트너를 주인공으로 내세운 〈이발소 異氏〉(2000)를 만들었다. 이영 감독은 〈불온한 당신〉(2015)에서 1970년대와 1980년대 '바지씨'로 산 '이묵 선배'를 기록하는데, 여기에서 이묵은 1980년대 절에서 진행한 결혼식 사진을 공개했다.

한국 여성 간 결혼의 역사는 1990년대 퀴어 활동가들이 연 결혼식 덕분에 많이 이야기됐다. 1999년 11월 25일에는 끼리끼리 1주년 기념식에서 회원인 레즈비언 커플이 결혼식을 올렸고, 1997년에 월간지 《말》에 레즈비언 커플 결혼식 기사가 나왔고, 《여성동아》 2002년 12월호에도 레즈비언 커플이 올린 결혼식 이야기가 실렸다.

## 040 성욕 발달 단계로 동성애를 설명하다

조선 말에만 해도 '온 천하가 다 같이 하는 풍습'이라던 동성 간 사랑은 일본을 거쳐 서구 성과학 담론이 들어오면서 정신의학상 정상과 비정상이라는 문제로 다루어진다. 성별에 따라 해석이 달라진다. 이를테면 1924년 《신여성》 12월호에 〈여학생과 동성연애문제 — 동성애에서 이성애로 진전할 때의 위험〉을 쓴 현루영은 성욕 발달 과정을 3단계로 나눈 뒤 여성이 동성에게 끌리는 현상은 자연스럽지만 성인이 돼서도 그런 상태가 유지된다면 성적 도착으로 볼 수 있다고 말한다. 또한 여성은 생식 본능이 있어 어머니와 아내가 될 테니 아직 육체적으로 미성숙한 시기에 '동성연애'를 통해 연애를 배우고 나이가 더 들면 이성 연애를 하면 된다고 말한다.

1939년에 '일생을 시집가지 말고 동거하자'고 약속한 친구가 변심해 남자를 사귀자 친구를 칼로 찌르고 자기는 음독한 사건이 일어나 언론이 심각한 문제로 다룬다. 한 정신과 의사는 동성애란 이성하고 결합하기 전에 지나치는 한 단계일 뿐이므로 변태는 아니지만 스무 살이 넘고 이성이 필요하다고 느껴 결혼해야 할 상태에서도 동성애에 빠져 있다면 부자연스러운 일이고 변질된 상태라 할 수 있다면서, 이런 상황을 막으려면 부모뿐 아니라 여학교 선생님들이 더 큰 책임을 느껴야 한다고 강조한다.

여학생의 동성애는 어린 나이에 남성을 상대로 자유연애에 빠지지 못하게 막는 용도여서 허용하지만 성인의 동성애는 단속 대상이었다. 특히 청소년이라 하더라도 남성 간 연애는 징그럽고 우스운 일로 다뤘다. 1936년에 사귀던 두 남성 중 한 사람이 결혼하자 질투한 다른 남성이 신혼집에 침입해 상대의 목을 면도칼로 찌르고 도망간 사건을 두고 기자들은 '그로테스크'하다고 말한다. 이 사건을 다룬 언론은 모두 범인이 체포돼 선고받는 형량만 관심을 뒀다.

# 041 수동무가 있던 어느 시절

신문에 실리는 '사건'이 아니라 평범한 일상에서 동성애 문화는 어떤 모습이었을까? 한 연구자가 강원도에서 태어나 쭉 살아온 남성 노인 중에 1940년대 무렵에 열 살에서 스무 살 사이를 보낸 사람들을 찾아갔다. 이 인터뷰를 바탕으로 나온 논문이 2006년 《비교민속학》 31호에 실린 박관수의 〈1940년대의 '남자동성애' 연구〉다.

처음에 노인들은 남자 동성애에 관해 잘 말하려 하지 않았는데, 연구자는 과거에도 동성애를 '지저분한 일'이라고 생각한 적 있느냐고 물었다. 노인들은 아니라고 했다. 그 시절 남성 간 성행위는 흔한 일이어서 10대 초반부터 50대까지 전 연령대에 걸쳐 있었다. 나이 차가 나는 사례가 많기는 하지만 동년배끼리 하기도 하고 반상도 구별하지 않았다. 그런 관계에서 '수동무'란 '수컷 동무'라는 뜻으로, 주로 10대 초반 소년을 가리켰다. 관계를 유지하는 기간에 따라 '일회적인 수동무'와 일정한 시간 동안 관계가 이어지는 '한시적인 수동무'로 나눌 수 있는데, 특히 '한시적인 수동무' 관계가 유지되는 기간은 어른이 아니라 어린 상대에게 달려 있었다. 육용정이 쓴 〈이성선전〉을 떠오르게 하는 내용이다.

남성 노인들이 한 증언에서 알 수 있듯이 1940년대만 해도 남성 간 성관계와 교류가 거부감 없이 일상에서 받아들여졌다. 동성애가 사회적 보편성을 어느 정도 획득한 적이 있다는 사실은 관용적으로 쓴 속어가 여럿이라는 점에서도 잘 드러났다. 이 논문에는 지금은 거의 안 쓰는 다양한 관련 속어가 노인들이 한 증언을 바탕으로 잘 정리돼 있다. 남성 노인들은 1940년대 이후 수동무를 맺는 문화가 갑작스럽게 사라져서 자기는 수동무는 한 적이 있지만 정작 수동무 상대는 된 적이 없다고 말했다. 아마도 일제 강점기에 실시된 강제 징집과 한국전쟁이라는 커다란 사회적 변화 탓인 듯한데, 한국 퀴어의 역사에서 더 깊이 연구할 과제가 아직 많다는 현실을 보여 주는 사례다.

2부

# 여성국극과 파고다극장

## 1950년대부터 1980년대까지

## 0 4 2 1950년대, 인터섹스에 관한 지식이 생산되다

1950년대 후반부터 성전환과 '반음양(半陰陽)'을 다룬 신문 기사가 늘어난다. 1955년 1월 23일 《동아일보》에는 19세 청년인데 미인이라도 관심이 가지 않고 준수한 청년을 연모하게 된다며 자기 같은 사람이 성전환을 할 수 있는지 묻는 독자 편지가 실렸다. 여기에 보건부 의정국장이 답을 달았는데, 반음양이 아니면서 남성에게만 관심이 간다면 동성애이니까 치료받아야 하고 반음양이라면 한국에서도 수술과 호르몬 치료를 받을 수 있다고 설명했다.

1955년 9월 10일자 《동아일보》에는 〈소위 성전환이란 어떤 것인가—반음양과 위반음양(僞半陰陽)〉이라는 칼럼이 실렸다. 산부인과 의사가 쓴 이 글은 지금의 인터섹스(간성)에 해당하는 반음양을 자세히 설명했다.

간추린 기사 내용으로 짐작할 수 있듯이 1950년대에 성전환 수술은 우리가 흔히 아는 대로 신생 질을 만들거나 음경을 만드는 성기 재건 수술이 아니라 인터섹스를 대상으로 생식기 일부를 제거하는 수술을 가리킬 가능성이 크다. 트랜스젠더라는 용어를 쓰기 전이고 음경 중심으로 성별을 판단하는 경향이 강해서 음경이나 난소와 자궁을 제거하는 식으로 성전환 수술을 해야 한다고, 그렇게 하면 성전환이 된다고 여긴 듯하다.

이런 기사들에 등장하는 인터섹스는 낯선 존재가 아니라 우리가 설명할 수 있고 대응할 수 있는 존재다. 한국 사회에서 함께 살아갈 성원으로 이해하는 태도가 드러난다.

## 043 성전환 수술도 몰랐다며 안타워하다

1955년 6월 10일 《조선일보》에 〈반음반양 소녀〉라는 기사가 실렸다. 남자와 여자의 성기를 다 가지고 있다가 16세에 춘해외과병원에서 수술을 받아 완전한 여자가 된 소녀에 관해 의사가 난소와 나팔관이 남아서 임신도 할 수 있다고 말하더라는 내용이다.

1955년 8월 15일에는 한국 '최초' 성전환자라는 조기철(조기숙으로 개명) 이야기가 신문에 실렸다. 조기숙은 그 무렵 유명 인사가 돼 여러 차례 신문지상에 오르내렸다.

1957년 10월 8일 《경향신문》에는 〈성전환 수술도 몰랐던 모양〉이라는 기사가 실렸다. 경상남도 통영군에서 27세 여성이 결혼한 지 열흘 만에 투신자살한 비극을 소개하며 안타까워했다. "이 노처녀는 밖으로는 여자이면서 안은 완전히 남자였던 것이 죽은 뒤의 검시 결과로 밝혀졌던 것이라는데 …… 발달한 세상에 성전환 수술이라는 말도 못 들었던지? 자살을 해버렸으니 수술만 했던들 남자가 됐을 게 아닌가?"

《동아일보》 1959년 3월 24일자에 27세 여성 길선녀 이야기가 단신으로 실렸다. 전라남도 장흥군 장흥읍 행원리에 사는 길선녀는 태어날 때부터 몸에 이상이 있어 남자인지 여자인지 분간할 수 없지만 얼굴 생김새가 여자하고 비슷해서 치마를 입고 여자 행세를 하다가 1959년 1월에 대전 도립병원에서 15만 환을 들여 수술한 뒤 떳떳한 남자로 바뀌어 새롭게 출발한다는 소식을 전하면서 '성전환 수술도 이제는 별로 신기한 이야기가 되지 못하지만 여하튼 편리한 세상'이라는 말을 덧붙였다.

1950년대에는 붐처럼 산발적이지만 자주 인터섹스에 관련된 기사가 나왔다. 그리고 이런 기사를 쓰는 기자들이 인터섹스가 더는 새롭지 않고 흔한 일이라는 태도를 보인다는 점에 특히 주목해야 한다.

BO-0000566

0
4
4

## 여성국극, 또는 퀴어한 존재의 문화사

여성국극은 여성 배우가 남장 연기를 하는 형태로 고대 야사와 설화를 소재로 삼은 이야기에 창과 춤, 대사를 결합한 국악 연극이다. 1948년 여성국악동호회가 설립되면서 시작된 여성국극은 1950년대에 최전성기를 누리다가 1960년대에 빠르게 쇠퇴했다.

〈무영탑〉, 〈별 하나〉, 〈호동왕자와 낙랑공주〉 같은 작품이 인기를 끌었는데, 시대에 따라 영상과 무대를 함께 활용하면서 관습에 얽매이기보다는 다양한 실험을 시도했다. 한국전쟁이 벌어진 1950년대에는 전국 순회공연을 펼쳤는데, 열성 팬들이 곳곳을 따라다닌 일화 덕분에 오늘날 '회전문 관객'의 효시로 받아들여진다. 심지어 혈서로 쓴 편지를 보내는 팬도 있었는데, 이런 인기 덕분에 여성국극은 한때 유행한 문화 양식에 그치지 않고 이성애 규범성을 문제 삼는 계기가 됐다. 나아가 한국 사회에서 여성에게 드리워지는 사회적이고 문화적인 제약을 돌파할 가능성을 제시했다.

여성국극은 말 그대로 여자 배우가 여성 배역을 맡을 뿐 아니라 남장을 한 여성이 남성 배역까지 모두 소화하는 특성 덕분에 더욱 인기를 끌었다. 2000년대 들어 여성국극이 재발견된 뒤 출연 배우들은 여러 매체를 만나 인터뷰하면서 남성 배역과 여성 배역 사이의 관계를 당연히 연애 관계로 받아들인 사례도 많고 남자 배역을 하면서 몸에 밴 태도를 새롭게 익힌 적도 있다고 밝혔다.

여성국극은 여성다움이란 무엇인지, 여성의 성역할을 어떻게 정의해야 하는지 다시 질문할 수 있는 계기가 됐으며, 레즈비언 관계나 동성애를 유연하게 수용하는 사회 분위기를 만드는 데 도움이 됐다.

# 0 4 5 '서 있는 사람들'의 연대기

한국에 동성애자가 모이는 업소는 언제 생겼을까? 게이들이 알음알음 모여서 서로 알아본 극장의 역사는 1950년대 초중반 명동 신세계백화점 옥상에 있던 동명극장에서 시작한다. 1960년대에는 왕십리에 광무극장이, 미도파백화점 청량리점 근처에 경동극장이 생겼다. 명동 코스모스백화점 근처 명동극장도 주말이면 빈틈없을 만큼 인기가 좋았고, 명동극장을 거쳐 근처 다방 '피앙새'에 가는 코스가 일반적이었다. 극장 우미관도 유명하지만 1970년대 접어들면서 파고다극장이 급부상했다. 1980년대에는 충무로, 청계천, 영등포, 남영동, 수유리, 중랑교 근처에도 게이 극장이 있었고, 청계천에는 '팽고팽고'라는 게이 디스코 바도 있었다. 한편 이런 극장들 가까이 있던 남산공원도 게이들이 많이 모인 장소로 빼놓을 수 없었다.

1960년대부터 나타나는 게이 사우나는 처음부터 '게이 전용'은 아니었다. 일반 사우나에 게이들이 암묵적으로 모여든 형태였다. 이런 사우나와 찜질방은 1990년대 종로, 이태원, 사당동, 방배동, 동교동, 충무로, 교대, 가락시장, 압구정동 등 서울을 중심으로 지방까지 확산했다. 게이 바도 1960년대에 시작됐다. 신당동 중앙시장 안쪽에 게이들이 자주 다니는 바가 있었다. 최초의 본격적 게이 바는 1970년대 을지로 인쇄 골목 근처에 문 연 '아담'으로 알려져 있다. 아담이 성공하자 곧 '화분'과 '씩스나인' 등 20여 개에 이르는 게이 바가 을지로 인쇄 골목에 생긴다.

게이 극장의 중심이 파고다극장으로 옮겨지고 종로 최초 게이 바로 불리는 '갈'에 뒤이어 '갈등'과 '블루' 등이 문을 열면서 종로는 게이들의 중심지가 된다. 1980년대 말까지 50개에서 60개가 생겼다. 1990년대 중반에 신당동 성동극장이 문을 닫으면서 이태원이 새로운 게이 메카로 떠오른다. 별도로 추가 언급하자면, 지역명으로서 서울시 성동구 금호동은 1960년대에 게이와 트랜스젠더들이 알음알음 모이는 곳이기도 했다. 1996년 10월 13일에 이정우가 대학로에 있는 카페 '살'에서 퍼포먼스 공연을 연 때 제목도 '금호동찬가'였다.

046

## 경찰에 붙잡힌 '일하는 여성'들

13세 때부터 육군 위안대에서 소녀 역할을 시작해 대구에서 5년간 다방 종업원으로 일하다가 서울에 와 단발머리를 짧게 자른 채 중부경찰서 보안계를 찾아 남자로 살 수 있게 취직자리를 구해 달라 한 사람이 있었다(《조선일보》 1957년 12월 22일).

서울시 종로구 장사동에서 지나가는 남자를 붙들고 잠자러 가자고 하다가 남자로 드러나 경찰에 연행된 20세 여장 남자도 있었다(《조선일보》 1960년 4월 2일). 이 사람은 마땅한 법이 없어 경범죄처벌법상 '통행인에게 불안감을 주다'는 조항에 따라 구류 5일을 받았다. 1960년 4월 9일 《조선일보》 만평에는 '저 사람들이 내가 여자 아니란 걸 알아챈 모양이야'와 '남자치고도 박색이니 안 그렇겠나'라는 지문이 실리기도 했다.

1963년 2월 1일에 실린 〈여장 남자, 서울서만 보름 동안 세 명 발견〉이라는 기사는 뒷골목 대폿집 접대부를 이렇게 묘사했다. "예쁘장한 얼굴에 틀어 올린 머리, 손톱의 매니큐어나 눈가의 마스카라, 심지어 애교 있는 말씨, 어느 모로 보나 여자랄 수밖에 없지만 여자는 아니다." 사흘을 굶어 실신한 채 발견된 37세 김봉순 씨 사연도 눈에 띈다. 음경 재건 수술을 할 기술이 없는 시대인데도 김봉순은 이렇게 말했다. "10년 전인 27세까지는 버젓한 여자였다. 그러다가 성전환 수술을 통해서 남자가 되었으나 생활이 어려워 줄곧 여자 행사를 해왔다. …… 비록 성전환을 했지만 나는 여자다. 돈만 있으면 다시 그것을 잘라버리겠다."

1966년 5월 23일 《경향신문》에는 대폿집 접대부에 속은 24세 대학생 사연이 실렸다. "이웃 여관으로 유인, 하룻밤을 같이 지내려고 했는데 브래저 밑으로 앙상한 갈비가 드러나 불을 켜봤더니 여장한 남자였더라고. 화기 치민 안군이 경찰에 신고했으나 피해가 없어 이양은 훈계 방면." 1970년 대구에서 2년 동안 버스 차장으로 일한 17세 여자가 남자로 밝혀져 경찰이 머리카락을 깎아 준 사건, 1971년 3월 3일에는 미용사가 통금 위반에 걸려 여장한 사실이 밝혀진 사건도 보도됐다.

# 047 여장 남자와 병역법 위반

여장 남자가 사건이나 사고로 신문 기사에 실리는 이유는 경범죄 위반도 많지만 병역법 위반도 잦았다.

1957년 10월 9일 《동아일보》에는 〈20세부터 여장한 남자…주점살이 중 여경에 끌려와 화제〉라는 기사가 실렸다. 24세인 이 남자는 불심 검문을 받아 연행돼 조사받은 뒤 남자로 밝혀져 병역법과 경비법 위반 혐의로 구속됐다. 집주인은 남자라고 의심하지 못했고, 빨래와 비누질을 곧잘 해 옆집 80대 노파가 수양딸로 삼기도 했다. 그렇지만 기자는 전신사진을 싣고 이렇게 썼다. "서울에 오기 얼마 전에 인천 어느 목로집에서 작부 비슷한 노릇을 했었다는데 남자한테 유혹받은 일은 없다는 것이 특색. 키가 워낙 큰데다 영리한 맛은 없고 얼굴은 어느 모로나 이쁘장한 점이 없는 까닭인 듯." 1959년 8월 13일 《동아일보》에 실린 〈여장남자가 접대부 노릇 기피자로 구속〉이라는 기사를 보면 술집에서 접대부 노릇을 하던 여장 남자가 경찰에 붙잡혀 병역법 위반 혐의로 구속됐다. 1966년 11월 2일 《경향신문》에도 병역을 기피하려고 여장을 한 남자를 경찰이 검문으로 잡은 기사가 단신으로 실렸다.

1950년대 한국 정부는 주민 등록 제도를 실시해 징집 대상 인구를 꾸준히 관리하려 하지만 도입하지 못했다. 1960년대 박정희 정부는 주민 등록 제도를 강화하고 징집을 중요한 정책으로 삼았는데, 베트남 전쟁에 한국군을 파병하는 한편 북한에서 내려보내는 간첩과 남북 간 체제 경쟁에 대응할 병력이 필요한 때문이었다.

1969년 12월 6일 《경향신문》에 〈노인 위로하다 걸려든 여장 남자〉라는 기사가 실렸는데, 다음 날인 1969년 12월 7일에 《조선일보》는 사진하고 함께 여장을 한 중년 남자 김 씨가 경찰서에서도 여자 보호실에 수용된 사건을 보도했다. '다른 남자 보호자를 유혹할 염려'가 있고 여자 수용자들이 징그럽다며 멀리한 탓이었는데, 김 씨는 병무청 신체검사에서 불합격을 받아 군대도 갈 수 없었다.

# 048 전설 속 'P 극장'

서울에는 1950년대 중반부터 게이들이 모이는 극장이 있었다. 그렇지만 사람들 사이에 가장 널리 알려진 게이 극장은 1970년대부터 2000년대 초까지 'P 극장'이라는 머리글자로 신문과 성인 잡지에 종종 출몰한 파고다극장이다.

이 극장은 1960년 10월 10일 낙원극장으로 문을 열어 1966년 1월 20일 파고다극장으로 이름을 바꿨다. 파고다극장에 1970년대부터 게이들이 모이기 시작했다. 여러 신문을 비롯해 《선데이 서울》 같은 성인 잡지에서 '호모'나 '보갈'이라는 용어를 사용하면서 남성 동성애자들이 많이 모이는 곳으로 항상 종로 'P 극장'을 사례로 들었다. 그때는 피카디리극장이 근처에 있는데다 더 크고 유명해서 'P 극장'을 피카디리극장으로 오해하는 사람도 많았다. 자기 같은 동성애자를 만날 수 있으리라고 기대하며 피카디리극장을 찾아가서는 실망하고 돌아온 이야기가 게이들 사이에 흔히 떠돌았다.

이렇듯 대표적인 '게이 크루징(gay cruising)'(공공장소에서 데이트 상대를 찾는 일) 장소인 파고다극장에서 1989년 3월 7일 새벽에 기형도 시인이 사망했다. 갑작스러운 뇌졸중이었다. 기형도가 그날 그 극장에 들른 이유를 두고 동성애자라는 소문도 돌았지만, 지금까지 성적 지향에 관련해 아무것도 확실히 밝혀지지는 않았다. 전설 속 파고다극장은 2002년 10월 폐업해 역사의 뒤안길로 사라졌다.

## 049 쌍둥이 처녀, 남자로 돌변하다

1960년 10월 22일 《동아일보》에 〈양성 갖추어 화제〉라는 기사가 실렸다. 자매는 태어날 때부터 남녀 성기를 모두 갖추고 있었는데, 직업 군인이 돼 상사로 제대한 뒤 5년 전부터 남자 성기가 차츰 기능이 약해지고 여자 성기는 제대로 활동하게 돼 남장한 채 무당 노릇을 했으며, 그렇지만 마을 남자를 만나 결혼해 동거한다는 내용까지 나와 있었다.

1963년 2월 16일 《조선일보》에는 〈쌍둥이 처녀, 남자로 돌변〉이라는 기사가 나왔다. 쌍둥이는 국부에 이상이 있다는 사실을 안 뒤 아무하고도 같이 목욕하지 않는 등 고민하다가 21세에 부산대학교병원에서 국부 수술을 해 성전환에 성공했다. 그러고는 면사무소에 성별 정정 신청서를 내고 병역 문제 때문에 국방부 장관이 승인하기를 기다리고 있다는 내용이었다. 같은 해 3월 7일에는 《경향신문》에도 관련 기사가 실렸는데, 쌍둥이가 요도하열(尿道下裂)로 태어난 사실까지 설명하고 있다.

같은 해 6월 16일에도 다섯 살 때까지 여자로 살다가 일곱 살 때 음경이 돋아나 친구들한테 놀림을 받자 초등학교 5학년 때 학교를 나와 공장에서 일하던 여자가 코밑에 수염이 돋고 목소리도 걸걸해지자 고민 끝에 서울 적십자병원에서 수술한 기사가 실렸다.

특히 1965년 5월 18일에 실린 기사는 주목할 만하다. "이○○ 씨의 5녀 순덕(15, 모 중학교 3년) 양은 지난달 초순 서울대학교부속병원 박문희 씨 집도로 성전환 수술에 성공, 1일 단발머리를 잘라 버리고 어엿한 남학생으로 새출발을 했다."

청소년과 성소수자를 연결하려는 시도만 해도 문제가 되는 지금 시점에서 보면 이런 기사는 낯설다. 1960년대 성전환 수술은 치료나 수술 같은 조치가 필요한 사람에게 적절하고 필요한 개입으로 여겨진 듯하다.

## 050 신문 연재소설에 담긴 퀴어

한때 신문 연재는 소설이 독자를 만나는 주요한 통로였다. 당대 인기 작가부터 오늘날 문학사에 중요한 위치를 차지하는 이들도 신문 연재 형태로 작품을 발표했다. 한국 문학의 중요한 성취로 일컬어지는 박경리의 《토지》도 신문 연재소설로 독자를 처음 만났다.

신문 연재소설에서 퀴어는 심심찮게 등장했다. 이를테면 박경리의 《노을 진 들녘》(《경향신문》, 1962)에서 등장인물들은 성전환을 대화 소재로 삼았고, 유주현은 《백조의 산으로》(《조선일보》, 1969)에서 남편이 강요하는 바람에 처와 첩이 '호모 섹스'를 하게 되지만 나중에는 두 여자가 서로 사랑하게 되는 내용을 담았다. 손창섭은 《인간교실》(《경향신문》, 1963)에서 남장 여자나 레즈비언으로 해석할 수 있는 인물을 등장시켰다. 《순애보》로 잘 알려진 박계주는 《진리의 밤》(《경향신문》, 1948), 《구원의 정화》(《경향신문》, 1954), 《대지의 성좌》(《동아일보》, 1958), 《여수》(《동아일보》, 1961)에서 남장 여자 캐릭터를 등장시키는가 하면 프랑스 파리에 동성애자들이 모이는 카페가 있다는 대화도 포함시켰다.

한두 번 등장하는 정도는 우연일지도 모르고 연재될 때 보도된 기사를 바탕으로 가볍게 지나치는 일화라며 넘길 수도 있다. 그렇지만 한 작가가 여러 작품에서 동성애자나 남장 여자 또는 여장 남자를 등장인물로 삼는 현실은 퀴어가 우리에게 꽤 익숙한 소재라는 사실을 알려 주는 단서일 수도 있다.

# 051 영화 속 넘쳐 나는 퀴어한 인물들

대한민국 정부 수립을 기준으로 한국 최초 퀴어 영화를 정하는 일은 매우 어려운 문제다. 이유는 여러 가지다. 퀴어 범주를 둘러싼 논쟁이 한 축에 있다면, 또 다른 하나는 1950년대와 1960년대에 제작한 영화 중 기록만 남고 필름이 분실되거나 기록 자체가 남지 않은 사례가 많기 때문이다. 이 시기에 제작된 몇몇 한국 영화는 낡은 비디오테이프로 발견되거나 외국 어느 중고 매장에서 발굴됐다. 그래서 최초를 따지기보다는 이 시기에 제작된 퀴어 영화들을 기록해 두려 한다.

가장 오래된 영화는 남장 여자가 등장하는 이만흥 감독의 〈구원의 정화〉(1956)다. 1960년에 개봉한 한형모 감독의 〈질투〉는 광고 문구에 '동성연애'를 넣었다. 최경옥 감독의 〈원한의 일월도〉(1962)는 조선 시대를 배경으로 남장 여자가 등장했으며, 임권택 감독의 〈남자는 안 팔려〉(1963)는 여장 남자가 나온다고 강조하는 광고를 했다. 김기풍 감독은 〈여자가 더 좋아〉(1965)에서 주연 배우 서영춘이 성전환을 한 인물이라고 홍보했다.

또 다른 기준에 따라 가장 앞선 퀴어 영화로 꼽히는 작품은 김수용 감독의 〈갯마을〉(1965)이다. 최은희 감독의 〈공주님의 짝사랑〉(1967), 임권택 감독의 〈십오야〉(1969), 이형표 감독의 〈내 것이 더 좋아〉(1969), 심우섭 감독의 〈남자와 기생〉(1969)도 퀴어 영화로 평가된다.

신상옥 감독의 〈내시〉(1968)는 조선 시대 후궁 사이에 벌어진 성관계가 나온다며 홍보했고, 유현목 감독의 〈나도 인간이 되련다〉(1969)는 여성의 사디즘을 다룬다고 강조했다. 이런 홍보 방식을 보면 그 시대 사람들은 퀴어가 등장하는 맥락을 이해하는 문화 지형에서 살고 있었다. 이 와중에 김수용 감독이 1969년에 만든 또 다른 영화가 흥미롭다. 영화 자체는 '최초의 호모 섹스'가 나온다거나 '최초의 호모'를 다룬다는 식으로 소개되는데, 제목은 〈시발점〉이지만 〈주차장〉으로 기록한 사례도 있다.

## 052 남장하고 잘 살아 보세

1960년대에는 남장 여성에 관심이 많았다. 사기나 절도 같은 범죄에 연관된 사례도 있었지만, 다른 여성과 결혼식을 올리고 아이를 입양해 가정을 꾸린 남장 여성 이야기는 비난 대상이 되기보다는 잘 살려고 애쓰는 사연으로 다뤘다.

1964년 주한 미군 대상 4인조 여자 절도단이 잡히는데, 한 사람이 미군을 꾀어내면 남장한 다른 사람이 남편인 양 나타나 '왜 내 처랑 자느냐'며 겁주고 돈을 뺏는 수법이었다. 사랑하는 남자에게 배신당한 뒤 독한 마음을 먹고 남장을 하게 된 사례도 많았는데, '늙거나 남자에 절망한 양부인들 사이에 남장 바람이 일고 있다'는 기사도 나왔다.

1960년 2월 부산에서 '여자로서 행세하는 것보다는 남장이라야 행동이 자유스럽다'며 남장한 채 화장품을 팔다가 경찰에 잡힌 강순임은 4개월 뒤 서울에서 같은 혐의로 경찰 단속에 걸렸다. 기자는 사건을 이렇게 묘사했다. "화장품을 팔러 서울까지 와서는 하루 버는 천환 돈을 꼬박꼬박 부산 있는 부인에게 부쳤다는 강군 아닌 강양."

이 무렵 남장 여성을 다룬 기사가 신문에 자주 등장한다. 군 입대 뒤 상병이 될 때까지 생물학적 여성이라는 사실이 밝혀지지 않은 사건(1959년), 돈 많은 사업가인 척하며 남편을 취직시켜 주겠다거나 함께 살자면서 돈을 뜯고 사기 친 사건(1961년), 흰옷 입은 도사인 척하며 모든 병을 낫게 해준다고 신도를 모은 사건(1962년), 여자 제대 군인이 야전 병원에 취직시켜 준다며 사기 친 사건(1963년), 동성 부부 절도 사건(1965년) 등 거의 매년 실린다. 아들을 바란 부모가 딸이 태어나자 남자로 출생 신고를 해 철저히 아들로 기르다가 우연히 경찰 조사를 받는 바람에 28년 만에 비밀이 밝혀진 사건도 있다. 기자는 이 남장 여성이 앞으로도 여자 옷을 입을 생각은 없다면서 '중노동도 견딜 수 있고 처녀와 결혼할 작정'이라며 '남자다운 기염'을 토하더라고 평했다.

053

## 동성애 스캔들을 일으키고 은퇴한 인기 가수

1965년 1월, 〈고향 하늘은 멀어도〉라는 노래로 《동아방송(DBS)》 가요 프로그램에서 13주 동안 1위를 차지하고 얼굴도 잘생겨 인기를 끈 가수 금호동이 갑자기 은퇴를 선언했다.

사건은 1964년 12월 말로 거슬러 올라간다. 얼굴에 난 손톱 자국이 뭔지 궁금하다고 기자가 묻자 금호동은 자기를 시기한 깡패한테 폭행당한 상처라고 대답했다. 이 말이 알려지면서 1965년 1월 5일에 금호동이 깡패한테 폭행당해 가요계를 은퇴한다는 보도가 나왔다. 유명한 인기 가수여서 많은 언론이 주목했고, 곧이어 경찰도 움직였다. 금호동이 고향으로 내려가자 경찰은 직접 찾아가 폭행 관련 조사를 진행했고, 심지어 금호동이 폭행당한 곳이라고 진술한 장소에서 현장 검증도 했다.

이 과정에서 금호동이 자기를 가수로 키운 작곡가 박춘석하고 맺은 동성애 관계를 그만두려다가 벌어진 일이라는 사실이 드러나면서 사건은 새로운 국면으로 접어든다. 그렇지만 박춘석과 박춘석이 키운 또 다른 제자가 모두 동성애에 관련해서는 아무것도 모른다고 증언하는 바람에 정확한 사실은 밝혀지지 않았다. 한국연예협회는 금호동을 제명하고 박춘석에게는 근신 처분을 내렸다. 이듬해인 1966년 2월에 징계가 해제된 금호동은 13개월 만에 새 앨범을 내고 복귀한 뒤 1972년까지 활동했다.

금호동 사건에서 동성애 행위 자체가 중요한 쟁점이 아니라는 점은 흥미롭다. 다른 연예인이 저지른 불륜하고 비슷한 수준으로 다뤄질 뿐이다. 동성애 자체를 비난하는 대신에 스캔들을 일으키고 거짓말을 한 행위를 더 문제 삼는 태도를 통해 우리는 그 시대 사람들이 동성애를 바라본 시선을 가늠할 수 있다.

## 054 외국 동성애 운동을 발 빠르게 소개하다

1963년 2월 2일 《조선일보》는 〈화란에 동성연애 붐, 버젓이 단체도 조직〉이라는 기사를 실었다. 주간지 《옵저버》에 실린 기사를 인용하면서 1946년에 설립된 '문화 및 리크레이숀 센터(COC)'를 소개하는데, 이 단체는 네덜란드에 자리한 '동성연애자' 단체로 회원이 4000명에 이른다고 적고 있다. 이 기사는 해외 토픽에 주로 실리는 사건이나 사고, 또는 신기한 이야기가 아니라 외국 퀴어 인권 단체와 운동에 관한 소식을 다룬다는 점에서 중요하다.

외국에서 일어난 퀴어 인권 소식을 다룬 기사는 1960년대와 1970년대에 걸쳐 자주 등장한다. 1970년 6월 28일 미국 뉴욕에서 처음 열린 프라이드 퍼레이드를 소개하는 기사가 6월 30일에 《매일경제》와 《경향신문》에 짧게 나왔다. 《경향신문》 기사는 〈"섹스주의 분쇄를" 동성애 남녀들 데모〉이고 《매일경제》는 〈2만 남녀 동성애, 제 몸 제 마음대로라고〉다. 흔히 최초의 프라이드 퍼레이드로 알려진 이 사건을 한국 언론이 발 빠르게 다루면서 성차별주의를 문제 삼고 퀴어의 자기 결정권을 전달하는 제목을 단 점은 인상적이다.

1973년에는 레즈비언 동성 결혼 관련 기사가 신문에 나오고 1979년에도 동성 결혼 기사가 꽤 크게 실렸다. 특히 1973년 기사에는 아이를 키우는 레즈비언 부부가 웃고 있는 사진을 넣었다. 또한 1960년대와 1970년대 영국 의회가 동성애 금지 나이를 낮추는 과정을 다룬 기사와 차별 금지에 관련한 기사도 계속 등장했다.

풍기 문란으로 치부되는 퀴어와 사회운동이자 인권 의제로 제기되는 퀴어가 별다른 구분 없이 뒤섞인 셈이다. 한편으로 퀴어에게 중요한 정보라서 퀴어 운동이 형성될 가능성을 탐색하는 계기가 될 수 있지만, 다른 한편으로 퀴어 운동과 사건이나 사고를 구분하지 않은 분위기를 짐작할 수도 있다.

## 055 입양 간 트랜스젠더가 돌아오다

〈누가 내게 온정을… 미국서 스트립퍼 생활한 고아 이군. 성전환수술…돈 없어 못해〉라는 기사가 1965년 6월 25일 《조선일보》에 실렸다. 어린 시절 미군 상사에게 입양돼 미국으로 간 아이는 자기가 트랜스젠더라는 사실을 깨달은 뒤 파양을 당했다. 미국에서 어렵게 살다가 한국으로 돌아온 이영길, 또는 토미 리 무어가 들려준 사연이었다.

많은 사람이 안타까워하며 토미 리 무어를 도왔는데, 그중에는 인기 코미디언 서영춘도 있었다. 다음 날 토미 리 무어는 서영춘이 도와줘 서울시민회관에서 공연했다. 서영춘은 공연 막바지에 토미 리 무어를 적극 지지한다며 말했다. "완전한 여성은 아니지만 분명한 여성입니다."

토미 리 무어 이야기를 처음 보도한 신문에는 다른 면에 서영춘이 주연한 영화 〈여자가 더 좋아〉를 홍보하는 광고도 실려 있었다. 광고에 나온 홍보 문구 중 하나가 '서영춘 군…? 드디어 성전환 수술 단행!'이었다. 영화에서 여장 남자 배역을 맡은 서영춘이 현실에서 트랜스젠더 토미 리 무어를 직접 도왔다.

우리는 이 사건을 통해 한국 사회가 트랜스여성을 대한 방식을 가늠할 수 있다. 1960년대에 성전환 수술은 필요하다면 할 수 있는, 누군가를 살아가게 해주는 방편의 하나였다. 또한 서영춘이 드러낸 태도에서 알 수 있듯 사람들은 어떻게 트랜스여성이 성전환 수술을 하고서 여성이라 주장할 수 있는지가 아니라 현재의 삶이 얼마나 힘들고 안타까운지에 초점을 맞췄다. 한 사회가 퀴어를 대하는 태도는 일관되기보다는 시대마다 달라진다는 사실을 보여 주는 장면이다.

## 056 운전하는 레즈비언들의 모임, 여운회

여운회는 1965년에 조직된 여성 단체다. 여자 택시 운전기사가 주축이어서 지은 이름이지만, 개인 사업을 하거나 국악이나 여성국극을 하는 여성도 함께했다. 레즈비언 모임으로서 여운회를 다룬 기록은 1996년에 나온 《또다른세상》이 처음이다. 이 책에 실린 인터뷰에 따르면 구성원은 10대부터 50대에 걸쳐 있지만 나이에 따른 위계질서가 엄격했다. 한 번 모임을 열면 수천 명이 모였는데, 적게 모여도 1200명 정도였다. 가족 대소사를 서로 챙기고 사찰이나 대형 홀이나 큰 예식장을 빌려 결혼식도 열었다. 아이를 입양하기도 했다.

이 인터뷰는 여러 기사를 통해 신빙성을 확인할 수 있다. 여성 부부를 다룬 기사에는 직업이 택시 운전사이거나 절에서 결혼한 적 있다는 증언이 종종 나온다. 특히 1971년 3월 19일 《경향신문》에 실린 기사에서 여자 택시 운전사 5명을 고용한 적 있는 어느 차주가 한 말을 인용한 대목은 인상적이다. "이들이 고분고분 말도 잘 듣고 입금도 많이 시키는데다 차도 곱게 굴려 좋은 점을 높이 샀었으나 자기 집에 묵게 한 여자 운전사들이 비번인 날은 묘하게 생긴 여자 친구들이 찾아와 놀아대는 통에 참을 수가 없어 모두 남자 운전사로 바꾼 일이 있었다."

1968년 6월 기준 여성 택시 면허 소지자 816명 중 취업한 사람은 326명이었고, 1971년 서울 시내 여성 택시 기사는 500여 명이었다. 2008년 기준 서울 택기 기사 9만 1000명 중 여성이 873명인데 견줘 결코 적지 않다.

전하는 이야기에 따르면 여운회는 법적 사회단체로 허가받으려고 서류까지 제출하지만 실패한 뒤 1984년과 1985년에 회장 선거 때문에 패가 갈리면서 흐지부지 해체됐다. 그렇지만 규모가 큰 모임인 만큼 지역별로 알음알음 모임이 계속 이어졌다. 이 역사는 1998년에 나온 잡지 《버디(BUDDY)》 3호에 실린, 수원에 사는 여운회 회원들을 만난 이야기에서 확인할 수 있다.

# 057 '남장 처녀' 김옥선, 국회의원 되다

김옥선은 1934년 충청남도에서 태어나 대학에서 정치학을 전공했다. 1960년 27세에 무소속으로 국회의원 선거에 출마하자 인터뷰하러 간 기자는 이런 기사를 썼다. "생기발랄한 예쁜 처녀상을 머리에 그리고 있던 기자 면전에 다짜고짜 마이크를 단 찦차에서 내린 젊은 신사 한 사람이 '허! 수고하십니다' 손을 내밀면서 악수를 청하였다. 의아스러운 눈초리를 돌리자 '제가 김옥선입니다' 바리톤에 가까운 남자의 음성으로 씩씩하게 자기소개를 한다. …… '이상하십니까? 여자인가 아닌가 신체검사를 해보시죠!' 김 양은 거침없이 말한다. 그러고 보니 확실히 양복 웃저고리 양쪽이 약간 부풀어 있다"(《동아일보》 1960년 7월 8일).

처음에는 낙선하지만 1967년 제7대 국회의원 선거에서 신민당 후보로 출마해 드디어 당선한다. 《경향신문》은 '첫 처녀 의원 탄생의 날', 《조선일보》는 '남장 처녀, 부정에 이겼다'고 쓴다. 1973년에 유신 정권 아래에서 박정희를 비판하다가 의원직을 사퇴했고, 1985년 제12대 총선거에서 다시 당선했다. 그 뒤 1992년 제14대 대통령 선거에 무소속으로 출마했고, 1995년에는 서울시장 선거에 출마했다.

남장을 왜 하느냐는 질문에 김옥선이 인터뷰마다 다르게 대답하기 때문에 정확한 이유는 알 수 없다. 그렇지만 이런 대답은 기억할 만하다. "왜 중이 산에 들어갈 때 머리 깎고 가사를 입습니까? 모두 제 나름으로 마음을 복장에 표시하는 게 아닙니까? 남이야 신사복을 입던 뭐 그리 상관될 게 있습니까. 최소한 남장이 여성 모독은 아니잖아요."

또한 김옥선은 지금까지 독신으로 살면서 의복 스타일도 일관되게 유지하고 있다. 성적 지향이나 성별 정체성에 바탕해 행동하지는 않았다. 그렇지만 여자다움이라는 성별 규범에 얽매이지 않은 채 망설임 없이 주류 사회에 뛰어든 인물은 분명하다.

# 058 트랜스젠더 업소의 역사는 유구하다

트랜스여성 문옥정은 2005년 출간한 자서전 《이제는 말하고 싶다》에서 1970년 무렵 이태원에 자리한 트랜스젠더 업소에서 일한 경험을 들려준다. 문옥정은 그때를 다사다난하지만 좋은 시절로 기억한다. 이 기억을 통해 한국 사회에서 트랜스젠더 업소를 둘러싼 역사를 가늠할 수 있다.

문옥정이 떠올리는 기억보다 더 빠른 역사도 있다. 《조선일보》에 실린 1963년 2월 1일 기사에는 공미화(또는 이주옥)가 등장한다. "이주옥(24) 군은 성전환할 돈이 없어 여장으로 여자 행세를 해왔다. 공덕동 어느 통술집에서 접대부 노릇을 하면서 공미화라는 가명으로 인기를 모았다." 이 기사에 따르면 공미화는 다른 접대부들하고 생활하면서 조금도 이상한 점이 없었는데, 아마도 여장한 이들이 트랜스젠더 업소를 내세우지 않은 채 성전환 수술을 할 돈을 벌려고 일한 곳인 듯하다.

더 직접적인 흔적은 《경향신문》 1971년 6월 25일 기사와 7월 1일 기사에 남아 있다. 기사에 따르면 '중성'으로 불린 트랜스젠더가 '기지촌 정화 운동'에 참여한 성노동자 자치 모임 '장미회'에서 간부로 일했다. 아울러 의사가 묵인한 덕분에 건강진단서를 받아 성노동자로 살아가기도 했다. '중성'인 트랜스젠더가 비트랜스여성과 사이가 나쁘다는 편견이 있을 수도 있지만, 1960년대 후반부터 1970년대 초반까지 이태원에서 생활한 문옥정에 따르면 트랜스젠더와 비트랜스젠더는 사이가 좋거나 적어도 나쁘지는 않았다.

서로 반대되는 내용이지만, 이 모든 기록은 트랜스젠더 업소의 역사가 예상보다 더 오래될 뿐만 아니라 주한 미군이나 기지촌 정화 운동 등 한국사에서 중요한 사건에 연루돼 있다는 점을 알려 준다.

# 059 '치마씨'와 '바지씨'

'바지씨'는 1970년대 '여성' 성소수자 커뮤니티를 복원하는 과정에서 알려지기 시작했지만, 용어 자체는 역사가 더 길다. 유행어를 소개한 1965년 기사에 따르면 바지씨는 여자 대학생들이 쓰는 은어로 여학생의 남자 친구, 남자 대학생, 남성 등 주로 '남성'을 가리키는 표현이었다.

1970년대에 들어서면 바지씨는 의미가 조금 달라진다. 1971년 6월 24일 《경향신문》 기사에는 '요즈음 중성화의 바람이 불어 바지를 입고 다니는 바지씨 여성들 …… 이 늘고'라는 구절이 나온다. 여기에서 바지씨란 바지 입는 사람을 가리키는데, '중성화'라는 말은 바지가 여전히 남성 복장이며 바지 입는 여성은 '여성다움'에 어울리지 않는다는 인식을 드러낸다. 실제 1970년대 초중반에도 한국 사회는 바지 입는 여성에 호의적이지 않았는데, 《여성중앙》 1974년 4월호에 실린 기사에는 '피부와 합성섬유가 밀착된 여자들의 아랫도리는 남자와 여자를 혼돈하기 알맞다'는 구절이 있었다.

이런 기사와 자료는 바지 입는 여성이 드물지는 않아도 젠더 규범에서 벗어나는 사례로 받아들여진 현실을 함축한다. 그리하여 처음에는 일반인들도 사용하던 바지씨나 치마씨는 점점 사용 빈도가 줄어들어 여운회 등 여성 소수자 커뮤니티에서 주로 쓰는 은어가 되고, 나중에는 '반바지'라는 용어도 등장한다.

지금은 이런 용어들이 옛날이야기처럼 받아들여지지만 퀴어, 엘지비티, 부치-펨처럼 영어를 음차하는 요즘에 견줘 시대 상황에 맞게 커뮤니티 안에서 알맞은 말을 만들어 쓴 점은 기억돼야 한다.

# 060 명동, 레즈비언 커뮤니티의 요람

1970년대 서울 명동을 중심으로 레즈비언 커뮤니티가 있었다. 레즈비언권리연구소에서 펴낸 증언집 《50대 레즈비언, 최명환 이야기》에 실린 증언을 바탕으로 알려진 사실이다.

1970년대 서울 명동은 젊음과 문화의 거리였고, 그중에는 레즈비언들이 많이 찾는 몇몇 업소가 있었다. 1973년 9월 1일 명동에 한국 최초 여성 전용을 내세운 '프르즈 팔러'라는 다방이 문을 열었다. 다방 사장은 인터뷰에서 외국에도 여성 전용 다방은 없지 싶다며 최초의 '여성 독립 선언'이 된 듯하다고 의의를 부여했다. 또한 '남성의 횡포를 피해 오는 얌전한 여대생과 가정적인 여성들에게만 개방'하겠다고 밝혔다. '프르즈 팔러'는 1974년에 이름을 '샤넬'로 바꾼 뒤 이른바 '숙녀의 집'으로 불렸는데, 여성들이 마음껏 담배를 필 수 있는 공간으로 유명했다. 1974년 3월 26일, 이곳에서 마리화나를 피운다는 제보가 들어와 경찰이 급습해 손님 100여 명을 연행했다. 마리화나를 찾지 못한 경찰은 괜한 식품위생법 위반 혐의를 적용했다. 이 사건을 다룬 기사를 보면 경찰에 연행된 손님 중 '미성년자가 70명이나 돼 단속 경찰관을 놀라게 했다'는 구절이 있는데, 최명환이 한 인터뷰에서 고등학교 시절에 샤넬다방을 다닌 적 있다는 증언을 떠오르게 하는 대목이다.

여운회가 택시 운전기사를 중심으로 한 커뮤니티라면 명동은 중고생부터 대학생을 비롯해 문화 예술 향유자나 인권에 관심 있는 여성 운동가와 기자들이 함께 어울리는 커뮤니티였다. 그렇지만 1976년 박정희 정부가 갑자기 대마를 강력하게 단속하면서 여러 연예인을 구속했다. 통기타 라이브와 음악 감상 다방 등이 기반이던 명동은 커다란 타격을 받아 쇠락하기 시작했는데, 이때 샤넬다방이 없어지고 명동의 레즈비언 커뮤니티도 사라졌다.

## 061 장발 단속 안 걸리는 레즈비언들

1970년대에 '여운회파'와 '명동파'만 있지는 않았다. 한국성적소수자문화인권센터가 2009년에 인터뷰한 50대 레즈비언은 자기를 '돈암동파'라고 불렀다. 증언에 따르면 젊은 시절에는 '레즈비언'이라는 단어를 들어 알고 있어도 거의 쓰지 않았다. 그래도 자기가 여자를 좋아하는 여자라는 사실은 분명히 알아서 열일곱 살에 양복점에 가서 정장을 맞춰 입고 넥타이 맨 채 돈암동으로 놀러 나갔다.

성신여대 앞 태극당 건물이 그때도 있었는데, 태극당 근처 '영다방'과 '한일다방'이 주요 근거지였다. 정장에 넥타이를 매고 가도 다방 디제이는 여자라는 사실을 알기 때문에 '언니들 오늘도 왔네'라고 아무렇지도 않게 인사했고, 청소년인데도 담배를 편하게 피게 해줬다. 술을 마시려면 레스토랑 하나를 잡아 단골이 돼 특별 대우를 받는 전략을 썼다. 무조건 '특실'에 들어가 술도 궤짝으로 마시고 외상도 할 수 있었다. 돈암동 '황제'와 이태원 '동키호테'가 이런 레스토랑이었다. 이 인터뷰에서는 게이들이 자주 간 곳은 청계천 '펭고펭고'라는 말도 나왔다.

1970년대 레즈비언들이 한 증언에서 흥미로운 점은 또 있다. 엄마들은 딸이 집을 나갈까 봐 더 걱정해서 여자 애인을 사귀든 말든 집에만 들어오면 크게 문제 삼지 않았다. "부모가 부치 쪽에서는 이해를 했어. 팸 쪽에서는 난리가 났지."

또한 1970년대에는 뒷머리가 옷깃에 닿거나 옆머리가 귀를 덮는 장발 남성을 경찰이 길거리에서 단속하던 시절이었다. 바지씨들도 종종 경찰에게 붙잡혔지만 여자라는 사실만 밝히면 괜찮았다. 가끔 길거리에서 남자인지 여자인지 모르겠다며 시비를 거는 남성이 있으면 '그래, 나 동성애자다'라고 응수하며 말다툼부터 주먹다짐까지 마다하지 않았다고 한다.

# 0 6 2 검열을 뚫고 동성애를 다루다

퀴어 영화는 끊임없이 새로운 최초를 만들어 낸다. 그중 하나가 이형표 감독의 〈비전〉(1970)이다. 조선 시대 후궁 사이에 벌어진 동성애를 다룬 이 영화는 극장에 개봉하면서 한국 첫 레즈비언 영화라고 홍보됐다.

1950년대부터 1960년대를 거쳐 1970년대 초반까지 동성애 영화가 제작되고 개봉한다는 소식이 계속 흘러나오자 정부는 영화 검열 기준을 강화한다면서 1971년 10월 1일부터 '정사 장면, 여신(女身)의 반라 또는 전라 장면, 여신의 외설적인 장면, 동성애의 묘사, 기타 공서양속(公序良俗)을 저해하는 외설적 내용'은 모두 삭제하겠다고 밝혔다.

이런 규제 아래에서도 퀴어 영화는 계속 제작되고 개봉됐다. 하길종 감독의 〈화분〉(1972)과 신상옥 감독의 〈궁녀〉(1972)가 관람객을 찾았고, 김수형 감독은 1976년에 〈금욕〉을 개봉했다. 이런 분위기는 우연이 아닌데, 1970년대 신문에 소설 《세종대왕》을 연재한 박종화는 세자빈 봉씨의 동성애를 꽤 비중 있게 다루기도 했다.

그중 〈금욕〉은 1998년에 잡지 《버디》를 통해 레즈비언 영화로 재조명됐다. 이 영화는 가정 폭력 피해자인 부유한 중년 화가 노미애와 성폭력 피해 경험으로 패션쇼를 하다가 공황에 빠질 정도로 힘들어하는 모델 영희가 서로 상처를 보듬어 준다는 설정에서 시작한다. 이 과정에서 두 사람은 모두 행복과 안정감을 누리지만, 영희는 다른 남자를 사랑하게 되면서 노미애를 떠나기로 결심하고 노미애는 영희가 자기를 버리고 떠나자 절망하며 자살을 택한다. 《버디》 편집팀은 노미애가 영희에게 떠나지 말라며 '내 삶의 전부를 너에게 줘버렸기 때문이지'라고 말하는 대사에 주목에 〈금욕〉을 레즈비언 영화로 해석하고 공개 상영회를 열었다. 또한 2000년에는 제2회 서울퀴어영화제에서 〈금욕〉을 상영하고 감독을 초청해 대화하는 시간도 마련했다.

## 063 쇼팽의 피아노 협주곡이 남긴 사랑

〈동성연애 여교사 제자와 음독 자살 시도〉. 1979년 12월 21일 《경향신문》에 실린 기사다. 내용은 이렇다. 전라남도 목포시에 자리한 한 여자상업고등학교에 다니는 24세 영어 교사와 18세 고등학교 3학년이 맥주에 신경 안정제를 타서 마시고 신음하고 있는 모습을 호텔 청소부가 발견해 병원으로 이송했다. 교사가 먼저 음독하고 제자가 따라간 듯한데, 교사가 쓴 유서에는 '쇼팽의 피아노 협주곡이 아름답게 들리는 속에서 사랑하는 너를 두고 먼저 간다. 부디 건강하게 살아다오'라는 구절이 있다. 기사에는 '사제지간 동성 연애 관계를 괴로워한 교사가 방학을 이용해 서울에 올라와 자살 기도를 하자 제자도 뒤따라 음독'한 듯하다면서 둘 다 중태라는 사실을 알리는데, 그 뒤 이야기는 기록하지 않았다.

〈여승이 가발쓰고 동성연애〉. 1975년 9월 11일 《경향신문》 한쪽 구석에 실린 기사다. 어느 커플이 부부 싸움을 하다가 신고를 받고 출동한 경찰에 구속되는데 한쪽은 가발 쓴 여승으로 밝혀진다. 기사에 '여승 이 씨와 여자역 김 씨는……'이라는 구절이 흥미롭다. 더군다나 밤마다 포장마차를 해서 생활비를 번 김 씨를 가장으로 부르는 대신에 여성인 김 씨를 두고 여자역이라는 표현을 중복해 쓴 반면 이 씨에게는 남자역이라는 표현을 쓰지 않은 점은 특이하다.

1979년에는 한양대학교 불어불문학과 교수인 손장순이 소설 《행복을 파는 여자》를 발표했다. 레즈비언이 등장한 첫 한국 소설은 아니지만, 퀴어한 인물이 주로 일회적 형태나 짧은 에피소드로 등장한 데 견줘 작가 자신이 '레즈비언 스릴러물'이라고 밝힌 점에서 기록할 만하다.

# 064 여장, 혐오감이나 일본풍에 연결되다

"▼…서울 강동구 천호3동 모 다방에서 여종업원으로 일해온 이범희 씨(20, 본명 이범)는 14일 밤 '몸가짐이 수상한 다방 여종업원이 있다'는 다방 손님의 신고에 따라 경찰에 연행됐다가 여장한 남자임이 탄로 났는데… ▼…3남의 막내로 자란 이 씨는 경찰에서 어려서부터 여성적인 성격으로 여학생들과만 어울려오다가 고교 2년 때 학교를 중퇴, 여자로 변장해 이태원 등지에서 여종업원으로 전전하다가 최근 이 다방으로 옮겨와 일해왔다며 '여자가 되는 것이 소원'이라고 진술… ▼…이 씨를 '혐오감 조성' 혐의로 즉심에 넘긴 조사 경찰관은 '미모에다 훤칠한 키 때문에 정말 예쁜 여자로 속은 사람이 많은 것 같다'고 말하기도…." 1984년 3월 15일 《동아일보》에 실린 기사다. 이제 여장은 혐오감을 조성하는 행위로 읽히기 시작했다.

1980년대에 나온 퀴어 관련 기사를 보면 군사 독재라는 시대적 특징이 퀴어함, 또는 여장이나 남장에 종종 연결됐다. 1982년 3월 22일 《경향신문》은 부산 미국문화원을 방화한 사인조 중 한 명이 남장을 한 사실을 보도했다.

이태원 말고 오늘날 익숙한 지역과 사건들도 등장하기 시작했다. 1983년 1월 26일 《경향신문》은 익선동에 자리한 한 레스토랑에서 손님을 접대하려고 여장 남자를 고용한 사실을 보도했다. 경찰이 경범죄처벌법을 위반한 혐의로 즉심에 넘기자 이 레스토랑 사장은 일본인 관광객이 여장 남자를 좋아해서 그렇다고 변명했다. 1984년 9월 22일 《동아일보》는 제주도에 여장 남자 종업원이 판을 치고 일본풍 퇴폐 영업을 한다는 기사를 썼다. 이런 기사는 여장 남자 영업이 눈에 띄는 현상은 일본인 관광객이 1970년대부터 늘어나기 시작해 1980년대 들어 더욱 많아진 현실에도 관련이 있다는 점을 알려 준다.

# 065 한국인은 에이즈에 안 걸린다고?

네이버 〈뉴스 라이브러리〉에서 '에이즈'를 키워드로 검색하면 《매일경제》 1982년 12월 28일 기사가 처음으로 뜨는데, 수혈 때문에 감염되는 새로운 질병 정도로 소개할 뿐 동성애 이야기는 없다. 1983년에 접어들면 에이즈를 무서운 불치병으로 묘사하는데, 미국에서 확산되는 만큼 주한 미군을 거쳐 한국에도 옮겨 올까 봐 경계하는 경향이 점점 뚜렷해진다. 그러다 1985년 6월 서울 어느 대학에 재직하는 미국인 교수가 '인간 면역결핍 바이러스(HIV)' 감염인으로 밝혀지면서 '에이즈 최초 국내 상륙'이라는 비상등이 켜진다. 이 미국인 교수를 접촉한 사람 중에 감염자는 없었다. 언론은 '이 병은 한국인의 체질에 비추어 쉽게 번질 가능성은 없는 것으로 전문가들은 보고 있다. 문제의 환자를 치료한 연세대 가정의학교실의 강희철 씨(28)는 AIDS를 일으키는 바이러스균의 모양대가 한국인의 유전자에 파고 들어가기는 쉽지 않다'(《조선일보》 1985년 6월 29일)거나 '전세계에 2만여 명의 에이즈 환자가 있지만 한국은 에이즈의 성역'(《경향신문》 1986년 9월 3일)이라고 보도하면서 국내에 에이즈 환자가 한 명도 없다고 강조했다.

이 미국인 교수가 하숙집 아들하고 '동성연애' 관계라는 사실이 알려지면서 〈무서운 면역 결핍증의 온상 동성애족 국내도 많다〉는 기사도 실린다(《동아일보》 1985년 6월 29일). 이 기사에 '서울에서 동성애가 이루어지는 곳은 종로2가와 청계천의 3류 극장, 이태원, 익선동, 명륜동 등지의 특정 경양식집, 종로3가 주변의 허름한 여관 등으로 알려져 있는데 의학계 추정에 따르면 서울 지역에만 1백쌍 정도의 남성 동성연애족(호모)이 있다는 것'이라는 구절이 있다. 동성애자 수를 '몇 명'이 아니라 '몇 쌍'으로 쓴 이유는 동성애를 항상 성관계를 갖는 관계로 인식하기 때문이다. 이성애자 숫자를 쌍으로 표시하지 않는다는 점을 고려하면 동성애를 향한 편견이 얼마나 자연스럽게 작동하는지 알 수 있다.

## 066 드라마와 영화로 부활한 사방지

1980년대 인기 드라마 《조선왕조 오백년—뿌리 깊은 나무》에서 중요하게 다룬 인물 중에 사방지가 있다. 이 드라마에서 사방지는 단순히 신기한 인터섹스로 등장하지 않았다.

1983년 8월 16일 《경향신문》에 실린 기사에 따르면, 사방지는 세종 때 관습상 용납할 수 없는 동성 간 연애로 물의를 일으킨 여인이다. 사방지가 동성애에 연관된 인물이라는 점을 인지하고 있다는 뜻이었다. 특히 드라마에서 사방지 역을 맡은 배우 이미영(걸 그룹 티아라 출신 전보람의 어머니)은 인기 탤런트였다. "선배 언니들이 모두 사방지 역을 탐내요. 남자 같은 역이잖아요." 어느 인터뷰에서 이미영은 이 배역에 부담을 느끼면서도 만족스러워하는 뉘앙스를 풍겼다. 선배 연기자들도 탐내는 배역이라는 말에서는 당대 여배우들이 여성성에 부합하지 않는 배역을 하고 싶어한 분위기를 짐작할 수 있다.

사방지 이야기는 드라마에 그치지 않고 1988년 송경식 감독이 영화로 제작하기도 했다. 사방지를 다룬 콘텐츠 중 가장 유명한 작품이 바로 이 영화로, 지금도 카리스마 넘치는 배우로 유명한 이혜영이 주인공을 맡았다. 영화 홍보 포스터가 공연윤리위원회에서 불가 판정을 받지만 제작사는 불법 포스터를 공공장소에 붙였다. 1989년 검찰은 음화제조·반포죄로 제작자를 구속했고, 1심에서 집행 유예가 나왔다. 성적 요소, 동성애로 이해될 수 있는 이미지를 공공장소에 전시하는 행위를 금기한 시절의 산물이기도 하고, 검열이 일상인 시절의 살풍경이기도 하다.

## 067 영화에서 더 강화된 동성애 규제

1980년대는 국가 폭력이 더욱 횡행한 시기인 동시에 영화 제작이 무척 활발해진 시기다. 퀴어 영화로 평가할 수 있는 작품도 늘어났다. 정인엽 감독의 〈애마부인〉(1982), 선우완 감독의 〈신입사원 얄개〉(1983), 심우섭 감독의 〈여자가 더 좋아〉(1983), 이헌우 감독의 〈피리 부는 열한 사나이〉(1983) 등이 개봉했다. 또한 이황림 감독의 〈달빛 멜로디〉(1985), 장길수 감독의 〈밤의 열기 속으로〉(1985), 김성수 감독의 〈색깔 있는 남자〉(1985), 조금환 감독의 〈화춘〉(1988)이 나왔다.

1980년대에 더 흥미로운 분야는 수입 영화였다. 시드니 폴락 감독의 〈투시〉(1983)는 여장 남자 캐릭터가 등장했는데, 개봉 때 추석 극장가에서 큰 화제를 모았다. 또한 미국 엔비시(NBC) 프로덕션에서 제작한 〈잃어버린 청춘〉(1985)은 에이즈를 다룬다는 이유로 논란에 휩싸이다 결국 상영됐는데, 논란을 피하려 내용을 너무 많이 자른 탓에 관객이 영화를 이해할 수 없을 정도였다.

외화뿐 아니라 비디오테이프만 배급된 영화도 꽤 많았다. 언론은 비디오테이프를 제대로 검열하지 않는다고 지적했는데, 어쩌면 제대로 기록되지 않은 퀴어 영화가 더 많을 수도 있다. 1988년 11월 3일, 이런 시대적 흐름을 의식한 공연윤리위원회(공윤)는 '사회 전반의 민주자율화 추세에 따라 운영 개선안을 마련하겠다'고 발표했는데, 그중에는 '색정도착 호모섹스 레즈비언 변태성욕을 긍정 노골적으로 묘사한 것' 같은 항목을 신설하고 철저히 단속할 방침이라는 내용이 포함됐다. 사실상 퀴어 영화를 더 강하게 규제한다는 선포였다.

## 068 검열 바깥의 미디어 'AFKN'

한국에 주둔하는 미군을 대상으로 하는 주한미군방송(American Forces Korean Network·AFKN)은 1950년대부터 라디오와 텔레비전으로 방송을 송출했다.

1957년부터 초단파(VHF) 채널 2번으로 일반 가정에서도 텔레비전으로 볼 수 있었다. 당연히 영어로 방송되기 때문에 시청하기 쉽지는 않았지만, 군사 독재 정권 아래에서 검열 없는 세상을 접할 수 있는 유일한 통로였다. 한국 방송이 민주화 시위를 외면하거나 제한적으로 보도한 반면 에이에프케이엔은 폭력적인 시위 진압 장면을 검열 없이 보여 줬다. 또한 에이에프케이엔을 보면서 영어를 공부한 사람도 많았고, 팝송부터 프로 레슬링, 애니메이션, 드라마, 영화 등을 접한 이들 중 문화 예술계에서 활약한 사례도 여럿 등장했다.

에이에프케이엔이 한국 사회의 섹슈얼리티 정치에 끼친 영향에 관해서는 좀더 연구해야 하지만 몇 가지 추측은 할 수 있다. 이를테면 1981년에 해럴드 프린스 감독의 〈백작 부인의 기둥 서방〉(1970)을 방영했고, 1984년에 길버트 케이츠 감독의 〈여름 소망, 겨울 꿈〉(1973)을 방영했으며, 1987년에는 10대 동성애를 다룬 〈보비의 귀가〉를 심야 영화로 두 번 내보냈다. 또한 토크쇼 개척자 필 도나휴가 게이의 부부 생활을 다룬 방송, 성전환 수술 전문가 대담 방송, 군대 내부 동성애 의제 등을 방영해서 많은 한국인이 시청했다.

한국 공중파에서 볼 수 없는 퀴어 의제를 다룬 점에서 에이에프케이엔은 의미가 있다. 한편으로 이런 상황은 역설적으로 1980년대와 1990년대에 민주 진보 진영에서 동성애를 미국 수입 문화로 이해한 이유를 짐작할 만한 단서가 될 수 있는데, 좀더 연구해야 할 주제다. 2001년 에이에프케이엔은 에이에프엔 코리아(AFN Korea)로 이름을 바꿨다.

0
6
9

# 1980년대에 레즈비언을 다룬 드라마

대중문화에서 성적 장면과 섹스 상업주의가 범람한다는 비판은 1980년대에도 단골 메뉴였다. 1984년, 《조선일보》는 《한국방송(KBS)》 〈TV문학관〉에서 방영한 〈꿈꾸는 식물〉에서 '예술 사진을 찍는다고 두 여자를 세워 놓은 상태에서 한 여성이 다른 여성을 애무하며 옷을 하나씩 벗기는 동성애 행위'가 마치 부부 침실 장면 같은 수준으로 묘사되고 있다며 비난한다. 〈꿈꾸는 식물〉은 레즈비언 드라마가 아니지만 동성애 행위라고 명확하게 지적한 장면은 기록해야 한다.

1987년 《경향신문》은 밉살스러운 배역이지만 연기를 잘해 인기를 끄는 배우라면서 《한국방송》 드라마 〈노다지〉에서 소련군 소좌 아나슈카 역을 맡은 최선자를 소개했다. "최선자는 이지적이긴 하지만 까다로운 성격에 레즈비언이라는 약간은 퇴폐적 분위기까지 만드는 등 개성 있는 연기로 관심을 끌고 있다." 기자는 '최 씨는 자신의 연기가 혐오감을 줄까 봐 걱정하는 눈치'라고 평했다. 레즈비언 연기를 한 최선자가 혐오를 겪는다는 의미인지, 아니면 자기가 한 연기 때문에 레즈비언이 혐오 대상이 될까 봐 최선자가 걱정한다는 말인지 모호하다.

1989년에는 《문화방송(MBC)》이 〈MBC 베스트셀러극장〉에서 〈여, 여〉를 방영한다. 직장 동료 유리와 묘수가 '동거하며 동성연애를 즐긴다'고 줄거리를 설명하는 이 드라마는 주인공들이 살인 사건에 얽히는 내용이었다. 언론은 선정적인데다 폭력을 미화하고 조장한다며 들썩였는데, 심지어 《조선일보》는 텔레비전을 향해 '섹스-폭력상자'라고 비난했다.

이런 기록은 모두 비난과 혐오를 암시하는 방식으로 정리됐지만, 이렇게 1980년대에도 한국 드라마는 이성애 관계가 아닌 다른 형식의 관계, 곧 레즈비언 동거 관계 등을 분명하게 인식하고 있었다. 특히 〈노다지〉는 등장인물을 레즈비언으로 명시하고 있다는 점에서 최초의 레즈비언 드라마 중 하나로 기록할 수 있다.

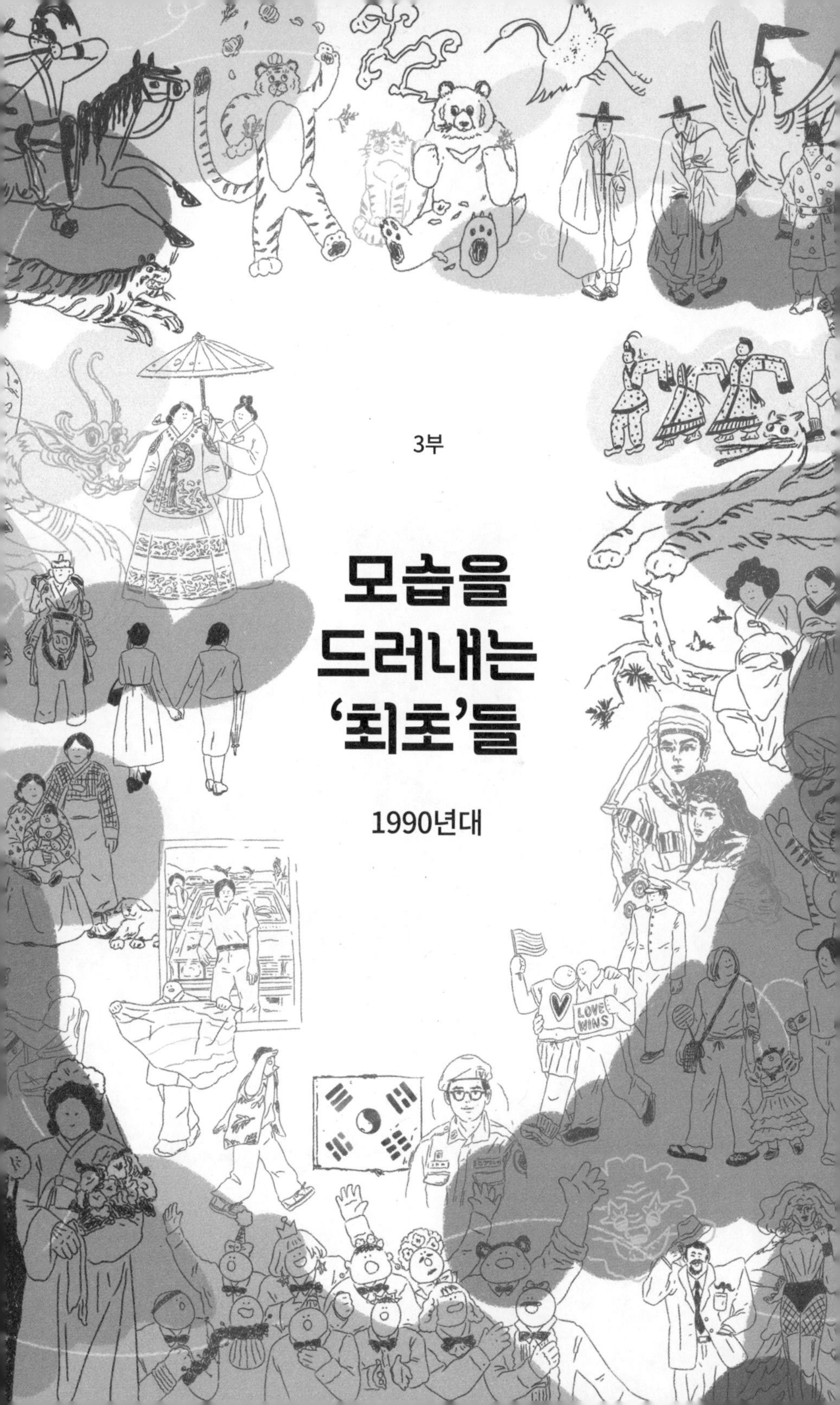


3부

# 모습을 드러내는 '최초'들

1990년대

## 070 성별 정정을 둘러싼 뜨거운 소란

1989년 7월 5일, 윤 모 씨(23세)가 청주지방법원에 낸 성별 변경 허가 신청이 허가됐다. 천경송 법원장이 사유를 설명했다. "윤 씨의 경우 성염색체 이상증의 진단서가 첨부돼 남성으로서의 염색체 구조에 이상이 있을 뿐 아니라 호적 판결은 신청자의 사회적 신분을 결정하는 것이기 때문에 신체적 조건을 갖춘 이상 일상생활에서의 불편함을 덜어 줄 필요가 있었다." 염색체 이상증 진단서가 붙은 만큼 요즘 말로 하면 인터섹스일지 모르겠지만, 일상생활에서 겪는 불편을 덜어 줄 필요가 있다는 이유로 성별 정정을 허가한 점이 중요하다. 1990년 4월 19일, 대전지법 천안지원 하철용 판사도 김 모 씨(23세)의 성별 변경을 허가하면서 김 씨가 사회적이고 법률적인 여성으로서 생활하는 데 불편이 없도록 해줘야 한다고 밝혔다. 그런데 김 씨가 1990년 5월 31일에 서울지법 북부지원에 낸 개명 신청은 1990년 6월 30일에 불허됐다. 김성일 지원장은 헌법상 남녀평등을 기초로 한 혼인을 보호하도록 돼 있는 만큼 성전환 수술을 한 원고를 국가가 보호해 줄 필요는 없다는 기괴한 논리를 댔다. 1992년 7월 30일자 《시사저널》(통권 144호)에 김 씨가 '모든 걸 이해하는 남성'하고 결혼해 잘 지낸다는 기사가 실리기도 했다.

1990년 6월 9일, 수원지법 여주지원 오세립 부장판사는 1990년 2월 7일에 부산대학교병원에서 성전환 수술을 한 무용수 김 모 씨(31세)가 낸 성별 변경 신청은 불허했다. 김 씨는 6년째 동거하는 남편도 있었지만, 법원은 인간의 성은 천부적으로 타고나는 것이므로 인위적으로 변경해서는 안 된다면서 난소가 없어 임신하지 못하고 남성 염색체를 갖고 있는 이상 여자의 일부 기능을 갖는 정도의 성전환 수술은 근본적인 성전환 수술로 볼 수 없다고 했다. 김 씨는 항고했고, 수원지법 민사1부는 대한의학협회에 소견 조회를 했다. '육체적으로나 정신적으로나 이미 여성이라고 할 수 있다'는 의견서를 받은 법원은 수술로 여성이 되더라도 사회적 가치관에 비춰 완전한 여성이라 할 수 없다며 신청을 기각했다.

# 071 뉴욕에 한인 동성애자 모임이 만들어지다

1990년 12월, 미국 뉴욕에서 한국인동성애자협회(Korean Lesbian Gay Organization·KLGO)가 탄생했다. 한국에도 동성애자 인권 운동이 시작돼야 한다고 생각해 초동회를 만든 장진석이 한국으로 오기 전에 먼저 뜻을 같이하는 몇몇 사람을 모아 결성했다. 장진석은 1993년 샌프란시스코와 로스앤젤레스에서도 한국인 동성애자 단체를 만들었다.

1994년에 한국에서 남성 동성애자 인권 운동 모임 '친구사이'가 만들어진 뒤 이 단체들은 1996년에 '뉴욕 친구사이', '샌프란시스코 친구사이', '엘에이 친구사이'로 이름을 바꿨고, 1995년에는 '시카고 친구사이'도 결성됐다. 주로 남성 동성애자들이 모인 미국 한인 동성애자 모임이 단체 이름을 '친구사이'로 바꾼 이유는 연대감을 표현한 행위일 뿐 한국 친구사이의 지부 개념은 아니었다. 이 무렵 미국 한인 동성애자 모임 회원은 대체로 한국에서 살다가 미국으로 건너간 이들이었다. 억압적인 사회 분위기를 잘 알기 때문에 한국 사회의 동성애자 인권에 관심과 애정을 갖고 활동을 지원하려 했다.

미국 한인 동성애자 단체들은 종종 자선 모금 댄스파티를 열어서 수백만 원에 이르는 후원금을 마련해 한국 동성애자 단체에 기부했고, 미국에서 만든 배지나 티셔츠 같은 상징물과 책, 잡지, 비디오테이프 등을 보내 한국 활동가들에게 새로운 정보를 제공하고 관련 활동을 펼치도록 자극하는 구실을 했다.

엘에이 친구사이는 그 뒤 '하누리'로 이름을 바꾸고 비영리 단체 자격까지 얻어서 활동하다가 1990년대 말 활동력이 약해지면서 사라졌다. 나머지 단체들도 마찬가지였다. 이미 사라진 단체들이지만 1990년대 초 미국에서 한인 동성애자 단체가 활동한 사실, 그리고 그런 단체들이 한국 퀴어 인권 운동의 시작점에 맞닿아 있다는 사실은 중요하다.

# 072 한국 사는 외국인 레즈비언들 뭉치다

퀴어들이 모여서 만든 친목 모임은 예전부터 많았다. 대부분 기록이 남아 있지 않은 탓에 실상을 명확하게 파악할 수 없어서 안타까울 뿐이다. 이름과 규모를 확인할 수 있는 모임은 1970년대 레즈비언 모임이라 할 만한 '여운회'와 1991년에 한국에 사는 외국인 레즈비언들이 주축이 되어 만든 '사포' 정도인데, 이런 기록 덕분에 퀴어 인권 운동은 구체적인 역사를 갖게 됐다.

사포는 영어 강사 등 여러 이유로 한국에 온 외국인 레즈비언들이 만든 모임이다. 한국에 레즈비언 바가 하나도 없다는 사실에 놀란 외국인 레즈비언들은 자기들이 모이고 누릴 수 있는 공간을 만들려는 정확한 목표를 세웠다. 토니라고 불린 이가 우연히 게이 바에서 만난 다른 레즈비언 두 명과 의기투합해 1991년 11월에 사포를 만들었다. 토니는 주한 미국인에게 도움이나 정보를 제공하는 기관인 미군위문협회(USO)를 비롯해 《코리아 타임스》와 《코리아 헤럴드》 같은 영자 신문에 레즈비언 모임을 광고했다. 신문에 실린 광고를 보고 8명 정도가 찾아오면서 사포가 시작됐다.

사포는 회원들이 한국에 줄곧 거주하지 않고 상황에 따라 본국으로 돌아가는 일이 잦아서 체계적으로 운영되기는 어려웠다. 그렇지만 사포를 통해서 알게 된 레즈비언 세 명과 게이 세 명이 뜻을 모았고, 바로 이 사람들이 나중에 한국 최초 퀴어 인권 운동 모임인 '초동회'를 결성했다. 국내외 여러 게이와 레즈비언이 서로 돕고 용기를 내어 만들어진 초동회가 시작된 곳이 사포라는 점이 중요하다. 한편 사포는 지금도 주한 외국인 레즈비언 모임으로 운영되고 있다.

# 073 트랜스젠더를 게이라고 부른 시절

1992년 8월 23일, 《에스비에스(SBS)》 〈그것이 알고 싶다〉는 '게이—성의 두 얼굴'을 방영했다. 한 달 앞서 나온 《시사저널》에는 특집 〈한국의 게이—남성으로 태어난 여성들의 세계〉가 실렸다. 제목에 '게이'가 들어 있지만 내용은 모두 '트랜스젠더'를 다루고 있었다. 동성을 사랑하는 감정과 자기 성별을 무엇으로 인식하는지를 사회는 구분하지 않았다. 남자로 태어나 여자가 아닌 남자를 좋아하다 보니 성별까지 바꿔 여자가 되려는 사람이라고 생각한 탓이었다. 동시에 현재의 범주 명명인 게이와 트랜스젠더를 다른 방식으로 사용한 역사적 흔적이기도 했다. 1980년대 즈음에는 지금의 게이를 호모로, 트랜스젠더를 게이로 불렸다. 이런 명명은 트랜스젠더와 동성애를 분명하게 구분하지 않는 태도이기도 하지만, 용어가 지닌 정확한 의미를 추적하기보다는 관습적이거나 언론에서 주로 쓰는 방식을 별 고민 없이 계속 반복하는 관행이 불러온 효과이기도 했다.

또한 용어와 개념이 틀려도 시정하라고 지적할 인권 단체가 없는 시절이었다. 1995년 5월 9일, 《문화방송》 〈PD수첩〉은 '여자가 되고 싶은 남자—게이들의 삶'을 방송했다. 이 방송에는 하리수보다 먼저 트랜스젠더라고 밝히고 배우 활동을 시작한 하지나가 출연했다. 1995년 2월 26일 《한겨레신문》에 실린 〈또 다른 인격체, 게이들의 삶〉이라는 기사에 이런 구절이 실렸다. "게이는 흔히 '호모'라고 불리는 남성 동성연애자들과 다르다. 호모가 남자를 좋아하는 남자라면 게이는 남자를 좋아하는 여자 같은 남자다."

이런 차이가 계속 이어져서 1990년대 중반에 등장한 성소수자 인권 단체에게는 용어의 정의와 범주를 정정하고 대중화하는 작업이 중요한 캠페인 중 하나였다.

# 074 《겨울 허수아비도 사는 일에는 연습이 필요하다》

본격적인 성소수자 인권 운동이 시작되기도 전에 동성애자 에이즈 감염인이 쓴 에세이가 출간됐다. 1993년 3월 12일에 나온《겨울 허수아비도 사는 일에는 연습이 필요하다》다. 김경민이 쓴 이 책은 스스로 동성애자라는 사실을 밝힌 첫 에세이이자 에이치아이브이 감염인이 낸 첫 에세이다. 김경민은 '오준수'라는 활동명을 썼는데, 한국 최초 퀴어 인권 운동 모임 초동회 회원이자 친구사이의 창립 회원 겸 부대표로 기록돼 있다.

이 책에는 어린 시절 이야기부터 동성애자로서 사랑하는 이들을 만나고 헤어지면서 괴로워하다가 자살을 시도한 방황의 시간, 1992년에 감염 사실을 알고 난 뒤 이야기를 적은 에세이와 자작시가 담겨 있다. 책 제목도 자작시 중 한 편의 제목이다. 책 부제는 '영혼이 조각나버린 서른살 난 한 에이즈 환자의 고백록'인데, 에이치아이브이에 감염된 현실에 수치심과 죄책감을 느끼면서도 같은 사회의 일원으로 받아들여 달라고 요청하는 마음을 담고 있다.

김경민은 책을 낸 뒤 방송에 많이 출연했는데, 방송을 보고 김경민이 쓴 책과 초동회를 알게 돼 처음으로 동성애자 인권 단체에 연락한 이들도 있었다. 특히 이 책은 한국 성소수자 인권 운동이 본격적으로 시작되기 전인 1980년대와 1990년대 초반 게이 커뮤니티의 모습을 엿볼 수 있다는 점에서 중요하다. 이 책은 '에이즈 퇴치를 위한 한국 시민모임'이 기획했는데, 김경민은 이 단체에서 일하는 상근 활동가였다. 정부가 에이즈와 동성애를 향해 편견과 혐오를 드러낼 뿐 예방 정책에는 별다른 신경을 쓰지 않던 무렵에 몇몇 시민이 자발적으로 꾸린 단체였다.

0
7
5

## 초록은 동색, 초동회 뜨다

어릴 때 해외 입양돼 미국에서 살던 장진석은 성 정체성을 깨달은 뒤 동성애자 인권 운동과 에이즈 예방 운동을 펼쳤다. '에이즈 예방 교육자' 자격증을 따고 한인 동성애자 모임인 '뉴욕 친구사이'를 만든 장진석은 한국에도 관련 운동이 필요하다고 생각해 귀국을 결행했다.

먼저 한국에이즈퇴치연맹에 연락하지만 동성애자 인권에 관심이 없다는 사실을 확인하고 '에이즈 퇴치를 위한 한국 시민모임'을 찾아갔다. 그곳에서 김경민(오준수)을 만나고, 그 뒤 사포를 통해 만난 이들을 모아 1993년 12월 27일 '초동회'를 결성한다. '초록은 동색'이라는 말에서 따온 초동회는 단체 소개에 '한인 동성애자 모임'이라고 적었는데, '한인'이라는 표기는 해외에서 온 활동가가 많던 창립 성원들이 지닌 특성을 보여 준다.

초동회는 레즈비언과 게이가 함께 모여 흩어진 동성애자를 연결하고 한국 사회에 뿌리 깊은 동성애에 관한 왜곡과 편견을 바꾸는 데 목표를 뒀다. 단체를 후원할 가능성이 있는 유명인에게 연락하는 등 여러 노력을 기울이지만 대부분 후원을 거절했다.

초동회는 1994년 1월 25일 첫 번째 소식지를 발간한 뒤 해체를 결정했다. 결성 한 달 만에 해체했지만, 1994년 2월 남성 동성애자 인권 운동 단체 '친구사이'가 결성되고 같은 해 11월 여성 동성애자 인권 운동 단체 '끼리끼리'가 시작된 점에서 발전적 해체라 볼 수 있다.

초동회가 해체한 결정적 이유는 오준수(김경민)와 전해성이 한 인터뷰 기록으로 짐작할 수 있다. 오준수는 말했다. "여자와 남자가 서로 다르기 때문이었겠지. 남자들은 동성애자의 인권 문제에만 관심이 있었던 반면 여자들은 동성애 인권 플러스 여성 해방 운동이라는 문제에 관심이 있었으니까, 마찰이 있을 수밖에 없었지. 또 통념적으로 게이는 여자답고 레즈비언은 남자답다는 것에서도 못 벗어났어. 게이들은 여자애들 보고 재네들 왜 저렇게 남자 같냐고 흉보고 여자들은 남자애들 보고 쩨쩨하다고 그랬으니까. 사실 우리도 사회적인 통념을 못 벗어난 거지."

# 076 게이 인권 단체 친구사이 탄생하다

1994년 1월 말 초동회가 해체하자 남성 동성애자들은 같은 해 2월 7일 서울시 강서구 화곡동에 자리한 어느 회원의 집에 모여 친구사이를 만들었다. 그해 9월에는 서울시 마포구 연남동에 사무실을 열었다. 친구사이는 단체를 만들면서 일단 소식지부터 냈는데, 제호는 '친구사이(구: 초동회) 2호'였다. 친구사이가 초동회를 이어받은 단체라는 점을 명확하게 한 셈이었다. 같은 해 12월에는 회원 10명이 쓴 글을 모아 한국 최초 남성 동성애자 수기집 《이젠 더 이상 슬프지도 부끄럽지도 않다》를 출간했다. 친구사이, 그리고 남성 동성애자의 목소리를 대중적인 기록으로 남기는 작업이기도 했다.

그 뒤 친구사이는 뚝섬 쪽을 거쳐 1998년 5월 종로에 사무실을 마련했다. 종로가 게이 남성에게 중요한 지역이라는 점을 고려하면 커뮤니티하고 긴밀한 관계를 유지한다는 의미도 있었다. 《또하나의사랑》 4호에 실린 친구사이 대표 인터뷰에 따르면, 1996년 5월 기준 정회원 30여 명과 준회원 35명 정도가 활동하고 있으며 회원 자격은 만 18세 이상 남성 동성애자였다.

친구사이는 에이즈, 청소년, 군대와 군형법, 자살 예방, 영화 제작 등 다양한 인권 의제를 다루고 수영, 댄스, 합창, 독서 등 다양한 소모임 활동도 활발하다. 성소수자 인권만이 아니라 노동과 장애 등 다른 인권 운동들을 잇는 연대도 계속 넓히고 있다. 2011년에는 게이에 관한 모든 것을 게이들이 직접 알려주겠다는 모토로 《GAY CULTURE HOLIC—친절한 게이문화 안내서》를 출간한다.특히 종이 잡지는 아니지만 단체 소식지로서 깊이 있는 내용을 담아내는 웹진도 꾸준히 발간한다. 2006년부터 '무지개 인권상' 시상도 진행한다. 한국에서 가장 오래된 성소수자 인권 단체로 한국 퀴어 운동의 역사를 지금도 충실히 이어 가고 있다.

DB-0002455

# 077 한탄강에서 싹튼 레즈비언 인권 운동

초동회 회원 전해성은 단체 해산 뒤 '끼리끼리'를 만들기 위해 다양한 활동을 이어 갔다. 친구사이 소식지에 새로운 단체를 만들겠다고 홍보하고, 언론 보도 행태를 비판하는 서한을 발송하고, 지지자들과 편지를 주고받았다. 이런 과정을 거쳐 초기 회원 5명하고 함께 1994년 11월 26일과 27일에 한탄강 부근으로 엠티를 갔다. 단체 이름을 정했고, 다른 회원들을 대하는 태도, 나이 차이에 따른 존칭 대신에 별도 호칭을 쓰는 문제, 단체를 통해 하고 싶은 일, 소모임 구성 등을 논의했다. 끼리끼리라는 이름은 '여자끼리의 사랑'과 '남자끼리의 사랑'의 줄임말이자 동성애자라는 점을 숨기지 않고 서로 같은 사람들끼리 모이자는 의미를 담았다.

1995년 1월 17일 《조선일보》에 〈여자끼리 사랑 죄인가요? 국내 첫 레즈비언 모임〉이라는 기사가 실렸다. 그러자 1월 21일에는 〈동성애 소식지 발간 재고를〉이라는 제목 아래 동성애는 비정상이므로 알려서는 안 된다는 취지를 담은 독자 의견이 실렸고, 1월 25일에는 〈동성연애자도 이웃 너그러운 눈길 필요〉라는 반박 의견이 실렸다.

끼리끼리는 초기 국면에서 레즈비언을 가시화하고 사회적 쟁점을 형성하는 데 중요한 구실을 했다. 1998년에는 단체 활동을 담은 《레스보스, 그 섬으로의 여행》이라는 단행본을 냈고, 《한국여성인권운동사》에 글을 게재해 레즈비언 인권 운동을 기록으로 남기려 애썼다. 또한 대만에서 열린 제3회 '아시아 레즈비언 네트워크(ALN)'에 한국 대표로 참가했다. 1997년 5월에는 사실상 최초라 할 수 있는 여성 이반 소프트볼 모임 '레인보우'와 30대와 40대 소모임 '그루터기'가 생겼다. 그루터기는 나중에 독립해 현재까지 레즈비언 중장년 모임으로 운영되고 있다. 2005년, '한국레즈비언상담소'로 단체 이름을 바꿔 지금까지 이어지고 있다.

# 078 《이젠 더 이상 슬프지도 부끄럽지도 않다》

'솔직히 아픔을 공유한다는 일은 불가능한 일이다'는 문장으로 시작하는 책이 1994년 크리스마스이브에 출간됐다. 한국 최초 게이 수기집인 《이젠 더 이상 슬프지도 부끄럽지도 않다》다.

이 책은 한국 성소수자 운동과 동성애자의 삶을 제대로 알리려는 목적으로 출간됐다. 한국 남성 동성애자 인권 운동 단체 친구사이 회원 10명이 쓴 에세이가 실려 있는데, 글쓴이들은 '아픔의 공유가 너무나 힘든 것이기 때문에 우리는 일반인들에게 우리의 상황과 입장을 영원히 이해시킬 수 없을는지도 모른다'면서 고립감을 고스란히 드러냈다. 동성애자들이 놓인 현실과 겪는 고통을 보여 주는 동시에 '일반인'을 이해시키기보다는 동성애에 관련된 정보를 제대로 알리는 데 목적을 뒀다. 또한 동성애자를 섹스만 하는 사람이 아니라 자기 삶을 살아가면서 사랑 때문에 고통받는 존재로 재현하려 노력했다.

어린 시절부터 같은 성을 사랑하고, 연애도 하고, 실연 때문에 상처도 받고, 그러다 친구사이를 알게 되면서 마침내 자기 삶을 긍정하게 되는 이야기를 각자의 방식으로 풀어 나갔다. 책 제목은 바로 글쓴이들이 지닌 이런 마음을 상징적으로 압축하고 있었다. 지난날에는 부끄럽고 슬픈 마음을 품은 적도 있지만 이제 더는 그렇게 생각하지 않겠다는 선언이었다. 따라서 책이 나온 1994년이라는 시대적 분위기와 일반인을 독자로 염두에 두고 쓴 점을 고려해서 읽어야 한다.

1993년 초 출간된 《겨울 허수아비도 사는 일에는 연습이 필요하다》만 해도 '보갈'과 '호모'를 주로 쓰고 '게이'는 거의 안 썼는데, 1994년 말에 나온 이 책에는 '게이'와 '동성애자'만 나타날 뿐 '보갈'이나 '호모', '동성연애'라는 표현은 아예 찾아볼 수 없었다.

DB-0000254

# 079 "게이, 레즈비언 학생들은 연락 바랍니다"

1995년 3월 27일자 연세대학교 학보 《연세춘추》에 조그만 광고가 실렸다. "게이, 레즈비언 학생들은 연락 바랍니다." 연세대학교 대학원 사회학과 석사 과정에 다니는 서동진이 낸 광고였다. 번호가 공개된 삐삐에는 욕설과 협박이 가득 찼지만, 광고를 보고 용기를 낸 사람들도 있었다. 4월 1일, 연세대 앞 카페 헥사존에 일곱 명이 모였다. 첫 대학 동성애자 모임이 만들어지는 순간이었다.

이렇게 결성된 연세대학교 동성애자 모임 '컴투게더'는 1996년 4월 1일 결성 1주년을 맞아 교문부터 본관까지 분홍색 삼각형 색지 1000여 장을 붙이는 이벤트를 벌였다.

서울대학교에서는 이정우(임우근준)가 주축이 돼 1995년 5월 29일에 소식지를 만들어 학교 안에 배포하면서 '마음001'이 공식 결성됐다. 고려대학교 '사람과사람'도 1995년 9월에 결성됐다. 1996년 4월에 건국대학교 '화랑'이 결성됐고, 이어서 서울 바깥 지역에서는 최초로 충북대학교 '동일인'과 동아대학교 '왼손잡이' 등 모임이 잇따라 결성됐다.

1995년 10월 5일 《세계일보》에 '대학이 서구의 하급 문화인 동성애 등이 무분별하게 수용되어 심각하게 우려할 만한 수준'이라는 기사가 실리기는 했지만, 대학 성소수자 모임은 학교에 소식지를 배포하고 영화제나 강연회, 토론회 같은 행사를 열거나 언론 인터뷰에 나서는 등 적극적으로 활동을 이어 갔다.

1996년 3월 22일에는 '동성애자의 존재를 인정하지 않는 한국 사회의 집단적 침묵을 거부한다'는 내용을 담은 발족 선언문을 내면서 '대학동성애자인권운동협의회'가 공식 발족했다.

080

# "한국에도 정말 동성애자가 있습니까?"

1995년 6월 26일 친구사이, 끼리끼리, 서울대학교 마음001, 연세대학교 컴투게더 등 4개 단체가 모여 '한국동성애자인권운동협의회'(동인협)를 결성하고 기자 회견을 열었다. 이날 어느 기자는 '한국에도 정말 동성애자가 있습니까?'라고 질문했고, 《연합뉴스》는 동인협 발족 기자 회견 소식을 전하는 기사를 이렇게 마무리했다. "그러나 전통적 윤리관이 뿌리 깊은 사회 풍토에서 이들의 주장이나 활동이 사회적으로 어느 정도 인정받을 수 있을지는 아직은 미지수. 이들 스스로가 이날 기자회견 자리에서 '사진취재 절대불가'라는 한계를 드러냈고 대다수의 보통 사람들도 이 모임에 대해 심지어 '요상하다'는 반응까지 보이고 있기 때문이다." 돌이켜보면 한국의 성소수자 인권 운동은 이런 비관적 예견을 뚫고 발전해 온 셈이다.

1995년 9월 3일에는 후원금을 마련하려는 일일 호프 겸 바자회를 열어 700여 명이 찾아올 정도로 성공을 거뒀고, 1996년 6월 22일에는 이태원에 자리한 게이 바 '파슈2'를 빌려 동인협 1주년 기념행사를 열었다. 주한 외국인 동성애 단체인 사포, 피시통신 하이텔 동성애자 모임인 또하나의사랑, 대학동성애자인권운동협의회(대동협)이 새로 들어오면서 가입 단체도 늘어났다. 또한 초동회 해산 뒤 잠시 맥이 끊어진 레즈비언과 게이의 공동 활동이 다시 시작된 점에서 또 다른 의의를 찾을 수 있었다.

동인협은 활동가 여름 캠프 프로그램 격으로 '동성애자 여름 인권학교'를 1997년까지 개최했다. 1회 때는 '퀴어스마일', 2회 때는 '우리는 가족', 3회 때는 'Express yourself—이반의 눈으로 바라보는 세상'이 슬로건이었다. 1회에는 40여 명이 참가하지만 3회에는 참가자가 100명이 넘을 정도로 호응을 얻었다. 그렇지만 결속력이 약해지고 활동력이 떨어지면서 1997년 말에 이르러 동인협은 거의 해체 단계에 접어들었다.

# 081 그 유명한 연세대 성정치 문화제

1995년 10월, 연세대학교 교정에서 총학생회가 주최한 '성정치 문화제'가 열렸다. 인기 록 그룹 너바나가 부른 노래 제목을 본떠 '나를 강간하라(Rape Me)'를 슬로건으로 내건 이 행사는 여성의 몸을 피해자만으로 규정하는 사회에 반기를 들고 섹슈얼리티를 적극 이야기하는 자리였다.

1990년대 들어 성폭력 사건이 널리 알려지면서 여성의 몸만 계속 단속하거나 피해의 심각성만 강조하는 논의 방식이 오히려 여성을 억압할 뿐이라는 문제의식에서 출발한 행사이기도 했다. 또한 1995년 봄 연세대학교 퀴어 동아리 컴투게더하고 함께 퀴어 섹슈얼리티의 의미를 탐색한 경험을 살려 행사장 한 곳에 와 컴투게더를 소개하고 동성애를 제대로 알리는 내용을 전시했다.

문화제가 진행되는 도중에 연세대학교 기독연합회 산하 카타콤 소속이라고 밝힌 학생들이 성문화 타락을 조장한다는 이유로 남근 피라미드를 파괴했다. 한국 사회가 여성의 몸에 적용하는 이중 잣대와 만연한 성차별을 탐색하려고 만든 상징물인 남근 피라미드를 문제 삼은 행동이었다. 연세대학교 총학생회는 즉석 공개 토론회를 제안했고, 중앙도서관 앞에서 100여 명이 모여 대학 내부의 섹슈얼리티를 주제로 삼아 토론을 진행했다.

성정치 문화제는 연세대뿐만 아니라 다른 여러 대학에서도 열리면서 영페미니스트의 출현을 알린 사건이었다. 또한 대학 내부에서 제기되는 퀴어 의제를 함께 다루면서 퀴어 페미니즘 정치가 등장하는 변화를 예고했으며, 퀴어 정치와 페미니즘 정치가 만나서 함께하려면 어떤 노력이 필요한지 알려 주는 구체적 사례를 제시했다.

## 082 미디어, 에이즈 공포를 조장하다

1980년대 에이즈 공포를 겪기 시작한 한국 사회는 의도적 무지와 공포의 상업성을 포기하지 않았다. 1990년대 들어 공중파 방송 시사 프로그램이 에이즈 공포가 재생산되는 과정에 적극 참여했는데, 《에스비에스》의 〈그것이 알고 싶다〉가 최전선에 서 있었다.

1992년 8월 9일, 〈그것이 알고 싶다〉는 'AIDS 죽음보다 더 큰 외로움'이라는 제목으로 에이즈 전파 의혹과 공포를 취재해 방영했다. 18화로, 방송을 시작한 지 얼마 안 된 때였다. 25화는 '영혼의 AIDS'를 방영했는데, 주제는 도박이었다. 도박이 지닌 위험성을 강조하려고 에이즈를 끌어들인 표현이었다. 7주 전에 에이즈를 공포로 만들더니 다시 도박처럼 패가망신할 위험이 있다는 예시로 에이즈를 활용했다. 1994년 8월 27일 방영한 114화는 'AIDS 비상'이었다. 1990년대 초중반 《에스비에스》는 에이즈에 관련된 정확한 사실이나 미국에서 시작된 세이프 섹스 같은 유용한 정보를 알려 주기보다는 공포와 위험을 부추기는 방식을 선택했다.

에이즈를 공포로 만드는 데 《문화방송》도 빠지지 않았다. 〈PD수첩〉은 1991년 3월 19일 '진단 AIDS 예방관리'를 방영했고, 1994년 2월 1일 138회에서는 '에이즈, 고삐는 풀렸는가'를 방영했다. 이런 제목은 모두 에이즈를 통제할 수 없는 상태라 관리가 필요하다는 의미이기도 했지만, 실상 감염인을 통제 불가능한 위험 요소로 인지하게 했다.

공중파 방송이 몇 곳 안 되고 지금보다 영향력은 훨씬 크던 그 시절에 방영된 이런 프로그램들은 탐사 보도나 현실 고발 형태를 취하면서 감염인을 상대로 한 혐오와 차별을 정당화하는 근거가 됐다.

# 083 파란 화면 속 퀴어들

1980년대에 시작된 피시통신이 대중화된 시기는 1990년대 중반이다. 1995년 8월 31일 이해솔이 의장이 돼 천리안의 'bbsmeet'라는 서비스 코너에 동성애에 관한 이야기를 나누는 게시판을 만든 일이 계기가 돼 그해 11월 '동성애자인권모임방'이 정식으로 개설된다. 이런 움직임은 나우누리와 하이텔에서 활동하는 성소수자들을 자극해 1996년 1월 18일에 나우누리 '레인보우'가, 2월 16일에 하이텔 '또하나의사랑'이 만들어진다. 1998년에는 유니텔 동성애자 모임 '거아사(거치른땅에 아름다운사람들)'도 뒤를 잇는다.

피시통신에서 동성애자 모임이 묶이는 카테고리의 성격과 정식 모임으로 인정받는 과정도 사회 변화를 보여 주는 지표가 된다. 이를테면 처음 문을 열 때 하이텔 또하나의사랑은 '별난 모임'이라는 분류 아래 게시판을 하나만 만들 수 있는 소모임방으로 개설된다. '별난 모임'으로 분류된 현실 자체가 편견이 작동한 결과라고 생각한 운영진들은 열심히 노력해서 그해 7월에 '사회/종교' 카테고리로 옮겨 게시판을 3개 운영할 수 있게 된다. 점점 성장한 또하나의사랑은 1998년 4월에 정식 동호회로 승격되고, 그해 하이텔 전체 284개 동호회 중에 이용 실적 통계로 10위권에 드는 우수 동호회가 된다. 나우누리 레인보우는 1997년 12월 23일에 정식 동호회로 승격되고 'go queer'라는 인덱스도 얻는다. 유니텔 거아사도 개설하고 1년 만인 1999년 2월 27일에 정식 동호회가 된다. 또한 하이텔에는 또하나의사랑에서 떨어져 나온 트랜스젠더와 크로스드레서들이 '아니마'라는 모임을 만든다.

1990년대 중반부터 성소수자 커뮤니티가 확장하는 데 기여한 피시통신은 2000년대 초반 초고속 인터넷이 등장하면서 쇠퇴한다.

# 084 피시통신과 성소수자 인권의 상관 관계

1990년대 피시통신은 한국 퀴어 운동 역사에서 의미 있는 페이지를 차지한다. 해방 뒤 성소수자가 모이는 업소가 생기지만 폐쇄적으로 운영됐다. 관련 정보를 얻으려 해도 언론은 아주 부정적인 이미지만 제공할 뿐이었다. 이런 현실에서 등장한 피시통신은 '이 세상에 동성을 사랑하는 사람은 나뿐일 거야'라고 생각하며 움츠려 산 이들에게 자기 방 안 컴퓨터 모니터를 거쳐 다른 동성애자들하고 교류하는 새로운 경험을 안겼다. 성격이 수줍고 소극적인 사람도 아이디와 활동명만 만들면 어느 정도 익명성을 유지한 채 조심스럽게 성소수자 모임에 발을 들일 수 있었다. 이런 장점 덕분에 피시통신은 동성애자 커뮤니티가 양적으로 성장하는 데 큰 도움이 됐다.

피시통신 게시판과 대화방에 동성애자가 등장하자 편견과 혐오를 드러내는 이들도 나타났다. 토론 게시판에서는 찬반 글이 수백 개씩 올라오는 뜨거운 논쟁이 종종 벌어졌다. 호모포비아들을 상대로 벌인 설전은 오히려 동성애자들을 각성시키고 인권 옹호 의식을 키우는 계기가 됐다.

피시통신이 레즈비언 커뮤니티가 확장하는 데 큰 도움이 된 점도 간과할 수 없다. 게이 바 등 피시통신 이전에도 게이들에게는 어느 정도 소통 공간이 열려 있던 반면 레즈비언들은 그렇지 못했다. 그런데 피시통신 성소수자 모임에 레즈비언들이 가입하기 시작하면서 레즈비언이 모임 대표를 맡거나 레즈비언 전용 게시판과 대화방이 만들어졌다. 또한 페미니스트와 레즈비언의 교집합이 피시통신 안에 형성되면서 자연스럽게 지식과 친교를 나누게 됐다.

085

## 단체들이 잡지를 내다

피시통신 성소수자 모임 회원들이 쓴 게시글과 153 전화 사서함에 남긴 메시지는 1990년대 성소수자의 삶을 복원하는 중요한 자료이지만, 피시통신과 전화 사서함 서비스가 끝나면서 관련 기록도 모두 사라졌다. 다행스럽게도 1990년대는 모임 소식지를 발간하는 일이 유행이었다. 친구사이, 끼리끼리, 대동인, 동인련을 비롯해 여러 대학 동성애자 모임과 지역 성소수자 모임이 소식지를 발간했다. 1990년대에 퀴어에 관련해 생산되고 유통된 정보와 지식은 물론 성소수자들이 안고 살아간 고민과 기쁨을 알 수 있는 소중한 자료다.

소식지 중에서도 장기간 꾸준히 깊이 있는 내용으로 발간된 잡지도 있다. 먼저 《또하나의사랑》이다. 1995년 12월 5일 피시통신 하이텔 대화방에서 만난 동성애자 몇몇이 의기투합해 《열린마음》이라는 소식지를 발간했다. 4호부터 제호를 《또하나의사랑》으로 바꾼 이 소식지는 2000년 12월 15일 통권 15호까지 이어졌다. 회원들이 게시판에 쓴 글과 편집팀에서 직접 취재한 기사부터 인터뷰뿐 아니라 호모포비아가 쓴 글까지 모두 기록한 덕분에 1990년대에 횡행한 동성애 혐오 논리도 덤으로 엿볼 수 있다.

다음은 끼리끼리에서 낸 《또다른세상》이다. 끼리끼리도 단체를 설립한 뒤 소식지를 발간해서 국내는 물론 외국 여러 단체에 발송했다. 그러다 1996년 봄에 '레즈비언을 위한 정보지'를 내세우며 《또다른세상》이라는 잡지를 창간했다. 커밍아웃을 두려워하던 시절인데도 레즈비언 세 명이 환하게 웃는 모습이 창간호 표지로 실렸다. 《또다른세상》은 1999년 5월에 7호를 낸 뒤 종이 잡지를 종간하고 10월에 웹진으로 전환한다. 2022년 레즈비언상담소는 한국 최초 여성 퀴어 잡지를 기록하기 위해 합본호 형식을 띤 《또다른세상 1996-1999》를 제작했다.

# 086 〈개 같은 날의 오후〉 다시 보기

〈개 같은 날의 오후〉는 이민용 감독이 연출하고 1995년에 개봉한 영화다. 아내 폭력 가해자를 아파트 여성 주민 10여 명이 집단으로 막아서는데, 그런 과정에서 가해자가 사망하자 피해자와 여성 주민들이 함께 옥상으로 피신하면서 이야기가 시작된다. 아파트 옥상에서 시위를 시작한 여성들은 아내 폭력에서 출발해 부부 간 재산 불평등, 직장 내 성차별, 외모 품평, 비혼 여성을 향한 편견, 여성의 정치적 대표성 등을 문제 제기하고, 옥상에서 함께한 트랜스여성도 동료가 되면서 호적상 성별 정정도 정치적 의제로 떠오른다.

〈개 같은 날의 오후〉는 큰 인기를 끌어서 1995년 개봉한 한국 영화 중 관객 수 3위를 차지했고, 무엇보다 관객의 80퍼센트가 여성이라는 기록을 남겼다. 쉬쉬하던 성폭력과 성차별이 이제 막 공론화되는 시점이었는데, 그런 상황에 맞서 적극적으로 항의하고 서로 다른 처지인데도 연대하는 모습은 유쾌하고 속 시원한 느낌을 줬다. 7처음부터 페미니즘 영화로 평가받았는데, 옥상에 함께 올라간 트랜스여성이 언급되는 사례가 많았다.

2020년대 들어 〈개 같은 날의 오후〉는 새롭게 주목받았다. 여자 대학에 들어가려 한 트랜스여성이 내부 성원들이 항의해 입학을 포기하고, 여자 군인으로 군대에 계속 복무하려 한 트랜스여성이 강제 전역 처분을 받은 사건 때문이었다. 반면 〈개 같은 날의 오후〉 속 풍경은 달랐다. 여성 옥상 시위대 중 한 명이 트랜스여성이라는 사실이 알려지자 몇몇이 강한 혐오감을 표출했다. 옥상 시위대 안에서도 혐오 발언이 나오지만 함께한 사람이라며 옹호하는 목소리가 나오면서 분위기가 바뀌어 비트랜스젠더 여성들은 트랜스여성을 동료로 받아들인다. 여성의 안전과 연대란 균질한 이해관계에서 발생하는 산물이 아니라 다양한 차이를 넘어 함께하는 과정에서 형성된다는 메시지를 전하는 이 장면은 2020년대를 살아가는 우리에게 더욱 소중하게 다가온다.

# 087 한국 최초의 레즈비언 바는 대전에 있었다

한국 최초 레즈비언 바는 언제 어디에 있었을까? 게이 바가 1950년대까지 거슬러 올라가는 데 견줘 레즈비언 전용바에 관한 역사는 그리 안 알려져 있다. 1970년대 명동에 자리한 샤넬다방 등에 레즈비언이 많이 드나들기는 했다지만, 정작 다방 주인은 자기 가게를 '레즈비언 전용 업소'로 인식하지 않았다. 한국 최초 레즈비언 바라고 말하려면 레즈비언을 위한 가게를 열겠다는 창업자의 의지를 중요 기준으로 삼아야 한다.

이렇게 보면 한국 최초 레즈비언 바는 1996년 3월 대전에서 개업한 '레떼'다. 1990년대 중반 대전에 '백조의 호수'라는 게이 바가 있었는데, 여기에 대전 지역 레즈비언들이 알음알음으로 찾아오기 시작했다. 마침 백조의 호수를 운영한 사장의 여동생도 레즈비언이었다. 이참에 레즈비언을 위한 공간을 만들자고 결심한 이 사람은 오빠가 운영하던 가게를 인수해 '레떼'를 열었다.

처음에는 '한국 최초 레즈비언 바'라는 타이틀에 큰 관심을 기울이지 않은 탓인지 카페 홍보물에도 관련 문구가 없었다. 어떤 개인이 한 일이 역사적 사건이 되려면 이 일을 함께 기념하고 의미를 부여해 줄 공동체가 있어야 하는데, 그때는 대전을 기반으로 한 단체가 없는 상태라서 그런 듯하다. 같은 이유로 장사도 쉽지 않아서 레떼는 1997년 초에 문을 닫는다.

대전 레떼가 서울 레스보스에 앞서서 문을 연 근거는 레스보스가 문을 열기 전에 발간된 레즈비언 잡지 《또다른세상》 1996년 봄호에 '레즈비언 전용 까페'라는 타이틀로 레떼를 홍보하는 광고가 실린 점에서 명확하다.

088

# 시대를 유영하는 '은어'들

1996년 최선욱은 〈한국 게이 운동의 담론 분석—'친구사이' 사례를 중심으로〉라는 논문을 썼다. 1994년 12월부터 연구를 시작한 만큼 1990년대 중반 시대를 보여 주는 귀중한 자료다.

일반 남자는 '때시'라 부르고 여자는 '해주'로 불렀다. 때시는 '때짜'에 연관된 표현이고 '해주'는 무속인이 젊은 여자를 가리킬 때 쓴 용어인 듯하다. 1960년대 게이들이 많이 가던 광무극장이 왕십리에 있었고, 왕십리에는 무당집이 많았다. 《버디》 3호에 보면 광무극장에 무속인도 많이 찾아온다는 기록이 있는 만큼 초기 게이 커뮤니티 역사에 무속인들이 어느 정도 연관된 듯하다고 추측할 수 있다.

'희파리 하러 간다'는 공원 등에 남자를 꼬시러 가는 행동을 가리켰고, 게이가 화장하는 모습은 '더덕한다'고 했다, 더덕이 도라지하고 비슷하게 생겨도 도라지는 아니라는 자조적 의미를 담은 듯하다. '식성'은 이상형을 뜻했고, 선호하는 성관계의 특성에 따라 '마짜(맛자)'와 '때짜(땟자)'라는 표현을 썼다. 1990년대 중반에 '탑'과 '바텀'이라는 영어 단어가 등장한 뒤에도 여전히 사용되는 생명력이 긴 은어다.

'길녀'는 명동에 극장이 자리 잡고 종로에 서서히 게이 바가 생길 때쯤 돈 없이 주위를 배회하는 게이들을 차별하고 조롱하려고 만든 용어였다. 이런 점에서 은어란 단순히 소수자끼리 알아듣기 위한 암호일 뿐 아니라 특정 커뮤니티가 변화하고 분화하는 과정 중에 사람들이 모이는 새로운 공간이 생성되면서 해방구가 넓어지는 동시에 새로운 소외가 만들어지는 역사를 보여 주는 좋은 사례다.

1990년대 후반 인권 운동이 활발해지면 은어를 둘러싼 양상도 달라졌다. 은어는 비하하는 의미를 담은 만큼 쓰지 말자는 캠페인이 거둔 효과이기도 하지만 실제로 커뮤니티가 담아내고 분리하고 호명하려는 대상이 달라진 탓이기도 했다.

# 089 ‘보갈’이란 무엇인가

한때 게이들이 자기를 비하해 부른 은어인 ‘보갈’은 ‘갈보’를 뒤집은 말이다. 종로는 조선 시대부터 유곽이 발달했다. 일제 강점기를 지나 1980년대까지는 요정이 성행했다. 1970년대에는 게이 바도 하나둘씩 생겨나는데, 구불구불 캄캄한 좁은 골목 안에 아는 사람만 겨우 찾아갈 수 있고 테이블도 두세 개 놓인 작은 가게였다. 이 시절 게이 바에는 남성 동성애자뿐 아니라 트랜스젠더도 함께 있었다. ‘호모’라고 손가락질당하는 게이와 트랜스젠더들, ‘창녀’로 무시당하며 일하는 여성들 간에는 사회 밑바닥으로 몰린 인생이라는 ‘동류의식’이 있었다. 이 무렵 종로에서 게이 바를 운영한 어느 업주가 한 증언을 통해 우리는 눈치챌 수 있다. “밤마다 장사가 안 되면 거기 언니들이랑 좌판에 매대 깔고 술판 벌였어. 그러면서 서로 갈보년들아, 이 보갈년들아 그러면서 낄낄거리며 놀았지.”

1972년 10월 22일에 나온 《주간경향》(통권 203호)에 ‘고발: 남자끼리의 그 징그러운 서울 「보갈」 족’이라는 기사가 실린다. 여기에서는 ‘보갈’을 특정 지역을 중심으로 활동하는 하나의 조직처럼 다루면서 무리를 의미하는 ‘족(族)’을 붙였고, 본문에는 ‘보갈’은 ‘호모’를 뜻하는 은어라고 밝혀 놓았다(기사에는 ‘마짜 떼자 전차’라는 은어도 등장한다).

보갈은 꽤 오랫동안 쓰였다. 1990년대 초반 게이 커뮤니티를 연구한 논문에는 ‘스테이지 보갈’(유인해서 돈을 뜯는 사람)이나 ‘우아 보갈’(우아를 떠는, 이른바 왕자병이 있는, 또는 극장이나 사우나는 가지 않고 술집에만 가는) 같은 단어도 소개돼 있다. 그렇지만 1990년대 중반부터 피시통신과 153 전화 사서함, 인권 운동 단체가 등장하면서 새로운 동성애자 커뮤니티가 형성되고 성소수자 자긍심이 주요한 키워드가 되자 성소수자를 비하하는 단어인 ‘보갈’을 쓰는 사람은 점점 줄어든다. 2000년대에 퀴어나 게이가 모두 영어 단어라면서 한국 토종 용어를 쓰자는 차원에서 ‘보갈닷컴’이라는 사이트가 잠시 운영되기도 했지만, 보갈이 역사의 뒤편으로 사라지는 흐름을 막을 수는 없었다.

# 090 레즈비언을 위한 섬 '레스보스'

종로에 게이 바가 수십 개 있어도 레즈비언들은 마땅히 갈 곳이 없던 시절, 끼리끼리 회원들은 작은 사무실에 모여 회의하고, 책 읽고, 차와 술을 마실 수밖에 없었다. 그래서 '레즈비언들이 편하게 다닐 수 있는 가게'를 갖고 싶다는 꿈을 모두 키우던 때, 어느 회원의 어머니가 운영하던 가게를 인수할 수 있는 기회를 만나게 됐다.

끼리끼리 대표인 이해솔과 옹달샘을 비롯한 많은 회원이 힘을 합쳐 내부 공사를 해서 단란주점을 탁 트인 카페로 바꿨다. 마침내 1996년 5월 10일 레스보스가 문을 열었다(《또다른세상》 1996년 봄호에 5월 3일에 문을 연다는 광고를 내지만 여러 사정 때문에 일주일 연기됐다).

레스보스는 인권 단체 영화 상영회, 커플의 밤이나 솔로의 밤 이벤트, 레즈비언 모임이 여는 번개 모임과 정모(정기 모임) 장소 등으로 이용됐고, 지금도 한국 레즈비언들이 즐겨 찾는 안식처로 역사를 이어 가고 있다. 손님이 적는 일기장인 '날적이'가 유명한데, 초기 레스보스의 역사와 그 속에 담긴 레즈비언들의 생생한 이야기는 1998년 끼리끼리 편집팀이 출간한 《레스보스, 그 섬으로의 여행》에 정리돼 있다.

처음 문 연 장소는 마포구 서울가든호텔 근처였다. 1998년 12월 레즈비언들이 좀더 편히 오갈 수 있는 신촌으로 옮겼고, 홍익대학교 근처로 한 번 더 이전한 뒤 2010년대 말 문을 닫았다. 많은 사람이 아쉬워하자 2019년 12월 초 이태원에 다시 문을 열었다. 현재 레스보스의 사장이자 레즈비언들의 정신적 지주라 할 수 있는 윤김명우 이야기는 다큐멘터리 〈홈그라운드〉에 담겨 있다.

## 091 레즈비언의 심장을 뛰게 한 〈송지나의 취재파일〉

1996년 8월 10일, 《에스비에스》에서 방송한 인기 시사 프로그램 〈송지나의 취재파일—세상 속으로〉가 내보낸 타이틀은 '여자를 사랑하는 여자'였다. 여러 신문이 '비정상적인 성'을 소재로 하는 선정성을 앞세워 시청률을 높이려는 의도라며 비난했지만, 한국 레즈비언 역사에서는 아주 중요한 방송이다.

동성애라고 하면 주로 게이만 다룬 다른 시사 프로그램에 견줘 레즈비언에만 초점을 맞춘 데 의의가 있었지만, 레즈비언 네 명이 당당히 얼굴을 공개하고 단체 커밍아웃을 한 점에서 놀라운 사건이 아닐 수 없었다. 집에서 가족들하고 함께 앉아 방송을 보면서 심장이 너무 크게 뛰어서 참느라 힘들더라는 시청 후기에 많은 레즈비언이 공감했다. 특히 방송 화면에 레스보스의 간판이 아주 잠깐 보이는데, 그 짧은 순간에 나온 전화번호를 보고 방송 도중에도 레스보스에 전화가 100여 통 넘게 왔다.

이런 뜨거운 반응은 레스보스에 그치지 않았다. 〈송지나의 취재파일〉에는 끼리끼리 회장 전해성과 회원 이해솔, 옹달샘, 김은하가 출연했는데, 방송이 끝난 뒤 끼리끼리에 문의 전화와 회원 가입이 쇄도했다. 또한 피시통신 동성애자 모임에도 레즈비언 회원이 부쩍 늘어나 레즈비언 커뮤니티가 두 배로 확대된 듯하다는 말이 공공연히 나올 만큼 파급 효과가 컸다.

# 0 9 2 한국통신이 기뻐한 전설의 전화 사서함

드라마 〈응답하라 1997〉에서 고등학생 성시원은 쉬는 시간마다 공중전화로 달려간다. 전화기를 들어 누군가에게 연락하는 대신에 아이돌 그룹 에이치오티(H.O.T) 멤버 토니가 전화 사서함에 남긴 목소리를 들었다. 특정 전화번호와 비밀번호를 아는 사람들끼리 메시지를 남기고 공유한 전화 사서함은 아이돌 팬덤뿐 아니라 한국 퀴어 커뮤니티가 확장하는 데도 쓸모 있는 도구였다. 1990년대에 활동한 단체나 모임이 쓴 홍보 문구를 보면 153 번호가 기재돼 있었는데, 이 번호를 통해 단체 활동 소식, 정기 모임 소식, 긴급 번개 소식 등을 주고받았다.

친구사이는 1996년에 전화 사서함을 개설했는데, 청취율이 높아 한국통신에서 감사패를 받았다. 친구사이 153 사서함은 청취 건수가 하루 1500통이 넘었다. 1996년 12월에 나온 부산과 경남 지역 모임 소식지 《같은마음》 제2호에 실린 기록에 따르면 개설 1개월 만에 153 메시지를 청취하려는 전화 건수가 14만 통을 넘었다. 하루 평균 4666명(동일인 반복 포함)이 접속한 셈이었다. 1997년 6월 한 달 동안 총사용 시간은 602시간 18분으로, 매일 1204분(약 20시간)씩 이용자들이 사서함 메시지를 듣거나 자기 목소리를 남긴 꼴이었다. 이런 까닭에 《같은마음》에서는 이런 표현을 찾아볼 수 있었다. “여러분들의 엄청난 전화 요금 투자에 힘입어 한국통신만 배부르게 되었군요.” 이 시절 전화 사서함 모임 회원들은 집이나 직장에서 전화비가 너무 많이 나와 욕을 먹는 일을 공통적으로 경험했다.

153 사서함은 1999년 인터넷 전용선과 개인 컴퓨터가 보급되고 나모웹에디터 등 인터넷 사이트 제작 환경이 변화하자 2000년대에 들어서면서 점차 힘을 잃는다.

# 093 일반이 아니니까 '이반'이다

이성애자를 '일반(一般)'인이라 한다면, 동성애자는 이성애자하고 다르다는 의미에서 '다를 이(異)'를 써 '이반(異般)'이라 부른다. 1990년대 중후반 피시통신 성소수자 모임에서는 게이나 레즈비언 같은 단어를 공공연히 사용하면 다른 사람들도 쉽게 알아챌 수 있다는 이유로 자기들만 알아듣는 은어로 '이반'을 사용했다.

어원에 관련해서는 조선 말 종로에서 일한 이류 기생을 가리키는 '이패(二牌)'가 변해 이반(二般)이 된 뒤 종로에 형성된 게이 커뮤니티에서 처음 쓰기 시작했다는 설도 있다. 그렇지만 널리 쓰이기 시작한 계기는 피시통신 성소수자 모임이다. 주로 동성애자 커뮤니티에서 사용한다고 해서 이반이 오로지 동성애자만을 뜻하지는 않았다. 1990년대 중후반 성적 소수자 커뮤니티에서는 동성애자, 양성애자, 무성애자, 트랜스젠더 등 정체성을 엄격하게 구분하지 않았다. 이때 쓰인 '이반'은 오히려 영어 단어 '퀴어'에 해당하는 한국식 은어라 할 수도 있다.

1996년 한국대학동성애자인권운동협의회는 발족 선언에 '우리 동성애자(gay, lesbian and bisexual), 성전환자(trans-gendered)를 비롯한 성적 소수자 대학인들은 이반 운동의 이름 아래 새로운 권리와 질서를 향한 활동을 시작한다'고 쓴 뒤에 이반을 한국에서 '자생적으로 만들어진 자기 정체성의 첫 언어'라면서 '우리는 남녀 동성애자를 비롯한 기타의 성적 소수자를 이반이라 부를 것을 결의한다'고 적고 있다.

이반은 청소년 커뮤니티에서도 널리 쓰이면서 '이반 검열', '팬픽 이반', '순수 이반', '탈반' 같은 새로운 용어를 탄생시켰다. 2010년대 이후 이반을 사용하는 사례가 점점 줄어드는 흐름이지만 게이 커뮤니티에서는 '이반시티'와 '아이샵' 같은 용어로 지금까지 남아 있다.

# 094 주요 도시마다 동성애자 모임이 만들어지다

1996년부터 153 전화 사서함을 활용해 지역 기반 모임이 만들어지기 시작했다. 처음 만들어진 단체는 '빛동인'이다. 광주와 전남 지역 이반 모임으로 1995년부터 모이다가 1996년 2월에 153 전화 사서함을 개설해 정식 발족했다. 빛동인은 '빛고을 동성애인'을 줄인 말이다. 같은 해 5월 대구와 경북 지역 모임 '대경회'가 발족했고, 1997년 1월에 전주와 전북 지역 모임 '너와나', 5월에 원주와 강원 지역 모임 '거아사', 6월에 청주와 충북 지역 모임 '푸른마을', 11월에 부산과 경남 지역 모임 '같은마음'이 각각 결성됐다. 모임마다 소식지를 발간했는데, 특히 같은마음은 1997년에 회지를 1000부 찍어서 부산 지역 내 이반 업소와 부산과 경남 지역 대학을 비롯해 다른 지역 동성애 단체에 배포했다.

1997년 1월 25일~26일에는 부산, 광주, 대구, 대전, 서울, 인천 등 전국 153모임이 계룡산에서 합동 엠티를 열었다. 이 밖에 서부 경남 지역 모임 '우리마네'와 대전 지역 '블랙천사'가 있었고, 제주 지역 '거아사'를 비롯해 순천과 울산에도 153모임이 만들어졌다. 153모임의 사서함 뒷번호는 '7942'가 많았는데, '칠구사이'가 '친구사이'를 연상시키기 때문이었다.

서울에서 벗어나 처음 만들어진 여성 이반 지역 모임은 부산과 경남 지역 여성이반 인권모임 '안전지대'로, 1997년 5월 27일에 발족했다. 1998년 1월에는 대구와 경북 지역 여성 이반 모임 '와이낫'이, 6월에는 인천 지역 레즈비언 인권모임 '한우리'가 발족했고, 1999년에는 광주와 전남 지역 여성 이반 모임 '니꼬르'와 대전 여성 동성애자 모임 '우리들만의세상'이 탄생했다. 이 지역 모임들은 영화 상영, 강연, 인권 지지 서명 받기 등 회원 대상 문화 행사나 인권 의식 고취 사업을 다양하게 펼쳤다.

# 0 9 5 이태원, 게이의 새로운 메카로 뜨다

1990년대에 이태원이 새로운 게이 바의 성지로 떠오른다. 동성애자들이 아지트처럼 생각하고 드나든 이태원 최초의 게이 바는 '파슈'라고 할 수 있지만, 파슈는 게이 전용이 아니었다. 최초의 게이 전용 업소는 1995년에 개업한 '터널'이었다. 1996년 3월에 문 연 '트랜스(Trance)'는 이태원 게이 댄스 클럽 1호이며, 드랙 문화를 소개하고 드랙 쇼를 처음 연 곳이기도 하다. 'WHYNOT', '스파르타쿠스', '캘리포니아', '블루보이스', '존', '아웃클래스', '지퍼' 등이 유명했고, 춤을 추는 스테이지를 갖춘 디스코텍 스타일과 맥주나 커피 등을 마실 수 있는 카페 스타일이 종로에 견줘 차별화된 특징이었다.

이태원이 1997년 서울시에서 처음으로 관광특구로 지정되면서 이런 흐름은 더 활발해졌다. 이태원 게이 바는 1998년 12월 기준 20여 개로 늘어났고, 종로는 한때 100여 개에 이르던 바가 40여 개로 줄었다(2003년 여름에 나온 《버디》 23호에 실린 서울 지역 게이 바 지도에 따르면 이태원에는 게이 바 21개가 있고 종로에는 51개 업소가 있다).

종로는 1990년대 이전부터 게이 바가 많았다. 이런 흐름이 1990년대에도 이어졌지만, 이태원이 새롭게 떠오르면서 종로는 조금 더 나이 든 세대가 가고 이태원은 20대를 중심으로 젊은 세대가 찾아간다는 공식이 자리 잡았다. 종로 게이 바는 주로 노래방 기계를 갖춘 단란주점 형태와 간단히 술을 마시는 바 형태가 많았는데, 20대부터 30대 초반은 주로 '나이팅게일', '레떼', '친구사이' 등을 드나들었고, 30대 후반은 '히스토리', '리바이벌', '유토피아', '바렌티노'에 갔다. 30대를 넘긴 중년은 '남정'과 '열애'에 주로 갔다. 단란주점 형태는 이렇게 연령대 구분이 명확했는데, 구분이 흐릿한 카페 형태로 '굿프렌드', '크레타', '쿨', '랭보', '썸씽' 등이 있었다. 이밖에 대학로 '미스틱', 신촌 '데이브', 홍대 'CONTACT'가 꼽혔다.

# 096 왜곡 보도 언론에 사과를 받아내다

예나 지금이나 왜곡 보도를 하는 언론은 있었다. 동성애를 굳이 '동성연애'나 '호모'로 쓰고, 대학 안 동성애 인권 활동을 향해 '상아탑이 병들고 있다'고 비난하고, '동성애가 에이즈의 주범'이라고 헐뜯고, 제대로 조사하지도 않은 채 게이 바 현황 기사를 냈다.

동인협을 결성한 뒤 인권 단체들은 왜곡 보도에 적극 대응했다. 《한겨레21》 115호(1996년 7월 4일)에 〈성비 파괴 가상 시나리오—2020년 남성 대재앙〉이라는 기사가 실렸다. "성비파괴로 인한 재앙, 먼 훗날의 얘기를 하는 게 아니다. …… 지금 같은 남아선호가 지속될 경우 2010년이 되면 결혼 적령기 인구의 성비가 128.6에 이르게 돼 남자 열 명 중 셋은 짝을 구하지 못한다고. 그 결과 사회는 성범죄, 동성애, 에이즈 확산 같은 대혼란에 빠지게 될 것이라고. …… 이제 에이즈는 암과 교통사고를 제치고 한국인의 사망 1위로 떠올랐다."

혐오와 편견으로 가득한 기사에 친구사이는 항의 엽서와 메일 보내기 운동을 벌였고, 동인협 활동가들은 《한겨레21》을 항의 방문했다. 결국 《한겨레21》은 사과했으며, 동인협이 쓴 반박문을 게시하고 사과문을 올리기로 했다.

1996년 12월 18일자 《연예영화신문》은 〈충격르뽀—레즈비언 바, 스타도 한몫〉라는 기사를 실어 여자 연예인들이 레즈비언 바를 드나들고 있으며 마포와 홍대, 대치동, 청담동, 양재동에 있는 레즈비언 바에서 파행적인 섹스 향락이 자행돼 충격을 더한다고 썼다. 끼리끼리가 편집국장을 면담하고 허위 기사, 왜곡 보도, 초상권 침해 등을 이유로 언론중재위원회에 진정을 넣으며 끈질긴 싸움을 벌인 끝에 1997년 2월 17일 《연예영화신문》에 정정보도문이 실렸다.

# 097 퀴어, 책을 만나다

1990년대 한국 퀴어 인권 운동은 더 많은 정보와 지식을 탐구했다. 외국 활동가에게 자료를 받기도 했고, 피시통신 등에서 새로운 정보를 공유하거나 활발하게 토론하기도 했다. 또한 관련 단행본을 찾아 번역하거나 직접 단행본을 쓰는 전통적인 방식을 취하기도 했다. 퀴어를 이론적으로 분석하고 학술적으로 설명하는 토대를 다지려는 노력이었다.

이런 시대적 맥락에서 출간된 《누가 성정치학을 두려워하랴》는 1995년 커밍아웃을 해 유명해진 서동진이 쓴 한국 최초의 퀴어 이론서 중 하나로, 대학가를 중심으로 진행되던 성정치 운동의 연장선상에 자리했다. 이 책은 오랫동안 한국의 퀴어 연구와 섹슈얼리티 연구에서 중요한 작업으로 평가받았다.

폴 러셀이 쓴 《The Gay 100》은 소크라테스부터 마돈나까지 역사 속 유명한 인물 중 100명을 뽑아서 이 사람들이 게이, 퀴어, 또는 비이성애자라는 사실을 설명한 책이었다. 이런 작업은 퀴어 정체성을 초역사적 범주로 만들 염려가 있었지만, 퀴어한 존재의 역사를 만들어 가고 유명인이라는 상징성을 활용한다는 점에서 퀴어를 부정하거나 존재 자체를 잘 모르는 이들에게는 유용했다. 또한 퀴어의 역사성을 의심하는 분위기가 분명히 있기 때문에 퀴어를 2000년에 걸친 역사를 지닌 존재로 자리매김하는 작업은 대중적인 전략이기도 했다.

문화 연구를 중시한 출판사 현실문화연구에서는 《섹슈얼리티 — 성의 정치》, 《섹스, 포르노, 에로티즘 — 쾌락의 악몽을 넘어서》 같은 책을 출간했다. 한국인 저자가 쓴 책 중에서는 최안드레아의 《터부에서 상식으로의 전환》과 윤가현의 《동성애의 심리학》이 인기였다. 특히 《동성애의 심리학》은 한국 퀴어 인권 운동 단체들하고 연락을 주고받으면서 작업한 결과물이었다. 비슷한 시기 기획해 좀 늦게 나온 에릭 마커스의 책 《Is It a Choice? 동성애에 관한 300가지 질문》(2006)은 동아리 컴투게더가 번역했다.

# 098 한국 사회에 균열을 낸 퀴어 영화들

1990년대 성소수자는 파격적인 주제로 받아들여졌고, 그만큼 사회에 끼친 영향도 컸다. 1992년 구스 반 산트 감독의 〈아이다호〉, 1993년 닐 조단 감독의 〈크라잉 게임〉과 천카이거 감독의 〈패왕별희〉, 이안 감독의 〈결혼 피로연〉, 1994년 닐 조단 감독의 〈필라델피아〉와 천커신 감독의 〈금지옥엽〉, 1996년 게이 신부가 등장하는 안토니아 버드 감독의 〈프리스트〉, 스티븐 프리어즈 감독의 〈나의 아름다운 세탁소〉, 1997년 릴리 워쇼스키와 라나 워쇼스키 감독의 레즈비언 영화 〈바운드〉, 디파 메타 감독의 〈화이어〉, 마를린 호리스 감독의 〈안토니아스 라인〉을 비롯해 게이에 관한 이미지를 바꾼 영화로 유명한 폴 존 호건 감독의 〈내 남자친구의 결혼식〉이 개봉했고, 이듬해 왕자웨이 감독의 〈해피 투게더〉와 프랭크 오즈 감독의 〈인 앤 아웃〉이 이어진다. 2000년에는 실화를 다룬 킴벌리 피어스 감독의 〈소년은 울지 않는다〉가 개봉해 페미니즘과 퀴어를 가로지르는 논의의 장을 펼치는 데 기여했다. 〈필라델피아〉가 남긴 영향도 컸는데, 주연을 맡은 톰 행크스가 아카데미 남우주연상을 받고 동성애와 에이즈를 향한 편견을 줄이는 데 큰 구실을 했다. 1997년 대통령 선거에서 이인제 후보와 권영길 후보가 이 영화를 사례로 들면서 동성애를 차별하지 말고 존중해야 한다는 취지를 담은 발언을 하기도 했다. 한국에서는 1996년에 개봉한 박재호 감독의 〈내일로 흐르는 강〉이 있었다. 저명한 평론가 토니 레인즈가 한국 최초 동성애 영화라며 극찬하고 서동진과 이정우 등 성소수자 인권 활동가들은 동성애 혐오를 부추기는 졸작이라 평가하면서 동성애 영화란 무엇인가를 둘러싼 논쟁이 《씨네21》과 《키노》 등 영화 잡지를 무대로 펼쳐졌다. 또한 〈여고괴담〉 시리즈에 레즈비언들이 많은 관심을 쏟았다.

지금 미국에서 〈엘렌 쇼〉로 높은 인기를 누리는 엘렌 드제네레스는 1997년에 주인공으로 나온 시트콤에서 커밍아웃을 감행했다. 미국 방송을 한국에서 바로 볼 방법이 없던 때라 이 에피소드만 녹화한 비디오테이프를 미국 유학생한테서 받아 《버디》가 공동체 상영회를 열기도 했다.

# 099 트랜스젠더, 강간 피해를 인정받지 못하다

1990년대 들어 성폭력 사건이 심각하다는 현실이 널리 알려지고 성폭력특별법도 제정되지만 여전히 쟁점은 남았다. 이를테면 강간죄 객체 문제가 그랬다. 강간죄 성립 조건을 부녀로 한정해 규정한 조항은 법을 제정할 때는 그럴 수 있었지만 시간이 흐를수록 문제가 됐다. 특히 1995년과 1996년에 벌어진 트랜스여성 강간죄 성립을 둘러싼 논쟁은 누가 여성이냐는 문제에서 시작해 성폭력이 성립하는 조건에 관한 질문을 남겼다.

1995년 트랜스젠더 여성이 남성 3명에게 납치돼 성폭행당한 사건이 있었다. 곧 체포된 범인들은 피해자가 트랜스여성인 사실을 몰랐다. 경찰은 트랜스여성이 주민등록번호가 1번으로 시작한다는 이유로 이 사건을 강간이 아니라 남성 간 성추행으로 처리했다. 강간죄 객체에 트랜스여성도 포함되는지가 쟁점이 됐다.

서울지방법원 1심(1996년 10월 11일)은 부녀의 수태 가능성을 보호하는 조항이라며 강간죄를 인정하지 않았다. 서울고등법원 2심(1996년 2월 23일)은 보호는 필요하지만 트랜스여성을 부녀로 인정한다면 피고인의 인권을 침해할 수 있다며 가해자에게 유리한 판결을 했다. 대법원(1996년 6월 11일)은 인간이란 성염색체만이 아니라 심리적 성, 정신적 성, 개인의 성역할 등을 종합해야 한다고 논의한 뒤 피해자의 성염색체가 'XX'가 아니기 때문에 부녀에 해당하지 않는다는 이상한 결론을 내렸다. 한편 대법원 형사1부는 강제추행치상죄를 적용해 가해자들에게 각각 징역 2년 6개월을 선고한 원심을 확정했다.

이 대법원 판례 때문에 트랜스여성을 향한 폭력은 계속 가벼운 사건으로 처리됐고, 그렇지 않아도 사건 신고를 꺼리는 트랜스젠더가 더더욱 신고하기 어렵게 했다. 무엇보다 성염색체가 전부가 아니라고 말하면서도 성염색체만으로 결정하는 이해하기 어려운 논리는 결국 생물학적 본질론을 강화할 뿐이었다.

# 100 트랜스젠더와 크로스드레서 인권 단체가 처음 생기다

지금까지 한국 최초로 기록된 트랜스젠더 인권 단체는 '트랜스젠더·크로스드레서들 모임 아니마'(아니마)다.

아니마는 1996년 10월 19일 피시통신 하이텔에 모임을 개설하면서 시작됐다. 요즘에는 온라인 모임을 쉽게 만들 수 있지만 1990년대에는 그렇지 않았다. 피시통신에 모임을 만들려면 개설자 주민등록증 사본을 내고 서류 심사를 거쳐 하이텔 본사가 승인해야 했다.

아니마는 1998년 한국동성애자단체협의회에 가입하면서 단체 설립 취지를 '성적 소수자인 트랜스젠더와 크로스드레서들의 친목과 더 나아가서 우리의 입장과 인권을 옹호한다'라고 밝혔다. 설립 목적은 '자신의 성을 진정 자각하고 같은 사람들끼리의 친목과 인권 수호'였다. 이렇듯 아니마는 트랜스젠더와 크로스드레서를 구분하기보다는 연대하고 함께할 집단으로 이해했으며, 트랜스젠더와 크로스드레서가 함께할 만한 정치적 의제가 따로 있다는 사실을 시사했다.

피시통신 소모임으로 활동하면서도 아니마는 법과 제도를 바꾸기 위해 연대하고 협력했다. 이를테면 2002년 김홍신 국회의원이 〈성전환자의 성별변경에 관한 특례법안〉을 준비할 때 도움을 줬고, 언론 인터뷰에 적극적으로 응하면서 트랜스젠더퀴어를 가시화하고 관련 의제를 공론화하려 노력했다.

아니마는 1998년에 회원들을 대상으로 설문 조사를 진행했다. 《버디》가 의뢰한 이 조사에 회원 28명이 참여해 9명이 구체적인 답변을 남겼다. 이 설문 덕분에 대체로 20대인 아니마 회원들이 어떤 고민을 안고 살아가는 사람들인지 가늠할 수 있었다.

# 101 동성애자 기독교인 모임 '로뎀나무그늘'

로뎀나무그늘교회는 건물이 있는 독립된 교회는 아니다. 성소수자 인권 운동 초기인 1990년대 말부터 기독교인 성소수자들이 자발적으로 모여 매주 예배를 드리는 기도회로 시작한 로뎀나무그늘교회는 지금도 꾸준히 이어지고 있다.

1996년 11월 셋째 주, 천리안 퀴어넷에서 활동하던 동성애자 기독교인 네 명이 모여서 연 조촐한 기도회가 시작이었다. '동성애자를 위한 기도회'는 서울 153 전화 사서함 모임을 통해서 적극적으로 홍보되면서 많은 이들이 참여하기 시작했고, 처음에는 '153기도회'로 불리다가 1998년에 '로뎀나무그늘'로 이름을 확정했다.

1997년 12월 전요섭 목사가 담임 목사가 되면서 한국교회백주년기념관에서 예배를 드렸고, 2016년 6월 전요섭 목사가 은퇴한 뒤에는 박진영 목사를 청빙해 종로3가 '친구사이 사정전'에서 9월 첫 주부터 주일 예배로 진행했다. 2018년 10월 박진영 목사가 사임한 뒤에는 운영위원회 체제를 마련해 성도 중심으로 교회를 운영하며, 예배 설교는 매주 목사를 섭외해 진행한다.

## 102 공중파 시사 방송에 본격적으로 나타나다

1990년대 들어 공중파 방송이 퀴어를 본격적으로 다루기 시작했다. 《문화방송》 〈PD수첩〉이 1990년 6월 26일 방영한 '성전환 수술 어디까지 왔나'가 출발이었다. 비슷한 시기에 성별 변경 관련 보도가 자주 나오면서 여론이 관심을 보인 덕분이었다.

1992년 8월 23일, 《에스비에스》 〈그것이 알고 싶다〉는 '게이, 성의 두 얼굴'을 방영했다. 파장은 꽤 컸다. 방송이 나간 다음 날 학교에 간 성소수자 청소년들이 나중에 성전환 수술을 받을 생각이냐는 질문을 받은 적이 있다고 회고할 정도로 서울과 수도권에서 화제가 됐다.

1995년은 친구사이와 끼리끼리가 발족하고, 대학에서 동성애자 모임이 만들어지고, 동성애자인권협의회가 결성된 해였다. 또한 이런 흐름을 다룬 기사가 자주 나오면서 한국 성소수자 운동이 본격적으로 가시화된 시기였다. 이해 4월 29일에 〈그것이 알고 싶다〉는 '제3의 성—동성애'를, 5월 9일에 〈PD수첩〉은 '여자가 되고 싶은 남자들—'게이'들의 삶'을 방영했다. 이어서 8월 22일에 〈PD수첩〉이 '나는 게이—한 동성연애자의 고백'을, 12월 9일에 《한국방송2》 〈독점여성〉이 '또하나의 사랑, 동성애'를 방영했다. 해를 넘겨 1996년 8월 10일 《에스비에스》 〈송지나의 취재파일〉은 '여자를 사랑하는 여자—레즈비언'을 방영했다. 모든 공중파 방송이 퀴어에 관련한 내용을 다룬 셈이었다.

또한 1995년 4월 28일 《에스비에스》 〈주병진의 나이트 쇼〉에 트랜스젠더 하지나가 출연해 화제가 됐는데, 1998년에는 《버디》 편집진이 같은 방송에 출연하기도 했다. 1999년 9월 13일 《에스비에스》 〈추적! 사건과 사람들〉이 '동성애—이반이라 불리는 사람들'을 방영해 퀴어 운동에서 적극 사용한 '이반'이라는 용어를 공중파에 처음 등장시켰다.

# 103 노동자 집회에 무지개 뜨다

1996년 12월 26일 오전 6시, 여당인 신한국당 의원들이 야당 의원들에게 알리지 않은 채 버스를 타고 몰래 국회로 들어가 노동관계법과 안기부법 개정안을 날치기 통과시켰다. 노동계는 총파업으로 응수했고, 여기에 동조하는 시민단체와 사회단체들까지 모여 대규모 집회가 열렸다.

1997년 1월 14일, 여섯 색깔 무지개 깃발을 든 동성애자들이 대학로에서 열린 거리 집회에 참가해 연대 활동을 펼쳤다. 게이와 레즈비언 일곱 명이 노동법과 안기부법 반대에 더해 동성애를 향한 편견도 거두어 달라는 내용을 담은 유인물을 뿌렸다. 곧이어 동인협 산하 단체에 속한 개인들이 구성한 연대투쟁위원회가 결성됐다.

1990년대는 동성애자라는 사실을 불특정 다수 앞에서 드러내는 행동을 두려워하는 분위기가 퀴어 커뮤니티 전체에 강력하게 자리 잡은 때였다. 만약 시위 참여자가 반감을 드러낸다면 위험해질 수도 있기 때문에 더욱 두려운 일이었지만, 통신 모임 게시판에 시위 참여자들이 전하는 집회 소식은 예상하고는 꽤 달랐다. 시위를 진압하러 온 전경이 든 방패에 무지개 스티커가 붙어 있다거나 주위 노동자들이 동성애자라고 싫어하기보다는 도와줘서 고맙다며 악수를 청하더라는 소식이 잇따라 올라오면서 연대 활동에 점점 뜨거운 반응이 쏟아졌다. 시위에 참여하는 성소수자가 나중에는 70여 명으로 늘어났고, 유인물 제작비도 모금이 잘돼 모두 1만 장을 배포했다.

1997년 2월 3일에는 동인협 연대투쟁위원회와 LG화재노동조합 집행부들이 함께 노동자와 동성애자의 연대를 모색하는 토론회를 열었다. 3월 11일에는 연세대학교 강의실을 빌려 평가 토론회를 열어서 연대 활동을 마무리했다.

# 104 퀴어 의료인 모임 '동의모' 탄생하다

동성애자의료인모임, 곧 동의모는 1997년 2월 '동성애자의사모임'으로 처음 시작됐다. 1998년 4월 '동성애자의료인모임'으로 공식 명칭을 바꾸고 의사, 치과 의사, 한의사, 간호사, 조산사와 의과대 학생을 모두 회원으로 받아들이는 단체가 됐다. 대표 호출기 번호를 공개해서 상담 활동을 펼쳤고, 이메일과 버디를 통해서 상담 창구도 운영했다. 한국동성애자단체협의회에도 가입해 연대 활동을 펼쳤고, 친구사이하고는 에이즈 예방 활동을 함께했다.

반공개 형태로 운영하면서도 한국 퀴어 인권 운동이 확장되는 다양한 현장에 이름을 올려 구성원과 조직 형태를 공개하지 않으면 활동에 소극적이라는 편견을 깼다. 의사는 물론 전체 의료인 집단이 상당히 보수적이라는 평가를 고려하면 퀴어 인권 운동 초기부터 동의모가 펼친 연대 활동은 꽤 의미가 있다. 또한 이런 활동은 퀴어 친화적 병원이 탄생할 수 있는 역사적 맥락을 형성했다. 무엇보다도 동의모 구성원들은 언론 인터뷰에 적극 나서는 등 한국에 퀴어 의료인이 존재한다는 사실 자체를 공개하면서 퀴어 의료인을 가시화했다.

동의모는 2020년대까지 이어졌다. 서울퀴어문화축제 리플렛에 모임 광고를 내는 등 오랫동안 명맥을 유지했다. 물론 아직도 동성애자나 퀴어라는 사실을 공개적으로 밝히는 의료인은 많지 않지만, 성소수자 인권에 관심을 기울이는 의료인이 많이 늘어나고 있는 현실을 고려하면 동의모는 의료사에서, 퀴어 인권 운동사에서 모두 중요하다.

# 105 전설이 된 한국 최초 게이 웹사이트

1997년 6월 6일, 한국 최초 동성애자 웹사이트 '엑스존'이 문을 열었다. 피시통신 동성애자 모임은 게시판에 연애를 목적으로 만남을 요청하는 글을 올리거나 개인 신상에 관련한 정보를 올리는 행위를 금지했다. 동성애를 향한 편견이 강한 현실에서 자칫 섹스 파트너를 구하는 게시물로 오해돼 통신사가 모임을 폐쇄할까 봐 염려한 때문이었다. 그렇지만 이미 피시통신에 이성 간 만남에 관련한 글이 자유롭게 게시되고 있는 상황에 비교할 때 동성애자들이 지레 눈치를 본다는 비판도 나왔다.

엑스존 개설자 '중전'(닉네임)은 바로 이런 문제 의식에서 게이들이 열린 공간에서 좀더 자유롭게 열린 만남을 추구할 수 있기를 바랐다. 고민 끝에 개인적 공간으로 만들어 놓은 웹사이트를 누구나 가입할 수 있는 커뮤니티 사이트 엑스존으로 바꿨다. 처음에는 자기만의 공간이라는 의미가 있는 '존(zone)'에 신비로운 느낌을 주는 'X'를 넣으려 하지만 이미 도메인이 팔린 상태라 발음이 비슷한 'ex'를 붙여서 '엑스존(exzone)'이 됐다. 피시통신 하이텔, 천리안, 나우누리에서는 실명 활동이 의무인 반면 엑스존에서는 자유롭게 닉네임을 만들어 익명으로 활동할 수 있어서 이용자가 빠르게 늘어났다.

2000년 3월에는 누적 이용자 수가 160만 명을 넘고 하루 평균 이용자도 2000명에서 3000명에 이르러 최초뿐 아니라 최대 게이 웹사이트가 됐다. 이런 분위기를 계속 이어 갈 수 있는 시점에서 엑스존은 갑자기 문을 닫았다. 운영자는 단지 동성애가 배경이 된다는 이유만으로 엑스존이 청소년 유해 사이트로 지정된 데 항의하는 한편으로 게이 커뮤니티에도 이런 상황에 관심을 쏟으라며 촉구하고 싶은 마음에 사이트를 자진 폐쇄하는 특단의 결정을 내렸다. 그 뒤 다시 문을 열지 않으면서 엑스존은 전설 속 사이트가 됐다.

# 106 퀴어판 최초 촛불 집회 열리다

1997년 6월 28일 종로 탑골공원 앞에서 한국동성애자인권운동협의회 주최로 '동성애를 차별화하는 교과서를 개정하기 위한 집회'가 열렸다. 처음에는 50여 명만 앉아 있었고, 나머지 참가자들은 지나가던 사람이 집회를 구경하는 양 주위에서 서성거렸다. 그렇지만 분위기가 점점 달아오르고 마지막 순서로 촛불 행진을 할 때는 150여 명 정도가 참여했다. 한국 최초 퀴어 촛불 행진이었다.

교과서에서 문제가 된 부분은 다음 같다. "에이즈, 동성연애, 매춘, 성폭행, 마약 …… 등이 늘어나면서 성도덕의 문란이 사회문제가 되고 있다"(《윤리》, 105~106쪽). "동성간의 사랑이나 성행위는 에이즈 등 각종 부작용을 일으킨다. 정도를 지나친 성도착증, 이상 성욕 등은 청소년이나 일상적인 생활을 영위하는 사람들에게 신체적, 정신적, 심리적인 저해 요인이 될 수 있으므로 건전한 성의식과 성역할을 가지는 것이 중요하다"(《교련》, 268, 270쪽). "에이즈 예방대책으로 가장 중요한 것은 건전한 성생활을 하는 것이다. 성 접촉으로 인한 감염예방을 위해서 문란한 성행위를 삼가고, 동성연애자, 약물복용자, 매춘행위자 등과의 관계를 피해야 하며 깊은 입맞춤도 위험하다"(《성과 행복》, 82쪽).

이날 여러 기자가 집회를 취재하지만 정작 다음 날 기사는 한 건도 나오지 않았다. 모두 편집 단계에서 걸러 낸 탓이었다. 교과서 개정 투쟁은 2년 뒤인 1999년 7월 28일 동성애자인권연대가 교육부에 '동성애 왜곡 중고교 교과서 수정요구안'을 제출하는 행동으로 이어졌다. 동성애자인권연대가 이 요구안을 내면서 기자 회견을 열었지만, 참석한 언론사는 《여성신문》뿐이었다.

# 107 형이라 불리는 여자

한국에서 트랜스젠더가 널리 알려진 시기는 하리수가 등장한 뒤이지만, 삶을 기록한 자료들은 훨씬 오래전부터 만들어졌다. 신문 기사도 남아 있고, 문학 속 인물로 등장하고, 트랜스젠더, 나아가 트랜스남성이 쓴 자서전도 있었다.

1997년 이동숙은 《형이라 불리는 여자—이도미니카 고백 소설》을 출간했다. 부제에 '이도미니카'라고 쓰면서도 저자명은 이동숙으로 표기했다. 2000년 이도미니카는 《감옥여행—이도미니카의 여감방 체험기》를 출간했다. 비슷한 자서전이지만 감옥에 간 과거를 밝히고 여성 구금 시설 수용자들 사이에서 큰 인기를 누린 일화 등을 포함했다.

가장 널리 알려진 책은 이문기로 개명한 뒤 2004년에 낸 《색다른 남자—여자로 태어난 남자 이야기》다. '색다른'이라는 단어는 자기가 규범적 이성애 남성이 아니라는 사실을 명시하는 표현인 동시에 트랜스남성으로서 살아가는 삶을 간접적으로 드러낸 장치이기도 하다.

이문기는 시집도 두 권 출간했는데, 2001년에 낸 《가물치의 꿈》과 2002년에 낸 《그대 떠난 뒤 사랑인 걸 알았네》다. 그 뒤 이문기가 작가로서 활동한 흔적은 찾기 어렵지만, '형이라 불리는 여자'에서 '색다른 남자'로 이행하는 과정을 담은 기록은 트랜스남성 생애사라는 점에서 중요하다. 퀴어 문학 연구자 백종륜은 이문기가 쓴 자서전을 분석하면서 초남성성의 실천이 오히려 다양한 성적 실천을 가능하게 할 뿐 아니라 성초월자로 이행하는 과정을 담고 있다는 점을 지적하기도 했다.

108

## 레즈비언 독립 잡지 《니아까》

1990년대 한국 사회에서는 문화 운동이 중요한 흐름이었다. 잡지 발간, 그중에도 무가지가 크게 유행했다. 퀴어 운동에서도 이런 움직임이 있었다. 1997년 7월 나우누리 '레인보우'에서 활동한 깨트펑은 친구들하고 함께 '레즈비언이 즐겁게 놀 수 있을 때 인권도 산다'는 취지로 재기 발랄한 스타일을 한 잡지 《니아까》를 창간한다.

'니아까'는 리어카에서 따온 말로, 머리핀, 티셔츠, 떡볶이 등 온갖 물건을 다 파는 리어카처럼 레즈비언 문화가 지닌 다양성을 담겠다는 의지를 앞세운 이름이었다. 독립 잡지를 표방한 만큼 틀에 박힌 형식과 논리에 얽매이지 않는 다양한 형식을 띠었다. 기본적으로 무가지로 배포했지만, 레즈비언 업소를 중심으로 2000원이나 3000원을 받고 판매하기도 했다.

레즈비언 문화에 관련한 내용을 중심으로 3년 동안 12호를 발간했고, 많은 객원 기자가 함께하고 정기 구독자도 확보하면서 인기를 끌었다. 또한 잡지 기획 말고도 한국 퀴어 운동의 자장 안에서 일어난 많은 현장에 이름을 올리고, 참여하고, 성명서를 내는 등 중요한 일원으로 활동했다. 그렇지만 재정적 어려움이나 부실한 관리 체계 등 여러 이유 때문에 1998년 10월에 공식 폐간을 선언했다. 폐간 뒤에는 '여성 퀴어공동체—니아까'라는 웹사이트를 만들어 커뮤니티 형태로 명맥을 이어 가기도 했다.

## 109 칸 영화제 수상작도 뚫지 못한 수입 불허

1997년 7월 11일, 당대 최고 인기 스타 장궈룽(장국영)과 량차오웨이(양조위)가 주연하고 왕자웨이 감독이 제50회 칸 영화제 최우수감독상을 받은 〈해피 투게더〉를 공연윤리위원회가 수입 불허로 판정했다. 심의에 제출한 편집본이 아시아 상영본이 아니라 유럽 상영본이라서 벌어진 사태라는 뒷이야기도 있지만, 설사 그렇더라도 제한 상영 정도가 아니라 영화 수입 자체를 불허한 조치는 놀라웠다. 더군다나 수입 불허 사유가 '동성애가 주제이므로 사회정서에 반함'이라고 알려지자 동성애자 인권 운동 진영과 영화계는 술렁였다.

이 사태를 계기로 영화진흥법 시행규칙 제6조에 '근친상간, 윤간, 동성연애, 수간, 집단적 성행위, 기타 변태적 성행위를 직접적 또는 간접적으로 묘사한 것은 심의 대상에서 제외된다'는 규정이 있다는 사실도 알려지게 됐다. 동성애자 인권 단체들은 침묵시위를 벌이고 시민들을 상대로 항의 서명을 받는 한편 외국에서 영화 영상을 구해와 공동체 상영회를 열기도 했다.

결국 1년 뒤 수입 불허 판정이 취소된 〈해피 투게더〉는 1998년 8월 22일 정식으로 극장 개봉을 했다. 연소자 관람 불가 등급이지만 이미 동성 간 성관계 장면은 모두 잘린 상태였다. 세기가 바뀐 2021년에 화질을 '4K' 리마스터링 무삭제본으로 재개봉했는데, 15세 이상 관람가였다. 세월이 무상하다고 해야 할지 속상하다고 해야 할지 알 수 없는 노릇이다.

# 110 레즈비언과 페미니스트의 만남

《또 하나의 문화》가 주최한 페미니스트 캠프에 끼리끼리에 속한 레즈비언들이 참여하기도 했지만, 1990년대 중반 레즈비언과 페미니스트 사이의 연대는 폭넓지 않았다. 그래서 끼리끼리가 적극적으로 연대를 꾀하는 행사를 열었다.

1997년 9월 21일, 이화여대 근처 페미니스트 카페 고마에서 '레즈비언과 페미니스트의 만남—풀기, 허물기, 마주보기'라는 행사가 열렸다. "페미니스트들에게는 페미니즘이 있는데 레즈비언들은 과연 어떤 이즘이란 것이 있나요?" "왜 페미니스트들은 여자에게서 에로틱한 감정을 느끼지 못하나요?" 100여 명에 이른 참석자들 사이에 이런 질문들이 오갔고, 끼리끼리가 한국여성단체연합에 가입하려다 가입을 꺼린다는 반응을 비공식적으로 접해서 신청서를 내지 않은 사실을 밝히기도 했다.

레즈비언과 페미니스트가 연대하지 못하는 현실에서 느끼는 안타까움은 《또다른세상》 5호에 실린 노지명의 만화 〈세기의 대결〉 편에 잘 드러나 있다. 이 만화에서 '성적소수자 여전사'는 가부장제 악당에 맞서 싸우다가 이렇게 말하며 쓰러진다. "부…분하다. 여연에만 가입할 수 있었어도…여성들의 연대가 부족해서 힘이…." 악당이 이겼다고 잘난 척할 때 페미니스트 언니가 가위를 들고 나타나 물리치며 사과한다. "미안해 동상. 내가 좀 더 일찍 왔어야 했는데…." 여전사가 소리친다. "내 옆에 있으면 레즈비언으로 오해받아서 싫다고 했잖아요." 페미니스트 언니가 대답한다. "내가 어리석었어. 동상! 뭉쳐야 살 수 있어." 둘은 끌어안는다.

1년 뒤인 1998년 7월 3일 신촌 라브리스에서 '보지(寶知) 음악다방'이 성황리에 열렸다. 행사 기획자 김지혜는 개최 취지를 이렇게 밝혔다. "여성에 대한 차별과 억압에 대항하고 부자연스러움을 제거하기 위해 노력하는 레즈비언 활동가와 페미니스트들이 한자리에 모여 그동안 무시당했던 여성 음악가들을 발굴하고 그녀들의 음악을 매개로 서로 연대하는 자리를 위해서."

# 1 1 1 전기를 끊어 퀴어 영화제를 막다

제1회 서울퀴어영화제는 애초 1997년 6월에 열릴 예정이었다. 영화제 예산을 보조하기로 한 동숭아트센터가 갑자기 약속을 깨면서 한 차례 연기된 뒤 9월 19일부터 9월 25일까지 창무포스트극장과 푸른굴양식장에서 개최하려고 하지만 무산됐다. 그다음에 잡은 장소가 연세대학교 동문회관이었다.

퀴어영화제가 학교에서 열린다는 소식을 뒤늦게 접한 연세대학교 총동문회가 행사 개최를 적극 반대했다. 서대문구청도 퀴어영화제를 불법 행사로 규정하더니 절대 불가 통보를 했고, 경찰까지 나서서 행사를 강행하면 법적 조치를 취하겠다고 경고했다. 서울퀴어영화제조직위는 물러서지 않고 9월 19일에 개막식을 강행하려 했다. 학교 관리실은 동문회관 건물에 전기를 차단했고, 결국 영화제는 무산됐다.

서울퀴어영화제조직위는 9월 29일부터 11월 3일까지 퀴어영화제 개최 무산을 항의하는 '동성애 탄압 반대와 표현의 자유를 위한 서명운동'을 전국적으로 펼쳐 5500여 명에게서 서명을 받았다. 또한 포기하지 않고 다시 후원회원을 모으고, 《퀴어씨네뉴스》라는 소식지를 발간하고, 독립예술제 등 여러 단체하고 협력해 작은 상영회를 열면서 영화제 개최를 준비했다.

마침내 1998년 11월 6일부터 11월 14일까지 아트시네마 선재에서 '차이의 시선, 부정의 시선'을 주제로 모두 85편을 상영한 제1회 서울퀴어영화제가 열렸다. 2000년 9월에는 2회 영화제가 열리지만 큰 적자가 나면서 영화제를 지속하지는 못했다. 소장 영상 자료를 활용해 기획 상영회를 꾸준히 열던 서울퀴어영화제는 2006년에 모든 영상물과 자료를 한국성적소수자문화인권센터에 기증하고 활동을 끝냈다.

# 112 '지나친 동성애'라는 기막힌 심의 기준

1980년대 말부터 모든 영화는 사전 심의를 받아 연소자 관람가, 중학생 이상 관람가, 고등학생 이상 관람가, 연소자 관람 불가 등 네 등급으로 분류됐다. 이때 심의 기준에는 '색정도착 호모섹스 레즈비언 변태성욕을 긍정 노골적으로 묘사한 것' 등이라는 항목이 있었다. 1996년 10월 4일, 헌법재판소는 공연윤리위원회를 통한 영화 '사전 심의' 제도를 위헌으로 판결했다. 위헌 판결에 따라 1997년 3월 11일에 영화진흥법이 개정되면서 공연윤리위원회가 없어지고 그해 10월 11일에 '한국공연예술진흥협의회'(공진협)가 출범했다. 이런 변화는 서울퀴어영화제를 비롯해 서울인권영화제, 다큐멘터리영화제 등이 열심히 싸운 덕분이었다.

새로 출범한 공진협이 회칙과 심의 규정을 만드는 과정에서 동성애 관련 영화 심의 기준을 둘러싸고 격론이 벌어졌다. 《씨네21》에 따르면 '동성애에 대한 사회적인 편견이 상당히 희석되었기 때문에 완화되어야 한다'는 주장과 '국민 정서나 청소년의 교육적인 면에서 아직은 허용할 수 없다'는 주장이 팽팽히 맞섰다. 결국 동성애라는 용어를 '지나친 동성애'로 교체하기로 합의했는데, 이 합의를 두고 《니아까》 4호(1997년 11월)에서는 '지나치지 않은 동성애 영화'는 상영할 수 있게 된 셈이냐며 비판하는 기사를 썼다. 그 뒤에도 케빈 스미스 감독의 〈체이싱 아미〉 같은 영화는 동성애를 다루고 있다는 이유로 심의에 걸려서 상영할 극장을 잡지 못해 개봉이 지연되기도 했다.

영화진흥법이 1999년에 다시 위헌 판결을 받아 1999년 2월에 개정되면서 공진협은 영상물등급위원회로 바뀌었다. 그렇지만 영상물등급위원회도 〈영상물 심의 기준〉 8조에 '사회통념에 어긋나는 변태적 성행위, 동성애, 혼음, 매춘, 강간, 윤간, 근친상간, 시간, 수간 등의 성행위를 지나치게 묘사한 것'이라는 조항을 넣었다.

# 113 대선 후보에게 처음 보낸 질의서

성소수자 인권 단체에서는 처음으로 끼리끼리가 1997년 제15대 대통령선거 후보자들에게 동성애 관련 정책에 관련한 질의서를 보냈다. 한나라당 이회창 후보, 새정치국민회의 김대중 후보, 국민신당 이인제 후보, 국민승리21 권영길 후보에게 보냈는데, 예상 밖으로 새정치국민회의만 답변을 보내왔다. 다른 곳에서 동성애자 인권에 가장 진보적인 발언을 자주 꺼낸 권영길 후보가 답변서를 보내지 않은 이유는 알 수 없지만, 선거 뒤 끼리끼리는 이렇게 평가했다. "이것으로 적지 않은 레즈비언들이 대통령 선택에 있어 마음을 바꾸기도 했다."

끼리끼리는 동성애에 관련된 기본 정책은 무엇인지, 퀴어영화제가 탄압 때문에 무산된 상황에서 앞으로 이런 행사가 열릴 때 어떤 태도를 취할지, 외국에서 이미 인정하고 있는 동성혼을 어떻게 생각하는지를 물었다. 새정치국민회의는 먼저 '동성애 자체를 도외시하거나 백안시할 것이 아니라 바로 우리가 사는 사회에 실재하는 현실로 솔직히 인정하고, 이에 대해 진지하게 논의할 수 있는 공론의 장의 형성이 필요'하다고 답했고, 다음으로 '표현의 자유는 보장되어야 하고, 어떤 경우에도 행사의 주체가 사회적 소수자라는 이유만으로 행사 자체가 금지되어서는 안 된다'고 밝혔다. 마지막 질문에는 '동성동본 금혼이 얼마 전에야 위헌 판정을 받을 만큼 결혼에 있어서는 유교적 관념이 지배해 왔고 동성 간의 사랑에 대한 인식의 폭이 넓지 않은 현 상황에서 동성 간의 결혼 인정과 복지 보장을 논하는 것은 시기상조로 생각된다'고 답했다. 30여 년 전에 견줘 한국 사회는 한 발짝도 더 나아가지 못한 듯하다.

114

## 주인공이 죽어야만 끝이 났다

1995년 9월 29일에 《문화방송》이 〈MBC 베스트극장〉에서 단막극 〈두 여자의 사랑〉을 방송했다. 어느 여성이 오토바이를 탄 채 일부러 대형 트럭에 부딪쳐 강물에 떨어지는 장면으로 시작하는 이 드라마는 레즈비언을 다룬 점에서 화제를 낳았다. 드라마 말미에 밝혀지는 자살 이유는 짝사랑하는 친구가 결혼하면서 입은 실연의 상처였다. 거의 같은 시기에 《에스비에스》에서 방영한 16부작 드라마 〈재즈〉도 주요 인물 두 사람이 동반 자살을 하면서 끝난다. 직접적 묘사는 없어도 두 남성이 게이라는 사실을 시청자가 눈치채기는 어렵지 않았다.

1997년에도 레즈비언 드라마가 두 편 방송됐다. 11월 7일 《한국방송2》 〈금요극장〉에서 방영한 〈은비늘〉, 11월 26일 《에스비에스》 〈70분 드라마〉에서 방영한 〈숙희·정희〉다. 특히 〈숙희·정희〉는 레즈비언을 다룬다는 이유로 반대에 부딪혀 한 차례 방영이 취소된 뒤 어렵게 공개됐다. 한쪽이 떠나고 상심하는 설정 대신 세상의 편견에 부딪힌 사랑하는 두 사람이 동반 자살하는 이야기가 그려졌다. 〈은비늘〉에서 주인공 여성은 사랑하는 친구가 결혼하자 남자가 별것 아니라는 현실을 보여 주려고 일부러 친구 남편을 유혹하지만 친구가 남편을 버리지 않고 행복하게 잘 지내는 모습을 본 뒤 마음을 정리하려 한다. 그런데 친구가 불임이라는 비밀을 알게 된 주인공은 출산하다 죽을지도 모른다며 의사가 말리는데도 친구 남편하고 보낸 하룻밤에 생긴 아이를 낳고 세상을 떠난다.

드물게 동성애자가 등장하지만 아무도 죽지 않고 해피엔드로 끝난 드라마도 있었다. 1999년 12월 26일 《한국방송2》에서 방영한 특집 드라마 〈슬픈 유혹〉이다. 노희경 작가가 극본을 쓰고 김갑수와 주진모가 출연한 이 드라마에서 주인공 김갑수는 아내하고 이혼한 뒤 주진모와 함께 외국으로 떠난다.

# 115 대동인에서 동인련으로

1997년 11월 2일, 18개 대학교에 다니는 120여 명이 모여서 '대학동성애자 인권연합'(대동인)을 발족한다. '모든 대학 동성애자들의 자유로운 소통을 위하여'라는 슬로건을 내건 대동인은 '전국 10여 개 대학이 지부 형식으로 소속된 중앙 조직'으로 서울시 동대문구 제기동에 사무실을 마련하고 활동가가 매일 오후 7시부터 10시까지 근무했다. 대학이라는 공간에서 동성애자들을 잇는 연결망을 구축해 동성애자 인권 운동을 펼치려는 시도였다. 중앙 조직은 정책국, 교육국, 출판국, 사무국, 지부관리국, 문화사업국으로 구성됐는데, 정책국 안에는 기독교연구팀, 노동문제연구팀, 매체비평팀, 페미니즘연구팀, 연대사업팀을 뒀고, 문화사업국 안에는 산악회, 서도회, 율동패, 풍물패, 노래패가 있었다.

대동인은 1998년 3월 15일에 《Dyke》를 창간했다. 소식지 제호를 '다이크'로 한 이유는 여성성을 존중하는 취지라고 밝혔다(이 소식지는 통합본으로 재발간되기도 했다). 세계 여성의 날 기념식에도 참가하고, 노동자와 동성애자의 연대를 위해 전국민주노동조합총연맹(민주노총) 위원장 후보 초청 토론회나 '노동정치 토론회', 메이데이 행사 등에도 열심히 참여했다.

1998년 8월 1일, 대동인은 '대학이라는 공간에 안주하지 않고 모든 성적 소수자에게 개방된 동성애자 인권 운동 조직'이 되겠다는 확장된 목표를 세우고 '동성애자인권연대'(동인련)로 단체명을 바꿔 새롭게 출발했다. 그 뒤 대표적인 성소수자 인권 단체로 발돋움했는데, 2015년에 다시 한 번 '행동하는성소수자인권연대'로 단체명을 바꿔 지금까지 활발히 활동하고 있다.

# 116 1998년 1월을 달군 '에이즈 투쟁'

1998년 1월 6일, 보건복지부에서 '국내 에이즈 감염자 총 747명'이라는 보도 자료를 뿌렸다. 그러자 갑자기 에이즈와 동성애를 연결해 편견을 부추기는 기사들이 쏟아졌다. 1월 7일, 《한국방송》 〈뉴스파노라마〉는 게이 사우나를 사례로 들면서 동성애자를 에이즈 전파 주범인 양 묘사하는 보도를 내보내고, 1월 9일과 1월 10일에는 '국내 동성애자 11만명 추정, 에이즈 문제 심각' 같은 제목을 단 기사들이 주요 일간지에 일제히 실린다. 이런 기사들은 한국에이즈퇴치연맹이 1996년에 낸 보고서를 갑자기 소환해 한국에 적극적 동성애자는 1만 명이고 게이 사회에 발을 들여놓은 정도인 소극적 동성애자는 10만 명 정도로 추산된다며 '어릴 때부터 성적 호기심이나 충격을 잘못 관리해 동성애에 빠져드는 경우가 없도록 성교육을 강화해야 한다'는 주장을 인용한다. 분위기에 편승해 1월 7일 《중앙일보》는 한 소설가가 만취 상태에서 동성애자에게 성폭행당할 뻔한 적이 있다는 가십성 기사를, 《일요신문》은 1월 21일에 '위험수위에 오른 동성애와 동성애 폭력 충격보고—남편에게 남자가 생겼어요'라는 제목을 단 기사를, 《일요서울》은 〈동성애자도 IMF 한파 탄다—사우나에서 만나자〉라는 기사를 내보낸다.

성소수자 인권 활동가들은 1월 16일에 '왜곡된 언론보도와 에이즈 정책에 대항하는 범동성애자 비상대책위원회'를 결성하고 1월 23일에 한국에이즈퇴치연맹 앞에서 '동성애자 차별적 에이즈 정책의 철폐'를 촉구하는 시위를 열었다. 시위 도중 대표단 6명이 직접 한국에이즈퇴치연맹 관계자를 만나 항의했고, 결국 사과를 받았다. 그렇지만 《한국방송》 기자 등은 끝까지 사과를 거부했다. 1월 31일에는 '왜곡된 언론보도와 에이즈 정책에 대항하는 범동성애자 결의대회'를 서울대학교 학생회관 2층 여학생휴게실에서 열었다.

## 117 9시 뉴스에 나간 잡지《버디》

1998년 2월 20일, 최초의 동성애 전문지를 표방한《버디》창간호가 나왔다. '버디'는 동성애를 향한 혐오와 차별이 없어지고 모두 친구가 되는 세상을 꿈꾼다는 의미를 담았다.《버디》가 나오기 전에도 성소수자 이야기를 담은 소식지나 잡지 형태를 띤 인쇄물이 없지는 않은 만큼 엄밀하게 말하면 최초의 성소수자 잡지는 아니다. 다만 정식 출판 등록을 하고 서점 유통까지 한 잡지는《버디》가 처음이다.

《버디》는 창간하자마자 폭발적인 관심을 받아 기사들이 쏟아진다. 특히 1998년 3월 11일《문화방송》이 저녁 9시에 내보내는 〈MBC 뉴스데스크〉에 보도됐고, 5월 24일에는 가장 인기 있던 토크쇼《에스비에스》〈주병진 데이트라인〉에 창간호 표지 모델과 편집인이 출연했고, 5월 27일에는《인천방송》의 〈리얼TV〉라는 시사 다큐멘터리에 '껍데기를 벗고서—동성애 전문지 버디를 만드는 사람들'이 방영됐다.

《버디》는 동성애를 다룬다는 이유로 많은 차별을 겪었다. 청소년에게 해롭다는 경고장은 기본이며, 교보문고가 진열과 판매를 거부하고 수원 지역 서점에 잡지를 배본하는 총판이 양심상 동성애 잡지는 취급할 수 없다며 거절한 적도 있다. 1999년에는 웹호스팅 업체가 서비스를 중단하겠다고 연락해 급하게 서버를 옮겨야 했다. 6년 내내 적자에 시달리다가 2003년에 24호를 끝으로 종간했다. 그렇지만 아침 일찍 등교해 짝사랑하는 친구 책상에 몰래《버디》를 넣어 놓은 사연, 성적 지향에 혼란을 느끼다가《버디》를 읽고 오히려 자기가 이성애자라는 사실을 분명히 알게 된 사연 등 수백 통에 이르는 독자 편지와 취재 기록은 1990년대 성소수자의 삶을 복원하는 중요한 자료가 됐다. 또한《버디》는 시대 흐름에 맞춰 창간 직후인 1998년 3월에 홈페이지(buddy79.com)를 열었는데, 2000년 6월에는 온라인 공동체를 꿈꾸며 커뮤티니 사이트 '버디마을'로 업그레이드했다. 버디마을은 한때 회원이 2만 명에 이르는 대표적인 성소수자 커뮤니티였다. 지금은 추억을 지키는 차원에서 홈페이지만 유지하고 있다.

118

## 최초 동성애자 극단이 공연하다

동성애자만으로 구성된 극단이 처음 나타났다. 바로 극단 쉰소리다. 극단 쉰소리는 첫 공연으로 연극 〈사람/밖/사람〉을 1998년 2월 28일과 3월 1일에 대학로 일출소극장 무대에 올렸다. 서지철이 연출과 조명을 맡고 김형기가 극본을 썼다.

〈사람/밖/사람〉은 두 동성 커플을 중심으로 전개된다. 24세 남자 미용사 강한남과 강한남의 연인 윤상본, 그리고 이 두 사람하고 알고 지내는 20대 후반 에이즈 환자 김다훈과 김다훈을 헌신적으로 돌보는 20대 중반 작가 이유진이다. 김다훈네 가족들은 김다훈이 에이즈 환자라는 사실을 숨긴 채 이유진을 장례식에도 오지 못하게 한다. 연극은 그런데도 장례식장에 나타난 이유진이 세상을 떠난 연인을 향해 노래를 부르는 장면으로 마무리된다.

〈사람/밖/사람〉은 동성애자 극단을 지향하는 초보 연극인들이 두 달 동안 연습해 올린 작품이었다. 공연 포스터가 너무 늦게 나오고 포스터에도 동성애라는 단어가 들어가지 않아 동성애를 다룬 연극이라는 사실이 동성애자 공동체를 넘어 널리 알려질 틈이 없었다. 그래서 최초의 동성애자 연극으로 보기는 어렵다며 아쉬워하는 글이 친구사이 소식지 1998년 4월호에 실렸다.

# 119 '물오리'와 '레스보스', 출판으로 운동하다

1998년 4월 25일, 게이로 커밍아웃한 시인 최이연이 쓴 시집 《물오리》가 출간됐다. 최초의 게이 시집으로 홍보한 이 책에서 시인은 자기를 다음처럼 소개했다. "지금은 낮에는 주로 잠을 자고 밤에는 씹스런 상상을 하며 지낸다. 그리고 《진달래》를 좋아하는 이반 남자이다." 게이 또는 이반 시인이라는 정체성은 〈변태들의 아침여관〉 같은 시 제목처럼 게이로서 겪은 경험을 작품 내용과 소재의 일부로 구축했다. 1년 뒤인 1999년 2월에 동성애자 전문 출판사를 표방하며 출판사 이연문화를 창립한 최이연은 가장 먼저 그해 6월에 케빈 제닝스의 《역사속의 성적소수자》를 번역해 출간했다. 그리고 시집 《물오리》도 재출간했다. 그러고도 책 몇 권을 더 출간할 계획을 세웠지만, 결국 이연문화는 책 두 권을 내고 활동을 끝냈다.

1998년 12월 4일에 끼리끼리 편집팀은 《레스보스, 그 섬으로의 여행》을 출간했다. 이 책은 신촌에 자리한 레즈비언 카페 레스보스를 기록하는 동시에 당대 한국 레즈비언 문화를 담았다. 이제는 찾기 어려운 레스보스의 과거 모습, 그곳에서 놀고 있는 방문자 모습, 그 기억으로 쓰는 경험, 한국 레즈비언 커뮤니티의 역사 등을 기록했다. 무엇보다도 레스보스에 비치된 '날적이'에 사람들이 남긴 글이 실려 있었다. 날적이이기 때문에 레즈비언들이 털어놓은 솔직한 감정이 기록됐다. 이 책은 단체 활동의 하나인 동시에 당대의 문화와 감정을 오롯이 담은 기록물이라고 할 수 있다.

# 120 전무후무한 게이바 불매 운동 성공 스토리

1990년대 말 이태원 게이 클럽의 양대 산맥은 스파르타쿠스와 지퍼였다. 지퍼에서는 동성애자 단체들이 행사를 종종 연 반면에 스파르타쿠스는 인권에 관심이 없는 곳으로 악명이 높았다. 남성 동성애자 인권 운동 단체 친구사이가 발행하는 단체 소식지를 클럽 안에 비치하고 싶다는 요청마저 거부하자 친구사이 내부에서는 스파르타쿠스 불매 운동을 하자는 이야기가 나올 정도였다.

얼마 뒤 《버디》 편집팀이 이태원 게이 바에 잡지를 비치하려 할 때도 스파르타쿠스 사장은 한마디로 거부했다. "나는 이런 거 귀찮아서 안 해. 귀찮아서 담배도 판매 안 하는데." 1990년대에는 종로, 신촌, 이태원 등에 자리한 게이나 레즈비언 업소들 중에는 인권 단체가 벌이는 활동을 지지하고 음료 판매 수익 중 일부를 매달 단체 후원금으로 내는 곳들도 있어서 스파르타쿠스 사장이 한 말은 큰 파장을 일으켰다.

하이텔 '또하나의사랑' 게시판에 스파르타쿠스 사장이 한 말과 태도를 상세히 고발하는 글이 올라왔고, 이 글은 다시 빠르게 천리안과 나우누리 동성애자 모임에 공유됐다. 그런 과정에서 스파르타쿠스 사장이 천리안 동성애자 모임이 요청한 후원을 거절하면서 거지 근성을 버리라며 비아냥거린 일까지 밝혀진다.

피시통신 성소수자 모임 회원들은 분노에 차 스파르타쿠스 불매를 결의했다. 바로 다음 주부터 눈에 띄게 지퍼에 사람들이 몰리고 스파르타쿠스는 손님이 줄어들었다. 어디에 사람이 많다고 소문이 나면 그쪽으로 사람이 더 몰리는 클럽의 특성상 불매 운동은 자연스럽게 더 큰 효과를 발휘했다. 몇 주 지나지 않아 결국 스파르타쿠스는 백기를 들었다. 이 불매 운동은 커뮤니티 역사상 전무후무한 성공 사례다.

# 1 2 1 한동협, 그리고 저무는 피시통신 시대

1995년에 결성된 동인협은 1997년 말부터 활동이 흐지부지해지면서 자연스럽게 사라졌다. 《버디》 편집팀은 성소수자 단체들을 모은 연대체가 필요하다고 생각해 전국의 성소수자 인권 단체와 문화 운동 단체, 대학과 153모임에 '전국동성애단체대표자연석회의'를 만들자고 제안했다. 1998년 5월 30일, 세종대학교 어느 강의실에 모인 17개 단체는 장시간 논의한 끝에 마침내 '한국동성애자단체협의회'(한동협) 결성을 결의했다.

스톤월 항쟁 29주년 기념일이기도 한 1998년 6월 27일에 맞춰 한동협 출범식이 열렸다. 출범식은 전국에서 동시에 진행했다. 서울, 부산, 대구, 광주, 전주에서 같은 시간에 성명서를 낭독하고 각각 축하 행사를 열었다. 부산은 영화 상영, 대구는 간담회, 전주는 길거리 농구 대회를 개최했고, 광주는 한동협 성명서를 지역 게이 바에 배포했다. 서울은 종묘공원에 모여 대규모 출범식을 치렀다. 종로, 신촌, 이태원에 자리한 이반 바들은 출범식을 축하한다며 요금 할인 이벤트를 실시했다.

한동협은 인권법을 제정하기 위한 시민운동에 적극적으로 참여해 마침내 국가인권위원회법상 차별 금지 사유에 '성적 지향'이 포함되게 하는 성과를 거뒀다. 그렇지만 활발히 활동한 처음 1년 동안이 지난 뒤에는 대표 선출과 운영진 구성을 둘러싸고 가입 단체들이 의견 차이를 좁히지 못하면서 내부 결속력이 약해졌다. 2000년대로 접어들어 인터넷이 부상하고 피시통신과 153 전화 사서함에 기반한 단체들이 빠르게 약화하면서 결국 유명무실해진다.

# 1 2 2 핑크 머니를 시도하다

1998년 8월 7일, 신촌에 있는 레즈비언 바 라브리스에서 사업 설명회가 열렸다. 한 레즈비언 커플이 '건전한 동성애자의 만남의 장을 열어 보겠다'는 취지로 만든 동성애자 전용 회원제 미팅 주선 업체 'meet2'였다. 별도 홈페이지 없이 운영자에게 이메일을 보내는 방식이어서 네츠고, 나우누리, 하이텔 등 통신사마다 메일 주소를 열었다. 두어 달 앞서 전화로 만남을 주선하는 동성애자 전용 700 서비스로 '소리텔'과 '핑크라인'이 사업을 시작했지만, 'meet2'는 성소수자 당사자가 직접 만든 서비스라는 점에서 차이가 있었다.

'meet2'는 1년도 채 버티지 못한 채 1999년 2월 28일에 문을 닫았다. 이 회사 심혜영 대표는 너무 앞서간 사업 형태인데다 문화적이고 사회적인 기반이 성숙하지 않은 상황이라 한 개인의 힘만으로 성공시킬 수 없는 큰 모험이었다고 폐업 이유를 설명했다. 지금은 틴더, 잭디, 그라인더, 조이, 시스, 블루벨벳 같은 앱 서비스가 큰 인기를 끌고 있으며, 2023년에는 여성 성소수자를 위한 미팅 서비스 로얄블루가 서비스를 시작했다.

2002년 5월 3일에는 주식회사로 발전할 미래를 염두에 두고 핑크 산업 전문 기업을 내세운 '딴생각'이 창립했다. 레즈비언 인권 단체와 게이 인권 단체 활동가 출신 각 1명과 홍석천 등 3명이 공동 창업했고, 직원 9명을 모두 동성애자로 뽑았다. 그때 기준으로 보면 꽤 큰 1억 원을 종잣돈으로 마련했다. 공식 웹사이트 이름은 '해피이반'이었지만, 게이 전용은 'HAPPYEBAN.COM'으로 하고 레즈비언은 'HAPPY2VAN.COM'으로 해서 도메인을 달리했다. 게시판과 채팅방을 비롯해 쇼핑몰과 영화, 만화 등 문화 콘텐츠와 미팅 서비스까지 갖추고 무료 서비스와 유료 서비스를 섞어 수익을 낼 계획이었다. 활발히 운영되던 '해피이반'은 운영 주체인 딴생각 내부에서 생긴 문제 때문에 오래 버티지 못하고 문을 닫았다.

# 123 게이가 만든 레즈비언 사이트 티지넷

한국 최초 레즈비언 사이트 '티지넷'은 1998년 8월 21일에 문을 열었다. 여기에는 반전이 있다. 한 중년 남성 동성애자가 개인 홈페이지를 만들려다가 한국에 레즈비언 사이트가 하나도 없다는 사실을 알게 됐다. 어차피 시간과 정성을 들여야 한다면 레즈비언 사이트 제작이 더 가치 있으리라 생각해 '한국 레즈비언의 작은 휴식공간'을 모토로 '탱크걸'이라는 홈페이지(http://sinbiro.com/tankgirls)를 제작했다.

무료 호스팅을 사용하니까 채팅방에 자꾸 호모포비아가 들어와 분탕을 쳤다. 그래서 게이 최대 웹사이트인 '이반시티' 운영자에게 부탁해 레즈비언 전용 채팅방을 열었다. 이용자 수가 늘어나서 독립 도메인(tgnet.co.kr)을 갖게 되자, 그 뒤부터는 '탱크걸'보다 '티지넷'으로 알려진다. 티지넷은 공공장소에서 접속해도 레즈비언 사이트라는 사실을 옆 사람이 눈치채지 못하게 '며느리도 몰라'라는 코너가 따로 있어서 유명했다.

티지넷은 급성장했다. 2005년에는 '이반시티'를 운영하는 'LGBT KOREA'가 운영을 맡으면서 회원 4만 명에 100여 개에 이르는 게시판과 화상대화방, 파워 데이팅, 클럽, 미니홈피, 자체 제작 영상물 등을 보유한 포털 사이트로 성장했다. 2008년에는 레즈비언 사이트는 레즈비언이 직접 운영해야 좋다는 취지에 따라 운영자가 바뀌었고, 한국 최대 레즈비언 사이트라는 명성을 이어 갔다. 운영자는 범죄를 목적으로 들어오려는 남성을 막으려고 2013년부터 회원 가입 절차에 목소리 인증 시스템을 도입하는 등 노력했지만, 돈을 주지 않으면 회원 정보를 팔아넘기겠다는 해킹 협박 메일까지 받자 결국 2015년 11월 사이트를 폐쇄한다는 공지를 올렸다. 티지넷 말고도 유명한 레즈비언 커뮤니티 사이트는 2000년 9월에 문 연 '엘비시티(LBcity)', 2006년 10월 19일에 시작한 '미유넷(miunet)'이 있었다. 2013년 5월에 미유넷이 문을 닫은 뒤 등장한 '로다'는 2018년까지 운영된다.

1
2
4

## 청소년보호법이 청소년 동성애자에게 끼친 영향

1997년 청소년보호법이 제정되면서 동성애자 커뮤니티에서는 청소년 회원 가입을 제한하는 분위기가 일어났다. 이제 겨우 만든 숨 쉴 공간이 청소년 유해성을 핑계로 폐쇄될지도 모른다며 염려한 탓도 있었고, 청소년이 자기를 동성애자로 규정하는 행동은 섣부를 수 있다는 관점도 많았다. 동성애자 커뮤니티에서 눈치를 보고 핑계를 대면서 청소년을 받아들이지 않는 행동은 보호가 아니라 차별이자 방치라는 반박도 나왔지만, 피시통신과 인터넷의 성소수자 모임은 대부분 만 18세 미만 가입을 금지하거나 가입은 받더라도 번개나 뒤풀이 참석을 허용하지 않았다.

그러자 성소수자 인권 단체들은 오히려 더 적극적으로 청소년 성소수자를 위한 활동을 펼치기로 했다. 1997년 9월부터 끼리끼리는 매달 넷째 주 일요일마다 청소년들이 사무실 공간을 빌려 모일 수 있게 지원했는데, 이런 모임이 이어지면서 '또래끼리'라는 청소년 모임이 만들어졌다. 친구사이는 1998년부터 2006년까지 여름 방학을 활용해 해마다 '청소년 동성애자 인권학교'를 열어 청소년을 지지하려 노력했다. 2005년 10월에는 '청소년 동성애자의 오늘—담론, 정책, 기획' 토론회를 열어 청소년 성소수자를 위해 무엇을 해야 할지 고민하는 자리도 만들었다.

2000년대 중반에 이반 검열이 있기 전, 1990년대부터 이미 학교는 검열의 공간이었다. 1999년 제2회 인권학교에 참가한 한 청소년은 학교에서 여학생 두 명이 깊은 스킨십을 나누는 장면을 교직원이 목격한 뒤 학생들끼리 손을 잡으면 벌점 1점을 주고 안으면 벌점 2점을 주는 제도가 생긴 적이 있다고 증언하기도 했다.

## 125 야오이와 비엘, 만화가 안겨 준 해방

'야오이'는 일본어로 '야마나시'(클라이맥스 없음), '오치나시'(결말 없음), '이미나시'(의미 없음)의 머리글자를 딴 용어다. 일본에서는 1970년대에 아마추어 만화가 동인지에 미소년들 사이의 사랑과 성행위를 다룬 작품이 실리면서 시작됐고, 한국에서는 1990년대에 유행했다. 주요 독자층은 이성애자 여성이었는데, '동인녀'나 '후조시' 등으로 불렸다. 현실의 게이에게 관심이 없고 환상으로 소비한다는 비판도 받지만, 비슷한 편견에 시달린다는 점에서 동지 의식을 느껴 성소수자 인권 지지자가 된 사례도 많다.

이 무렵 성적 지향과 성별 정체성에 관련한 규범을 깨는 퀴어 만화도 본격 등장했다. 1990년에 이정애의 《루이스씨에게 봄이 왔는가?》와 《열왕대전기》, 강경옥의 《노말시티》, 원수연의 《Let 다이》, 박희정의 《호텔 아프리카》, 유시진의 《쿨핫》 등이 나왔고, 2000년대에는 황미나의 《저스트 프렌드》, 송채성의 《Mr. Rainbow》, 이영희의 《절정》 등이 출간됐다. 또한 일본 만화도 정식 출판되기 시작해서 라가와 마리모의 《뉴욕 뉴욕》이나 요시나가 후미의 《서양골동 양과자점》 등이 큰 인기를 끌었다.

퀴어를 다룬 창작물을 접하기가 쉽지 않던 시기부터 만화책은 많은 이들의 답답한 삶을 위로하고 상상의 지평을 넓히고 다양한 삶의 결을 이해할 수 있도록 돕는 구실을 했다. 그렇지만 만화가 아동과 청소년이 즐기는 문화여서 작가들은 끊임없이 검열과 비난에 시달리며 수모를 겪어야 했다. 그 뒤 팬픽은 실존 인물을 허구의 동성애 관계로 다루는 '알페스(Real Person Slash·RPS)'로 표현이 바뀌는데, 2021년에는 알페스를 문제 삼는 국민청원이 올라오고 평소 동성애와 페미니즘을 혐오하던 국회의원까지 나서면서 사회적 논쟁으로 커졌다. 《퀴어돌로지》(2021)와 《알페스x퀴어》(2022) 등이 이 과정을 분석했다. 2000년대로 접어들면서 '야오이'나 '팬픽'보다는 만화와 소설을 모두 아울러 '비엘'이라는 용어가 더 널리 쓰이기 시작했고, 여성 간의 사랑을 다룰 때는 '백합물'이라 부르다가 '지엘(Girls Love·GL)'로 바뀌었다.

# 1 2 6 어디로 갈지 모를 때 찾아가는 '오데로'

《버디》에 실린 기사를 참조하면, 1998년까지 15개 정도이던 동성애자 웹사이트가 2000년 10월에는 최소한 130여 개가 넘었다. 다음 카페도 300여 개가 개설됐는데, 그중에는 회원이 2000명을 넘는 곳도 있었다(포털 사이트 다음은 1999년 5월부터 카페 서비스를 시작했다). 웹진 형태부터 대학, 친목, 연령, 지역, 취미, 직업별 모임도 많았지만, 커밍아웃한 당사자가 만든 개인 홈페이지, 커플의 사랑 이야기를 들려주는 홈페이지 등도 인기를 끌었다. 성소수자들은 인터넷을 적극 활용했지만, 인터넷 환경은 성소수자 친화적이지 못했다. 동성애자 웹사이트라는 이유로 호스팅을 거절당하기도 했다. 포털 사이트에서는 이반이나 동성애를 금칙어로 정해 검색을 아예 할 수 없게 규제하기도 했다.

1999년 12월 엑스존 운영자 '중전'은 이런 현실적 제약을 넘어 모든 동성애자가 자기에게 잘 맞는 인터넷 공간을 찾을 수 있도록 동성애자 전용 검색 엔진 '오데로'를 열었다. '오데로'는 '어디로'를 뜻하는 경상도 말이다. 네이버나 구글도 없던 시절에 '오데로'는 망망대해 같은 인터넷에서 등대 구실을 했다. 2001년 엑스존이 정보통신윤리위원회가 통보한 청소년유해매체물 전자적 표시 명령에 항의해 무기한 사이트 폐쇄에 들어가면서 '오데로'는 《버디》가 운영하던 커뮤니티 사이트 '버디친구닷컴'으로 옮겨 관리됐다. 그렇지만 2000년대 중반이 되면서 등록을 다 하지 못할 만큼 다음 카페와 웹사이트가 늘어나고 네이버와 구글 등 새로운 포털이 등장하면서 효용성이 떨어져 자연스럽게 사라졌다.

## 127 국가인권위원회법에 '성적 지향' 들어가다

1998년 4월, 김대중 정부가 국가인권위원회를 설치하겠다고 발표하자 시민단체들은 '인권법 제정 및 국가인권기구 설치 민간단체 공동추진위원회'(공추위)를 구성했다. 한국동성애자단체협의회(한동협)도 성소수자 인권 보호 조항을 법제화할 기회로 보고 아직 성소수자를 낯설게 여기는 분위기 속에서도 공추위에 적극 참여했다.

1998년 9월 25일에 법무부가 처음 발표한 인권법 시안에는 성적 지향이 차별 사유로 포함되지 않았다. 한동협은 공추위가 마련한 안에 성적 지향을 포함시키려 노력하지만 10월 29일에 발표한 안에는 '성적 지향' 대신 '성과 관련된 언행'이라는 모호한 표현이 들어갔다. 1998년 11월 6일, 공추위가 마련한 공청회에서도 성적 지향이 아예 언급조차 되지 않자 한동협 대변인은 객석에서 성적 지향에 따른 차별 금지 조항을 넣어 달라고 요구하는 발언을 하기도 했다.

시민단체와 정부가 협상하는 과정에서 '사상의 자유와 성지향성이 제외될 것'이라는 전망이 지배적이었는데, 공추위 안에서도 국민 정서와 미풍양속을 들어 '성지향성' 문제는 시기상조라는 의견이 나온 상황이기 때문이었다. 1999년 4월, 공추위는 73개 단체가 모인 '올바른 국가인권기구 실현을 위한 민간단체 공동대책위원회'(공대위)로 확대 전환했다. 공대위가 마련한 안에는 '성적 지향'이 포함됐는데, 한때 '동성애 또는 성적 성향'이라는 표현이 들어가기도 했다.

2000년 9월 성적 지향이 포함된 법무부 시안이 드디어 나왔으며, 2001년 2월에 나온 민주당 법안에도 성적 지향이 들어갔다. 성적 지향을 삭제하지 않은 국가인권위원회법이 2001년 4월 30일에 국회를 통과하면서 동성애자 차별을 금지하는 조항이 포함된 한국 최초의 법이 만들어졌다.

# 처음 생긴 동성애 전문 출판사, 아직도 있다

《버디》 편집팀은 한발 더 나아갔다. 1998년 10월에는 '최초의 동성애 전문 출판사'로 기록된 도서출판 해울을 설립한다. 동성애 전문을 내건 두 번째 출판사는 1999년 2월에 설립한 이연문화이고 그 뒤 끼리끼리도 출판 등록을 했지만, 두 곳 모두 몇 년 뒤 자진 폐업했다.

도서출판 해울은 잡지 《버디》뿐 아니라 《한채윤의 섹스 말하기》(2000), 《남남상열지사》(2003), 《성서가 말하는 동성애》(2003), 《정호의 성공사례》(2004) 등 단행본을 내면서 서점계와 독자들에게 '동성애 전문 출판사'로 어느 정도 인지도를 쌓았다.

《버디》 편집팀은 2003년 겨울호 발간을 끝으로 잡지를 종간하기로 결정했다. 그렇지만 '최초의 동성애 전문 출판사'라는 역사적 가치를 지키고 싶어서 출판사는 폐업하지 않고 계속 출판 활동을 이어 갈 다른 이에게 양도하기로 했다. 게이 소설을 여러 편 발표한 작가 한중렬이 새로운 발행인이 됐고, 지금까지 퀴어 전문 출판사로 자리를 지키고 있다.

도서출판 해울은 트랜스젠더, 이성애자, 양성애자 등 다양한 작가들이 쓴 작품을 모은 젠더문학닷컴 작가 소설집 《레인보우 아이즈》(2005)를 출간했고, 레즈비언 장편 로맨스 《하추간》(2019) 등 2024년 12월 기준 전자책 163종을 출간했다. 가장 최근에 출간한 전자책은 《남자 둘이 손 잡고 한달살기》와 《남자 둘이 손잡고 일본》이라는 중년 게이 커플 여행기다.

129

## 청소년 동성애자 커뮤니티 만들어지다

정체성을 깨닫는 데 청소년은 아직 이른 나이라는 말을 쉽게 하지만, 청소년 성소수자 운동의 역사는 이미 오래됐다. 1998년 10월 1일 청소년들이 모여 피시통신 하이텔에 청소년 이반을 위한 피시 잡지 《리퀴드(LIQUID)》를 창간했고, 1999년 3월 부산에서는 '부산경남레즈비언모임 안전지대'에서 도움을 받아 '청소년동성애자문화집단 달팽이'가 활동을 시작했다. 달팽이는 영화 상영회, 청소년 이반 문화 워크숍 같은 행사를 기획하고, 《마산문화방송》과 《포항문화방송》 라디오에 나가 인터뷰하고, 부산시 진구 전포동에 사무실을 여는 등 2001년까지 활발히 활동했다.

1999년 7월에 서울 지역 청소년 동성애자 모임 '아쿠아'를 시작으로 '보이존'과 'ANY79' 등 웹사이트가 만들어지면서 거꾸로 성인 가입 금지 정책도 펼쳤다. 아쿠아는 2000년 초에 회원이 이미 2100명에 이를 정도였는데, 청소년 동성애자 모임이 필요한 이유에 관해 아쿠아 운영진은 《또하나의사랑》에 실린 인터뷰에서 이렇게 말했다. "청소년들은 자기랑 똑같은 사람이 없다는 것에 고민을 한다. 자기와 같은 사람이 있고 자기가 전혀 이상하지 않다는 것을 받아들이는 것, 그것이 '아쿠아'가 하는 제일 큰 일일 거다. 작은 건 일반을 좋아하는 것보단 이반을 좋아하는 게 더 나으니까. 일반 좋아해서 상처받는 걸 막기 위해서……(웃음)."

특히 2007년 1월 1일에 포털 사이트 다음에 카페로 문 연 '청소년성소수자커뮤니티 라틴'은 이반놀이터 등 10대에게 필요한 지식과 정보를 제공하는 등 적극적 활동을 펼쳐 퀴어 운동에서 10대 청소년 의제가 지니는 중요성을 계속 환기시켰다.

## 130 게이 무가지 《보릿자루》와 이반의 삶

무가 이반 정보지를 앞세운 《보릿자루》는 1998년 10월 1일에 창간했다. 신학을 전공하고 6년간 전도사로 일하다가 목회하려고 서울에 온 남성 동성애자가 만들었다. '보릿자루'는 설립자가 쓴 닉네임이었다. 이런 배경 때문에 《보릿자루》는 '발행처: 이반교회'와 '발행편집: 보릿자루'로 발행 사항을 표시했으며, 창간호에서 기독교 사역을 위해 발행한다고 밝혔다. 그 뒤에도 '주님의 품'이나 '주말 예배' 등을 강조하며 전도사라는 배경을 적극 드러냈는데, 흥미롭게도 《보릿자루》의 영문 명칭은 'Korean Queer Information'이었다.

1호를 2장짜리로 발행된 뒤 조금씩 면수를 늘리면서 점차 잡지 형태를 갖췄다. 처음에는 '구인 정보지'로 시작한 만큼 50여 명의 신상 정보를 담아 서울 지역 게이 업소와 극장에 배포했다. 직장 생활을 병행하면서 잡지를 만들던 발행인은 1999년 3월부터 직장을 그만두고 전업 잡지인으로 활동했다.

사우나, 찜질방, 게이 업소 관련 정보를 제공하고 파트너 찾기와 섹스 관련 물품 공동 구매 정보를 공유한 탓에 남성 동성애자들에게서 '음란 잡지'라거나 '포르노 저질 잡지'라는 비난도 많이 받았다. 그렇지만 발행인은 평범한 게이들에게 실질적으로 필요한 '제대로 된 좋은 정보를 안전하고 깨끗하게 전해' 주는 매체를 목표로 삼았다. 1인 잡지여서 혼자 취재하고 글 쓰고 디자인했으며, 전국을 돌면서 손수 배포했다.

《보릿자루》는 업소 정보와 구인 정보뿐 아니라 피시통신에서 논쟁 되는 글, 투고, 이반 대상 범죄 소식 등도 실었다. 무단 전재라는 문제가 있기는 하지만 완전히 사라질 뻔한 1990년대 동성애자들의 삶을 기록물로 남긴 《보릿자루》는 퀴어 운동사와 문화사를 증언하는 매우 중요한 자료다.

# 131 1990년대에 시작된 퀴어 소설 붐

동성애자 문학 모임 '현대문학연구회'는 동성애자를 둘러싼 억압적 상황을 문학으로 풀어내려는 목표로 창립했다. 1998년에 《늦은 귀가》라는 작품집을 출간했는데, 여기에는 동성애자인권연대가 주최한 다이크문화상에 응모한 〈늦은 귀가〉 말고도 여러 회원이 쓴 시 13편과 소설 5편이 실렸다. 일반 서점에서 판매하지 않은 책이지만 회원들이 쏟은 열정과 노력을 짐작할 만하다.

2000년 9월에는 게이문학닷컴(www.gaymunhak.com)이 오픈해 여러 동성애자 작가가 소설, 시, 에세이, 비평을 올렸다. 2003년 11월 작가 다섯 명이 쓴 단편 소설을 묶은 《남상열지사》가 나왔다. 커밍아웃한 작가들이 동성애 소설집을 정식 출판해 서점에 유통한 첫 사례다. 2004년에는 한중렬이 쓴 장편 소설 《정호의 성공사례》가 출간됐다. 게이문학닷컴은 게이 문학 무크지를 전자책으로 발간하며 활동 폭을 넓히는 일을 쉬지 않았고, 이어서 명칭도 젠더문학닷컴으로 변경하면서 게이뿐만 아니라 트랜스젠더 작가도 참여했다. 2005년에는 작가 여섯 명이 쓴 단편 소설을 묶은 《레인보우 아이즈》가 나왔다.

2010년대 중후반 한국 문학에서 퀴어 문학이 '붐'을 탔다. 마치 전에 없는 새로운 흐름처럼 다루어지면서 그제야 비로소 퀴어 문학이 등장한 듯한 착각을 불러일으켰지만, 한국 퀴어 문학은 1990년대에 발흥한 퀴어 인권 운동하고 거의 동시대적인 현상이었다. 이미 붐을 타고 있던 퀴어 문학이 주류 또는 대형 출판 자본에 장악된 시장에 진출하거나 등단이라는 제도에 포섭된 사건이 비교적 최근에 일어난 것뿐이었다.

## 132 '화랑'으로 시작해 '이반시티'로

한국 최대 게이 웹사이트로 명성이 자자한 '이반시티'는 1999년 5월 10일 '화랑'이라는 이름으로 문을 열었다(http://hello.to/hwarang).

1990년대 말 웹사이트 호스팅 서비스를 제공하던 서버 회사들이 동성애 관련 사이트를 자의적으로 폐쇄하는 일이 종종 있었다. 화랑 운영자는 서버 회사 눈치를 봐야 하는 불편과 차별에서 벗어나기 위해 아예 독립 서버를 마련해서 2000년 3월 4일에 '이반시티'로 이름을 바꿨다. 2000년대 초반 성소수자 인권 단체들이 인터넷 검열과 청소년보호법에 따른 동성애자 차별 조항에 맞서 싸울 때 적극적으로 함께한 엑스존에 견줘 무심하게 반응한 탓에 이반시티 운영자는 인권에 관심 없다는 이미지가 강했다. 그렇지만 엑스존이 자진 폐쇄한 뒤 한국 최대 게이 웹사이트가 된 이반시티는 다양한 성소수자 문화를 진흥하는 데 힘쓰고 인권 운동을 지지하는 곳이 됐다.

이반시티는 콘텐츠 개발에 힘써 문자 채팅을 넘어 화상 채팅, 파워 데이팅, 온라인 쇼핑몰, 웹하드 서비스 등을 개발했고, 게이를 위한 방송국을 자처하며 이반 뉴스쇼 '렛츠큐'와 웹 영화도 직접 제작했다. 2007년에는 《GET》이라는 게이 잡지를 발간했고, 2011년부터 3년 동안 '벨로시티(Velocity)'라는 서킷 파티를 기획하는 등 다양한 활동을 펼쳤다. 또한 2014년부터 비온뒤무지개재단에 '이반시티퀴어문화기금'을 만들어 성소수자 관련 문화 활동을 지원하고 있다.

# 133 대학 동성애자 모임, 정식 동아리 되다

1999년 9월 15일, 서울대학교 성소수자 모임 '마음001'이 정식 동아리가 됐다. 처음에는 조용히 지나가는 일이었지만, 서울대학교 출입 기자들이 우연히 학보인 《대학신문》에 실린 신규 동아리 명단을 본 10월 5일부터 《한겨레》, 《한국일보》, 《동아일보》, 《조선일보》, 《매일경제》, 《주간조선》 등 여러 언론에 대대적으로 기사가 실렸다. 정식 동아리가 되면 활동 지원금을 받고 학생회관에 동아리방도 생긴다거나, 회원이 남학생 21명과 여학생 4명을 합쳐 25명이라거나, 가입 여부를 결정하는 동아리 대표자 투표에서 찬성 36표, 반대 6표, 기권 2표로 통과된 사실까지 자세히 보도했다. 대학에 동성애자가 있다는 현실을 보수적인 대학 본부가 인정한 결과라며 오해하고 호들갑을 떨었다.

대학 성소수자 모임이 정식 동아리가 된 과정은 혐오라는 벽에 끊임없이 부딪힌 역사다. 고려대학교 '사람과사람'은 2003년 동아리연합회에서 정식 동아리로 인준받았고, 연세대학교 '컴투게더'는 2007년 9월 19일에 중앙 동아리가 됐고, 1999년 창립한 중앙대학교 '레인보우피쉬'는 2015년 정식 동아리가 됐다.

2000년 창립한 성균관대학교 '성퀴인'(지금 퀴어홀릭)은 2007년에 중앙 동아리가 되려고 시도하지만 이사회가 반대해 무산됐다. 2000년에 만들어진 한양대학교 '하이퀴어'와 한양성적소수자인권위원회는 2020년부터 정식 동아리가 되려고 도전하지만 대의원 표결에서 계속 부결되고 있다. 인제대학교 '아이큐(IQ)'처럼 중앙 동아리 인증 과정에서 '동아리방이 생기면 무슨 일이 일어날지 모른다'는 식의 혐오 발언을 듣는 일도 흔했다. 충남대학교 '레이브(RAVE)'와 한국외국어대학교 '외행성'도 정식 동아리가 되지 못했고, 제주대학교 '퀴여움'도 끝내 정식 동아리 인준에 실패한 뒤 해체됐다. 건국대학교 '큐더펠릭스(Cue the Felix)'는 2017년에 어렵게 중앙 동아리가 되지만 지속적인 혐오 발언에 시달려야 했다.

# 134 〈병역판정 및 신체검사 등 검사규칙〉과 성주체성 장애

〈병역판정 및 신체검사 등 검사규칙〉은 1960년대 만들어졌다. 여기에 트랜스젠더 관련 조항이 포함된 시기는 1999년이다. 〈검사규칙〉 중 '질병 심신장애의 정도 및 평가기준'에 '99. 인격장애 및 행태장애'의 하나로 '성적 성호장애'하고 함께 처음 들어갔다. 앞으로 관찰이 필요한 경우에는 7급 재검을 받았고, 경도, 중등도, 고도 등 정도에 따라서 〈검사규칙〉이 개정될 때마다 3급, 4급, 5급으로 판정이 계속 바뀌었다.

2018년부터 '102의3. 성주체성 장애 및 성선호장애'라는 별도 항목으로 분리되고 '6개월 이상의 정신건강의학과 치료 경력이나 1개월 이상의 입원력'이라는 기준이 추가된다. 그렇지만 트랜스젠더 인권을 둘러싼 사회적 논의가 활발해지면서 2021년에 '102의3. 성별불일치(gender incongruence)'로 항목 명칭이 변경됐고, '생활기록부, 정밀심리검사결과 등의 자료와 정신건강의학과적 평가 등으로 성별불일치 상태가 확인된 사람 가운데 사회적 변화나 신체적 변화로 인한 군 복무의 적응 가능성을 판단한다'는 주가 첨부된다. 특히 '성주체성 장애'라는 용어가 트랜스젠더를 비하한다는 지적이 나오는데도 별다른 반응이 없던 국방부가 드디어 세계보건기구(WHO)가 권고한 대로 성별 불일치로 진단명을 바꾼 만큼 진일보라는 평가를 받았다.

그렇지만 긍정적인 흐름은 오래가지 않았다. 2024년 2월, 국방부는 '6개월 이상의 이성 호르몬 치료'를 기준으로 〈검사규칙〉을 다시 바꿔 치료기간이 6개월이 안 되면 4급 보충역을 받게 했다. 트랜스젠더를 성별 정체성이 아니라 의학적 조치를 기준으로 판단한다는 점에서 심각한 문제를 지닌 조치였다. 외과 수술을 한 트랜스젠더는 '제384호 고환결손 또는 위축'이나 '제394호 음경절단'이라는 기준에 따라 병역 면제를 판정받는데, 설사 병역을 원하더라도 트랜스젠더 여성과 트랜스젠더 남성 모두 고환과 음경이 없다는 이유로 거부된다는 의미였다.

# 1 3 5 전국 주요 도시 게이 바의 역사

이반 업소는 기록이 잘 남지 않는다. 특히 서울을 벗어난 지역에서는 더욱 찾기 어렵다. 집에 컴퓨터도 스마트폰도 없던 1990년대 말, 게이 바와 레즈비언 바를 찾을 수 있도록 《버디》는 'ENJOY MAP'이라는 지도를 제작해 배포했다. 이 지도를 보면 1990년대 말 이반 바가 몰린 지역과 상호에 담긴 상징성을 알 수 있다.

부산 지역 게이 바는 주로 범일동에 몰려 있었다. '텔레폰'이 유명했고, 부산역 근처에 '캠퍼스'와 '도시인'이 있었다. 대전은 대전역 주변에만 10여 개가 넘게 모여 있었는데, '라성(LA)', '영시오십분', '친구찾기', '자유인', '이태원연가' 등이 인기였다. 인천은 부평역 근처에 '샤쯔'가, 안산은 중앙역 근처에 'PHIL'이, 수원은 수원역 근처에 '빨간여우'와 '친구사이'가, 성남은 모란역 쪽에 '2학년'과 '쎄시봉'이 있었고, 광주에는 광주은행 본점 근처에 '환타지아' 등 10여 개가 몰려 영업했다.

대구는 삼덕동에 '아카시아'가 1997년에 문을 열었다. 이곳은 낮에는 인권 운동을 후원하는 차원에서 대경회에 사무실 공간을 내어 주기도 했다. 동대구역 근처에도 '1인2역'과 '아쿠아' 등 8개가 있었다. 2000년 10월 12일 《영남일보》를 보면 대구에서 처음으로 문을 연 '본격적인' 게이 바는 1990년 봉덕동 농협 옆에 있던 '심'이라는 주점이었고, 1970년대와 1980년대에는 동성로에 있는 '방랑자'와 '어게인' 같은 허름한 선술집을 주로 이용했다.

# 136 국제 성소수자 운동하고 연대하다

동성애자 인권 운동 단체들은 설립 초기부터 국제 성소수자 운동하고 연대를 도모했다. 끼리끼리는 1995년 8월에 대만에서 열린 제3회 아시아레즈비언네트워크(Asian Lesbian Network·ALN)에 참가해 국제 레즈비언 운동의 흐름을 파악하려 노력했다. 1997년에는 미국 성소수자 인권 단체인 아스트리아(Astraea Foundation)에서 기금 500달러를 받았다.

일본하고도 교류가 있었다. 1990년에 일본 동성애자 인권 단체 '아카(OCCUR)' 회원들이 도쿄도에서 운영하는 유스 호스텔을 빌려 워크숍을 진행하려 하자 동성애자 모임인 사실을 안 유스 호스텔이 '숙박 시설 이용'을 거부한 사건이 있었다. 1991년에 도쿄 지방재판소에 소송을 제기해 1994년에 승소하지만 도쿄도가 1심 판결에 불복해 2심 재판이 진행 중이었다. 1996년 12월에 아카 사람들이 친구사이를 방문해서 한일 양국 동성애자 인권 현황을 공유하고 연대를 다짐했다. 한국동성애자인권운동협의회 소속 활동가 10여 명이 1997년 6월 18일 오후 2시 주한 일본대사관 앞에서 일본 정부가 저지른 동성애자 차별을 규탄하고 인권 보장을 촉구하는 집회를 열었다.

1999년 5월 12일에는 끼리끼리와 친구사이가 국제게이레즈비언인권위원회(International Gay and Lesbian Human Right Commission·IGLHRC)에서 주는 '펠리파 지 소자(Felipa de Souza)' 인권상을 받았다. 국제게이레즈비언인권위원회에서 한국인 활동가가 일한 덕분이기도 했지만, 동성애자 인권을 위해 활동한 개인에게 주는 상을 처음으로 단체가 받는 전례가 됐다.

# 137 1990년대와 2010년대까지 레즈비언 바의 역사

레즈비언 바는 1996년 봄 대전에 '레떼'가 문을 열고 서울 마포구 공덕동에 '레스보스'가 개업하면서 시작됐다. 그해 7월에는 이태원 크라운호텔 근처에 작은 카페 형태를 띤 '라펠'이 개업했다.

신촌 연대 근처 '쇼너'는 처음에는 레즈비언 바가 아니다가 게이와 레즈비언이 주로 드나들면서 자연스레 이반 바가 됐는데, 쇼너 운영자는 1998년에 가게를 폐업하고 근처에 레즈비언 바 '포에버'를 다시 열었다. 1997년 10월 신촌 하나로마트 근처에 오픈한 '라브리스'는 넓고 세련된 인테리어로 큰 인기를 끌었다. 1999년에는 라브리스 자리에 마포에 있던 레스보스가 옮겨 왔다.

1999년 신촌 기차역 근처에 오픈한 'R&B'는 구조가 독특해서 2층은 게이 바로 운영하고 3층은 레즈비언 가라오케로 운영했다. 동교동 삼거리 근처에는 여성 전용 록카페 '퀸스우먼'이 있었다. 신촌 전철역 근처에는 '해커II', '지피지기'와 '발코니', 신림동에는 '빨간 우체통', 건대 앞에는 'WEST SIDE', 남영동에는 '한계령'이 생겼다. 부산 서면에는 '외롭고 웃긴 가게'가 있었다.

레즈비언 바는 2000년대 중반부터 신촌에서 홍대 쪽으로 중심이 바뀌었다. 2000년대 후반에는 '마녀', 'W', '구월', 레스보스, 라브리스, 아랑 등이, 2010년대에는 '소마', '핑크홀', '걸스타운', '아오링고', '몽', '폴키친', '뉴페이스', '펍캔', '프리즘', '헤이주드바' 등이 유명했다. 레스보스를 운영하던 윤김명우는 레스보스를 접은 뒤 압구정에 '명우형'이라는 작은 레즈비언 바를 열었다.

4부

# 퀴어, 확장과 투쟁의 시대

2000년대

## 138 신촌공원과 싼타페, 그리고 '일차'와 '가문'

신촌은 지금도 유명한 대학가이지만 1990년대 말에는 청소년도 '민증 검사'를 피해 술을 마실 수 있는 곳으로 유명했다. 신촌 현대백화점 뒤편에 자리한 신촌공원에는 코스프레를 하는 이들이 모여들었고, 점차 10대 레즈비언들이 모이는 중심지가 됐다.

2002년 《에스비에스》 〈그것이 알고 싶다〉는 '10대 동성애의 두 얼굴'을 방송하며 신촌공원 청소년들을 부정적으로 다뤘다. 이 탓에 신촌공원을 다닌다는 사실은 낙인이 됐다. 서울 사는 10대 레즈비언은 신촌공원에 나가는 청소년과 안 나가는 청소년으로 나뉜다고 할 정도였지만, 신촌공원이 학교와 집, 사회에서 정체성을 드러낸 뒤 왕따와 차별을 당하는 이들에게, 정체성을 드러낼 수 없어 남몰래 숨죽여 지내던 이들에게 마음 놓고 쉴 수 있는 안식처인 사실은 틀림없었다.

신촌공원을 중심으로 '일차'(일일 찻집의 준말)와 '가문'이 융성해졌다. 청소년들이 서로 엄마, 아빠, 아들, 딸 등으로 부르며 '패밀리'를 형성하는 문화는 그전부터 있었지만, 신촌공원에서는 '가문'으로 더 커져서 유대감과 결속력을 다졌다. 2002년 무렵부터 가문별로 일차를 열었다. 시청 주변부터 이화여대와 신촌까지 곳곳에서 일요일 낮(오전 10시부터 오후 5시까지)에 큰 호프집을 빌려 술은 팔지 않으면서 게임, 댄스 공연, 공개 고백 같은 프로그램을 진행했다. 흥행에 성공한 일차는 하루에 600명이 올 정도였는데, 이런 일차팀이 2000년대 중반에 45개나 됐다(대구에는 국채보상운동기념공원이 비슷한 곳이었다).

신촌공원 말고 유명한 아지트는 2호선 신촌역 근처에 자리한 카페 '산타페'였다. 청소년 이반들이 모여 스킨십을 하자 사장은 처음에는 내쫓다가 나중에는 레즈비언 아르바이트를 고용하고 단골손님으로 인정했다. 이 무렵 청소년 이반들은 포털 사이트 프리챌이나 엔티카, 포털 사이트 다음의 카페 등에 모임을 만들었는데, 특히 '당죽되'(당신을 죽여도 되나요)와 '청이카'(청소년 이반 카페)가 유명했다.

# 139 어쨌든 한국 최초의 레즈비언 섹스 가이드북

2000년 1월, 한국 최초의 레즈비언 섹스 가이드북 《한채윤의 섹스 말하기》가 도서출판 해울에서 출간됐다. 한국보다 성소수자 관련 출판물이 많은 일본에서도 레즈비언 섹스 가이드북은 나온 적이 없다는 점에서 꽤 발빠른 기획이었다.

1996년에 자기의 성적 지향을 받아들인 뒤 레즈비언 커뮤니티에서 활동하던 한채윤은 많은 레즈비언이 성 지식이 없어서 커플들끼리 어려움을 겪는 모습을 보고 책을 쓸 결심을 했다. 이 소식을 들은 여러 사람이 참고하라며 미국에서 나온 레즈비언 섹스 가이드북을 보내 주고 자기가 겪은 사례와 개인적 고민을 들려줬다. 의학적 관점에서 오류는 없는지 검토할 방법을 고민하던 한채윤은 진료받은 적 있는 산부인과 의사에게 커밍아웃을 해서 긍정적 반응을 얻은 뒤 자문을 받기도 했다. 제작비는 사전 구매 신청을 받는 방식으로 마련했다.

책 출간 기사가 우연히 어느 스포츠 신문에 실리면서 남성들이 건 주문 전화가 쇄도하는 일도 있었다. 인터넷 서점에서도 판매하려 하지만 모두 거절당했는데, 뒤늦게 알라딘에서 긍정적 연락을 해와서 절판될 때까지 판매했다.

도서출판 해울은 남성 동성애자를 위한 게이 섹스 가이드북도 기획하지만 예상하고 다르게 사전 구매 신청이 거의 들어오지 않아 제작을 포기했다. 레즈비언과 게이는 성생활 관련 정보를 얻는 경로나 관심사가 다르기 때문일 텐데, 지금도 게이 섹스 가이드북은 없다.

《한채윤의 섹스 말하기》는 3쇄까지 제작한 뒤 2000년대 중반에 절판됐다. 2019년 한채윤은 레즈비언만이 아니라 모든 여성을 위한 섹스 가이드북으로 업그레이드한 《여자들의 섹스북》을 출간했다. 2023년에는 《나의 레즈비언 섹스 이야기》(문디 자슥 지음, 해작 그림)라는 책도 나왔다.

# 140 지구상에서 유일한 퀴어 풍물패

2000년 5월에 '이반 문화의 선봉! 세계 최초의 여성 이반 풍물 모임'이 떴다. 이름하여 '바람소리.' 바람소리는 그해 9월에 열린 제1회 서울퀴어문화축제에서 처음으로 공연했다. 포털 사이트 다음에 개설한 바람소리 카페(cafe.daum.net/vndanfsori)는 회원이 60여 명이었고, 매주 일요일 연습에는 최소 20여 명이 나와 구슬땀을 흘렸다. 바람소리는 2001년부터 2월 초마다 액땜한다며 레즈비언 바와 인권 단체를 돌면서 지신밟기를 하기도 했다.

남성 이반들이 꾸린 풍물패 '소리로담근술'은 2003년에 시작됐다. 2004년부터 바람소리하고 함께 퀴어퍼레이드에 참가해 행렬 선두를 이끌거나 광장에서 합동 공연을 펼쳤다. 후원 주점도 공동으로 열던 두 풍물패는 2017년에 통합해 '지구상에서 유일한 퀴어 풍물패'인 '바람소리로 담근술'로 이름을 바꿨는데, 지금도 퀴어문화축제에 참가하고 정기 공연을 열면서 꾸준히 역사를 이어 가고 있다.

성소수자 풍물패는 아니지만 2020년에 평등하고 차별받지 않는 세상을 위해 연대하는 현장이라면 어디든 달려간다는 목표를 내세운 소수자 연대 풍물패 '장풍'이 만들어졌다. 장풍은 서울퀴어문화축제를 비롯해 여러 성소수자 인권 단체가 여는 행사에도 적극 참여하고 있다.

PH-0000260

# 141 퀴어퍼레이드, 대학로를 물들이다

2000년 제1회 퀴어문화축제를 준비하는 기획안에는 애초 퍼레이드가 없었다. 9월 초에 실내 공간을 빌려 이틀 동안 공연이나 토론회 등을 열려고 준비하던 중 독립예술제 사무국에서 제안이 들어왔다. 대학로에서 행사를 열 예정인데 그곳이 주말마다 '차 없는 거리'가 되는 점을 활용해 퍼레이드도 기획하고 있다며 퀴어 쪽에서도 참가하면 좋겠다는 말이었다. 퀴어문화축제공동위원회는 이왕 축제를 준비하고 있는 김에 독립예술제 행사에도 참여하기로 했다.

2000년 8월 26일. 아침부터 비가 내렸다. 처음에는 가랑비이더니 조금씩 빗줄기가 굵어졌다. 독립예술제 사무국은 2시에 시작하기로 한 행사를 미루고 미루다 4시 40분에야 강행하기로 결정했다. 그렇지만 이미 다른 단체들은 퍼레이드 참여를 포기한 상태였다. 오로지 퀴어들만 부스 앞에 서서 지나가는 사람들에게 사탕과 레인보우 깃발, 팸플릿을 나누어 주며 끝까지 기다렸다. 그 덕에 독립예술제가 준비한 트럭 위에는 드랙퀸 네 명이 올라갔고, 50여 명도 채 안 되는 퀴어들이 대형 레인보우 깃발과 '게이/레즈비언/트랜스젠더/바이섹슈얼'이 적힌 대형 플래카드를 들고 행진했다. 마로니에공원 앞에서 출발해 혜화동 로터리 앞에서 돌아오는 코스였고, 공식적으로는 한 바퀴만 돌 예정이었다. 첫 거리 행진을 한 이들은 가슴이 벅차게 뛰었다. 아무런 음악도 없지만 차오른 흥이 가라앉지 않아서 그대로 다시 한 바퀴를 더 돌았다. 우연이 겹쳐 운명이 되듯, 2000년 초까지 아무도 상상하지 못한 한국 역사상 최초의 퀴어퍼레이드는 이렇게 시작됐다.

퀴어퍼레이드는 계속됐다. 2회는 홍대 앞, 3회는 이태원에서 열렸고, 4회부터는 종로에 자리를 잡았다. 14회는 홍대 앞, 15회는 신촌을 거쳐 16회부터 23회까지 서울광장에서 열렸고, 24회와 25회는 을지로 인근에서 열렸다.

# 142 연세대 강당에서 펼쳐진 제1회 퀴어문화축제

2000년에 제1회 퀴어문화축제가 열렸다. 제2회 서울퀴어영화제가 영화진흥공사에서 준 지원금을 받은 '사건'이 계기였다. 성소수자 단체가 처음 받은 공적 기금인 만큼 서울퀴어영화제조직위는 이 기금을 조금 더 의미 있게 쓰고 싶었다. 영화제 기간에 영화 상영뿐 아니라 다채로운 문화 행사를 함께 열면 좋겠다고 여러 성소수자 관련 단체에 제안했다. 22개 성소수자 단체와 웹사이트 운영자들이 모여 퀴어문화축제공동위원회를 꾸리고 행사명을 '퀴어문화축제—무지개 2000'으로 정했다.

기획을 여러 차례 뒤엎고 다시 세우기를 반복한 끝에 2000년 9월 8일과 9일 이틀 동안 연세대학교 제2인문관 강당을 빌려 밴드, 연극, 풍물패, 몸짓패, 드랙 등 공연을 비롯해 토론회와 간담회를 진행하는 종합 문화 행사를 열었다.

축제 재정은 얼마 안 되는 개인 후원금과 몇몇 이반 바에서 받은 광고비 정도였다. 짧은 시간 동안 실무 능력을 갖추기도 어려워서 2회 행사도 독립예술제 일정에 맞춰 열렸다. 그렇지만 무지개영화제, 애프터 파티, 전시회 등 지금까지 이어지는 기본 틀을 이때 갖췄다. 3회 행사부터는 개최 시기와 장소를 퀴어문화축제가 결정했다. 행사를 치를 재정이 한 푼도 없는 상태에서 독자적으로 축제를 준비하던 조직위는 의심 반 기대 반으로 한국문화예술진흥원에 기금 신청서를 내 지원 대상으로 선정됐다. 그 뒤 한국문화예술위원회, 서울문화재단, 영화진흥위원회 같은 문화 예술 지원 기관에서 받는 기금이 퀴어문화축제를 운영하는 중요한 재원이 됐지만, 여러 기금은 2013년 이후 끊어졌다.

DA-0000065

143

# 홍석천 커밍아웃 스토리

홍석천은 1996년《문화방송》공채 탤런트로 데뷔했다. 시트콤〈남자 셋 여자 셋〉에 쁘아송 역으로 출연하면서 인기를 끌었다. 무명 시절부터 동성애자로서 자기를 긍정하고 언제인가 유명해지면 당당하게 커밍아웃하겠다고 늘 생각했다.

2000년 8월, 홍석천은《한국방송2》연예 예능 프로그램〈야! 한밤에〉녹화장에서 남자 친구가 있느냐는 질문을 받고 그렇다고 대답한다. 이 장면은 편집돼 방송에 안 나갔지만, 소식을 들은《여성중앙21》기자가 인터뷰를 요청했다. 홍석천은 시드니 올림픽에 응원단으로 다녀온 뒤 기사를 내는 조건으로 인터뷰에 응했지만, 출국한 사이《일간스포츠》가 9월 17일에〈홍석천 충격고백, 난 호모다〉라는 기사를 당사자에게 알리지 않고 냈다. 당사자가 없는 사이에 사태는 일파만파 커졌다. 9월 21일에 입국한 홍석천은 이튿날 고정 출연하던《문화방송》〈뽀뽀뽀〉출연 정지를 통보받는다. 23일에는《한국방송》라디오 시트콤〈우리집 식구는 아무도 못말려〉출연이 취소되고, 27일에는《한국방송》〈야! 한밤에〉패널 섭외가 취소된다.

홍석천은 차라리 직접 커밍아웃을 하는 쪽을 선택했다. 9월 26일에 홍석천은 커밍아웃 영상을 찍어 방송국으로 보냈고, 이 영상은 이튿날 여러 연예 예능 프로그램에 방송됐다. 성소수자 인권 활동가들은 10월 4일 '홍석천의 커밍아웃을 지지하는 모임'을 꾸려 지지 서명 캠페인을 벌이고 국회 출석을 준비했다. 그렇지만 국회 품위가 손상될 수 있다는 이유를 들어 홍석천이 국정감사에 참고인으로 나가려는 계획은 무산됐다.

모든 방송에서 퇴출된 홍석천을 커밍아웃을 이유로 차별하지 않겠다고 밝힌 방송국은《경인방송》뿐이었다. 홍석천은 2001년《문화방송》〈생방송 모닝 스페셜〉에 리포터로 기용되면서 방송 활동을 재개했고, 2003년 김수현 작가가 극본을 쓴 드라마〈완전한 사랑〉에 출연하면서 탤런트로 복귀했다.

## 144 여성 이반 전용 단란주점을 둘러싼 진지한 논란

2000년 12월 17일, 서울시 중구 신당동에 여성 이반 전용 단란주점 'ZINZI'가 문을 열었다. 단란주점이란 말 그대로 노래방 기계를 갖춘 룸이 몇 개 있고, 이른바 '선수'로 불리는 이들이 손님하고 함께 노래 부르면서 술 마시는 곳이었다. 그전까지 레즈비언 바는 음료와 술, 간단한 안주를 먹을 수 있는 카페나 여기에 춤을 출 수 있는 작은 무대를 갖춘 클럽 형태였다. 처음에는 새로운 레즈비언 바가 생겨서 선택지가 넓어진다고 여겨졌지만, 2001년 2월에 또 다른 단란주점이 개업하면서 이런 업태가 이성애자 남성들이 즐기는 유흥 문화하고 닮은데다 성매매로 이어진다며 비판하는 목소리가 터져 나왔다.

레즈비언 커뮤니티에서는 일반이나 이반이나 혼자 외롭고 힘들 때 술 한잔 기울이고 편하게 대화 나눌 상대가 필요한 사정은 똑같은데 무조건 나쁘게 보는 시각도 편견이라는 의견과 레즈비언 커뮤니티의 도덕성이 땅에 떨어지는 일일 뿐 아니라 성 상품화와 성매매를 조장한다는 의견이 부딪쳤다. 단란주점 업주들은 2차를 나가지 않기 때문에 성매매가 아니며 레즈비언이 친구끼리 놀러 오는 곳인 만큼 접대 문화도 아니라고 주장했지만, 레즈비언 커뮤니티에서는 이런저런 소문이 떠돌면서 단란주점을 안 좋게 보는 분위기가 강했다.

2000년대 후반까지 여성 이반 전용 단란주점은 서울과 인천 등에 여러 곳이 동시에 생겼고, 이태원에는 한때 단란주점 형태를 결합한 대형 레즈비언 나이트클럽이 운영되기도 했다. 그렇지만 2010년대로 접어들면서 하나둘씩 문을 닫았다.

# 145 동성애와 명예 훼손 사이 복잡한 셈법이 드러나다

2001년, 서울시가 소방관 ㄱ 씨에게 동성애 관계로 직장과 동료들의 품위를 손상했다며 2개월 감봉 처분을 내렸다. ㄱ 씨는 행정법원에 감봉 처분 취소 청구 소송을 냈다. 법원은 ㄱ 씨의 손을 들어 줬다. ㄱ 씨가 동료하고 함께 쉬는 날 극장에 가서 술에 취해 키스한 사실은 있지만 이런 행동은 정상적인 관계에서도 있을 수 있거나 취기 때문에 장난삼아 할 수도 있는 만큼 동성애로 보기 어렵다고 했다. 다시 말해 동성애자로 볼 만한 근거가 충분하다면 이런 처벌이 정당하다는 뜻이었다.

2007년에는 상대를 괴롭히려고 싸이월드 등 인터넷 사이트에 '○○는 동성애자다'라는 글을 게시한 사건을 명예 훼손으로 본 판결이 대법원에서 나왔다. 재판부는 명예훼손죄가 성립하려면 '특정인의 사회적 가치 내지 평가가 침해될 가능성이 있는 구체적인 사실을 적시'해야 한다면서 '현재 우리 사회에서 동성애자라고 공개적으로 밝히는 경우 사회적으로 상당한 주목을 받는 점, 피고인이 피해자를 괴롭히기 위해 글을 게시한 점'을 근거로 들었다. 이 밖에 헤어진 애인이 자신을 만나 주지 않는다며 동성애자라는 사실을 폭로하겠다고 협박한 사건(2010년), 피해자가 쓴 글에 불만을 품고 트위터에 피해자가 동성 성폭력을 저지른 내용을 포함해 모욕하는 글을 올린 사건(2014년), 커밍아웃한 동성애자의 성적 지향을 비하하고 모욕하는 글을 블로그에 올린 사건(2014년) 등이 모두 유죄 판결을 받았다. 2024년 11월에는 대법원에서 흥미로운 판결이 나왔다. 목사 ㄴ 씨가 '○○는 폴리아모리'라며 비방하는 글을 자기 블로그에 올린 사건에서 개인의 성적 취향을 상대 동의 없이 드러내고 비방하면 정보통신망법상 명예 훼손에 해당한다며 벌금 50만 원을 선고했다.

# 146 하리수라는 핫 이슈

2001년 봄, 하리수가 스스로 트랜스젠더라고 분명하게 밝히며 미디어에 등장했다. 한국 사회에 큰 충격을 안긴 사건이었다. '핫 이슈'를 본떠 만든 이름처럼 이슈가 됐다.

하리수는 '새빨간 거짓말'이라는 카피를 내세운 도도화장품 광고 모델로 먼저 알려졌다. 광고 마지막에 목울대가 보이면서 '새빨간 거짓말'이라는 자막이 뜨는 장면은 궁금증을 불러일으켰고, 제품도 덩달아 폭발적인 인기를 끌었다. '나랑 여자할래?'라는 카피도 있었는데, 이런 카피들은 모두 트랜스젠더 정체성을 숨기지 않으면서도 주요 고객층에게 정확하게 말을 걸었다.

그 뒤 하리수는 《한국방송》 〈인간극장〉에 출연하고 적극적으로 가수 활동을 펼치면서 성공한 인기 연예인이 됐다. 2001년 8월에는 사진집을 겸한 자서전 《이브가 된 아담》을 출간해 베스트셀러 작가가 됐다. 2003년 여성 전용 포털 '마이클럽'이 여성 네티즌 1844명을 대상으로 진행한 설문조사에서는 응답자의 42퍼센트가 하리수를 '2002년 화제의 여성'으로 선택했다. 처음에는 트랜스젠더 연예인으로 화제를 모은 하리수가 사람들에게, 특히 여성 전용 포털 이용자에게 여성으로 받아들여지고 있다는 의미였다. 연예인으로 활발히 활동하는 사이에 하리수는 '호적 정정 및 개명 신청'을 내어 2002년 12월 13일 인천지방법원에서 허가를 받았다.

하리수는 '최초'에 주어지는 몫을 훌륭하게 수행했다. 하리수 이전에 등장한 이들이 화제를 끌어도 인기는 얻지 못한 반면 하리수는 끊임없이 화제를 모으면서 사람들에게 트랜스젠더라는 존재를 각인시켰다. 그리하여 트랜스젠더를 더는 새로운 존재로 인식할 수 없게 됐다.

# 147 트랜스여성 자서전이 거둔 성취

엠티에프(MTF) 트랜스여성으로서 생애사를 기록한 자서전을 쓴 세 사람이 있다. 등단 작가로 유명한 김비, 한국에서 가장 유명한 트랜스젠더 하리수, 1960년대와 1970년대 트랜스젠더의 삶과 이태원이라는 공간을 기록한 문옥정이다.

잡지 《버디》에 글을 실으면서 작가로 데뷔한 김비는 2001년 《못생긴 트랜스젠더 김비 이야기》를 출간했다. 이 자서전에는 생애사를 바탕으로 트랜스젠더에 관련된 정보도 담겨 있다. 제목에 들어간 '못생긴'은 트랜스여성을 외모만을 기준으로 평가하는 사회적 태도에 정면 도전하는 단어다. 여성은 예쁘기만 할까? 트랜스젠더의 생애는 순탄하게 예쁘기만 할까? '못생긴 트랜스젠더'는 외모 평가를 비판할 뿐 아니라 삶의 복잡성을 같이 읽으라는 요구를 담고 있다.

하리수가 2001년에 낸 자서전 《이브가 된 아담》은 사진집을 겸하고 있어서 출간 시점에 대표적인 휴양지에서 가장 많이 팔린 책이라는 기사가 나기도 했다. 그렇지만 이 책은 하리수가 경험한 갖가지 편견, 폭력, 혐오를 다루고 있다. 따라서 글과 사진 사이의 간극은 트랜스젠더가 하고 싶은 말과 사회가 받아들이고 싶은 말 사이의 간극을 의미한다.

2005년 출간된 문옥정 자서전 《이제는 말하고 싶다》는 1970년대 이태원 트랜스젠더 업소 관련 기록, 이태원에서 살아간 트랜스젠더 관련 기록 등을 담았다. 1970년대 이태원과 트랜스젠더에 관련한 기록이 별로 없다는 점에서 문옥정은 자기 삶으로 역사를 쓰는 작업을 한 셈이었다. 무엇보다 문옥정이 내뿜는 에너지와 자부심은 피해와 차별을 트랜스젠더가 겪는 유일한 경험으로 만들지 않는 방식을 잘 보여 준 사례다.

148

## ‘변’태소녀하늘을‘날’다

이화여자대학교 ‘변태소녀하늘을날다’(변날)는 2001년 재학생 세 명이 모여 만든 동아리다. 2001년 5월에 열린 ‘이화대동제’ 때 무지개 자보, 현수막 게시, 장기 자랑, 폐막제 줄다리기에 참여하면서 본격적으로 이름을 알렸다. 그해 7월에 끼리끼리하고 함께 ‘여성이반 인권캠프’를 주최하면서 인권 단체로 단체 성격을 구체화하기 시작했다.

2002년 3월 변날은 이화여대 안에서 정식 자치 단위로 인준받는 한편 ‘3·8 여성의 날 무지개 시위’를 공동 주최했다. 또한 개별 대학이라는 울타리를 넘어 친구사이와 컴투게더하고 함께 ‘제5회 청소년인권학교’를 공동 주최하면서 다른 대학에서 활동하는 퀴어 동아리가 대개 그러하듯 인권 단체 성격을 강하게 드러냈다.

2003년 변날은 이성애 중심주의를 문제 삼는 제1회 레즈비언 문화제 ‘넌 어쩌다가 이성애자가 되었니?’를 개최했다. 그런데 행사 기간 중 자료집을 훔쳐 가는 테러가 발생했다. 그 뒤 변날은 문화제를 개최할 때마다 이런 테러를 겪어야 했다. 자료집을 비롯해 6색 무지개 현수막 도난 사건 등 2000년대 내내 크고 작은 피해를 당했고, 2010년대에도 세미나 홍보 현수막 등이 사라지거나 찢기는 등 변날이 펼치는 활동을 방해하려는 움직임이 계속됐다.

이런 상황은 한편으로 대학 안에 혐오 세력이 확실하게 똬리를 틀고 있다는 차가운 현실을 보여 주지만, 다른 한편으로 다양한 위협과 계속된 방해를 뚫고 끈질기게 활동을 이어온 ‘변태 소녀’들이 지닌 힘을 드러내는 증거이기도 하다.

한때 해체 위기를 겪기도 한 변날은 지금도 꿋꿋이 활동하면서 퀴어 동아리의 역사를 계속 이어 가고 있다.

# 149 우리가 퇴폐 2등급이라굽쇼?

2001년 5월 4일, 정부는 인터넷 내용 등급제를 실행하기 위한 시행령을 입법 예고했다. 애초 2000년 7월에 음란 폭력물을 규제하기 위해 시행하겠다고 밝힌 뒤 여론 반대에 부딪히자 청소년을 보호한다는 명분을 내세워 부활시켰다. 인터넷 정보가 해로운 정도를 영화 등급처럼 분류해서 인터넷 정보 제공자들이 사이트에 등급을 반드시 표시하도록 해 청소년에게 해로운 매체는 자동으로 접속이 될 수 없게 하겠다는 발상이었다. 법을 어기면 벌금과 징역으로 처벌하거나 사이트를 폐쇄할 수 있었다.

성소수자 인권 단체들이 특히 주목한 내용은 등급 분류 기준이었다. 정부는 불건전한 인터넷 사이트를 '퇴폐', '폭력, 혐오', '기타' 등 세 범주로 나눈 뒤 각 범주를 다시 0등급부터 4등급까지 다섯 등급으로 분류했다. 여기에서 동성애는 '퇴폐 2등급'이 됐다(참고로 여성이 하는 생리는 '혐오 2등급'이었다).

정보통신윤리위원회는 공공 도서관, 학교, 피시방에 내용 선별 차단 소프트웨어를 설치하기 위해 유해 사이트 목록 10만 8000개를 작성해 관련 업체에 넘겼는데, 목록을 확인해 보니 한국뿐 아니라 외국 성소수자 인권 운동 단체 홈페이지까지 들어 있었다. 이런 분류 방식은 실질적으로 정부가 인터넷상 표현의 자유를 억압하고 모든 정보를 검열하거나 규제하겠다는 의미라서 시민단체들은 곧장 반대 행동에 돌입했다. 성소수자 인권 단체들도 동성애를 퇴폐 2등급으로 분류하는 발상이 성적 지향에 따른 차별이라 보고 '동성애차별반대공동행동'을 꾸려 적극적으로 대응했다.

1
5
0

# 경찰이 청소년 이반을 체포한다고?

2001년 5월에서 6월 사이에 포털 사이트 다음에 개설된 카페 '81CLUB'과 세이클럽 안 동성애자 모임 '조금만 사랑했다면' 등 온라인 모임이 음란성을 띠고 풍기 문란을 저지르고 있다며 1차 경고도 조치도 없이 바로 폐쇄됐다. 단지 동성애자들이 가입하는 곳이라는 이유 때문이었다. 정보통신윤리위원회가 만든 사이트 검열 규정에 동성애가 '퇴폐 2등급'으로 분류된 사실과 무관하지 않았다.

이런 와중에 전국에 흩어진 청소년 성소수자들 사이에 경찰이 학교와 집으로 찾아와 동성애자를 잡아간다는 소문이 돌기 시작했다. 어느 학교에서 동성애자라는 이유로 퇴학당한 이야기, 정학 조치를 받은 이야기, 학교에 안 가니 경찰이 집으로 찾아온 이야기 등이 온라인에 올라오기 시작했다. 경찰이 누가 동성애자인지 알아내려고 프리챌과 다음 등 포털 사이트에 요청해 동성애자 모임 회원 명단을 받아 간 이야기, 옆 학교에서 10명이 잘린 이야기도 삽시간에 퍼졌다. 이런 세상을 비관하는 글이나 잡혀가기 전에 도망가겠다는 글도 올라왔고, 부조리한 세상에 맞서 끝까지 동성애자라는 사실을 부끄러워하지 않겠다는 다짐까지 뒤섞이면서 청소년 커뮤니티는 분위기가 뒤숭숭해졌다. 회원제 동성애자 사이트에는 탈퇴 신청이 밀려들었고, 청소년 동성애자 사이트나 다음 카페 등은 대개 자진 폐쇄하거나 이용자가 갑자기 줄어들어 유령의 집처럼 변했다.

성소수자 인권 활동가들은 소문이 사실인지 일일이 확인한 뒤 경찰이 청소년을 체포한 적 없다는 공지 사항을 적극적으로 알렸다. 소동이 어느 정도 가라앉은 뒤에는 '팬픽 이반'과 '순수 이반' 사이에 갈등이 벌어졌다.

1
5
1

# 결성, 레즈비언반성폭력네트워크

레즈비언반성폭력네트워크는 '여성 이반 커뮤니티 내 성폭력 근절을 위한 모임'으로, 성폭력 상담과 유관 단체 연계, 법적 대응 지원 등을 수단으로 활용해 피해자를 보호하고 지원하려는 목적으로 결성됐다.

2001년 6월 23일 열린 '여성성적소수자 커뮤니티 안의 성폭력 해결을 위한 토론회'가 시작이었다. 끼리끼리는 2001년에 펼칠 주력 사업으로 '여성 이반 커뮤니티 내 성폭력 추방을 위한 캠페인'을 시작하면서 이 토론회를 개최한 뒤 사례 접수와 상담 활동을 이어 갔다. 그해 8월에 열린 '여성이반 인권캠프'에서 '끼리끼리 성폭력 토론회 그 후—부제: 그런데 뭔가 찜찜하다'라는 토론방을 개설해 논의를 이어 갔고, 11월 25일 '여성이반 사회 안의 성폭력 근절을 위한 결의대회'를 개최해서 이 의제가 지닌 중요성을 확인했다.

이 모든 작업은 퀴어 여성 커뮤니티 안에서 발생하는 성폭력 사건을 이성애 규범적 성폭력 개념으로 다루기 힘들다는 점에서 출발했다. 그리하여 2002년 7월 11일 니아까, 버디, 이화레즈비언인권운동모임 변태소녀하늘을날다, 성신이반모임, 안전지대, 엘비시티, 한국여성성적소수자인권운동모임 끼리끼리가 함께 모였다. 레즈비언반성폭력네트워크는 《성폭력, 이제 그만!》이라는 사례집을 발간하는 등 퀴어 커뮤니티에서 발생하는 성폭력 사건을 가시화하고 공론화하려 노력했다.

2004년 6월 6일, 네트워크 전체 회의를 열어 지난 활동을 평가하고 앞으로 활동할 방향을 재정비하면서 한국여성성적소수자인권운동모임 끼리끼리, 니아까, 이화레즈비언인권운동모임 변태소녀하늘을날다, 부산여성성적소수자인권센터로 네트워크 단체를 재편했다. 이런 과정을 거쳐 끼리끼리 중심으로 진행되던 방식을 벗어나 네트워크 단체들이 적절하게 할 일을 나누는 형태로 전환해 활동을 이어 갔다.

# 152 팬픽 이반 대 순수 이반

동성애를 다루는 팬픽은 1990년대 후반부터 나오기 시작하더니 점점 인기를 끌었다. 팬픽을 읽는 청소년은 절대다수가 여학생이었다. 커뮤니티 사이트 세이클럽 채팅방은 팬픽을 좋아하는 청소년들이 일종의 역할극을 하면서 노는 곳으로 유명했다. 이를테면 한 사람은 강타 역을 맡고 또 한 사람은 토니 역을 맡아 팬픽에서 설정하듯이 강타와 토니가 돼 사귀고 깊은 스킨십도 나누는 정도까지 채팅방에서 대화로 풀어 나가는 식이었는데, 이런 문화를 못마땅하게 여기는 시선도 많았다.

2000년대 초반에는 팬픽을 읽으면서 동성애자로 정체화한 이들을 '팬픽 이반'이라는 신조어로 불렀다. 팬픽 이반은 칼머리에 박스 티와 힙합 바지를 입고, '메탈'이나 은으로 만든 액세서리를 착용하며, 온라인 게시판에 글을 쓸 때 글자마다 뒤에 온점을 찍어서 띄웠다. 팬픽 이반은 자기가 동성애자라는 사실을 거리낌 없이 밝히면서 흡연과 음주는 물론 키스나 포옹 같은 스킨십도 아무렇지 않게 하기 때문에 동성애자에 관한 나쁜 이미지만 강화한다며 싫어하는 사람도 흔했다.

이런 분위기에서 팬픽 이반에 대척하는 의미로 나타난 단어가 '순수 이반'이다. 팬픽이 아닌 경로, 곧 어느 날 친구를 좋아하는 자기를 발견하고 화들짝 놀라 고민하다가 '아, 내가 동성애자구나'라며 스스로 정체성을 받아들인 청소년을 뜻했다. 순수 이반이 볼 때 팬픽 이반은 진정성 없이 겉멋만 잔뜩 든데다가 홍석천과 하리수가 등장한 뒤 유행을 따르는 사람 같았다. 특히 2001년에 청소년 이반을 경찰이 체포한다는 헛소문이 돈 뒤로 팬픽 이반을 향해 가짜 이반이라며 비난하는 목소리가 높아졌는데 청소년들 사이에서는 팬픽 이반을 비하해 '피기'라고 부르거나 '팬픽 이반 포비아'라는 말이 나올 정도였다.

# 153 논문 한 편이 일으킨 레즈비언 여성주의 논쟁

2001년 한국여성학회 추계학술대회에서 강숙자 박사가 〈레즈비언 여성주의의 비판적 검토: 한국 여성경험과의 대비〉라는 논문을 발표했다. 여성학회에서 레즈비언 페미니즘 논의를 다룬다고 해서 기대가 컸지만, 발표 뒤에는 커다란 논쟁이 벌어졌다.

이 논문은 음양 사상과 유교관이 주류인 한국 사회에서 남성과 여성이란 음양의 조화를 구성하는 관계이기 때문에 레즈비언은 한국에 적절한 존재가 아니며 레즈비언 여성주의는 한국 여성을 위한 보편 이론이 아니라는 주장을 담았다. 퀴어가 서구에서 수입된 관념이라는 인식을 재생산한 논리였다. 또한 '참 레즈비언'과 '정치적 레즈비언'을 구분했고, 다른 여성하고 실제로 성관계를 갖는다면 참 레즈비언이지만 성관계를 갖지 않으면서 레즈비언이라고 말한다면 정치적 레즈비언이라고 주장했다. 논문에는 이런 구절도 들어 있었다. "다른 집 딸들에게 이성애 결혼을 깨뜨리라고 하는 것은 학자적 양심상 허락하지 않는 일이다."

끼리끼리 활동가를 비롯한 레즈비언들은 곧바로 한국여성학회에 사과하라고 요구했다. 그렇지만 한국여성학회는 '열린 토론과 발표를 중히 여기니까 끼리끼리 회원 중에서 여성학 전공자가 학회에 등록해서 공식 채널을 통해 논의를 하라'고 답변해서 더 큰 파문을 일으켰다. 한국여성학회가 아무런 책임감 없이 비판 목소리에 학위라는 자격만 요구한 탓이었다. 논쟁은 《여성신문》 지면에 입장문을 쓰는 방식으로 진행됐다. 한국여성학회와 레즈비언 단체가 쓴 입장문이 게재됐다. 그러다 조순경 교수가 여성학회가 논란에 대응한 방식과 페미니즘이 지닌 가치 등을 지적한 칼럼을 게재하면서 파문이 어느 정도 가라앉기 시작했다. 논쟁이 마무리된 뒤 '참호모'라는 단어가 유행했고, 몇 년 뒤 한국여성학회는 학술대회에서 레즈비언을 주제로 삼은 세션을 따로 마련했다.

# 154 엑스존, 나는 청소년에 유해하지 않아

엑스존은 1997년에 문을 연 뒤 별다른 문제 없이 운영됐다. 그러다가 2001년 '인터넷 내용 등급제'를 둘러싼 싸움을 하던 과정에서 우연히 엑스존이 유해 사이트 목록에 올라가 있다는 사실이 알려졌다. 얼마 뒤 정보통신윤리위원회는 '청소년유해매체 사이트'로 표시를 해야 하며 이 사항을 어길 때는 처벌받는다는 통보를 보냈다. 엑스존 운영자는 자기도 모르는 사이에 벌어진 일에 깜짝 놀랐다. 알고 보니 엑스존은 청소년보호법 시행령 제7조에 규정된 '수간을 묘사하거나 혼음, 근친상간, 동성애, 가학·피가학성음란증 등 변태성행위, 매춘행위 기타 사회통념상 허용되지 아니한 성관계를 조장하는 것'에 해당한다며 2000년 8월에 이미 청소년유해매체물로 지정돼 있었다.

운영자는 엑스존이 '삼촌으로서 청소년인 조카에게 부끄러운 사이트가 아니다'라며 항변하고 동성애 사이트라는 이유만으로 청소년유해매체물이 된 데 분개했다. 운영자는 게이 커뮤니티가 부당한 차별에 관심을 쏟기를 바라는 마음과 정보통신윤리위원회에 항의하는 차원에서 웹사이트를 무기한 폐쇄했다. 법적 대응도 적극적으로 했다. 2002년 1월 서울행정법원에 정보통신윤리위원회의 청소년유해매체물 지정과 청소년보호위원회의 고시를 철회해 달라는 행정 소송을 냈다. 서울행정법원 1심(2002년 8월 14일)과 서울고등법원 2심(2003년 12월 22일), 대법원 3심(2007년 6월 28일)에서 모두 패소했지만, 판결문에 '이 결정의 근거가 된 동성애 관련 조항인 청소년보호법 시행령 7조는 위헌 또는 위법의 소지가 있다'는 의견을 받아 내는 큰 성과를 거뒀다.

엑스존 운영자는 여기에서 멈추지 않고 2001년 12월 29일 헌법재판소에 정보통신망법과 정보통신부장관 고시를 대상으로 헌법 소원을 청구하지만 2004년 1월 29일에 위헌이 아니라는 판결을 받았다. 이 사안은 재판에서 모두 졌지만, 성소수자 역사에서 당사자가 행정 소송과 헌법 소원을 내어 투쟁한 최초 사례로 큰 의미가 있었다.

## 155 퀴어 인권 운동의 윤리 또는 규약을 만들다

2000년 초반은 한국에서 퀴어 인권 운동이 본격적으로 활발해지기 시작한 시기였다. 다양한 성소수자 단체가 만들어지고, 영화제를 기획하고, 축제를 열기 위해 노력하고, 법 개정과 제정에 관련한 목소리를 냈다. 특히 인권, 여성, 시민, 노동 등 다른 운동 진영하고 교류와 연대도 넓어지고 언론에서도 성소수자 인권 의제를 자주 다루면서 대사회적 커밍아웃을 할 수 있는 이들이 펼친 활약이 더 두드러진 때이기도 했다.

2002년 6월 22일, '10개 동성애자 인권운동단체와 커뮤니티, 그리고 동성애자 63명' 명의로 동성애자인권연대 ㄱ 대표를 탄핵하라고 요구하는 성명서가 발표됐다. 발단은 동성애자인권연대가 한국퀴어문화축제조직위원회를 음해하는 공문을 모든 인권 단체에 발송한 사건이었다. 이 문제를 해결하려고 모인 성소수자 활동가들이 좀더 단호한 조치가 필요하다는 데 합의해서 작성한 성명서였다. 그 뒤 각 단체별로 성명서와 입장문, 해명서 등을 주고받는 등 힘겨운 공방과 갈등이 이어졌지만, 모든 활동가들은 이런 과정이 '인간적 흠결을 부풀리려는 것이 아니라' 한국 퀴어 인권 운동이 견지해야 할 태도와 윤리를 둘러싼 공적 논의가 오가는 장을 만드는 작업이 되기를 바랐다.

성소수자 인권 운동 전체가 들썩인 이 사건은 동성애자인권연대가 2002년 겨울에 ㄱ 대표를 해임하고 단체 차원에서 한국퀴어문화축제조직위원회에 공식 사과하면서 일단락됐다. 또한 ㄱ 대표도 2014년에 지난 일에 관련해 한국퀴어문화축제조직위원회에 정식 사과문을 보내면서 오랜 갈등이 마침내 해소됐다.

# 156 군형법 92조, 헌법재판소에 가다

군형법은 1962년에 처음 제정됐다. 여기에는 미군정 때 미국 법을 참고해 만든 국방경비법이 남긴 흔적이 남아 있었다. 바로 '제92조(추행)'에 포함된 '계간 기타 추행을 한 자는 1년 이하의 징역에 처한다'는 조항이다. 국어사전에 따르면 계간은 '사내끼리 성교하듯이 하는 짓'이라는 의미이고 추행은 '추한 행동'이라는 뜻인데, 정확히 어떤 행위를 처벌한다는 말인지 모호하다. 이런 탓에 2001년에 92조를 대상으로 헌법 소원이 처음 제기됐고, 2002년 6월 27일에 군이 지켜야 할 보호 법익은 '개인의 성적 자유'가 아니라 '군이라는 공동사회의 건전한 생활과 군기'라는 사회적 법익이라는 논리 아래 합헌 판결이 나왔다. 그때 헌법재판소는 '남성 군인 간에 합의된 키스와 포옹'도 추행에 포함된다고 규정했다.

2008년에는 육군 22사단 보통군사법원이 92조가 군대 내부뿐 아니라 휴가 나온 병사의 사생활까지 처벌할 수 있는 조항이고 성폭력이 아닌데도 동성 간 성행위 자체를 범죄시하는 문제가 있다며 다시 위헌 법률 심판을 제청한다. 재판 과정에서 2010년 국가인권위원회는 이 조항이 인권 침해이므로 위헌이라는 의견서를 헌법재판소에 보내 화제가 되는데, 그 뒤 보수 개신교에 기반을 둔 반동성애 혐오 세력이 국가인권위원회도 공격하기 시작한다. 헌법재판소는 2011년에 92조에 관해 합헌 결정을 내린다.

세 번째 위헌 법률 심판은 2012년에 제기됐다. 헌법재판소는 4년을 끌다가 2016년에 또다시 합헌 결정을 내린다. 그사이 국회는 계간을 '항문성교'로 표현만 바꾸고 형량은 1년에서 2년으로 더 강화했다. 2022년에 제청된 네 번째 위헌 법률 심판은 2023년 10월 26일에 5 대 4로 합헌 결정이 나왔다.

# 157 트랜스젠더 성별 정정 특례법이 발의되다

하리수가 데뷔하고 1년 정도 지난 2002년 7월 10일, 국회의원 김홍신(한나라당)과 송영길(새천년민주당)이 공동 주최한 '성전환자의 호적변경에 관한 입법공청회'가 열렸다.

하리수는 호적상 성별을 변경하지 않고 방송에 데뷔했는데, 이런 파격을 통해 한국 사회에 트랜스젠더라는 존재를 각인시키고 호적상 성별 정정이라는 법적 절차가 있다는 점을 널리 알렸다. 그렇지만 트랜스젠더가 성별을 정정할 수 있는 법 조항은 없었다. 장애인 수용 시설에서 시행한 강제 불임 시술에 문제를 제기하는 등 인권 의제에 관심이 많은 김홍신 의원이 나서서 관련 법을 만들기 시작했다.

송영길 의원이 사회를 보고 김홍신 의원이 발제를 맡아 쟁점을 정리한 공청회에는 변호사, 시민단체 활동가, 종교계 인사, 의사 등이 토론자로 참여했다. 고종주 부산지방법원 판사가 내린 호적 정정 허가 사례를 인용하면서 시작한 공청회는 관련 행정 기관에 질의한 내용, 호적법 개정과 새로운 특별법 제정이 지닌 의미, 법안 문구를 둘러싼 쟁점 등으로 이어졌다. 토론자들은 법적 완결성이나 인권 보호 차원에서 성별 정정 관련 법안이 필요하다고 강조하거나 종교를 이유로 들어 반대하는 발언을 했다.

2002년 11월 4일 김홍신 의원이 대표 발의하고 국회의원 20명이 참여한 〈성전환자의 성별 변경에 관한 특례법안〉은 결국 회기가 만료되면서 자동 폐기됐다. 법 제정까지 가진 못했지만, 법안 발의는 한 걸음 나아간 셈이기는 했다. 국회의원 한 명이 지닌 선의에만 기댄 일은 아니었다. 아니마를 비롯해 성소수자 인권 단체 활동가들이 힘을 보태고 적극적으로 협업한 결과였다.

# 1 5 8 한국동성애자연합 발족하다

2002년 7월 26일, 안국동 느티나무 카페에서 '한국동성애자연합'(한동연) 발족 기자 회견이 열렸다. 한동연은 세 번째로 만들어지는 성소수자 단체 연대체였다. 한동연은 느슨한 형태인 동인협이나 한동협하고 다르게 각 단위 대표자로 구성한 운영위원회와 실무를 맡는 사무국까지 만들어 좀더 힘 있는 연대체가 되려고 했다.

한동연은 발족식에서 국가인권위원회법에 성적 지향을 이유로 차별해서는 안 된다는 조항이 있는데도 여전히 동성애가 청소년에 유해하다는 규정이 유지되고, 인터넷 검열 때문에 엑스존이 소송 중이고, 커밍아웃한 동성애자들이 직장에서 해고되고, 트랜스젠더가 외모 차별 때문에 노동권을 박탈당하고 있는 현실을 지적하면서 시민사회에도 일침을 놓았다. "인권을 위해 노력한다고 하는 시민사회단체의 실무자들조차 성적 소수자의 인권에 대해서 소극적이거나 반인권적인 면을 보인다는 사실에 대해 우리를 슬프게 합니다."

2002년 한동연이 발족할 때는 부산경남여성이반인권모임 안전지대, 하이텔동성애자인권운동모임 또하나의사랑, 한국남성동성애자인권운동모임 친구사이, 한국여성성적소수자인권운동모임 끼리끼리가 소속 단위였고, 그 뒤 충북동성애자모임 푸른마을사람들, 이화여자대학교레즈비언인권운동동호회 변태소녀하늘을날다가 합류했다. 한동연은 〈호주제 폐지와 개인별 신분등록제 도입을 촉구하는 동성애자들의 입장문〉을 발표하고 적극 참여하는 등 초반에는 활발히 활동했지만, 이전의 연대체들이 그러하듯 결속력을 오래 유지하지 못한 채 흐지부지 해체됐다.

## 1 5 9 KSCRC, 학술과 문화 운동으로 인권 운동의 확장을 꿈꾸다

2002년 학술적이면서도 대중 친화적인 문화 활동을 할 단체가 필요하다고 절감한 《버디》 편집팀은 뜻을 같이하는 이들하고 함께 한국성적소수자문화인권센터(Korean Sexual-minority Culture & Rights Center·KSCRC)(센터)를 창립했다. 센터는 《버디》를 발행하는 작업을 이어받았고, 그 밖의 도서를 기획하고 출간하는 작업을 진행했다. 이런 역사는 〈성소수자 미디어 취재 가이드라인〉(2003)을 제작하고 배포하는 근간이 됐다. 또한 《성적소수자에 대한 인권교육 프로그램 개발 및 매뉴얼 발간 프로젝트》(2005)를 발간했는데, 학술적이면서도 대중적인 교육에 관련된 고민은 2009년 퀴어아카데미 개설로 이어졌다. 겨울과 여름에 각각 퀴어아카데미를 운영한 경험을 바탕으로 2017년 '교육플랫폼 이탈'을 만들어 퀴어 인권 교육 전문 프로그램을 운용하고 있다.

2000년대 중후반에는 신촌공원에 모이는 십대 이반을 대상으로 퀴어 뱅 프로그램을 운영했는데, 이 작업은 2012년 들어 'LGBT 상담 컨퍼런스'를 개최하고 '별의별상담연구소'를 설립하는 동력이 됐다. 2006년부터 자체적으로 퀴어 아카이브 구축 작업을 진행한 센터는 2009년 '한국퀴어아카이브 퀴어락'을 설립했다. 2012년부터는 퀴어를 위한 재단이 필요하다는 문제의식에 따라 기금을 마련하는 등 기초 작업을 진행한 뒤 비온뒤무지개재단을 설립했다. 2013년에는 한국에 존재하지 않던 트랜스젠더 단체를 만들겠다는 목표로 기금을 받아 2015년 '트랜스젠더 인권단체 조각보'를 설립하도록 도왔다.

센터가 설립한 모든 단체는 독립해서 별도 단체로 운영되고 있다. 센터는 단기적으로 긴급히 개입해야 하는 사안에 참여할 뿐만 아니라 반드시 필요하지만 장기적으로 헌신해야 하는 사업에 주로 힘을 쏟으면서 다양한 의제가 든든한 토대를 마련할 수 있게 도왔다. 그런 노력은 프라이드 하우스 평창이나 바른정보연구소로 이어졌으며, 요즘에는 퀴어 노년을 주제를 중심으로 펼쳐지고 있다.

## 1 6 0 퇴치에서 예방으로, 아이샵

1993년 설립된 한국에이즈퇴치연맹은 1990년대 말까지는 반동성애 성향을 띠다가 2000년 1월에 동성애자 단체들에서 거센 비판과 항의를 받은 뒤 태도가 달라지기 시작했다. 국립보건원도 2002 한일 월드컵 개최를 앞두고 효율적인 에이즈 예방 정책을 고민하면서 동성애자 인권 활동가를 자문회의에 초청해 의견을 듣는 변화된 모습을 보였다.

그런데 월드컵이 끝난 2002년 10월 17일에 갑자기 '에이즈 확산의 주범은 동성애자'라는 보도가 쏟아졌다. 국립보건원이 신규 에이치아이브이 감염인 269명을 대상으로 유전자 염기 서열을 분석한 결과 특정 유형 바이러스에 감염된 비율이 높게 나온 사실을 동성 간 성행위를 한 증거로 해석한 보도 자료를 낸 탓이었다.

한국성적소수자문화인권센터 산하 에이즈예방팀은 곧장 이런 주장을 논리적으로 반박하는 의견서를 써서 국립보건원에 보냈다. 국립보건원이 게이 바에 콘돔 자판기를 확대 설치하겠고 밝힌 데 맞서서 콘돔 자판기 관리와 판매 실태를 조사해 실효성 없는 정책이라는 사실을 밝혔다. 거의 이용하지 않는 콘돔 자판기를 확대 설치하는 대신 콘돔과 젤을 직접 배포해야 하며, 동성애자는 사회를 위험하게 만드는 집단이 아니라 오히려 편견과 혐오 때문에 위기에 처한 집단인 만큼 예산과 인력을 배치해 적극적인 예방 활동을 펼쳐야 한다고 주장했다.

이런 정책 건의가 받아들여져 질병관리본부 예산을 받아 2003년 2월 3일 한국에이즈퇴치연맹 산하에 동성애자를 위한 에이즈 예방 프로젝트팀 '아이샵(Ivan Stop Hiv/Aids Project·iSHAP)'이 만들어진다. 현재 아이샵은 서울의 종로와 이태원, 부산 범일동에 각각 센터를 두고 무료, 익명, 신속 진단이 가능한 에이즈 검사는 물론 여러 성병 검사와 상담, 교육을 진행하고, 콘돔과 젤을 전국 성소수자 업소에 무상 배포하고, 안전한 성관계의 중요성을 알리는 한편 에이즈를 향한 편견을 해소하는 캠페인을 펼치고 있다.

## 161 아웃팅 방지 캠페인과 뒤이은 논쟁

'아웃팅 방지 캠페인'은 끼리끼리에서 2003년 3월부터 '아웃팅은 범죄'라는 슬로건을 내걸고 시작됐다. 학교에서 성소수자라는 소문을 퍼트려 괴롭히거나 가족에게 알리겠다고 협박해 금품을 갈취하거나 성폭력을 저지르는 사건 등이 인권 단체에 상담 사례로 계속 접수됐다. 2004년에는 인천 지역 한 남성 교사가 레즈비언 사이트에 접속해 여성인 척 청소년에게 접근한 뒤 채팅으로 개인 정보를 수집해서 아웃팅을 한다고 협박하며 성관계를 요구하다 끼리끼리에서 신고해 경찰에 붙잡힌 일도 있었다.

아웃팅 피해를 막는 문제를 모두 중요하게 생각하기는 했지만, '아웃팅은 범죄'라는 슬로건의 적절성을 두고 활동가들과 커뮤니티 내부에서 논쟁이 벌어졌다. 한 사람의 정체성이 곧 협박 도구가 되는 현실과 정체성을 이용하는 악랄한 범죄에 초점을 맞춰야 하는데 악의적 의도 없이 타인의 성 정체성을 언급하는 모든 행위를 '인권 침해'로 다루면서 오히려 모든 사람의 입을 막는 효과를 낼 뿐이라는 지적이 나왔다. 여기에 타인의 성적 지향이나 성별 정체성을 상대 동의 없이 밝히는 아웃팅이 성소수자에게 커다란 심리적 위협이 된다는 사실을 강력하게 전달하는 상징적 메시지로서 의미 있다는 의견이 대립했다.

뜨거운 논쟁이 남긴 흔적은 2004년에 《한겨레》의 '왜냐면' 코너를 무대로 서동진과 끼리끼리 사이에 벌어진 설전과 2005년 1월 25일에 레즈비언인권연구소와 변태소녀하늘을날다가 공동 주최한 '커밍아웃의 정치학, 아웃팅의 윤리'라는 토론회 제목으로 남아 있다.

# 1 6 2 육우당, 개신교에 혐오를 묻다

시인이 되고 싶은 청소년이 있었다. 녹차, 파운데이션, 술, 담배, 묵주, 수면제를 여섯 친구로 여겨 스스로 이름을 '육우당'으로 지었다. 성소수자를 향해 혐오를 뿜어내는 종교에 내재한 부조리를 비판할 뿐 아니라 성소수자를 차별하는 사회가 지닌 문제점을 지적하는 시도 썼다. 학교에서 커밍아웃을 하고 따돌림을 겪다 결국 자퇴해야 했지만, 2002년 가을에는 동인련(지금 행성인)에서 적극적으로 인권 활동도 시작했다.

국가인권위원회가 2003년 4월 2일 청소년보호법이 동성애 차별적이라며 개정하라고 권고하자 한국기독교총연합회(한기총)는 4월 7일 '동성애로 성문화가 타락했던 소돔과 고모라가 하나님의 진노로 유황불 심판으로 망했다. 성경은 동성애를 엄격하게 금하고 있다. 인권위는 결정을 철회해야 한다'는 내용을 담은 성명서를 발표했다. 기독교인인 육우당은 이런 모습에 큰 충격을 받았다. 2003년 4월 26일, 육우당은 다음 같은 유서를 남기고 세상을 떠났다. "나 한 목숨 죽어서 동성애 사이트가 유해 매체에서 삭제되고 소돔과 고모라 운운하는 가식적인 기독교인들에게 무언가 깨달음을 준다면, 난 그것으로도 나 죽은 게 아깝지 않다고 봐요. 몰지각한 편견과 씁쓸한 사회가 한 사람을, 아니 수많은 성적 소수자를 낭떠러지로 내모는 것이 얼마나 잔인하고도 반성경적이고 반인류적인지……. 우리더라 죄인이라 하기 전에 자기네들이나 먼저 회개하고 이웃사랑 실천을 해야 할 거예요."

육우당이 떠난 이듬해 청소년보호법은 개정됐다. 육우당을 추모하는 예배가 매년 열리고, 육우당 10주기에는 육우당문학상 공모가 열리기도 했다. 육우당은 한국 사회에서 성소수자 청소년을 향한 사회적 차별과 억압의 잔인함, 폭압성을 드러내는 역사인 동시에 퀴어 청소년 운동사에서 중요한 기록이다.

# 163 군내 내 남성 간 성폭력 조사하다

2003년 7월, 포상 휴가를 나온 어느 일병이 부대 복귀일에 자살을 선택했다. 처음에는 이유를 알 수 없어 사회적 관심이 쏠렸는데, 이윽고 선임병들이 저지른 성폭력에 시달린 사실이 밝혀졌다. 군대 내 성폭력을 예방하기 위해 제대로 된 교육을 하지도 않고 별다른 대책도 없다는 비판을 받자 국방부는 8월 1일에 성폭력 방지를 목적으로 하는 '군 기강 확립을 위한 종합 대책'을 발표했다. 겨우 15일 만에 65만 명이 넘는 군인을 대상으로 '부대정밀진단' 조사를 마친 사실도 믿을 수 없지만, '장병들의 인성검사를 강화'하고 '성적 성향자와 이상 성격 소지자를 조기 식별할 수 있는 프로그램'을 개발한다는 내용을 대책으로 발표한 행위는 더욱 어이없었다. 성폭력 가해자는 원래 정신이상자이거나 동성애자라는 전제 아래 성폭력 문제를 몇몇 개인이 저지르는 일탈 행위로 규정한 탓이다. 여러 시민 인권 단체가 이 대책안을 비판하는 성명서를 발표하고 실효성 있는 대책을 다시 세우라고 요구했다.

같은 해에 국가인권위원회는 한국성폭력상담소에 의뢰해 연구를 진행한 뒤 2004년에 〈군내 내 남성 간 성폭력 실태조사〉 보고서를 출간했다. 현역 군인과 제대 3년 미만 예비역까지 포함해 진행한 이 연구에서 가해자 중 동성애자라고 밝힌 사람은 단 한 명도 없었다. 도리어 가해자들은 심층 인터뷰 과정에서 강한 동성애 혐오를 드러냈다. 연구진은 남성 간 성폭력은 성욕이 아니라 '권력과 지배 욕구'가 원인이라고 분석한 뒤 국방부가 동성애자를 향한 편견과 혐오를 내버려 둘수록 오히려 성폭력 신고율이 낮아지고 문제를 해결하기가 더 어려워진다고 지적했다.

## 164 신의 사랑은 퀴어에게 있다고 밝힌 책들

기독교인들이 성경에 기대어 동성애를 향한 혐오와 편견을 강화하자 2000년대 초부터 여기에 대응하는 활동도 시작됐다. 가장 먼저 2003년 9월 8일 도서출판 해울에서 다니엘 헬미니악이 쓴 《성서가 말하는 동성애―신이 허락하고 인간이 금지한 사랑》을 출간했다. 2010년 12월에는 개신교 신자와 목회자 14명이 쓴 글을 모은 《하느님과 만난 동성애》가 나왔다. 개신교가 반대해 차별금지법이 무산되자 충격을 받은 차별없는세상을위한기독인연대, 향린교회여성인권소모임, LGBT평신도네트워크와 한국성적소수자문화인권센터가 2년간 준비한 이 책은 신학자와 목사, 성소수자 기독교인이 자기 경험과 삶을 생생하게 담은 첫 단행본이라는 점에서 의미가 있다.

이어 예수를 게이로 해석할 수 있다는 시각을 내세워 혐오에 저항하는 테드 제닝스의 《예수가 사랑한 남자》(2011)가 나왔는데, 제닝스는 한국에 여러 번 와서 강연회도 열었다. 그 뒤 《섹스 앤 더 처치》(2012)가 번역돼 출간됐다. 한편 국내 기독교인이 쓴 책들도 이어져서 《인권옹호자 예수》(2018), 《퀴어 아포칼립스》(2018), 《성경이 말하는 동성애》(2020), 《성서, 퀴어를 옹호하다》(2020), 《차별 없는 그리스도의 공동체―성소수자 교인 목회 및 선교 안내서》(2022) 등이 출간됐다.

또한 전문 기관인 무지개신학연구소가 세워져 《동성애와 기독교 신앙》(2018), 《동성애와 성경의 진실》(2018), 《트랜스젠더와 기독교 신앙〉(2019), 《무지개신학》(2019), 《급진적인 사랑》(2019), 《죄로부터 놀라운 은혜로》(2021), 《퀴어 성서 주석 1》(2021), 《퀴어 성서 주석 2》(2022) 등을 꾸준히 발간하고 있다. 가톨릭 쪽에서는 2021년에 제임스 마틴 신부가 쓴 《다리 놓기》가 번역 출간됐다.

# 165 퀴어는 합창을 좋아해, 음악을 사랑해

2003년 11월 20일, 한국게이인권운동단체 친구사이 내 코러스 모임 '지보이스(G_Voice)'가 창단했다. 지보이스는 퀴어문화축제를 비롯해 성소수자 문화 행사 무대에 많이 올랐지만, 창단 한 달 만인 2003년 12월 18일에 민주화실천가족운동협의회(민가협)에서 주최하는 제15회 인권콘서트 '다섯가지 인권 이야기'에서 공연을 한 뒤 재능교육 해고자 투쟁 문화제, 쌍용자동차 복직 투쟁 현장, 팽목항 세월호 추모제, 장애등급제 폐지 문화제, 박근혜 탄핵 촛불 집회 등 여러 인권 현장에 달려가 연대 공연을 적극적으로 펼쳤다. 지보이스는 2006년 12월 16일 첫 정기 공연을 연 뒤 매년 공연을 열고 있다. 2023년 20주년 기념 공연은 마포아트센터 대극장에서 열었다. 2009년에 첫 미니 앨범 《벽장문을 열어》를 발매했고, 2009년에 두 번째 앨범 《UP》을, 2010년에는 세 번째 앨범 《벅차게 콩그레츄레이션》을 냈으며, 2023년에는 20주년 기념 음반 《게이데이》를 발매했다.

지보이스가 펼친 활동을 담은 이동하 감독의 다큐멘터리 〈위켄즈〉도 제작됐는데, 2016년에 제66회 베를린 영화제에 공식 초청돼 관객상을 받았다. 퀴어 합창단으로는 지보이스와 여성주의 문화운동단체 언니네트워크의 합창단인 '아는 언니들'이 유명하지만, 이 밖에도 노래하고 악기를 연주하며 무대를 즐기는 퀴어 모임은 더 많이 있다. 2009년부터 활동을 시작한 곳으로는 여성 이반 밴드 음악 커뮤니티 '엘밴(L band)'과 음악으로 퀴어 프라이드를 전달하는 '뮤직세이', 2014년에 노래와 춤, 무대를 좋아하는 게이들의 모임으로 출발한 '코드지(Chord G)'도 있고, '성소수자 혐오반대 뮤지컬팀 Rep'도 결성됐다. 2018년에는 노래 부르는 '퍼플리안(PurpLian Crew)'과 음악도서관 '더 라이브러리(The Library)'가 합동 공연을 했다. 같은 해에 퀴어와 앨라이들이 함께하는 오케스트라 '무지개 음악대'가 창단해 꾸준히 활동하며 드랙퀸과 협업을 기획하는 등 멋진 공연을 보여 주고 있다. 이 밖에 연말마다 공연을 하고 수익금을 성소수자 단체에 후원하는 게이 오케스트라도 있다.

# 1 6 6 동성 커플이 벌인 사실혼 관계 인정 소송

2003년 3월 17일, 46세 여성 김 모 씨가 21년 동안 동거 관계에 있던 여성 이 모 씨를 상대로 서울고등법원에 '사실혼 관계 해소로 인한 재산 분할 및 위자료 청구 소송'을 제기했다. 김 씨는 앞서 처음에는 '동업청산금 및 재산분할 청구 소송'을 내지만 동업 관계를 증빙하는 자료가 기준을 충족하지 못해 패소했다. 그러자 다시 '사실혼 관계에 따른 재산 분할과 위자료 지급'으로 요구를 바꿔 항소했다.

2003년 6월 22일, 서울고등법원 민사 7부는 '이 모 씨가 동성애를 인정하지 않고, 동성애자의 사실혼 관계에 대해 명확한 법적 판결을 내리는 것은 아니지만 장기간 동거가 인정되므로 이 모 씨 명의로 된 재산의 일부에 김 모 씨도 권리가 있다고 판단'된다며 이 모 씨가 김 모 씨에게 7000만 원을 지급하라고 판결했다.

두 사람은 1980년부터 22년 동안 함께 살면서 10억 원 정도 되는 재산을 모은 만큼 위자료 7000만 원은 너무 적은 금액이 아닐 수 없었다. 이 사건은 몇 차례 기사가 나다가 많이 알려지지 않고 지나갔는데, 2004년에 인천지방법원에서 동성혼을 인정할 수 없다는 점을 분명히 밝히는 판결을 내리면서 큰 화제가 됐다.

2004년 7월 27일, 인천지방법원 제2가사부는 두 사람의 사실혼 관계를 인정할 수 없으므로 재산 분할은 물론 위자료도 필요가 없다면서 판결문에 이렇게 못 박았다. "우리 사회의 혼인이라 함은 일부일처제를 전제로 하는 남녀의 정신적 육체적 결합을 의미하며, 동성혼은 우리의 사회 관념상이나 가족질서 면에서 받아들일 수 없다. …… 동성 간에 사실혼 관계를 유지해왔다 하더라도 사회 관념상이나 가족질서 면에서 용인될 수 없고, 동성 간의 동거 관계를 사실혼으로 인정해 법률혼에 준하는 보호를 할 수 없다."

## 167 이화여대 대관 불허 사건과 국가인권위의 오판

2003년 8월 이화레즈비언인권운동모임 변태소녀하늘을날다(변날)는 끼리끼리하고 공동으로 강의실을 빌려 '나는 동성애자다. 나는 여성이다'라는 행사를 진행하려 했다. 그전까지 별다른 일 없이 동아리 행사에 대관을 해주던 대학 본부가 이번에는 거부했다. 학내 기독교 단체가 신청한 레즈비언 반대 행사를 불허한 만큼 형평성에 따라 변날이 하는 행사도 불허한다는 논리였다. 변날이 문제를 제기하자 학교는 외부 단체인 끼리끼리 이름이 신청서에 적혀 있어서 안 된다고 거부했고, 대학원 학생회 명의로 다시 신청서를 내자 지도 교수 도장을 도용한 의심이 든다는 등 절차상 문제를 지적하며 거듭 불허했다.

변날은 국가인권위원회에 차별 진정을 내지만 국가인권위원회는 2004년에 학교가 내린 대관 불허 조치가 차별은 아니라며 기각 결정을 했다. 인권 전문가들은 이 결정을 비판했는데, 무엇을 차별로 봐야 하는지를 두고 더 깊이 고민하고 논의해야 하는 현실을 일깨우는 계기가 됐다. 2008년 1월 국가인권위원회 차별판단지침연구태스크포스가 발간한 《차별판단지침》에는 이런 구절이 있다. "현존하는 차별을 해소하기 위해 국가, 지방자치단체 또는 사업주가 성적 소수자에 대한 적극적 조치를 실시하는 경우에는 이를 차별로 보지 않는다. 즉, 과거로부터 누적된 성적 소수자에 대한 차별을 철폐하기 위해 성적 소수자를 우대하는 정책이나 법률을 시행하는 것은 차별이 아니다"(231쪽). 동성애 반대 단체와 동성애 인권 단체가 나란히 대관을 못 하는 상황은 차별이 만연한 현실을 유지하는 수단일 뿐이었다.

이화여대 대관 거부 사건과 국가인권위원회가 저지른 오판은 퀴어 인권과 혐오 세력의 주장을, 곧 인권과 혐오를 똑같이 들을 만한 가치를 지닌 의제로 삼고 대관을 일단 거부한 뒤 문제가 제기되면 보통 때는 그냥 지나갈 절차적 사항을 핑계 삼는 치졸하고도 기나긴 성소수자 대관 거부의 역사를 보여 주는 초기 풍경이다.

# 168 에이즈 인권 운동의 역사

한국은 에이즈보다 에이즈 혐오가 더 심각한 나라다. 에이치아이브이 감염인이 14명뿐이던 1997년에 예방을 핑계로 감염인을 감시하는 반인권 조항으로 가득 찬 '후천성면역결핍증예방법'을 만들 정도였다. 이런 상황에서 감염인을 빈곤과 고립, 자살로 내모는 편견에 맞서 감염인 자조 모임과 성소수자 인권 단체들이 활동하기 시작했다.

1994년에 감염인 자조 모임 '희망나눔터'가 생겼고, 1999년 9월에 결성된 '러브포원'은 홈페이지를 열어 정보를 제공하는 상담 활동을 벌였다. 에이치아이브이 감염인 자활 공동체 'K+센터'도 문을 열었다. 그 뒤 '한국HIV/AIDS감염인연대'(KANOS)(2002), '세울터'(2003), '한국HIV/AIDS감염인협회'(KAPF)(2005), '대구경북 HIV/AIDS 감염인 자조 모임 해밀'(2011)이 만들어졌다. 특히 2011년 부산에서 열린 제10회 아시아태평양에이즈대회(ICAAP)를 계기로 에이치아이브이/에이즈 감염인 자조 모임이 모인 '한국 HIV/AIDS감염인연합회'(KNP+)와 '한국청소년·청년커뮤니티 알'이 발족했다('알'은 2024년 4월에 'HIV/AIDS 인권행동 알'로 단체 이름을 바꿨다). 또한 친구사이 내부에 감염인 자조 모임 '가진사람들'이 2015년에 꾸려졌다.

2002년에 한국성적소수자문화인권센터 에이즈예방팀이 만들어졌고, 2003년에 성소수자 인권 단체와 보건 의료 단체 등이 연합한 'HIV/AIDS인권연대 나누리+'가 결성됐다. 2004년에는 대한에이즈예방협회 경북지회가 지역 사회에 기반한 에이즈 인권 운동을 시작했다. 2010년에 '동성애자인권연대 HIV/AIDS 인권팀'이, 2016년에는 'HIV/AIDS인권활동가네트워크'가 결성됐다. 2023년 11월에는 한국 에이치아이브이/에이즈의 역사를 다시 쓰는 《휘말린 날들—HIV, 감염, 그리고 질병과 함께 미래 짓기》가 출간됐다.

## 169 여성성적소수자인권센터는 여성 단체가 아니라고?

부산여성성적소수자인권센터(센터)는 영남 지역 여성 성소수자들에게 올바른 정보를 제공하고 상담을 진행하려는 목적 아래 2003년 2월 14일에 개소했다. 홈페이지 주소는 'http://womcenter.org'였다. 개소 소식을 보도한 《부산일보》 기사에 따르면 센터는 동성애자와 트랜스젠더 등 한국 사회 성소수자를 둘러싼 편견과 억압을 이겨 내고 인권을 향상시키기 위해 본격적으로 활동할 계획이었다. 또한 2003년 4월에는 부산 지역 여성 성소수자 친목 모임 대표 및 운영자 모임을 열고, 6월에는 '퀴어문화축제 무지개2003'에 참여할 예정이라고 했다.

활발히 활동을 이어 가던 센터는 2004년 3월 부산여성센터가 여성 단체 회원 등을 대상으로 진행하는 '여성리더십향상과정 제1기' 교육에 수강신청서를 냈다. 그런데 부산여성센터는 성적 지향을 이유로 교육 수강을 거부했다. 부산여성센터는 센터를 여성발전기본법상의 여성 단체로 볼 수 없고 여성 성소수자의 인권과 부산여성센터가 목표로 하는 '남녀평등의 추구'는 관계가 없다는 태도였다. 센터가 국가인권위원회에 진정을 제기하자 인권위는 센터가 여성 단체인지 여부를 여성부에 질의했고, 여성부는 여성 단체에 해당한다고 답변했다. 그런데도 부산여성센터는 부산시를 상대로 협의하는 과정을 거쳐야 한다면서 '아직 우리 사회에서 동성애자 문제는 사회적으로 인정되지 않는다'고 주장했다.

센터와 부산여성센터 사이에 벌어진 대립은 한국에서 페미니즘, 또는 여성 단체가 규정하는 여성 범주가 의미화되고 있는 현실을 둘러싼 논쟁이었다. 무엇보다 2015년 성평등 개념을 둘러싸고 여성가족부와 대전시가 벌인 논쟁을 떠올리면, 훨씬 앞서 일어난 이 사안에서 여성부가 여성 성소수자 단체를 여성 단체로 인정한 사실은 중요하게 기록할 만하다.

170

## 교육방송에 나간 게이 커플 결혼식

2004년 3월 7일 정오, 종로에 자리한 게이 바 '팝콘'에서 게이 커플이 공개 결혼식을 열었다. 하객은 10여 명인데 취재진은 20여 명이 몰렸다. 이상철과 박종근 커플은 축가와 화촉 점화, 성혼선언문 낭독, 혼인 서약, 예물 반지 교환 등 평범하지만 특별한 결혼식을 올렸다. 그다음 날 두 사람은 서울시 은평구청에 찾아가 혼인신고서를 냈다. 접수하고 5시간가량이 지난 뒤 구청은 이렇게 통보했다. "법원의 유권 해석을 받아본 결과 우리나라에서 혼인 신고는 남녀 간 결혼을 전제로 하기 때문에 적법한 혼인 신고로 수리할 수 없습니다." 이 모든 과정은 《이비에스》 〈우리시대의 성〉이라는 프로그램에서 방영됐다. 또한 《레이디경향》, 《여성동아》, 《이코노미퀸》 등 여성 월간지를 비롯해 《뉴시스》와 《오마이뉴스》 등 주요 언론에 일제히 기사가 실렸다.

미디어들은 게이 커플 결혼식을 계속 중요하게 다뤘다. 2008년 5월 《티브이엔(tvN)》에서 방영한 〈커밍아웃〉에서는 게이 파트너가 결혼을 준비하는 모습을 다뤘고, 2010년 《에스비에스》 드라마 〈인생은 아름다워〉 제작진은 게이 커플이 성당에서 결혼하는 장면을 담으려 하지만 성당이 촬영을 허가하지 않아 찍지 못했다. 2013년 9월 7일 청계천에서 김조광수와 김승환 커플이 올린 결혼식도 많은 사람에게 알려진 이벤트였다.

# 1 7 1 | 동성애 차별하는 청소년보호법 조항, 삭제되다

1998년 창간한 《버디》는 잡지를 낼 때마다 청소년유해매체물 딱지를 붙이라는 공문을 받았다. 편집팀은 공문을 무시하고 계속 발간했지만, 2000년에 들어 인터넷 내용 등급제가 실시되고 엑스존이 청소년유해매체 사이트로 지정되면서 청소년보호법 개정 투쟁이 본격적으로 시작됐다. 2002년 10월과 12월에 끼리끼리와 동성애자인권연대는 각각 '청소년보호법 시행령에서 동성애를 유해매체물 심의 기준으로 규정한 것은 성적 지향에 의한 인권 침해'라는 진정을 국가인권위원회에 냈다.

청소년보호위원회는 청소년의 경우 아직 성적 지향을 결정할 만큼 성숙하지 않을 뿐 아니라 건전하고 합리적인 정보를 제공하는 수준을 넘어선 매체만 규제한다며 변명했지만, 2003년 4월 2일 국가인권위원회는 청소년보호위원회 위원장에게 청소년보호법 시행령 제7조 다항에 명시된 '개별심의기준'에서 '동성애'를 삭제하라고 권고했다.

국가인권위원회는 미국정신의학회와 세계보건기구를 비롯해 통계청이 고시한 '한국표준질병사인분류'에서도 성적 지향 그 자체는 정신적 장애에 연관시킬 수 없다고 밝히고 있을 뿐 아니라 동성애를 더는 사회 통념상 허용되지 않는 성관계로 볼 수 없다고 지적하면서, 청소년보호법 시행령이 헌법 제10조에 보장된 행복추구권과 제11조의 평등권, 제21조의 표현의 자유 등을 침해하고 있다고 판단했다.

국가인권위원회가 이렇게 권고하자 《국민일보》 등 보수 개신교 미디어와 한국기독교총연합회 등에서는 강력한 반대 의견을 내고 인권위 결정은 법적 효력이 없다는 주장까지 펼치면서 총공세를 펼쳤다. 그렇지만 2004년 1월 청소년보호위원회는 청소년유해매체물 심의기준에서 '동성애' 표현을 삭제하는 내용을 핵심으로 하는 시행령 개정 법률안을 입법 예고했다. 이 개정안이 2004년 4월 30일에 발효되면서 청소년보호법에 들어 있던 동성애 차별 조항은 역사 속으로 사라졌다.

# 172 〈퀴어 애즈 포크〉와 〈엘 워드〉, 봇물 터진 외국 퀴어 드라마

케이블 방송 영화 채널과 연예 오락 채널이 들여온 외국 퀴어 드라마와 예능 프로그램은 한국 사회에 큰 영향을 미쳤다. 가장 먼저 영화 전문 채널 《홈CGV》(지금 《OCN 무비스》)가 2004년 4월 26일부터 매주 월요일과 화요일 밤 12시에 미국판 〈퀴어 애즈 포크〉를 방영했다. 2000년부터 전세계적으로 큰 인기를 끌지만 한국에서는 볼 수 없는 프로그램이었다. 그 무렵 케이블 방송 최고 시청률이 1.315퍼센트(TNS 기준)인데 견줘 심야에 방영한 〈퀴어 애즈 포크〉는 1퍼센트 안팎을 기록했다.

영화 채널 《캐치온》도 인테리어, 패션, 뷰티 분야 전문가인 게이 다섯 명이 평범한 이성애자 남성을 세련되게 바꾸는 리얼리티 프로그램 〈퀴어 아이〉를 2004년 4월 14일부터 방영했다. 미국 《쇼타임》 채널이 방영한 레즈비언 드라마 〈엘 워드〉 시리즈도 2005년부터 들여왔다. 〈엘 워드〉는 미국에서 방영을 시작한 2004년부터 이미 한국에서도 인기를 끌어 미국에서 방송되면 며칠 뒤 한글 자막을 넣은 영상이 레즈비언 커뮤니티에 올라왔다. 그런 영향 덕분에 레즈비언 커뮤니티에서도 레즈비언을 '엘'이라고 불렀고, 드랙킹 공연을 하는 이들도 생겨났다.

미국 《에이비시(ABC)》 방송에서 방영한 시트콤 〈모던 패밀리〉는 한국에 정식 방영된 적은 없지만 외국 드라마가 낯설지 않은 시대가 시작하면서 동성애를 향한 편견을 깨는 계기가 되더라는 후기를 많이 남긴 화제작이었다. 이 밖에 큰 인기를 끈 청소년 뮤지컬 드라마 〈글리〉와 의학 드라마 〈그레이 아나토미〉 등에도 퀴어 캐릭터가 주요 인물로 등장했다. 2016년부터 《넷플릭스》가 서비스를 시작하면서 한국에서도 〈오렌지 이즈 더 뉴 블랙〉과 〈센스8〉 등 목록을 다 적기 힘들 정도로 많은 드라마를 접할 수 있게 됐다.

# 173 정당에 성소수자위원회가 만들어지다

2004년 5월, 민주노동당은 당직 선거를 진행하고 있었다. 정책위원장 후보 이용대는 동성애 차별에 반대하지만 동성애가 자본주의의 폐해라는 차별 발언을 했다. 최고위원 여성명부 후보 김진선도 동성애자들이 이성애자로 돌아와야 한다고 말해 파문을 일으켰다.

민주노동당은 같은 해 4월 15일 제17대 국회의원 총선거 때 퀴어 관련 정책을 공약해 퀴어 단체들이 지지한 당이었다. 또한 정당사상 처음으로 2002년 퀴어와 퀴어 앨라이 모임 '붉은이반'이 만들어진 곳이었다. 이런 차별 발언은 붉은이반이 보낸 정책 질의서에 답변하는 과정에서 나왔다. 붉은이반을 비롯한 여러 퀴어 단체는 강력하게 항의하면서 침묵시위를 펼쳤다. 두 후보는 낙선했지만, 덕분에 성소수자위원회를 만드는 일이 더욱 중요해졌다.

민주노동당은 2004년에 장애인위원회와 성소수자위원회(성소위)를 설치할 예산을 마련해 놓은 상태였고, 그해 퀴어문화축제에는 현애자 국회의원이 참석했다. 9월 18일, 민주노동당 성소수자위원회(준)가 발족했다. 김혜경 당대표, 최순영 국회의원, 이정미 최고위원, 한채윤 한국성적소수자문화인권센터 부대표가 축사를 했고, 홍석천이 입당 행사를 진행했다. 또한 여기동 위원장이 성소위를 소개했다.

성소위는 다양한 활동을 펼쳤다. 2005년부터 중요해진 트랜스젠더 관련 입법 활동을 주도하며 퀴어 운동 과정에서 입법 활동이 지닌 가능성을 제시했다. 또한 차별금지법 사태 때도 경찰이 방해하거나 공공 기관이 제대로 대응하지 않을 때는 정당 조직이 지닌 힘을 적극 활용했다. 이렇게 성소위는 정당 안에서 성소수자들이 정책을 만들고 활동을 펼치는 중요한 선례가 됐다.

# 174 레즈비언 인권 운동이 다각화하다

2000년대에 들어서면서 새로운 레즈비언 인권 단체가 속속 결성됐다. 2003년 10월에 발족한 '레즈비언인권연구소'는 2004년부터 2006년까지 〈국내 레즈비언 인권실태조사〉 보고서를 발간했다. 2006년에는 단체명을 '레즈비언권리연구소'로 바꾼 뒤 '사이버 레즈비언 NPO 자료관' 홈페이지를 오픈하고 레즈비언 증언집 시리즈를 발간했다. 2013년에는 기록 수집이라는 좀더 특화된 활동에 집중하자는 뜻에서 '레즈비언생애기록연구소'로 다시 이름을 바꿨다.

2005년 5월 3일에는 한국레즈비언상담소, 레즈비언인권연구소, 부산여성성적소수자인권센터, 변태소녀하늘을날다 등 4개 단체가 모여 '한국레즈비언권리운동연대'를 결성했다. 레즈비언 단체들만 모인 첫 연대체였으며, 한국 사회의 이성애주의와 가부장제를 반대한다는 점을 분명히 하면서 레즈비언의 독자적 권리 운동을 추구하겠다고 밝혔다. 두 달 뒤인 2005년 7월 5일에는 이 네 레즈비언 단체가 '성소수자관련범죄사건지원여성연대'를 발족한다고 선언했다. 성소수자를 대상으로 발생하는 범죄에 대응하던 도중에 좀더 조직적이고 체계적으로 범죄 사건을 해결하고 예방할 필요성을 느낀 때문이었다.

2005년 10월 16일, '한국여성성소수자네트워크 무지개숲'(무지개숲)이 발족식을 열고 공식 활동을 시작했다. 무지개숲은 2005년 초부터 단체 설립을 준비했는데, 7월에는 '레즈비언, 꿈꾸고 생각하다'라는 주제로 대규모 집담회를 열어 새로운 단체가 필요하다는 공감대를 확인하기도 했다. 단체명을 정할 때도 레즈비언, 여성 성소수자, 여성 이반을 놓고 토론한 뒤 회원 투표로 결정했다. 무지개숲은 활발한 활동을 펼치다가 내부 사정 때문에 2007년에 문을 닫았다.

## 175 포털 사이트에서 '이반'을 구출하다

서점에서 파는 국어사전, 영한사전, 한영사전에서 동성애를 '변태 성욕'이나 '색정도착증'으로 분류하거나 '호모'나 '동성연애' 같은 비하 표현을 사용하는 행위는 차별이라며 2002년 3월 20일에 5개 성소수자 인권 단체가 공동으로 국가인권위원회에 진정을 제기했다. 국립국어연구원과 9개 출판사는 다음 개정판을 출간할 때 고치겠다고 답변했다.

2002년 10월 15일에 끼리끼리가 동성애 사이트 접속을 막는 차단 소프트웨어 '수호천사'를, 12월 23일에 동성애자인권연대가 '동성애'를 성인 전용 검색 단어로 지정한 야후코리아를 국가인권위원회에 제소했다. 2003년에 국가인권위원회가 청소년보호법 시행령 제7조 다항에 들어 있는 동성애 차별 조항을 삭제하라고 청소년보호위원회에 한 권고에 이미 포함된 사안들이었다.

2005년 한국레즈비언상담소 인권정책팀은 레즈비언 차별 사례를 모니터링하다가 포털 사이트 네이버와 야후코리아, 엠파스에서는 '이반'이 성인 전용 키워드로 분류되고 《한겨레》와 《세계일보》 등 언론사와 벅스 등 음원 사이트에서는 '동성애'가 성인 키워드로 분류돼 주민등록번호를 입력해 성인 인증을 해야만 검색할 수 있다는 사실을 발견했다. 또한 다음 카페와 엔티카에서는 이반이 금칙어로 지정된 탓에 아예 검색할 수 없다는 사실도 파악했다. 한국레즈비언상담소는 각 업체에 시정을 요구하는 공문을 발송해 모두 고쳤다.

1
7
6

## 레즈비언 전시회 〈작전 L〉 열리다

2004년부터 한국성적소수자문화인권센터는 레즈비언 전시라는 주제로 전시회를 준비하면서 한국여성재단에 지원을 신청했다. 2005년 1월, '레즈비언 전시 〈작전 L〉과 레즈비언 문화생산자 네트워크 구축사업' 프로젝트가 한국여성재단 기금 사업에 선정됐다. 전시는 2005년 6월 한국에서 열린 세계여성학대회에 맞춰 시작됐다.

〈작전 L〉은 그동안 남성 동성애자만을 중심으로 생산하고 분석하던 미술계 내부의 편향을 조명하고, 레즈비언 개개인과 커뮤니티가 구성하고 있는 문화를 전시회로 재현하고, 한국 사회에서 레즈비언 정체성을 가시화하려는 시도이자 실천이었다. 어려운 개념과 이미지가 중심이 되지 않으면서 모두 쉽게 공감하고 즐길 수 있을 만큼 낮고 넓은, 그리고 활짝 열린 전시회였다.

〈작전 L〉 기획단은 7명이었다. 2005년 1월부터 4월까지 30여 차례 회의를 열어 전시 내용, 주제, 일정을 논의했다. 열정적인 논의 끝에 2005년 6월 14일부터 21일까지 홍대 앞 갤러리 스케이프와 크세쥬에서 레즈비언 전시 〈작전 L〉을 개최했다. 레즈비언 작가 12명이 함께한 〈작전 L〉은 무엇보다 공식 기록상 한국 최초로 기획된 레즈비언 전시회였다. 따라서 퀴어 문화 운동이라는 차원은 물론 미술 전시라는 측면에서도 역사적 의의가 컸다.

한국성적소수자문화인권센터는 이 전시를 단발성 행사로 끝내지 않기 위해 '레즈비언 미술 아카이브'라는 홈페이지를 열었는데, 지금도 온라인으로 볼 수 있다(kscrc2009.cafe24.com/lesbianart/).

# 1977 인권 단체들 교육 사업에 힘쓰다

성소수자 활동가들은 인권 운동 초기부터 교육 사업에 힘썼다. 1997년 청소년보호법이 제정된 뒤 청소년 성소수자는 필요한 정보, 지식, 교육 등에 접근하기가 더욱 어려워졌다. 인권 단체들은 이런 사회적 조건을 극복해야 한다고 생각해서 청소년 대상 교육 사업을 진행했다. 2000년대 접어들어 청소년을 자주 만나는 사람들도 인식이 바뀌어야 한다고 여겨서 교육 사업 범위를 교사까지 넓혔다.

한국레즈비언권리인권연대는 '찾아가는 청소년 레즈비언 바로 알기 강좌'를 개설했다. 이 강좌는 청소년 성소수자를 대상으로 하는 학교 폭력 등이 심각한 만큼 필요하면 어디든 찾아가겠다는 의지를 표현한 사업이었다. 비슷한 시기에 한국성적소수자문화인권센터는 교사 대상 설문 조사를 실시하는 한편 학교에서 교사가 사용할 수 있는 성소수자 인권 교육 프로그램을 개발해 시범 수업을 진행하고 매뉴얼을 제작했다. 게이 인권 단체 친구사이는 《청소년 동성애자 인권을 위한 교사지침서》를 제작했고, 사범대에 다니는 예비 교사들을 대상으로 한 교육도 진행했다. 동성애자인권연대(지금 행성인)는 '2005 청소년 성소수자들의 인권을 말한다!'라는 토론회를 개최했다. 또한 《성소수자 인권지침서》를 만들어 여러 곳에 배포했다.

청소년 성소수자 인권에 적극 개입하는 교육 사업은 청소년 성소수자를 바라보는 사회적 인식을 바꾸는 데 귀중한 밑받침이 됐다.

178

## 레즈비언 라디오 방송 레주파

레주파는 2005년 미디액트, 'RTV', 한국성적소수자문화인권센터, 여성영상집단 움 등이 주최한 여성 성소수자 미디어 교육 '주파수 L을 잡아라!'에 참여한 교육생이 주축이 돼 만든 모임이다.

레주파는 '레즈비언 주파수'라는 의미를 담았다. 2005년 9월 26일 개국한 소출력 라디오 방송(출력 1와트 이하이고 반경 5킬로미터 안에서 청취할 수 있는 방송) '마포FM'에 참여하려는 라디오팀 교육생들이 뜻을 모았다. 레주파는 한국 최초 레즈비언 라디오 방송이라는 의의가 있었고, 다양한 단체와 활동가 소개, 문화 행사 홍보, 청취자 사연 전달 등을 통해 한국의 퀴어 인권 운동과 퀴어 문화를 라디오나 팟캐스트 형태로 기록하는 아카이브 기능도 했다.

레주파는 2005년 8월 10일 〈레주파의 L양장점—위대한 L〉로 처음 시작했다. 마포FM이 정식 개국하기 전까지 파일럿 방송 형식으로 8회 방송했고, 그 뒤 마포FM(100.7메가헤르츠)을 통해 매주 수요일 밤 12시에 방송되고 있다. 레주파 카페(cafe.daum.net/lezpa)에서 재방송도 들을 수 있다. 또한 팟빵(2016년)과 유튜브(2019년)까지 플랫폼을 넓혔다. 팟빵에는 방송 연도에 따라 채널을 따로 개설하고 있지만 2005년 방송부터 모두 들을 수 있다.

레주파가 펼친 활동은 방송을 넘어 확장됐다. 퀴어문화축제에서 '보이스 커밍아웃'이라는 프로그램을 진행했는데, 축제에 온 이들이 마이크 앞에 서서 자기소개를 한 뒤 간단하게 하고 싶은 말을 남기는 형태였다. 이때 기록한 300건 넘는 퀴어들의 목소리는 레주파의 사운드 클라우드에서 들을 수 있다. 이렇게 보면 레주파는 실시간으로 전파하는 방송이자 음성으로 기록한 퀴어 아카이브다.

## 1 7 9 다시 시도한 트랜스젠더 관련 법 제정

민주노동당 성소수자위원회(성소위)는 한국 사회에 트랜스젠더의 호적상 성별 정정에 관련된 법과 제도적 절차가 없다는 사실에 문제의식을 느꼈다. 성소위 인터넷 게시판에 한 트랜스젠더가 남긴 '왜 호적상 성별 정정 관련 노력을 하지 않느냐'는 글에 자극받은 덕분이기도 했다.

2005년 12월 2일, 성소위가 주도해서 '성전환자 성별변경 특례법 제정을 위한 1차 간담회'를 열었다. 이 간담회를 계기로 여러 인권 단체, 퀴어 단체, 개인이 참여해 관련 법을 제정하기 위한 논의를 진행했고, 2006년 '성전환자 성별변경 관련 법 제정을 위한 공동연대'를 발족했다.

공동연대는 민주노동당에 소속된 입법 관련 전문가하고 함께했지만, 성전환자인권연대 지렁이 활동가가 한 제안을 받아들여 실태 조사를 공동 진행했다. 한국 최초로 실시된 트랜스젠더 관련 실태 조사였고, 조사 결과는 2006년 9월 〈성전환자 인권 실태조사 보고서〉로 발간됐다. 기자 회견을 반복해 열면서 법을 제정해야 할 필요성을 계속 알렸고, 2006년 대법원이 판결을 내리기 전에는 성명서를 발표하고 의견서를 제출하는 등 다양한 시도를 했다. 법안 초안을 마련하고, 공청회를 열고, 법안 수정 작업을 주도하면서 입법에 필요한 직접적인 노력도 함께했다.

2005년부터 2006년 사이에 한국 트랜스젠더 운동에서 펼친 중요한 활동은 공동연대가 함께하거나 주도했고, 이런 활동을 토대로 2007년 노회찬 국회의원이 〈성전환자의 성별변경 등에 관한 특별법안〉을 대표 발의했다. 결국 법 제정은 실패했지만, 이 과정에서 펼친 여러 활동은 한국 트랜스젠더 운동이 발전하는 시금석이 됐다.

1
8
0

## 퀴어 인권 실태를 기록하다

국가인권위원회는 2005년 《국가인권정책기본계획 수립을 위한 성적소수자 인권 기초현황조사》 보고서를 발간했다. 조여울이 연구 책임자를 맡은 이 보고서는 정부 기관에서 처음으로 낸 퀴어 관련 기초 조사이자 국가 인권 정책에 퀴어를 포함하려는 일말의 노력이 진행된 사실을 보여 주는 자료다. 또한 한국 퀴어 인권 활동가들이 적극 참여한 작업이라는 점에서 한국 사회에서 인권의 의미와 내용을 구성하는 과정에 퀴어들이 많이 노력하고 개입한 사실을 입증하는 증거이기도 하다.

2006년 9월 4일에는 《성전환자 인권실태 조사보고서》가 나왔다. 이 보고서는 '성전환자 성별변경 관련 법 제정을 위한 공동연대'에서 기획한 작업이자 성전환자인권연대 지렁이(준) 활동가가 함께 노력한 결과물이기도 했다. 따라서 인권 단체 활동가가 주도하고 직접 진행한 최초의 실태 조사 자료집이었다. 2006년에 한국 사회를 살아간 트랜스여성과 트랜스남성의 기록을 담고 설문 조사와 인터뷰도 더했다.

2007년에는 한국성소수자 사회의식조사 기획단이 진행한 《한국 성소수자 사회의식조사》 자료집이 발간됐다. 레즈비언(133명), 게이(150명), 양성애자(52명), 성전환자(37명) 등 372명을 대상으로 진행한 설문 조사였으며, 처음으로 인구 특징, 지역, 차별 경험 등을 포괄해 진행한 시도이면서 2010년대부터 쏟아져 나온 다양한 사회 조사의 출발점이기도 했다.

이런 모든 작업은 경제적 지원이나 자원이 충분하지 못한 상황에서도 퀴어의 삶을 설명 가능한 대상으로 만들려는 다양한 노력을 담은 기록이라 할 수 있다.

## 1 8 1 퀴어 영화, 높아진 인기와 다양해진 콘텐츠

선호도에 따라 다르지만 2000년을 상징하는 가장 인기 있는 퀴어 영화는 이준익 감독의 〈왕의 남자〉(2005)다. 반복해서 재관람하는 관객까지 등장할 정도로 신드롬을 일으켰고, 주인공 사이의 관계를 퀴어하게 해석하는 문제를 두고 논란도 벌어졌다. 다음 해 이안 감독의 〈브로크백 마운틴〉(2006)이 개봉하면서 또 한 번 인기 있는 게이 영화의 명맥을 이었다.

2000년대에는 주로 게이 영화가 많이 개봉하지만 그 밖에 퀴어 영화로 분류할 수 있는 영화는 상당히 많았다. 권종관 감독의 〈이발소 異氏〉(2000)는 단편이지만 한국의 퀴어 역사를 다뤄 화제를 모았고, 2002년에는 김인식 감독의 〈로드무비〉가 개봉했다. 존 캐머런 감독의 〈헤드윅〉(2001), 용유스 통콘툰 감독의 〈아이언 레이디〉(2002), 페드로 알모도바르 감독의 〈나쁜 교육〉(2004) 등이 유명했는데, 페드로 알모도바르 감독과 프랑스와 오종 감독은 발표하는 작품마다 퀴어한 내용을 담아서 퀴어 관객에게 인기가 많았다.

퀴어 영화는 계속 인기를 이어 갔다. 이누도 잇신 감독의 〈메종 드 히미코〉(2005)가 열렬한 팬덤을 형성했고, 던컨 터커 감독의 〈트랜스아메리카〉(2006)도 있었다. 또한 김비 작가가 제작에 참여한 이해영 감독과 이해준 감독의 〈천하장사 마돈나〉(2006)는 호적상 성별 정정을 허가하는 대법원 판결에 맞물려 인기를 끌었다. 민규동 감독의 〈서양골동양과자점 앤티크〉(2008)와 유하 감독의 〈쌍화점〉(2008), 구스 반 산트 감독의 〈밀크〉(2008)와 러셀 멀케이 감독의 〈바비를 위한 기도〉(2009)도 잇달아 화제를 모았다. 무엇보다 트랜스남성 세 명이 나온, 연분홍치마가 제작한 김일란 감독의 다큐멘터리 〈3×FTM〉(2009)이 인기를 끌기도 했다.

# 182 군대, 성소수자 인권 침해 릴레이

2005년 6월, 신병 김 모 씨가 신병교육대 부소대장을 만나 고충 상담을 하다가 커밍아웃을 했다. 그 뒤 주변에 소문이 나고 강제로 에이즈 검사까지 받았다. '현역 복무 부적합' 판정을 앞두고 동성애자라는 사실을 증명하라며 동성 간 성관계 사진을 제출하라는 요구까지 받았다. 군 생활 내내 폭언과 폭행에 시달리다가 휴가를 나와 동성애자인권연대를 찾았고, 2006년 2월 10일 국가인권위원회에 진정하고 긴급 구제를 요청했다. 조사 결과 김 모 씨가 한 주장이 모두 사실로 밝혀지자 국가인권위원회에서 시정 권고를 받은 국방부는 2006년 4월 1일자로 '병영 내 동성애자 관리지침'을 실행한다고 밝혔다. 그렇지만 이 지침은 만우절 거짓말이라 해도 믿을 만큼 엉망이어서 비판받았는데, '병영 내 유입/확산 차단 대책', '인성검사를 통해 동성애 성향 잠재자로 밝혀지면 집중 관리', '이성애자로 전환 희망시 적극 지원' 같은 내용 때문이었다.

2007년에는 선임과 간부에게 지속적인 성희롱과 성추행에 시달리던 병사가 군에 신고하고 가해자를 처벌해 달라고 요청하지만 되려 동성애자라는 이유로 괴롭히거나 군대 내 정신 병원과 비전 캠프에 보내는 등 심각한 고통을 준 사건이 알려졌다. 또한 호적 성별이 정정되고 병원 진단서까지 제출하는데도 징병 전담 의사가 바지를 내리게 해서 신체검사를 한 사건도 발생했다.

2008년에 동성애자인권연대와 친구사이는 공익변호사그룹 공감, 한국성폭력상담소 등하고 함께 '군 관련 성소수자 인권침해·차별 신고 및 지원을 위한 네트워크'를 결성했다. 국방부에 '병영 내 동성애자 관리지침'을 개정하라고 요구하는 동시에 따로 〈군대 내 성소수자 인권을 위한 병영 지침서〉를 만들어 일선 군부대에 배포하고, 〈군 입대를 앞둔 이반들이 궁금해 하는 10가지 질문들〉이라는 팸플릿을 제작했다.

## 183 성소수자들, 가톨릭교회 안에서 변화를 만들다

가톨릭을 믿는 성소수자들 모임은 일찍부터 있었다. 2001년 천주교 성소수자 모임인 '안개마을'이 만들어졌고, 2006년에는 가톨릭 여성 성소수자 단체 '알파오메가'가 결성됐다. 2022년 5월 15일에는 가톨릭교회 내 성소수자 인권 증진을 위한 연대체로 '가톨릭 앨라이 아르쿠스'가 발족했다. 개신교처럼 적극적으로 혐오를 드러내지는 않아도 보수적인 면이 강해서 성소수자 인권 의제에 관련해 폐쇄적이라는 인상이 강했지만, 가톨릭 내부에서도 성소수자 모임이 교회와 성소수자를 연결하려 계속 노력했다.

이런 변화는 퀴어퍼레이드에 참여하는 곳이 늘어나는 모습으로 알 수 있다. 2020년에 천주교인권위원회가 처음으로 알파오메가하고 함께 서울퀴어퍼레드에 부스를 차렸다. 2022년에는 가톨릭독서포럼과 천주교인권연대연구센터, 2024년에는 가톨릭퀴어예술회와 우리신학연구소가 공동 부스에 이름을 올렸다. 수녀들이 참가자들에게 무지개 팔찌를 직접 만들어 주면서 축복을 전하기도 했다. 또한 2023년에는 안개마을이 차린 부스에서 예수회, 글라렛선교수도회, 일반 교구 소속 사제 네 명이 천주교인 성소수자를 위한 고해 성사를 집전했다. 이 일을 두고 《가톨릭신문》은 퍼레이드 현장에서 하는 성사 집전은 성소수자가 죄인이라서 고해를 해야 한다는 뜻이 아니라 천주교가 더 적극적으로 성소수자를 포용하는 사목을 해야 한다는 의미라는 사설을 냈다.

인천에 있는 한 성당에서는 2023년 5월에 성소수자 당사자와 성소수자 자녀를 둔 부모를 초대하는 공개 행사를 열었다. 성당 앞 교회가 '남자 며느리 여자 사위' 운운하는 혐오 플래카드를 내걸자 그 성당은 '하느님의 이름으로 모든 혐오와 차별, 편견을 반대합니다. 당신이 어떤 모습이어도 당신을 사랑하며 응원합니다'라는 플래카드를 달았다.

1
8
4

## 확장되기 시작한 가족구성권

한국에서 가족구성권, 또는 가족 형태 다양성을 둘러싼 논의는 매우 오래 전에 시작됐다. 퀴어 인권 운동의 맥락에서 이 문제를 본격적으로 논의하기 시작한 계기는 2006년에 꾸려진 '다양한 가족형태에 따른 차별 해소와 가족구성권 보장을 위한 연구모임'(연구모임)이다. 비슷한 시기에 친구사이 등 여러 단체가 '동성애자의 가족구성권 토론회'를 열었고, 친구사이는 '예쁜 가족 선발대회'를 열었으며 연구모임은 실태 조사를 진행한 뒤 2008년 《대안적 가족제도 마련을 위한 기초자료집 — 담론·제도·사례 연구》를 발간했다. 이 시기는 프랑스에서 실시한 시민연대계약(PACS)법이 알려지면서 동성 결혼이 법적으로 보장되지 않더라도 동거 관계를 보장할 수 있다는 새로운 상상력이 널리 이야기된 때이기도 했다.

가족구성권, 또는 가족 형태 다양성에 관한 논의는 연구 모임 형태를 넘어 확장됐다. 언니네트워크 같은 단체에서 '비정상 가족들의 비범한 미래 기획'이라는 프로젝트를 진행하고 전시회를 열었으며, 또한 성소수자 인권포럼을 비롯한 여러 행사에서 유언장 작성하는 법이나 파트너 입양하는 방법 등이 소개되면서 법을 우회하는 동시에 다양한 가족 형태를 적극 지지하고 전시하는 작업을 진행했다.

가족 형태 다양성을 중심으로 진행되던 논의는 2013년 김조광수-김승환 부부의 동성 결혼을 계기로 혼인 평등으로 초점이 전환되기 시작했고, 동성 결혼을 중심에 둔 '성소수자 가족구성권 보장을 위한 네트워크'(가족구성권네트워크)도 본격적으로 활동하기 시작했다. 또한 진선미 국회의원이 초안을 마련한 생활동반자법을 시작으로 용혜인 국회의원이 발의한 생활동반자법, 장혜영 국회의원이 발의한 가족구성권 3법(생활동반자법, 혼인평등법, 비혼출산지원법) 등 가족 다양성을 법과 제도로 보장하는 법안이 잇달아 발의됐다. 결국 이 법안들은 모두 폐기되지만, 친구사이와 가구넷이 《신가족의 탄생》(2018)을 발간하는 등 가족 다양성을 확장하기 위한 다양한 시도가 이어졌다.

## 1 8 5 변화하고 뒤섞이는 용어들의 역사

'게이', '레즈비언', '퀴어', '바이', 하다못해 '호모'까지 외국에서 들어온 말이었다. '성소수자'와 '성적 소수자'는 'sexual minority'의 번역어로 출발했고, '이반'은 한국에서 만들어진 말이지만 은어였다. 이런 까닭에 여러 용어가 뒤섞여 쓰였고, 개념을 정확히 알지 못해 오용되기도 했다.

기록을 살펴보면 《또다른세상》에는 이런 문구가 있었다. "퀴어는 이성애주의 사회에서 성적소수집단을 총망라해 일컫는 말입니다. 우리말로는 '이반'이라고 합니다. 성적소수집단에는 레즈비언 외에도 게이, 여성 트랜스젠더, 남성 트랜스젠더가 있습니다." 여기에서 여성 트랜스젠더와 남성 트랜스젠더란 지금하고는 반대여서 'FTM'을 '여성 트랜스젠더'로, 'MTF'를 '남성 트랜스젠더'로 불렀다. 《또하나의사랑》도 트랜스젠더 옆에 '(드랙퀸)'이라고 덧붙인 사례가 있었고, 1998년 12월에 나온 《버디》 11호도 드랙퀸 루폴을 트랜스젠더 특집에서 소개할 정도였다.

2000년 8월에 열린 퀴어퍼레이드 공식 플래카드에는 '퀴어문화축제 무지개 2000—한국성적소수자(게이, 레즈비언, 트랜스젠더, 바이섹슈얼)의 열린 마당'이라고 쓰여 있었다. 여러 용어를 이해하는 정도가 달라서 아예 모든 용어를 나열하는 방식을 택했다. 2001년 1월에 끼리끼리가 단체명을 '한국여성성적소수자인권운동모임'으로 바꿨고, 2002년에 '한국성적소수자문화인권센터'가, 2003년에 '부산여성성적소수자인권센터'가 창립했다. 2003년 민주노동당 '성소수자위원회'가 발족하면서 성적 소수자와 성소수자가 혼용되는 시대가 열렸다. 이반은 영문 표기가 통일되지 않았다. 이반시티는 'ivancity'였고, 해피이반은 'eban'으로 표시했다. 외국에서는 'LGBT'를 널리 썼지만, 한국에서는 의미가 직관적으로 전달되지 않고 대기업 'LG'로 오해하는 사례가 잦아 잘 안 썼다. '퀴어'라는 단어는 1991년 12월 3일 《조선일보》에 처음 등장했는데, 미국에서 열린 에이즈 관련 행사에 퀴어네이션(Queer Nation)이 참가한 사실을 사진하고 함께 보도하는 기사였다. 퀴어네이션은 1990년에 설립된 미국 성소수자 인권 단체다.

# 186 트랜스젠더 성별 정정을 인정하다

역사를 바꾸는 중요한 순간이 있다. 2006년 6월 22일에 나온 대법원 판례도 그중 하나다. 1951년생 트랜스남성이 호적상 성별을 변경해 달라고 요구한 재판이 시작이었다. 이 사람은 자기를 남성으로 정체화했고, 주변 사람에게도 남성으로 인식됐다. 20대 때부터 공사장에서 육체노동을 했고, 1992년 대학 병원에서 성전환증 진단을 받아 외부 성기 재구성 수술을 한 뒤 계속해서 호르몬 투여를 해왔다. 때마침 하리수가 활동을 시작하면서 호적 정정에 관한 정보가 좀더 대중화됐다. 이 트랜스남성 신청인이 진행한 소송은 1심과 2심에서 모두 기각됐다. 대개 호적상 성별 변경이 1심이나 2심에서 허가되면 대법원으로 가지 않으며, 하급심에서 기각돼도 대법원으로 가는 사례는 거의 없다. 신청인이 대법원까지 가서 판단을 받기로 한 결정은 자기 정체성을 확고히 증명하려는 시도이자 법률상 남성으로 인정받겠다는 투쟁이었다.

대법원에 올라가면 판결이 언제 나올지 기약할 수 없었다. 더욱이 사회적 논쟁이 벌어질 여지가 많다는 점도 부담이었다. 대법원은 전원 합의체로 넘겨 재판을 진행하기로 한 뒤 여러 전문가에게서 의견 진술을 들었다. 민주노동당 성소수자위원회 등이 탄원서를 계속 제출했으며, 대법원이 판결을 늦출 때마다 성명서를 내어 결정을 서두르라고 항의했다.

결국 2006년 6월 22일에 대법원은 처음으로 호적상 성별 변경을 허가했다. 정신과 진단이 바뀌어 온 역사를 살피고, 호적법상 성별 변경이 미치는 효과를 검토하고, 무엇보다 신청인이 겪어 온 개인사를 고려해 내린 판결이었다. 이 판결은 그 뒤 트랜스젠더 성별 변경 사건을 판단하는 사법적 근거가 됐다.

DB-0000891

# 1 8 7 대법원, 〈사무처리지침〉 발표하다

2006년 6월 대법원이 호적상 성별 정정을 허가하는 결정을 내린 뒤, 이제 트랜스젠더는 법원에 호적 정정을 요청할 판례를 확보했지만, 동시에 큰 혼란이 벌어졌다. 신청인은 어떤 서류를 제출해야 할까? 법원은 어떤 서류를 근거로 호적상 성별 정정을 허가할까? 법도 없고 구체적인 절차도 정해지지 않은 상황에서 대법원은 9월에 〈성전환자의 성별 정정 허가 신청 사건 등 사무처리지침〉(〈사무처리지침〉)을 발표했다. 이 〈사무처리지침〉은 지방법원이 호적상 성별 정정을 판단할 기준을 제시했다.

절차를 명확히 하고 혼란을 줄이려고 만든 〈사무처리지침〉이지만 내용이 공개된 직후부터 큰 비판이 일었다. 특히 인우 보증서뿐 아니라 부모 동의서를 요구한 부분이 문제였다. 인우 보증서란 당사자 진술만으로 신뢰할 수 없어서 주변인이 신원을 보증해야 할 때 받는 서류로, 당사자 진술을 의심 대상으로 가정한다는 뜻이었다. 그렇지만 가장 중요하고 오래 이어진 문제는 부모 동의서였다. 신청인이 60대일 때에도 부모 동의서가 필요하다는 의미이기 때문이었다. 트랜스젠더 당사자는 스스로 결정할 수 없는 결함 있는 존재인 만큼 부모가 동의해야 한다는 말이었다. 신청 당사자가 법적 책임을 질 수 없는 상황도 아닌데다 파트너나 직접 꾸린 가족도 아닌 부모 동의를 요구한 탓에 상당히 비판받았지만, 이 서류가 〈사무처리지침〉에서 빠지는 데 오랜 시간이 걸렸다.

또한 혼인 중이거나 자녀가 있으면 성별 정정을 불허하는 등 허가 조건이 상당히 까다로웠다. 대법원은 〈사무처리지침〉이 그저 참조 사항일 뿐 하급 법원이 반드시 따라야 할 필요는 없다고 했지만, 관련 제도가 없는 상황에서 〈사무처리지침〉은 최소 기준으로 작동할 수밖에 없었다.

## 1 8 8 사는 게 쉽지 않아서 '탈반', 그리고 '재반'

'탈반'은 2010년대 청소년 성소수자, 그중에서도 레즈비언 커뮤니티에서 주로 쓴 단어다. 탈반은 '이반에서 벗어난다'는 뜻으로, 자기가 활동하던 성소수자 커뮤니티를 떠난다는 말이다. 신촌공원 등 오프라인에서 만난 이들부터 웹사이트, 다음 카페 등 온라인 모임에서 함께 어울리던 사람들에게 문자 메시지나 메신저 '버디버디' 등으로 '나 탈반해요. 이제 연락하지 말아 주세요'라고 문자와 쪽지를 보내는 방식이었다. 탈반은 주로 중학교에서 고등학교로 올라갈 때나 고등학교를 졸업할 때쯤 많이 일어났다.

탈반은 탈동성애하고는 다르다. 같은 의미이지만 탈동성애는 보수 개신교에서 동성애를 탈출해 이성애자로 '전환'하라는 의미로 사용하는 용어다. 반면 탈반은 맥락이 좀더 복잡하다. 1990년대 중반부터 피시통신과 인권 단체를 기반으로 성소수자 커뮤니티가 형성됐고, 동성애자로 살아가기가 힘들어 남들처럼 평범하게 살겠다는 말을 남긴 채 모임을 탈퇴하는 이들이 없지는 않았지만, 이런 행위를 가리키는 말까지 필요하지는 않았다. 그런데 2010년대 청소년 성소수자는 탈반이라는 말을 만들어 썼다. 상황이 다르기 때문이었다. 청소년 성소수자 커뮤니티는 학교, 다음 카페와 싸이월드, 프리챌, 버디버디 등으로 촘촘하게 얽혀 있어서 공식 선언을 해 바뀐 마음과 내린 결정을 알려야만 했다. 2009년 퀴어뱅에서 신촌공원 10대 레즈비언 322명을 대상으로 진행한 설문에 따르면 탈반에 관해서 '성정체성은 변할 수 있는 거니까 탈반도 가능하다'는 대답이 46.9퍼센트였고, '이반으로 산다는 게 쉽지 않을 테니 탈반할 수도 있다'는 대답이 28.0퍼센트였다. 한편 탈반한 뒤에 다시 동성애자로 돌아오는 사례는 '재반'이라고 불렀다.

# 189 팬덤이 만들어진 퀴어 영화

2006년 11월 16일, 이송희일 감독이 연출한 영화 〈후회하지 않아〉가 개봉했다. 처음에는 '한국 최초로 커밍아웃한 게이 감독이 만든 퀴어 장편 극영화'라는 점이 주목받았지만, 곧 영화사에서 새로운 장을 펼치는 작품으로 화제를 모았다. 개봉 당일 쟁쟁한 상업 영화들을 제치고 씨지브이 객석 점유율 1위를 기록했고, 전국 10개 미만 상영관으로 3일 만에 관객 1만 명을 넘더니 개봉 2주 만에 3만 명을 돌파했다. 4만 6000명이라는 흥행 기록은 2009년에 양익준 감독이 연출한 〈똥파리〉가 개봉하기 전까지 역대 최다 관객 독립 (극)영화라는 영광을 누렸다.

부잣집 도련님과 가난한 게이 호스트바 선수 사이의 사랑을 그린 〈후회하지 않아〉는 부산국제영화제에서 처음 공개되자마자 '후회폐인'이라 불리는 팬덤이 형성됐다. 야오이와 비엘물을 즐겨 보는 20대 여성이 주축이었지만, 감독과 배우가 60회가 넘는 무대 인사를 하고 제작사에서 다양한 기념 파티와 이벤트를 적극적으로 열어 팬들하고 소통한 점도 새 역사를 쓰는 데 도움이 됐다.

제57회 베를린영화제에 초청받았고, 첫 주연을 맡아 열연한 김남길과 이영훈도 유명 배우로 성장했다(이밖에 이이경과 진이한도 이송희일 감독이 연출한 영화에서 첫 주연을 맡으며 데뷔했다). 또한 김남길의 여자 친구로 우정 출연한 김정화는 15년 뒤 《티브이엔》 드라마 〈마인〉(2021)에서 김서형하고 함께 레즈비언 역을 맡았다. 이런 열린 태도에 견줘 김정화의 남편은 '제작진이 동성애로 노이즈 마케팅을 하는 것 같다. 저희 부부는 동성애 반대한다'는 글을 에스엔에스에 올려 거센 비판을 받기도 했다.

이송희일은 〈탈주〉(2009), 〈백야〉(2012), 〈야간비행〉(2014), 〈제비〉(2023), 〈파랗고 찬란한〉(2024) 등을 찍으면서 지금도 꾸준히 작품 활동을 이어 가고 있다.

# 1 9 0 트랜스젠더 인권 단체 지렁이

'트랜스젠더인권활동단체 지렁이'는 지금까지 알려진 데 따르면 두 번째로 설립된 트랜스젠더 인권 단체다.

2006년 초 즈음부터 준비위 상태로 활동한 지렁이는 그해 6월 퀴어문화축제에서 '너 TG? 나 TG!'라는 좌담회를 진행했다. 2006년 8월 단체를 설립하려는 모임을 본격적으로 시작했고, 같은 해 11월 4일 '성전환자인권연대 지렁이'라는 이름으로 발족식을 열었다. 발족식 날에는 미국 트랜스 연구자 셀 황을 초청해서 한국성적소수자문화인권센터하고 공동으로 트랜스 인권 관련 발표회를 진행했다. 그 뒤 단체 이름을 '트랜스젠더인권활동단체 지렁이'로 바꿨고, 트랜스젠더 화장실 사용 문제, 호적상 성별 정정 문제, 이주민 트랜스젠더 의제, 구금 시설에 갇힌 트랜스젠더 의제, 2007년 차별금지법 사태 등 다양한 트랜스 의제에 참여했다. 그렇지만 여러 어려움을 겪다가 2010년 2월 단체 활동 종료를 결정했고, 단체 명의만 유지하다가 2012년 5월 완전히 해소했다.

지렁이 초동 모임에는 한무지, 이승현, 크레아틴 등이 참여했다. 한무지는 방송 출연과 저술 활동을 하고 다큐멘터리에 참여하는 등 지렁이의 대표나 얼굴이 돼 트랜스젠더 의제를 대중화하는 데 힘썼다. 이승현은 지금도 법학 연구자로 활동하면서 법제화와 의료 표준을 만드는 데 헌신하고 있다. 단체가 발족할 때부터 함께한 이들 중 루인과 준우, 캔디는 여전히 트랜스젠더 활동과 퀴어 활동을 이어 가고 있다. 그리하여 지렁이는 그 이름처럼 완전히 사라지지 않고 살아남아 트랜스젠더 운동과 퀴어 운동을 계속하고 있다.

한편 남성 아니면 여성이라는 이분법으로 구분되지 않는 존재라는 점에 착안한 단체명 지렁이는 한무지가 제안한 이름이었다. 지렁이를 기록하듯 한무지의 이름을 기록하는 일은 트랜스젠더 운동에 헌신한 개개인의 노력을 기억한다는 점에서 중요하다.

191

## 청소년 성소수자 생활 실태를 조사하다

2003년 내일여성센터가 서울과 경기 지역 남녀 고등학생 1483명을 대상으로 실시한 조사에서 응답자의 6.3퍼센트가 자기가 동성애자인지 고민한 적이 있다고 답했다. 2006년 한국청소년개발원은 스스로 성소수자로 규정한 청소년 135명을 대상으로 연구한 결과를 바탕으로 〈청소년 성소수자의 생활실태 조사〉 보고서를 냈다. 성 정체성을 인지한 시기는 12세 이전이 20.7퍼센트이고 13세부터 15세 사이가 57.8퍼센트였으며, 여자 같거나 남자 같다고 놀림 받은 적이 있다는 답변은 78.3퍼센트였다. 특히 47.4퍼센트가 자살 시도를 한 적이 있다고 대답해 충격을 줬다.

2014년에 국가인권위원회가 낸 〈성적지향·성별정체성에 따른 차별 실태조사〉에 따르면 청소년 성소수자 200명 중 92퍼센트가 다른 학생에게서 혐오 발언을 들은 경험이 있다고 답했고, 차별이나 괴롭힘을 당한 청소년 중 58.1퍼센트가 우울증에 시달렸으며, 자살을 시도한 청소년은 19.4퍼센트였고, 성소수자라는 이유로 차별이나 괴롭힘을 당할까 봐 스스로 학업을 중단한 청소년은 7퍼센트였다.

2018년에 한국여성정책연구원이 낸 〈청소년 성교육 수요조사〉는 전국 중학생 4065명을 대상으로 한 조사 결과 보고서였다. 이 보고서에 따르면 성적 지향에 관해 고민한 적 있다는 비율이 30.7퍼센트이고 성(별) 정체성에 관해 고민한 적 있다는 비율이 26.1퍼센트였다. 또한 현재 연애 중이라고 답한 여학생은 27.4퍼센트 중 12.1퍼센트포인트가, 남학생은 18퍼센트 중 4.1퍼센트포인트가 연애 상대방이 동성이라고 답했다.

2021년 청소년 성소수자 위기지원센터 띵동은 〈청소년 성소수자의 탈가정 고민과 경험 기초조사 보고서〉를 내기도 했다.

# 1 9 9 2 트랜스여성 작가, 여성 작가로 존중받다

김비는 1990년대 후반 피시통신에서 글을 쓰기 시작해서 섹슈얼리티 전문지 《버디》를 거쳐 데뷔했다. 그 뒤 《버디》에 트랜스젠더 관련 정보나 개인적 경험담을 담은 글을 썼고, 하리수가 데뷔한 뒤에는 자서전과 소설 등을 꾸준히 발표했다. 2006년에는 영화 〈천하장사 마돈나〉 제작에 참여해 시나리오 작업을 자문했는데, 영화가 인기를 끌면서 잡지 《여성동아》하고 인터뷰를 했다(2006년 9월호).

인터뷰한 김에 우연히 《여성동아》 홈페이지에 들어간 김비는 장편 소설 공모전 소식을 접했다. 마감이 밭은 상황에서 낸 〈플라스틱 여인〉이 당선하면서 2007년 등단했다. 김비는 아직 호적상 성별 정정을 하지 않은 상태여서 주민 등록상 남성이었다. 김비를 남성으로 분류하고 자격 미달로 탈락시킬 수도 있던 《여성동아》는 작품을 접수하고 공정하게 경쟁할 수 있게 했다. 공모전 심사위원은 '심리 묘사의 신선함과 소설을 끌고 나가는 힘이 매력적'이라고 평가했다. 수상 소감에서 자기 자신을 여성으로 인정한 상이라며 기뻐한 김비는 자기가 쓴 소설은 물론 여성으로 살고자 하는 자기 삶을 모두 축하받는 기분이라고 말했다.

성별 정정을 하지 않은 트랜스젠더 김비가 《여성동아》 공모전에 당선한 사건은 여성 범주란 법에 따라 규정하거나 공식 서류를 바탕으로 확인할 수 있는 고정된 상태가 아니라 자기 자신을 어떻게 인식하고 살아가는지에 따라 결정된다는 점, 나아가 한 사회가 이런 사실을 진지하게 받아들이는 태도가 중요하다는 점을 알려 준다.

1
9
3

## 교도소에서 날아온 편지 한 장

2007년 1월, 한국성적소수자문화인권센터 사무실로 편지 한 통이 도착했다. 교도소에서 온 편지였다. 편지에는 어느 트랜스젠더 수감자가 도움을 요청하는 사연이 빼곡히 적혀 있었다.

트랜스젠더라는 단어도 모르고 호르몬 치료와 수술을 할 수 있다는 정보와 지식도 얻을 길 없는 삶 속에서도 스스로 여성으로 생각하며 살던 이 수감자에게는 여성용 속옷이 거의 유일한 심리적 안정제였다. 그런데 교도소가 여성용 속옷 착용을 허용하지 않는데다 다른 수감자들이 퍼붓는 폭언에 시달리면서 고통이 극심해지자 과다 출혈로 죽으려고 가위를 들어 스스로 성기를 잘랐다. 병원에 빠르게 이송돼 목숨은 건졌지만, 성기 봉합 수술은 끝까지 거부했다. 교도소는 담당 교도관 징계를 원하지 않는다고 진술하면 여성용 속옷 착용과 호르몬 치료를 할 수 있게 조치하겠다고 약속했지만, 상황이 마무리되자마자 다른 교도소로 이감해 버렸다. 옮긴 교도소에서 성소수자 인권 단체가 있다는 사실을 우연히 알게 돼 편지를 보낸다는 내용이었다.

센터는 민주노동당 성소수자위원회와 트랜스젠더인권활동단체 지렁이에 상황을 알리고 대책을 논의했다. 직접 면회를 하고 법무부와 교도소에 항의해 트랜스젠더 수감자 처우를 개선했다. 또한 '교정시설 내 LGBT 처우개선을 위한 프로젝트'를 기획해 공익변호사그룹 공감, 천주교인권위원회, 친구사이 등하고 공동으로 팀을 꾸려 '구금시설과 트랜스젠더의 인권' 토론회를 기획하고, 성소수자 수감자를 고통스럽게 해 자살을 시도하게 내몬 국가를 상대로 손해 배상 소송을 진행했다. 2010년 10월 29일에 국가가 위자료 300만 원을 지급하라는 일부 승소 판결이 나왔고, 2011년 9월 23일에 열린 2심에서도 원고가 승소했다.

이 사건 말고도 2014년에 이발을 하라는 지시를 거부한다는 이유로 징벌을 받은 트랜스젠더 수감자를 위해 징벌을 취소하라는 행정 소송을 내서 승소한 사례도 있었다.

# 1994 남장 여자, 로맨스 드라마를 이끌다

남장 여자 캐릭터가 한국에서 호감을 사서 유명해진 사례는 1992년 개봉한 홍콩 영화 〈동방불패〉다. 린친샤(임청하)가 맡은 배역은 남장 여자가 아니라 '여성이 된 남성'이지만 결론적으론 많은 관객에게 여자가 남자보다 더 멋질 수 있다는 강렬한 인상을 남겼다. 또 다른 홍콩 영화로 1994년 개봉한 〈금지옥엽〉도 큰 화제가 됐고, 한국 영화에는 1993년 개봉한 〈가슴 달린 남자〉가 있었다.

2000년대 들어 한국 드라마에도 남장 여자가 주인공으로 자주 등장하기 시작했다. 〈다모〉(2003), 〈커피프린스 1호점〉(2007), 〈바람의 화원〉(2008), 〈선덕여왕〉(2009), 〈미남이시네요〉(2009), 〈성균관 스캔들〉(2010), 〈제중원〉(2010) 등이 있었고, 2010년대에는 〈아름다운 그대에게〉(2012), 〈네일샵 파리스〉(2013), 〈기황후〉(2013), 〈잘 키운 딸 하나〉(2014), 〈설련화〉(2015), 〈구르미 그린 달빛〉(2016)가 그랬다. 2020년대에는 〈연모〉(2021)와 〈청춘월담〉(2023)이 뒤를 잇고 있다.

남장 여자가 나오는 드라마는 남장한 주인공이 언제 정체가 드러날지 모른다는 긴장감과 사랑에 빠진 남자 주인공이 동성에게 끌린다는 사실 때문에 괴로워하는 설정을 더해 흥미를 자아냈다. 동성애 설정으로 위기감을 고조시키지만 결국 이성 간 사랑으로 갈등을 해결한다는 점에서 동성애를 시청률 미끼로 활용할 뿐이라는 비판도 있지만, 남자 주인공들이 동성인데도 끌리는 마음을 어떻게 할 수 없어 사랑을 고백하는 장면은 사랑이란 성별을 뛰어넘는 감정이라는 메시지를 전하는 데 충분하다. 시대적 한계를 넘어서려고 남장을 하게 되는 설정이나 남장한 여자 배우가 뛰어난 외모와 멋진 매력을 동시에 지닌 캐릭터라는 점 역시 여러 관점에서 퀴어한 해석을 덧붙일 수 있다.

1
9
9
5

## 트랜스젠더에게 입양할 자격을 묻다

2006년 11월, 하리수는 결혼을 발표하면서 또다시 화제가 됐다. 하리수는 토크쇼에 출연해 아이를 좋아해서 직접 키우고 싶다는 말을 여러 번 했다. 아이를 직접 낳을 수 없으니 나중에 고아원을 운영하고 싶다는 바람을 밝힌 적도 있었다.

결혼한 하리수는 입양 의사를 밝힌 뒤 전문 입양 기관을 찾아 관련 절차를 알아봤다. 입양 기관은 하리수가 유명 연예인이라서 입양을 할 수 없다고 밝혔다. 입양 기관이 취한 태도는 큰 논란을 불러일으켰다. 한국에서 입양하려는 사람은 법적으로 결혼한 상태라거나 충분한 소득이 있어야 한다는 식으로 상당히 보수적이고 규범적인 조건을 갖춰야 했다. 하리수는 이런 모든 조건을 충족했다. 그런데도 입양 기관은 하리수가 한 요청을 거부했다. 입양 기관 관계자가 한 발언은 문제가 많았다. 입양 부모가 트랜스젠더 하리수라는 사실이 알려지면 입양 아동이 큰 충격을 받거나 왕따를 겪을 수 있다는 말이었다. 아동 인권을 이유로 들기는 했지만, 하리수가 연예인이어서 곤란하다는 말이 아니라 트랜스젠더이기 때문에 안 된다는 뜻이었다. 트랜스젠더, 나아가 퀴어가 구성하는 가족은 입양 아동에게 부정적 영향만 끼칠 수밖에 없다는 차별 인식을 반복하는 행태였다.

하리수는 입양에 결국 실패했다. 그렇지만 한국 사회에서 퀴어 입양 의제를 둘러싼 논의가 펼쳐지는 장을 열었다. 무엇보다 고아원을 만들고 싶다거나 트랜스젠더로서 아이를 입양하겠다는 요구를 내건 행동은 기성의 가족 구성 형태를 완전히 새롭게 개편하고 새로운 가족 형태를 상상하는 일이었다.

# 196 학교를 휘감은 이반 검열, 영화와 연극으로 기록하다

이반 검열이란 2000년대 중반에 중고등학교에서 대대적으로 벌어진 퀴어 색출 작업을 뜻한다. 그때는 모두 싸잡아 동성애자로 불렀는데, 특히 여학생을 대상으로 머리가 너무 짧다며 두발을 규제하고 여학생끼리 손만 잡아도 의심스럽다며 벌점을 매기는 식이었다. 교사는 반장을 소환해 물었다. "우리 반에는 그런 애 없냐?" 대상을 정확하게 지칭하기보다는 '그런 애'로 뭉뚱그려 차마 부를 수 없는 존재로 취급했다. 레즈비언이라는 사실이 알려지면 수업을 빠지고 교무실로 불려 가 따로 교육을 받았는데, 전학이나 퇴학을 당하기도 했다. 이반으로 의심받거나 확정된 이는 학교에 존재할 수 없는 문젯거리였다.

여성영상집단 움은 이런 현상을 2005년에 27분짜리 짧은 다큐멘터리 〈이반검열〉로 만들었다. 이 다큐멘터리는 2년 뒤 세 청소년에게 직접 카메라를 준 뒤 하고 싶은 말을 영상으로 기록하게 한 〈Out: 이반검열 두 번째 이야기〉로 이어졌다. 상연 시간 90분인 이 다큐멘터리는 여러 영화제와 공동체 상영을 거치면서 큰 파장을 일으켰고, 중고등학교에서 발생하는 이반 검열이 사회적 관심을 끄는 계기가 됐다.

2016년 8월에는 연극 〈이반검열〉이 연우소극장 무대에 올랐다. '권리장전2016_검열각하'라는 기획 아래 박근혜 정부가 저지른 예술 검열에 저항하는 한편 세월호 참사를 애도하고, 종북 게이 등 다양한 형태를 띤 혐오를 함께 다루는 형태로 내용이 확장됐다. 2010년 중반 이후를 살아가는 퀴어 청소년에게는 이반 검열뿐 아니라 더 많은 퀴어 혐오, 세월호 참사를 목격하며 겪은 충격과 슬픔도 중요하기 때문이었다. 연극 〈이반검열〉은 그 뒤에도 몇 차례 더 상연됐는데, 청소년 퀴어에게 중첩된 폭력과 사건을 함께 보여 줬다.

1
9
7

# '실용주의의 해악'으로 전락한 동성애와 트랜스젠더

"서구 문화의 유입으로 인해 전통적인 성 도덕의 금기가 무너지고, 동성애, 혼전성교, 포르노그라피, 성매매 등 다양한 성문화가 범람하고 있어서 성윤리의 역할에 대해 의문을 제기하는 사람도 있다." 2004년 교육인적자원부가 만든 고등학교 교과서 《시민윤리》 103쪽과 104쪽에 실린 글이다.

2000년대에도 동성애는 서구에서 수입된 산물로 보는 관점이 여전했다. 가장 심각한 사례는 조국통일범민족연합(범민련) 남측본부 기관지 《민족의 진로》 2007년 3월호에 실린 〈실용주의의 해악에 대하여〉라는 글이었다. "이남사회는 갈수록 복잡한 문제들이 발생되고 있습니다. 외국인노동자문제, 국제결혼, 영어만능적 사고의 팽배, 동성애와 트랜스젠더, 유학과 이민자의 급증, 극단적 이기주의 만연, 종교의 포화상태, 외래자본의 예속성 심화, 서구문화의 침투 등 불과 몇 년 전만해도 상상할 수 없는 문제들이 나타나고 있습니다. 그러나, 이 문제들을 유심히 살펴보면 90년대를 기점으로 우리사회에 신자유주의 개방화, 세계의 일체화 구호가 밀고 들어오던 시점부터 이러한 문제들이 사회문제로 대두되었음을 알 수 있습니다. 유형은 달라도 결국은 이남사회가 민족성을 견지하지 못하고 민족문화전통을 홀대하며, 자주적이고 민주적이지 못한 상태에서 외래적으로 침습해 오고 그것이 또한 확대 재생산되는 구조 속에서 이 문제들이 점차 심각해지고 있습니다."

성소수자 인권 단체와 이주 노동자 단체, 민주노동당 등 여러 곳에서 범민련 남측본부에 이 기사를 삭제하고 사과하라고 요구했다. 범민련은 이주 노동자 부분은 사과하지만 성소수자 관련해서는 끝까지 무책임한 태도로 일관했다. 2007년 9월 4일, 37개 인권 단체가 모인 협의체인 인권단체연석회의는 범민련을 상대로 한 모든 연대 활동을 중단한다는 성명서를 발표했다.

## 198 신촌공원과 청소년을 위한 퀴어뱅

신촌공원이 청소년 레즈비언들이 모여드는 아지트라는 사실은 2000년대 초반부터 유명했다. 청소년이 모여드는 장소에는 청소년 상담 기관에서 거리 이동상담 사업(아웃리치)을 나갔는데, 신촌공원에서 아웃리치 사업을 하던 어느 청소년 상담 기관은 성소수자 단체에서 직접 사업을 진행하면 더 효과적이라고 판단해 한국성적소수자문화인권센터(센터)에 사업을 제안했다. 이 일을 계기로 센터는 2007년부터 늘푸른여성지원센터가 공모하는 브리지 프로젝트의 하나로 공적 기금을 받아 10대 레즈비언을 위한 활동을 시작했다. 이 프로젝트 이름이 '퀴어뱅'이다.

퀴어뱅은 2007년부터 2012년까지 일요일마다 신촌공원으로 나갔다. 가정 폭력 등으로 갑자기 가출하게 된 청소년 대상 위기 지원, 정체성을 비롯해 연애와 진로 등 고민 상담, 김밥과 간식 제공, 신공축제 개최, 세대 간 교류를 위한 체육 대회와 캠프, 청소년 성소수자의 문화와 역사를 정리하는 설문 조사와 인터뷰, 다양한 교육 프로그램, 라디오 공개 방송 등을 진행했다. 퀴어뱅은 10대를 대상화하지 않고 청소년이 기획단과 자원 활동가로 참여해 직접 프로젝트를 진행하는 방식이었는데, 이런 경험을 계기로 자기를 '청소년 인권 활동가'로 정체화하고 폭넓은 활동을 하는 사례도 생겼다.

서울시가 청소년 아웃리치 사업 방향을 변경하면서 2007년부터 2010년까지 받은 공적 기금이 사라지자 센터는 자체 예산을 쓰고 모금을 벌여 퀴어뱅을 2012년까지 2년간 더 진행했다. 그렇지만 스마트폰이 보급되고 청소년 문화도 빠르게 변화하면서 신촌공원이 청소년 레즈비언들이 모여드는 아지트로서 점점 기능을 상실하자 사업을 종료했다. 퀴어뱅은 특히 다른 청소년 지원 기관들하고 교류하면서 청소년 관련 기관이 '성적 소수자 인권 감수성'을 지닐 수 있도록 노력했다.

1999

# 성소수자 차별 저지 '긴급 번개'와 '긴급행동'

2007년 10월 2일 법무부는 차별금지법을 입법 예고했다. 차별금지법은 노무현 대통령이 내건 선거 공약이었고, 2003년부터 국가인권위원회에서 법률 초안을 만들어 오랜 검토를 거쳐 드디어 법 제정을 눈앞에 둔 상태였다. 그런데 차별 금지 사유에 성적 지향이 포함된 이유를 들어 보수 개신교 진영이 '동성애차별금지법안 저지 의회선교연합'과 '동성애허용법안반대국민연합'을 만들어 법무부에 압력을 넣었다.

법무부와 국가인권위원회가 이런 혐오 목소리에 밀려 성적 지향을 삭제할 가능성이 크다는 낌새를 알아챈 성소수자 인권 활동가들은 더 많은 사람에게 긴박한 상황을 알리고 대응책을 함께 모색하기 위해 '긴급 번개'라는 이름으로 논의의 장을 열었다. 이런 형식 자체가 처음이었지만, 10월 31일 저녁 7시 30분 번개를 예고한 장소에는 성소수자 단체 회원, 페미니스트, 인권 단체 활동가 등 90여 명이 모였다. 이날 법무부가 성적 지향을 비롯해 '학력', '병력', '가족 형태 및 가족 상황', '언어', '출신 국가', '범죄 및 보호처분 전력' 등 7개 항목을 삭제하기로 결정한 사실을 확인한 참석자들은 적극적인 대응을 하기로 뜻을 모았다.

구체적 대응 방안을 논의하려는 2차 번개가 11월 5일 저녁에 연세대학교의 한 대형 강의실에서 열렸다. 150여 명이 모인 이날 번개에서 참석자들은 '차별금지법 대응 및 성소수자 혐오·차별 저지를 위한 긴급 공동행동'을 발족하기로 결의했다. 그 자리에서 바로 사무총괄팀, 디자인팀, 언론+미디어기록팀, 국제연대팀, 기독단체연대팀, 국내인권시민단체연대팀, 온라인홍보팀, 오프라인행동팀, 정부국회팀, 대선대응팀, 대학연대팀, 10대팀 등 12개 팀을 만들어 차별 저지 활동에 돌입했다. 긴급 번개로 꾸린 '긴급행동'은 단체 대표들이 모여 연대체를 만드는 방식하고 다르게 이 싸움이 지닌 중요성을 인식한 개인들이 모여 만든 연대체라는 점에서 의미가 크다. 이런 긴급 번개 형식은 그 뒤 혐오 세력이 심상치 않은 움직임을 보일 때마다 몇 번 더 열려 빠른 대응책을 논의하는 장이 됐다.

2
0
0

## ‘지금 우리는 미래를 만들고 있습니다’

2007년 11월 5일에 결성된 ‘차별금지법 대응 및 성소수자 혐오·차별 저지를 위한 긴급 공동행동’(긴급행동)은 2008년 5월 17일까지 약 7개월 동안 엄청난 활동을 펼쳤다. 먼저 3일 만에 86개 단체와 1258명의 개인이 모여 11월 8일에 규탄 성명서를 발표했다. 에스엔에스가 없던 시절이라는 점을 감안하면 그야말로 놀라운 속도와 숫자였다.

긴급행동은 공식 홈페이지를 열었고, 청와대와 정부중앙청사 앞에서 매일 아침, 점심, 저녁으로 하루 3회에 걸쳐 각 2시간씩 6명이 돌아가며 일인 시위를 펼쳤다. 차별금지법을 포털 사이트 네이버 검색어 1위로 만들려는 온라인 집단행동도 두 차례 진행했다. 10대팀은 대학로에서 플래시몹 시위를 기획했고, 대학연대팀은 대학교 안에서 차별금지법을 알리는 ‘자보 릴레이’를 진행하고 크리스마스 때는 인사동 거리에서 ‘천박한 우리들의 순결한 첫키스’라는 거리 퍼포먼스를 열었다. 대선대응팀은 대선 후보들에게 질의서를 보내서 받은 답변을 취합해 논평을 발표했고, 국제연대팀은 국제 연대 활동을 조직했다.

새로운 시위 방법도 개발했다. 광화문 사거리에서 신호등이 바뀔 때마다 ‘사람 차별하는 차별금지법 NO’와 ‘인권 정부는 물건너가고 차별세상 오겠네’라고 적은 대형 플래카드를 펼치는 ‘무지개 건널목’ 시위를 진행했다. 2007년 12월 25일에는 서울에 있는 대형 교회인 영락교회 앞에서 성탄절 기념 예배를 마치고 나오는 교인들에게 차별금지법을 알리는 유인물을 배포했다. 2008년 8월 25일에는 《지금 우리는 미래를 만들고 있습니다 — 올바른 차별금지법 제정을 위한 뜨거운 투쟁의 기록》이라는 백서를 발간했다.

2
0
1

## 퀴어의 가족을 지지자로 삼으려는 첫걸음

한국에 사는 퀴어에게 가족은 중요하다. 혈연관계나 가족주의 때문이 아니라 많은 퀴어가 가족하고 함께 살아가는 현실 때문이다. 의료적 조치를 해도, 퀴어 관련 굿즈를 사도 가족이 지지하지 않는다면 언제 들킬지 몰라 숨겨야 할 공포가 될 뿐이다. 그렇기 때문에 2000년대에 들어서 퀴어 단체들은 가장 가까운 가족을 지지자로 삼자는 목표 아래 다양한 프로젝트를 진행했다.

한국성적소수자문화인권센터는 2007년 국가인권위원회 '인권단체협력사업 기금 공모'에 선정돼 '성적소수자 인권지지 네트워크 구축을 위한 포럼 개최 및 가이드 북 발간—"우리, 여기에, 함께"' 프로젝트를 진행했다. 프로젝트 제목처럼 퀴어의 가족이나 친구 등 가까운 주변 사람을 위한 교육과 상담 창구를 마련하고, 폭넓은 지지와 이해를 얻기 위한 사회적 관심을 촉구하고, 지지 모임을 결성할 기반을 마련하는 사업이었다. 이런 목표 아래 프로젝트팀을 꾸려 2007년 9월 1일에 '한국에서 성적소수자의 가족으로 산다는 것—동성애자와 트랜스젠더 가족들을 위한 포럼'을 열었다. 동성애자의 어머니와 언니, 친구, 트랜스젠더의 동생이 참석해 퀴어의 가족으로 살아가면서 겪은 일과 고민을 발표했다. 또한 일본 'LGBT의 가족과 친구들을 잇는 모임'에서 활동하는 부모 회원과 프로젝트팀이 나와 일본을 비롯한 다른 여러 나라 사례를 소개했다. 이 작업을 바탕으로 그해 말 《동성애자와 트랜스젠더 부모들이 알고 싶어 하는 37가지 질문》을 출간했다. 퀴어의 가족이 궁금해할 기초 지식부터 태도와 활동, 외국 양육자가 쓴 편지, 언니가 쓴 편지 등 실질적인 도움을 줄 수 있는 내용을 담은 책이었다.

퀴어의 삶에 직접적인 영향을 끼치는 가족과 친구 문제를 일찍부터 고민한 이 프로젝트는 오늘날 관련 작업을 진행하는 중요한 초석이 됐다.

2
0
2

## 성소수자 기독인들 모이다

‘차별없는 세상을 위한 기독인 연대’, 줄여서 차세기연은 2007년 차별금지법 제정 과정에서 기독교 안에 동성애자가 있으며 동성애자 인권 보호에 기독인이 앞장서야 한다고 생각한 사람들이 모여 만든 단체다.

성공회, 천주교, 개신교를 망라한 초교파 모임으로, 교회, 신학 연구소, 평신도 모임, 학생 모임 등이 함께했다. 문제의식이 비슷한 문화인권모임하고도 연대하는 열린 모임이었다. 처음에는 동성애자가 참여하지 않다가 곧 동성애자 그룹하고 연대하기 시작했고, 2009년부터는 30대 이상 여성 동성애자 모임인 그루터기의 인권 소모임도 참여했다. 기독교 청년을 만나는 외부 모임과 모임 성원들을 깊이 알아 나가는 내부 모임을 병행하면서 동성애자와 기독교 사이에 이해의 다리를 놓고, 그런 다리를 넓히는 데 힘을 쏟았다. 시간이 지나면서 연대체에서 개별 성소수자 기독인 모임으로 성격이 점점 바뀌었고, 성소수자 기독교인들이 개인적으로 모여서 기독교 내부에 횡행하는 성소수자 혐오에 맞서서 작지만 의미 있는 활동을 펼쳤다.

2018년 1월 차세기연은 10주년을 맞아 ‘기독교 퀴어 모임 물꼬기’로 이름을 바꿨다. 교회 내부에 만연한 혐오가 불편한 퀴어나 성경에 관심 있는 퀴어 등 자기 안의 성소수자성과 신앙이 충돌하는 문제 때문에 괴로운 모든 이들하고 함께하는 형태였다. 물꼬기는 차세기연이 발행하는 웹진의 이름이기도 했다. 소통의 물꼬를 트는 퀴어한 기독인들의 웹진이라는 의미를 담고 있었다. 성소수자 기독인 18명이 참여한 《성소수자 기독인 사례집》을 출간하고 서울퀴어문화축제에 부스를 여는 등 꾸준히 활동했다. 2024년 하반기까지 페이스북 페이지가 운영 중이어서 지난 역사를 살펴볼 수 있다.

2
0
3

# 퀴어 예능이 웨이브를 타다

2008년 4월 14일 《티브이엔》에서 방영을 시작한 〈커밍아웃〉은 처음으로 퀴어를 전면에 내건 프로그램이다. 홍석천이 진행자로 나서고 매회 새로운 인물이 커밍아웃을 하는 내용인데, 출연자를 섭외하기가 어려워 12회로 종영했다.

주목할 만한 퀴어 예능이 등장하지 않다가 2022년 온라인 동영상 서비스(OTT) 플랫폼인 《웨이브(wavve)》가 2022년 7월 8일 오전 11시에 〈메리 퀴어〉(9부작)를 단독으로 론칭한다. 신동엽, 홍석천, 하니가 진행을 맡고 게이 커플, 레즈비언 커플, 트랜스젠더 커플 등이 출연하는 관찰 예능이었다. 그 뒤 퀴어 예능은 《웨이브》에서 '웨이브'를 타기 시작했다. 이어서 2022년 7월 15일 금요일 오전 11시에 11부작 〈남의 연애〉가 처음 방영됐다. 남성 8명이 출연하고 매주 금요일 2회차씩 공개하는 방식이었는데, 최초의 퀴어 대상 연애 리얼리티 프로그램으로 알려져 있다. 이렇게 퀴어 예능 두 편이 비슷한 시기에 론칭하면서 화제를 모았다. 두 프로그램은 《웨이브》 신규 유료 가입 견인 순위에서 1위와 2위를 기록했으며, 〈남의 연애〉는 인기에 힘입어 시즌 3까지 제작됐다.

2024년 6월 28일에는 〈모든 패밀리: K-모던패밀리 상륙기〉가 공개됐다. 아이를 출산한 레즈비언 커플 김규진과 김세연 부부, 모태 신앙 11년 차 게이 커플 김기환과 박종열이 출연하고 다양한 패널이 코멘터리를 덧붙이는 형식이었다.

퀴어 예능은 아니지만 〈좋아하면 울리는 짝!짝!짝!〉이 2022년 12월 9일부터 13부작으로 매주 금요일에 공개됐다. 이성 연애 리얼리티 예능이지만 남성 출연자가 다른 남성 출연자에게 호감을 나타내고, 양성애자로 커밍아웃한 여성 출연자 자스민과 여성 출연자 백장미가 연애하는 에피소드로 큰 인기를 끌었다. 스민장미로 불린 이들이 등장하면서 《웨이브》 신규 유료 가입자가 5배 넘게 증가했는데, 시청자가 납득할 만한 퀴어 예능은 충분히 인기를 끌 수 있다는 사실이 입증됐다.

## 2 0 4 무지개행동, 가장 강력한 성소수자 인권 단체 협의체

한국 퀴어 운동은 여러 번 퀴어 단체 협의체를 탄생시키지만 한동연이 사라진 뒤에는 한동안 협의체를 꾸리지 않았다. 그러던 2008년 5월 17일에 역사상 네 번째 퀴어 단체 협의체가 발족했다. 바로 '성소수자차별반대 무지개행동'이다. 그전 협의체들이 오래 지속되지 못한 반면 2024년 지금까지 잘 유지되고 있다.

2007년 10월 법무부가 차별금지법에서 성적 지향 등을 삭제하려 하자 여러 퀴어 인권 단체들이 힘을 모아 저항했는데, 그런 시간이 길어지면서 차별금지법 말고도 여러 의제에 관련해 퀴어 단체들을 묶는 연대체가 필요하다는 의견이 많았다. 차별금지법 제정은 '실패'했지만, 함께 힘을 모아 하는 활동의 중요성을 배웠다. 2008년 3월부터 단체 활동가와 몇몇 개인이 모여 협의체가 필요하다는 문제의식을 공유하면서 운영 방식과 이름 등을 정하는 회의를 진행했다. 그렇게 해서 만들어진 연대체가 줄여서 '무행'으로 불리기도 하는 '성소수자차별반대 무지개행동'이다.

무행이 처음 한 공식 활동은 출범 기념 퀴어 야유회였다. 또 시국 상황에 맞춰 촛불 집회에도 참여했는데, 시작부터 정치적 상황에 따라 무지개행동이라는 이름으로 함께 시위에 참여한 셈이었다. 또한 2008년 11월 22일 'LGBT 인권포럼'을 개최했는데, 지금은 성소수자 인권포럼으로 이름을 바꿔 한국에서 가장 큰 퀴어 인권 포럼으로 계속 이어지고 있다.

그 밖에도 학생인권조례, 서울시민인권헌장, 서울시청 로비 점거 농성, 차별금지법 제정, 국제 성소수자 혐오 반대의 날 행사, 코로나19 시기에 발생한 퀴어 혐오 등 다양한 퀴어 의제 중 개별 단체만으로 대응하기 힘든 사안이 생길 때마다 퀴어 단체들을 대표하는 협의체로 나서서 활발히 활동하고 있다.

# 2005 '대한민국을 커밍아웃 시키겠다'는 국회의원 후보

2008년, 진보신당 최현숙은 '대한민국을 커밍아웃 시키겠다'는 포부를 내세우며 제18대 국회의원 총선거에서 서울시 종로구에 출마했다. 최현숙은 스스로 '레즈비언'이라는 사실을 밝히면서 선거에 나섰다. 또한 대개 당원을 중심으로 하기 마련인 선거운동본부를 성소수자와 앨라이들이 모인 '성소수자 선본'으로 구성한 점에서도 의의가 있었다. 성소수자 커뮤니티를 기반으로 선거 운동 비용을 4000만 원 모금했으며, 정책 연구부터 선거 홍보물 제작과 선거 차량 지원, 선거 유세송, 선거 운동원 등을 모두 대가를 바라지 않는 사람들의 헌신으로 해결했다. 특히 선거 운동 방식도 관행에 매몰되지 않고 '퀴어다움'을 발휘하기 위해 노력했다. 드랙킹과 드랙퀸으로 분장한 선거 운동원들이 종로에 거리 유세를 나섰고, 흥겨운 춤을 다함께 추는 방식도 사용했고, 선거 현수막에 '레즈비언 후보'라는 문구를 당당히 적었다.

또한 경찰도 선거 유세를 제지할 수 없다는 점을 활용해 재능교육 농성장을 지키려고 선거 차량과 운동원들이 달려가기도 했고, 예비 후보자 사전 선거 운동 기간에는 후보자 말고는 법적 배우자만 명함을 직접 나눠 줄 수 있다는 공직 선거법이 '미혼 또는 동성혼 후보자 차별'이라는 점을 지적하며 헌법 소원을 내기도 했다.

최현숙은 2008년 4월 9일에 실시된 선거에서 득표율 1.61퍼센트를 기록했고, 치열한 선거 운동 과정은 〈레즈비언 정치도전기〉라는 다큐멘터리로 제작됐다. 2000년에 민주노동당에 입당해 진보 정치를 시작한 최현숙은 2004년에 운명적인 여성을 만나면서 레즈비언 정체성을 긍정하게 됐다. 가족에게 커밍아웃한 뒤 동의와 지지를 얻어 이혼했으며, 그 뒤 레즈비언으로 커밍아웃하고 성소수자 인권 운동을 시작했다. 지금은 구술생애사 작가 겸 소설가로 활동 중이다.

2
0
6

## 퀴어 종이 잡지는 결코 사라지지 않는다

2007년부터 신촌공원에서 10대 성소수자를 만나 온 한국성적소수자문화인권센터는 청소년들이 20대를 넘긴 레즈비언의 삶을 상상하지 못한다는 사실을 알게 됐다. 그리하여 2008년에 세대 간 연결을 위해 10대부터 60대까지 함께 어울리는 2박 3일 캠프 '육색찬란'과 체육대회, 수다방 같은 행사를 열었고, 2009년부터 2011년까지 레즈비언 세대 간 소통을 위해 잡지 《레인보우링》을 발행했다. 2012년에는 《레인보우링》을 어디서든 볼 수 있도록 인터넷 웹사이트(https://rainbowring.tistory.com)에 아카이빙했다.

2008년에는 페미니즘을 중심에 놓고 퀴어로 활동하는 데 관심이 있는 대학생들이 성소수자 커뮤니티에서 벌어지는 일들에 관해 생각을 밝히고 의견을 내고 분석할 때 망설이지 않고 말하자는 모토를 내걸고 '세상을 횡단하는 LGBT 대학생 언론' 《완전변태》를 창간했다. 부정기적으로 발행되다가 지금은 중단된 상태이지만, 이 잡지 또한 웹사이트(http://wanbyun.org/)로 남아 있다.

정기 간행물을 제작하려면 시간과 비용이 많이 들기 때문에 쉽지 않은 일이지만 다양한 성소수자 모임들은 포기하지 않고 꾸준히 발간했다. 서울대학교 성소수자 동아리 큐이즈(QIS)는 《Queer, Fly》를, 한양대학교 성소수자 동아리 하이퀴어는 《Hi, Queer!》를 지금도 발행하고 있으며, 전북대학교 성소수자 모임 '열린문'은 《열린문집》(2017)을 냈다. 마포레인보우주민연대는 회원들이 쓴 글을 묶어 《우리 같은 사람들》이라는 문집을 냈고, 한국여성민우회 퀴어 소모임 '일이삼반'도 회원들이 쓴 글을 묶은 《퀴어의 맛》을 냈다.

2
0
7

# 'LGBT 인권포럼' 열리다

퀴어 운동에 관련된 의제는 얼마나 주제가 다양할까? 의제를 논의할 때 참여할 수 있는 사람은 얼마나 될까? 학술대회나 인권대회 같은 행사에서 한두 주제나 부문으로 다루면 충분한 정도일까?

2008년 11월에 열린 '제1회 LGBT 인권포럼'은 퀴어 의제로 독자적 행사를 진행할 수 있다는 사실을 확인하는 자리였다. 처음에는 하루 동안 진행했지만, 해를 거듭할수록 규모가 커져 이틀로 일정을 늘려야 했다. 한꺼번에 두세 개 주제를 다뤄도 내용을 충분히 소화할 수 없을 정도였다. 2010년대 후반에는 대학교 대형 강의실을 서너 개 빌려도 참가자를 다 수용하지 못할 만큼 큰 행사가 됐다. 단순히 규모만 커진 수준을 넘어서 다룰 수 있고 다뤄야 하는 주제가 넓어졌고, 이런 주제를 이야기할 활동가와 연구자가 늘어났고, 무엇보다 이런 이야기를 듣고 싶어하는 사람들이 많아졌다.

한국에서 퀴어 연구를 하는 연구자가 있어도 이런 이들이 함께 모여 발표하고 논의하는 장을 마련하기는 쉽지 않았다. 고민 끝에 인권포럼 사전 행사처럼 '퀴어-젠더 연구포럼'이 열렸는데, 발표자는 물론 청중도 아주 많아 자리가 없을 정도였다.

인권포럼은 아무런 외부 지원 없이 열리는 행사인데도 규모와 열기 면에서 가장 중요한 행사로 성장했다. 2020년 코로나19가 시작되고 많은 행사가 온라인으로 전환되면서 잠깐 소강 국면에 접어들다가 2024년부터 본래 모습을 회복했다. 그리하여 한국에서 퀴어 의제의 중요성을 확보하고 퀴어 운동과 퀴어 연구의 현재를 가장 잘 담아내는 행사로 자리매김하고 있다.

# 208 보수의 심장 대구에서 열린 퀴어문화축제

2009년 6월 20일 제1회 대구퀴어문화축제가 열렸다. 처음에는 '대구경북퀴어문화축제'였다. 대구는 한국에서 가장 보수적인 도시 중 하나로 알려진 탓에 서울에 뒤이어 퀴어문화축제가 열리는 곳이 대구라는 사실을 듣고 놀라는 이들이 많았다.

대구의 보수성을 깨보자는 마음으로 시작한 행사였다. 처음 하는 큰 행사여서 예산도 모자라고 준비도 부족했다. 무지개 깃발을 빌려 달라고 하자 서울퀴어문화축제가 선물로 주기도 했다. 심지어 행사 장소 때문에 경찰서에 가니 담당 경찰이 퀴어라는 단어를 알아듣지 못하기도 했다.

제1회 대구퀴어문화축제는 거세게 내리는 비를 맞으며 어렵게 마쳤지만, 2010년 3월 대구 경북 지역 3·8 세계 여성의 날 기념행사에서 대구여성회가 주는 '성평등 디딤돌상'을 받았다. 그만큼 대구퀴어문화축제가 지닌 상징성이 컸다. 첫해에 퀴어 당사자가 10명 남짓 참가하더니 해를 거듭할수록 점점 늘어났다. 제4회 때는 동성 커플이 결혼식을 올리는 퍼포먼스를 진행하면서 뜨거운 화제가 됐다.

참가자가 늘어나면서 혐오 세력도 거칠어졌다. 행진하는 도로를 막고 행진 대열에 인분을 뿌리는 등 테러에 가까운 행태도 보였다. 특정 종교 집단뿐 아니라 정부 기관도 그런 혐오 세력이었다. 2015년 대구지방경찰청장과 대구중부경찰서장은 2015년 6월 4일 대구퀴어문화축제 행진을 금지한다고 통고했고, 대구 중구청장은 신고제인 행사를 금지하기도 했다. 그런 방해를 뚫고 대구퀴어문화축제는 지금까지 역사를 이어 오면서 혐오 속에서도 퀴어 행사는 계속된다는 사실을 알리고 있다.

# 2009 트랜스여성, 강간죄 객체로 인정받다

1996년 대법원이 트랜스여성은 강간죄의 객체가 될 수 없다고 판결한 뒤 트랜스여성은 성폭력 피해를 제대로 인정받지 못했다. 애당초 소송을 시작하기도 어렵던 트랜스젠더들은 폭력 피해를 인정하지 않는 판례 탓에 소송을 제기하기가 더더욱 어려워졌다.

2008년 칼을 들고 협박한 가해자에게서 성폭력 피해를 입은 한 트랜스여성이 소송을 제기했다. 1심을 거친 뒤 2심에서는 판례에 견줘 다른 판결이 나왔다. 2심 재판장 고종주 판사는 사건 개요를 적시한 뒤 트랜스여성이 여성인지를 살폈다. 고 판사는 2002년에 이미 트랜스젠더의 호적상 성별 정정을 허가하는 결정을 내리고 논문을 쓴 적이 있었다. 이제 트랜스여성이 강간죄 객체인 부녀에 해당하는지를 논의할 차례였다. 고 판사는 2006년 대법원 판결에 따라 '공부상 성별을 정정하는 것은 피해자가 남녀 양성 체제로 편성된 우리 사회의 엄연한 한 사람의 여성임을 사후적으로 확인하는 조치에 불과할 뿐 그 결정으로 피해자의 성별이 비로소 여성으로 변경되는 것도 아니다'라고 명시하며 트랜스여성도 강간죄 객체에 해당한다고 논한다. 또한 '그들에게 발생한 성정체성의 혼란은 그들의 책임이 아니며, 그들이 새로운 성으로 살겠다는 진정한 성의 주장이 공서양속이나 사회질서에 반하는 것도 아니다'라며 1996년 대법원 판례도 간접적으로 비판한 뒤 1심처럼 가해자에게 강간죄를 적용해 징역 3년에 집행 유예 4년을 선고했다.

가해자가 상고해 대법원에서 최종 심리를 했는데, 2심 판결을 거의 그대로 인용하면서 법적 논리에 문제가 없으니 트랜스여성이 강간죄의 객체인 부녀에 해당한다는 최종 판결이 나왔다. 이 판례 덕분에 성폭력에 관련한 형사법에서 트랜스여성을 대상으로 삼을 수 있는 법적 근거가 마련되면서 트랜스여성도 성폭력 사건을 강간죄로 고소할 수 있게 됐다.

# 210 2000년대 시사 프로그램에 비친 퀴어들

2000년대 시사 방송은 에이즈와 10대 이반을 문제 삼은 한편으로 하리수가 등장하면서 드물게 트랜스젠더 인권을 주장하기도 했다.

에이즈 공포를 가장 열심히 퍼트린 프로그램은 《에스비에스》의 〈그것이 알고 싶다〉였다. 2000년 7월 1일 322화 'AIDS 특집 1부—죽음의 땅, 아프리카', 2000년 7월 8일 323화 'AIDS 특집 2부—에이즈에 걸린 가정주부의 고백', 2009년 4월 11일 711화 '너는 내 운명? 에이즈 테러의 실체를 밝힌다'를 방영했다. 《문화방송》 〈PD수첩〉도 에이즈를 여러 번 다뤘는데, 2001년 7월 17일 460회 '폭풍전야 한국의 에이즈'에 이어 2002년 7월 30일 505회 'AIDS 죽기보다 살기가 더 어렵다'를 방영하면서 뉘앙스가 미묘하게 변했다.

2000년대는 트랜스젠더 관련 프로그램이 많았다. 2000년 10월 〈그것이 알고 싶다〉가 '트랜스젠더—성(性)을 바꾸는 사람들'을, 2001년 7월 〈PD수첩〉이 462회 '트랜스젠더 그들은 누구인가?'를 방영했다. 《한국방송1》은 〈영상기록 병원24시〉에서 '트랜스젠더 김비의 마지막 선택'을 방영했다. 2005년 5월 〈그것이 알고 싶다〉가 536화 '타고난 性을 거부하는 아이들—10대 트랜스젠더'를, 2006년 대법원 결정문이 나온 뒤에는 〈PD수첩〉이 685회 '나를 정정해달라, 트랜스젠더의 성결정권'을 방영했다.

청소년 퀴어에 관련해서는 대체로 부정적이었다. 〈그것이 알고 싶다〉는 2002년 10월에 423화 '청소년 동성애의 실태'를, 2006년 4월에 574화 '금지된 고민. 10대 동성애—나는 동성애자인가요?'를 방영했다. 무엇보다 《문화방송》은 2005년 7월 13일 〈뉴스투데이〉에서 '이반 문화 확산'이라는 뉴스를 내보내면서 '이반'을 '이성에 반대한다'는 뜻이라고 소개해 파장을 일으켰다.

## 2 1 1 무성애자 운동이 등장하다

2009년 12월, 네이버 카페 서비스에 '승냥이 카페'라는 무성애자 모임이 생겼다. 정기 모임 등 온오프라인을 포괄하는 방식으로 활동을 지속하던 모임은 2015년 8월 '에이로그(A-LOG)'팀을 만들었다. 따로 팀을 만든 이유는 무성애 가시화 운동을 좀더 적극적으로 펼치려는 포석이었다.

앤서니 보개트가 쓴 《무성애를 말하다》가 2013년에 번역 출간됐다. 트위터 등에서는 이미 무성애를 둘러싼 논쟁이 활발했고, 시사 주간지 《한겨레21》에서 무성애자 백연우를 인터뷰하는 등 커뮤니티를 기반으로 무성애를 가시화하고 논의를 확대하려는 작업이 진행 중이었다.

에이로그는 다양한 영문 자료를 번역해 홈페이지와 블로그에 공개하는 등 무성애 가시화 운동을 위해 정보와 소식을 공유하려 노력했다. 무성애 범주 자체가 복잡하고 다양한 스펙트럼에 자리하고 있는 만큼 정보를 알리는 일 자체가 중요했다. 이런 맥락에서 에어로그 성원들이 쓴 에세이를 모아 소식지를 발간했다. 2016년 제17회 서울퀴어문화축제에서는 에이로그 이름으로 부스도 열었는데, 퀴어문화축제 역사상 무성애 단체나 모임이 처음으로 연 부스였다.

무성애 가시화 운동을 위해 노력한 에이로그는 내부 문제가 생기는 바람에 '무성애 가시화 행동 무:대'로 이름을 바꿔 활동을 이어 갔다. '무:대'에서 일한 여러 활동가가 이미 오랫동안 무성애 가시화를 위해 활동하면서 에이로그가 펼친 활동에 상당히 기여한 이들이었다. '무:대'는 자료집 발간, 강연회 개최, 퀴어문화축제 참여 등 활발히 활동했지만, 결국 2023년 3월에 활동 중단을 선언했다.

## 퀴어아카이브를 만들다

퀴어락의 역사는 1998년부터 시작한다. 《버디》 활동가들이 다양한 퀴어 관련 자료를 수집하고 주제별로 정리해 관리하기 시작했다. 이 활동가들을 중심으로 2002년 한국성적소수자문화인권센터(센터)가 설립됐고, 센터 활동가는 아카이브 구축을 장기 목표로 정했다. 이 목표에 따라 홈페이지에 지식과 정보를 나누는 메뉴를 개설했다. 2003년 센터는 퀴어 이슈를 다룬 학위 논문, 단행본, 학술 논문 등 기록물을 본격적으로 수집하고 정리해 아카이브의 초석을 마련했다. 아울러 센터 활동가가 생산하는 문서들을 주제별로 분류해 수집하고 정리했다. 2005년 레즈비언 아트 아카이브 홈페이지를 개설했고, 2006년 서울퀴어영화제/서울퀴어아카이브에서 영상물 700여 건과 여러 문서를 기증받아 정리했다. 2008년 센터가 이사할 때 아카이브 공간을 따로 마련했다.

2008년 12월 1일 아름다운재단 기금 사업에 낸 '한국퀴어아카이브 구축 프로젝트'가 2009년 1월 14일에 지원 대상으로 선정되면서 퀴어락은 구체적 형태를 갖추게 됐다. 3년 지원 기간 중 첫해인 2009년에 아카이브 형태, 기록물 보관법과 정리법, 기록물 등록 작업 방법 등을 논의해 그해 말 홈페이지를 개설했다(www.queerarchive.org). 서지류와 영상류로 시작해 이듬해 박물류와 사진류를 추가했고, 수집, 등록, 보관 작업을 꾸준히 진행해 뛰어난 소규모 주제 아카이브로 평가받았다.

2011년 기금 지원이 끝난 뒤에도 퀴어락은 센터가 지원한 운영비와 운영위원이 자발적으로 진행한 작업에 기대어 업무를 지속했다. 그러면서도 아카이브의 장기 목표를 설정하는 논의를 반복한 끝에 2014년 1월 24일, 퀴어락은 비온뒤무지개재단 부설 기관으로 소속이 바뀌었다. 현재 상근자 한 명이 아카이브를 관리하고 있다. 2024년 12월 퀴어락은 15주년을 맞았고, 지금 이 책이 출간됐다.

하리수가 활발하게 활동하면서, 또는 그런 활발한 활동에 용기를 얻어서 새로운 트랜스젠더(주로 트랜스여성) 연예인이 꾸준히 데뷔했다. 최한빛은 '2009 슈퍼모델 선발대회' 1차 예심에 합격한 뒤 자기가 트랜스젠더라는 사실을 밝혔다(2009년 7월 15일). 최한빛은 화제성이 아니라 실력으로 본선에 진출한 뒤 꾸준히 트랜스젠더 모델로 활동했다.

이대학이라는 이름으로 데뷔해 연기자로 활동하던 이시연은 성전환을 하고 2008년 1월 22일 기자 회견을 열어 제2의 삶을 살겠다고 밝혔다. 지금까지 남은 기록에 따르면 활동 중 성전환을 한 최초 연예인이다. 이시연은 2010년 4월 12일 〈난 여자가 됐어〉라는 싱글 앨범을 발표하며 가수로 활동을 이어 갔다.

2004년 《에스비에스》 〈진실게임〉에 '여장 남자'로 출연한 장채원은 성전환 수술을 한 뒤 2007년 같은 프로그램에 다시 출연하며 화제를 모았다. 어느 정도 이름이 알려지지만 스스로 생을 마감해서 트랜스젠더 연예인이 활발히 활동하기를 기대한 많은 이들을 안타깝게 했다.

가수 하리수가 누린 인기를 이어받기를 바란 그룹 레이디(신애, 사하라, 비누, 지윤아)는 별다른 화제를 모으지 못한 채 해체하지만 대학교에서 특강을 하는 등 다양한 활동을 펼쳤다. 한편 《문화방송》 드라마 〈떨리는 가슴〉에 배우로 출연한 박유리는 트랜스젠더 모델을 거쳐 사업가로 살아가고 있다.

이렇듯 하리수가 등장한 뒤 트랜스젠더 연예인이 꾸준히 데뷔했다. 이런 현상은 재능 있는 트랜스젠더들이 하리수라는 바람직한 선례 덕분에 연예인으로 데뷔하고 활동하는 삶이 꿈을 넘어 현실이 될 가능성을 확인한 결과로 이해할 수 있다.

214

## 2000년대 성소수자 관련 여론 조사를 읽다

홍석천이 커밍아웃한 뒤 여론 조사 질문에 동성애 항목이 추가됐다. 《중앙일보》가 2000년 10월 6일 실시한 여론 조사에서 응답자 33.7퍼센트는 동성애에 관해 '있을 수 있는 일'이라고 답했고, 동성애자들이 인권 침해를 받고 있냐는 질문에는 77.5퍼센트가, 동성애에 관한 사회적 편견이 심하냐는 질문에는 84.6퍼센트가 그렇다고 답했다.

2001년 6월에 실시한 한국갤럽 조사에서는 직장 동료가 동성애자라는 사실이 밝혀져 해고된다면 어떻게 보겠냐는 질문에 '타당하지 않다'가 64퍼센트이고 '타당하다'가 22퍼센트였다. 동성애자에게 결혼할 권리를 주는 문제에 관한 질문에는 찬성이 17퍼센트이고 반대가 67퍼센트였다. 20대에서만 찬성이 66퍼센트로 나와 반대 29퍼센트보다 높았다.

2003년 12월 17일에 리서치컴이 한 발표에 따르면 동성애자가 방송 연예 활동을 하는 문제에 관해서 '문제없다'가 61퍼센트로 '반대' 35퍼센트보다 높게 나왔다. 〈커피프린스 1호점〉 등 동성애 코드가 있는 드라마가 인기를 끌던 2007년 8월 7일에 실시된 리얼미터 조사 결과에 따르면, 동성애 소재 드라마나 영화를 '거부감이 들어서 잘 안 보는 편'이라는 응답은 50.2퍼센트였고, '호기심에 즐겨 보는 편'은 20.5퍼센트였다. '즐겨 본다'는 응답만 놓고 보면 20대(23.8%), 30대(22.7%), 50대(20.7%)로 큰 차이가 없었고, 40대만 15.5퍼센트로 낮았다.

외국 여론 조사 기관인 '퓨 리서치'가 한 2007년 조사에서 한국은 동성애를 사회적으로 수용해야 한다고 답변한 비율이 18퍼센트였다. 같은 조사에서 이 비율은 미국 49퍼센트, 일본 49퍼센트, 스페인 82퍼센트였다.

5부

# 혐오에 뜨겁게 맞서다

2010년대

## 215 유권자로서 목소리 낸 퀴어, 뭉치기 시작하다

2008년 제18대 총선에서 레즈비언 국회의원 후보를 내고 선거 운동을 한 경험은 2010년 제5회 전국동시지방선거에서 조직된 '마포레인보우유권자연대'(마레연)로 이어졌다. 서울시 마포구에 사는 성소수자들이 주축이 된 마레연은 마포구에 출마한 시의원과 구의원 후보들에게 질의서를 보내서 받은 답변을 주민들하고 공유한 뒤 인권 친화적 후보에게 투표하자고 독려하는 유권자 운동을 기획했다. 마레연은 일회성 이벤트를 넘어 성소수자 주민으로서 장기적으로 지역 현안에 대응하자는 차원에서 '마포레인보우주민연대'로 이름을 바꿨다.

2016년 제20대 총선 때는 9개 성소수자 단체와 개인들이 모여 '레인보우 보트(Rainbow Vote)' 캠페인을 시작했다. 어떤 후보가 당선하고 어떤 후보가 낙선해야 하는지 판단할 정보를 제공하고 투표 참여를 독려했다. 홈페이지를 열어 성소수자 지지 유권자 선언을 받고 유권자가 사는 지역을 함께 표시할 수 있게 했다. 성소수자를 혐오하는 최악의 정치인을 가리는 투표에서는 박영선, 김무성, 황우여, 이혜훈, 김진표 등이 뽑혔다.

2022년에는 《한겨레》가 여성과 성소수자 유권자 20명을 심층 인터뷰한 뒤 정책 공약 질의서를 작성해 대통령 후보인 이재명, 심상정, 윤석열, 안철수에게 보냈다. 다른 세 후보는 답을 하지만 윤석열은 끝까지 보내지 않았다.

선거에서 성소수자가 자리하는 위치는 '공약엔 빠져 있고 상대 후보 공격 땐 이용되는 소수자'라는 기사 제목으로 잘 요약된다(《경향신문》 2020년 4월 12일).

## 2 1 6 "에이즈 때문이 아니라 혐오 때문에 아픕니다"

에이치아이브이/에이즈 인권 활동가 윤가브리엘은 말했다. "에이즈 때문이 아니라 혐오 때문에 아픕니다." 사람들은 에이즈가 두렵다고 할 뿐 같은 사회에서 살아가는 한 사람으로서 감염인의 삶에 관해 알려 하지는 않는다. 따라서 에이즈 인권 운동을 구성하는 한 축은 감염인의 삶을 드러내는 행동이기도 하다. 1994년에 감염인이 낸 에세이가 처음 나왔고, 2010년에는 윤가브리엘이 《하늘을 듣는다 — 한 에이즈인권활동가의 삶과 노래》를 출간했다. 윤가브리엘이 출연한 다큐멘터리 〈옥탑방 열기〉는 2012년 제4회 디엠제트(DMZ)국제다큐멘터리영화제에서 최우수한국다큐멘터리상을 받았다.

감염인으로 커밍아웃을 하고 이 과정을 예술로 기록하면서 한국 사회에 계속 말을 건 이들도 있다. 이정식은 2014년에 감염 사실을 공개적으로 알리는 '4+HIV 감염 토크 콘서트'를 열었다. 2017년에는 에이치아이브이 치료제를 녹여 캔버스에 바른 작품과 날마다 치료제를 먹은 시간을 기록하는 작업을 했고, 2021년에는 《시선으로 사람을 죽일 수 있다면》을 출간했다. 같은 해에 시각 예술가 최장원은 'HIV 감염 7주년 축하 RSVP' 전시회를 열었다.

대구시를 기반으로 활동하는 '레드리본사회적협동조합'은 에이즈 감염인이 자립하는 데 필요한 일자리를 창출하는 문제를 고민하다가 2013년 7월에 미국의 하우징 웍스(Housing Works)를 벤치마킹해 감염인과 비감염인이 공존하는 삶터인 카페 '빅핸즈'를 열었다. 빅핸즈는 큰 호응을 얻어서 대구 곳곳에 8개 지점을 뒀다. 또한 무연고 감염인을 위한 사회주택 '꿈담채', 에이치아이브이 감염인 의료연대기금 '레드케어', 조합원 종사자 소액 대출 사업 '빅핸즈 우애기금', 에이치아이브이 감염인 경제적 자립 서비스 '해뜰날 프로젝트' 등을 운영하고 있다.

## 2 1 7 〈인생은 아름다워〉를 둘러싼 혐오

2010년 3월 20일 드라마 〈인생은 아름다워〉가 《에스비에스》에서 처음 방송됐다. 최고 인기를 누리는 드라마 작가 김수현이 쓴데다 동성애 관계를 다루는 내용이라 화제를 끌었지만, 나중에 불러일으킬 파장은 아무도 상상하지 못했다.

따뜻한 가족 이야기를 다룬다는 점을 좋게 평가해 초반에는 교도소 내부에서 방영하는 '보라미 방송'을 통해 수용인들도 시청할 수 있었다. 그런데 2020년 8월 9일부터 돌연 교도소 내부 방송이 중단됐다. 이런 사실은 한 수용인이 한국성적소수자문화인권센터로 편지를 보내면서 알려졌다. 센터는 사실 확인 겸 사유를 확인하고 싶어 법무부에 공문을 보냈다. 법무부는 '방송 초기 기획 의도와 달리 동성애에 대한 비중이 높아져 교화 방송의 의도와 맞지 않아' 방영을 중단한다는 답신을 보냈다. 사법 행정을 관리하는 주무 부처인 법무부가 동성애는 교정이나 교화를 목적으로 한 교도소나 교정 시설에 적절하지 못한 내용이라고 판단한다는 뜻이었다.

2010년 9월 29일에는 《조선일보》에 '〈인생은 아름다워〉 보고 '게이' 된 내 아들 AIDS로 죽으면 SBS 책임져라'라는 광고가 실렸다. 이 광고는 숱한 조롱과 패러디를 불러일으켰지만, 혐오 세력이 방송 내용에 영향을 끼치려는 작업을 진행하고 있다는 사실이 공론화된 순간이기도 했다. 방송을 중단하라는 압력이 거세게 들어왔고, 방송국 관계자가 동성애자 등장인물을 외국으로 출국시킨다든지 극에서 뺄 수 없냐고 요청해서 작가가 거절한 적이 있다는 뒷이야기가 전해진다. 작가 김수현은 성당에서 동성 결혼식을 올리는 장면으로 드라마를 끝맺으려다 결국 포기하지만 마지막까지 동성애 관계를 진지하게 다뤘고, 2010년 친구사이에서 주는 무지개 인권상을 받았다.

## 218 보수 개신교의 성소수자 혐오의 역사

1990년대 중반 한국에서 성소수자 인권 운동이 시작되지만 처음에는 보수 개신교가 반대하는 움직임은 없었다. 2000년에 국가인권위원회법에 '성적 지향'이 들어가지만 조금도 신경 쓰지 않았다. 2002년 트랜스젠더 성별 정정법 제정 논의가 나온 때나 2003년 청소년보호법 개정 논의 때 반대 성명서를 내는 정도였지만, 2007년부터는 혐오를 조직적으로 드러냈다.

2007년 차별금지법 제정을 막기 위해 '동성애자차별금지법안 저지 의회선교연합'이 발족하고, 이어 '동성애허용법안반대국민연합'이 만들어진다. '탈동성애'로 새 삶을 살 수 있다고 주장하는 이요나 목사가 동성애치유상담센터 '홀리라이프'를 만들고, '〈인생은 아름다워〉 보고 '게이' 된 내 아들 AIDS로 죽으면 SBS 책임져라'라는 광고를 낸 '바른성문화를위한국민연합'이 맹활약을 펼친다. 또 군형법 제92조를 개정하는 문제가 논의되면서 대한민국어버이연합이나 대한민국고엽제전우회 등도 반동성애 운동에 참여하기 시작한다. 에스더기도운동, 세계성시화운동본부, 한국기독교총연합회, 한국교회연합 등 기성 교계 단체들도 동성애 혐오에 앞장선다. 처음 차별금지법과 군형법을 중심에 두던 혐오 세력은 점점 교과서 개정, 드라마와 영화 상영 반대, 광장 등 공간 사용 반대, 인권조례 반대 등으로 범위를 넓히고, 신남성연대 등하고 함께 안티 페미니즘에 앞장서고, 가짜 뉴스를 활용해 트랜스젠더와 에이치아이브이 감염인 인권을 침해하는 행위도 서슴지 않았다. 특히 한국기독당, 기독자유민주당, 자유통일당 등 정당을 만들고, 개신교 신앙을 가진 국회의원과 지방의원, 공무원, 의사, 변호사, 대학 교수 등을 규합해 세력을 키우고, 여기에 대통령까지 가세했다. 이런 혐오의 역사를 다룬 책은 한국성적소수자문화인권센터가 낸 〈성적 소수자 대상 '혐오 폭력'의 구조에 대한 연구〉(2015)와 시우의 《퀴어 아포칼립스》(2018), 구권효와 나수진이 쓴 《퀴어문화축제 방해 잔혹사》(2023) 등이 있다.

## 219 퀴어 다큐멘터리 부흥사

2000년대에 시작한 연분홍치마의 커밍아웃 3부작은 2011년 종로에서 활동하는 게이의 삶을 담은 다큐멘터리 〈종로의 기적〉으로 완성됐다. 커밍아웃 3부작은 트랜스남성, 레즈비언 정치인, 종로의 게이 등 다양한 퀴어의 삶과 사회적 조건을 기록했다.

2013년에는 김혜정 감독의 〈왕자가 된 소녀들〉이 개봉하는데, 본격적으로 인기를 끌기 시작한 여성국극을 다뤄 인기를 끌었다. 명맥만 겨우 유지하던 여성국극은 1998년 〈진진의 사랑〉을 다시 공연하면서 부활을 모색했다. 2000년대 들어 관심 있는 몇몇 연구자를 중심으로 재부흥 과정을 거치다가 페미니스트 미술가 정은영(세이렌)이 〈분장의 시간〉과 〈뜻밖의 응답〉 같은 작품을 제작하고 《전환극장》을 출간한 일을 계기로 여성국극은 탄탄한 기반을 갖추며 인기를 끌게 됐다.

2015년 처음 상영하고 2017년 정식 개봉한 이영 감독의 〈불온한 당신〉은 1970년대를 산 바지씨 이묵 선배를 중심으로 퀴어 인권 운동과 개인을 향한 보수 혐오 세력의 폭력적 행태에 세월호 참사를 향한 동일한 폭력을 중첩시키는 한편 동일본 대지진이 퀴어의 삶에 끼친 영향을 함께 엮은 작업이었다. 혐오와 참사, 자연재해가 서로 연결되는 지점을 담은 〈불온한 당신〉이 공개된 뒤 역사를 들려주는 이묵 선배는 큰 인기를 끌었고, 이 다큐멘터리는 무엇보다 1970년대를 살아간 바지씨의 목소리를 들을 수 있는 중요한 역사 기록이 됐다.

2016년 베를린 국제영화제에서 관객상을 받은 〈위켄즈〉는 친구사이 내부 소모임에서 출발한 게이 코러스 '지보이스'가 펼친 활동을 담았다. 여러 시위와 집회 현장을 누비며 응원하고 정기 공연을 열어 동료 퀴어들에게 위로를 전하는 모습이 잔잔한 감동을 줬다.

## 2020 한국 퀴어 운동의 인종과 국경을 다시 고민하다

한국 퀴어 운동은 '한국'이라는 국가 또는 지역 표시가 지닌 의미를 질문해야 했다. 한국에서 태어난 사람만 참여한다는 뜻일까, 아니면 한국에서 발생한 사건을 다룬다는 뜻일까?

서울경기인천 이주노동자노동조합 위원장 미셸 카투이라는 2011년 3월 법무부에서 보낸 출국 명령을 받았다. 법무부는 미셸이 한국에 체류하려고 허위 정보를 제출한 혐의가 있다고 주장했는데, 정작 그런 법무부는 이주 노동자를 단속하면서 그물총을 쏘거나 이주 노동자를 차별하고 탄압하는 제도를 정당화했다. 미셸은 이주노조 위원장일 뿐 아니라 2000년대 중반에 트랜스젠더로 커밍아웃한 뒤 낙태 단속을 규탄하는 집회와 차별금지법 제정 촉구 집회 등 다양한 자리에서 한국 퀴어 운동하고 함께한 퀴어였다. 종교를 비롯한 여러 이유 때문에 차별을 겪을 수 있는데도 이주노조 안에서는 미셸을 적극 지지했다. 단식 투쟁을 벌이는 등 이주 노동자 인권을 위해 애쓰던 미셸은 결국 강제 출국을 당했지만, 소수자난민인권네트워크 등 퀴어가 이주민과 난민하고 함께할 단단한 토대를 만드는 계기가 됐다.

1990년대 후반에 탈북한 장영진 작가는 2015년 경험담을 담은 소설 《붉은 넥타이》를 출간했다. 북한 이탈 주민이 낸 자전적 에세이나 소설은 많았지만, 장영진은 동성애자 탈북민이었다. 탈북할 때는 동성애 개념 자체를 몰라서 그저 사랑 없는 결혼을 한 탓이라 자책한 장영진은 한국에 와 조사받고 상담하는 과정에서 자기가 동성애자라는 사실을 깨달았다. 그 뒤 장영진은 소설을 쓰고 탈북민 퀴어라는 존재를 알리는 인터뷰를 계속하고 있다. 또한 토닥토닥출판모임이 기획한 책 《남북 청춘, 인권을 말하다》에서 노민우는 〈아직도 '금지된 사랑'?—성소수자 인권〉을 썼다.

# 221 법 정책을 고민하고 소송으로 사회를 바꾸는 퀴어 운동

성적 지향(Sexual Orientation)과 젠더 정체성(Gender Identity)에 관련된 인권을 신장하고, 차별을 시정할 법 제도를 연구하며, 정책을 분석하고 대안을 마련하기 위해 활동하는 '성적지향·성별정체성법정책연구회'(소기법)은 2011년 8월에 발족했다. 변호사와 연구자가 모인 소기법은 2014년 5월 17일 《한국 LGBTI 인권현황 2013》을 출간한 뒤 해마다 한국의 퀴어 인권 현황을 정리해 발표하고 있다. 또한 2012년 '트랜스로드맵' 제작에 도움을 주고, 여러 학술 대회에 참가하고, 토론회나 컬로퀴엄을 개최하는 한편 2015년과 2016년에는 'LGBTI법률가대회'를 공동 주최했다.

소기법은 다양한 실태 조사에서 중요한 구실을 했다. 2012년 친구사이가 발주한 연구 용역 '한국 LGBTI 커뮤니티 사회적 욕구조사'를 진행했고, 2014년 국가인권위원회가 발주한 연구 용역 '성적지향·성별정체성에 따른 차별 실태조사'를 공익인권법재단 공감하고 공동으로 진행했고, 2017년 구글과 인권재단 사람이 발주한 연구 용역 '직장 내 성소수자 친화적 정책 개발에 관한 연구'를 진행했다.

이런 일은 퀴어 운동에 적극적으로 참여한 변호사들 덕분에 시작될 수 있었다. 2004년 설립된 공익인권법재단 공감 장서연 변호사는 2007년 차별금지법 사태 때 활동하면서 변호사가 퀴어 운동에 참가하는 모델을 만들었다.

2012년 2월에는 공익인권변호사모임 희망을만드는법(희망법)이 만들어진다. 희망법 소속 변호사들도 퀴어 인권 운동에 적극적이었다. 공감과 희망법은 성소수자 인권 단체와 활동가들하고 함께 협업하고 때로는 차별과 혐오에 대응하는 소송과 재판을 이끌면서 성소수자 인권 향상에 크고 작은 기여를 계속하고 있다.

# 222 끊이지 않는 대관 거부의 역사

2010년 6월 28일, 국민체육진흥공단은 주한 미국대사관 내 동성애자 모임인 '글리파'가 신청한 소마미술관 강연실 대관을 취소했다. 공단은 국가기관으로서 이미지가 걱정된다면서 참석자들이 '게이'라는 단어를 사용하지 않는다면 허가하겠다는 조건을 제시했다. 2011년 10월, 서울 가톨릭청년회관은 '소수자 주거권 확보를 위한 워크숍'에 동성애 단체가 포함돼 있다는 이유로 행사장 사용을 불허했다. 2013년 11월 고려대학교에서는 학부모들이 너무 많이 항의한다는 이유로 인권·법률 청년 단체 '두런두런'이 준비한 행사를 하루 전날 취소하는 일이 벌어졌고, 서울여대에서도 똑같은 일이 있었다.

2014년 11월 29일, 서울시립청소년미디어센터는 동성애자인권연대 청소년자긍심팀이 기획한 행사에 동성애와 섹스 이야기가 들어간다는 이유로 대관 신청을 취소했다. 2015년 11월에는 친구사이가 서울시 산하 청소년수련관에 2015년 11월 25일부터 2016년 1월 31일 사이에 시설을 사용할 수 있는 날짜를 문의하지만 '내부 프로그램 운영으로 모든 날짜에 사용이 불가하다'며 거부당했다. 2015년 11월 9일, 숭실대학교 성소수자 동아리가 인권영화제를 열기로 하지만 동성혼을 다룬 영화는 학교 설립 이념인 기독교 정신에 위배된다며 불허 통보를 받았다. 고려대학교도 영화제가 열릴 강당 사용을 불허하다가 '온라인 홍보를 하지 않는다'는 조건으로 겨우 대관을 승인했다.

2017년에는 동대문구시설관리공단이 체육관 대관을 거부했고, 2023년에는 한신대학교가 임보라 목사 추모문화제 관련 대관을 거부했으며, 홍대 상상마당이 한국퀴어영화제가 신청한 대관을 '사회적으로 찬반의 의견이 나뉠 수 있는 소재'는 어렵다며 거절했다. 2024년에는 서울퀴어문화축제가 서울시청, 서울역사박물관, 서울공익활동지원센터에서 대관을 거부당했다.

## 223 서울시의회 로비 점거 농성 사건

2009년, 경기도교육청 교육감 선거에서 당선한 김상곤은 학생인권조례 제정을 공약으로 내걸었고, 2010년 10월 5일 경기도 학생인권조례를 통과시킨다. 이 조례에는 학생이 임신 또는 출산, 성적 지향을 근거로 차별받지 않을 권리가 명시돼 있었다. 그 뒤 다른 지자체도 학생인권조례를 제정하려 했다. 서울시도 2011년 12월 14일에 서울특별시 학생인권조례를 원안으로 통과시키려 노력하지만 혐오 세력이 거세게 방해했다. 결국 '학생인권조례 성소수자 공동행동'이 서울시의회 1층을 점거해 농성에 돌입했다. 성소수자 인권 운동 역사상 첫 점거 농성이었다.

서울특별시 학생인권조례에는 경기도처럼 임신 또는 출산, 성적 지향뿐 아니라 성별 정체성이 명기됐다. 혐오 세력은 '학생인권조례 저지 범국민연대'를 결성해 서울시의원을 상대로 압력을 넣었고, 차별 금지 사유를 일부 삭제하려 했다. 무지개행동을 비롯한 공동행동은 원안 통과를 요구하며 서울시의회 로비를 점거해 농성을 시작했다. 결국 2011년 12월 19일, 주민 발의 형태로 제출된 서울특별시 학생인권조례안이 서울시의회 상임위와 본회의를 통과했다. 로비 점거 농성이 아니라면 불가능한 일이었다.

차별금지법이나 서울시민인권헌장 등이 점거 농성을 비롯한 다양한 시위와 항의에도 실패하고 만 반면 학생인권조례 제정을 요구하며 돌입한 농성은 인권 단체가 요구한 결과를 이끌어 냈다. 그만큼 한국 퀴어 인권 운동에서 중요한 순간이었다. 그 뒤 10년이 지난 2021년 4월에는 제2기 서울시 학생인권종합계획에 처음으로 성소수자 학생이 명시됐다.

학생인권조례 제정 투쟁을 하면서 학생들이 학교에서 겪는 차별 사례를 모아 자료집을 만들었는데, 이 작업을 계기로 2014년에 동성애자인권연대, 친구사이, 한국레즈비언상담소, 한국성적소수자문화인권센터 등 4개 단체가 《무지개 성 상담소》를 발간했다. 이 책은 현장에서 청소년 고민 상담을 하면서 여러 사건에 부딪힌 활동가들이 교사와 상담가를 위해 쓴 책이라는 점에서 큰 의미가 있다.

## 224 '동성애 청정국'을 오염시킨 레이디 가가

2012년 2월, '현대카드 슈퍼콘서트'는 레이디 가가를 주인공으로 정했다. 그해 레이디 가가는 '더 본 디스 웨이 볼 투어'라는 세계 투어를 계획하고 있었고, 한국 공연이 첫 공연이어서 관심이 더 컸다. 레이디 가가가 큰 인기를 얻고 있어서 금세 화제로 떠올랐는데, 이런 인기와 관심 때문에 보수 기독교에 기반한 혐오 세력이 노리는 타깃이 됐다.

"우리 기독교 단체는 어린 아이들이 동성애와 포르노에 노출되는 것을 허락할 수 없다." 한국기독교총연합회가 이런 성명을 내자 많은 혐오 세력이 현대자동차와 현대카드 건물 앞에서 시위를 벌였다. 혐오 세력이 항의를 계속하자 이미 예매가 끝나고 공연을 얼마 안 남긴 3월 30일 주최 측은 결국 굴복하고 말았다. 영상물등급위원회가 내린 결정을 존중한다면서 18세 이하 티켓 구입자들에게는 전액 환불을 해주겠다고 발표했다.

4월 27일 공연은 대성황이었다. 레이디 가가는 일주일 전에 한국에 와 공들여 공연을 준비했고, 공연 당일에는 18세 미만 금지 조치를 직접 말하면서 현대카드와 한국 정부가 보인 대응을 비꼬았다. 공연이 끝난 뒤에도 논란이 이어졌다. 2012년 5월 2일 《티브이엔》 〈백지연의 끝장토론〉은 '레이디 가가 콘서트, 청소년 유해판정 적절했나?'라는 주제로 토론을 진행했다. 이 토론에 토론자로 나온 윤정훈 목사는 '한국은 그동안 동성애 청정국이었다'는 유명한 발언을 해 빈축을 샀다.

'레이디 가가 사태'는 한국 혐오 세력이 2007년 차별금지법 제정을 반대하는 데에서 시작해 문화 행사에 개입하고 규제하려 시도한 사건이었다. 또한 2010년대 내내 난동을 피운 혐오 세력이 가시화된 초기 국면에 벌어진 사건이기도 했다.

2
2
5

## 〈모두에게 완자가〉, 퀴어 웹툰의 초창기

한국 최초 퀴어 웹툰이 무엇인지를 확정하는 일은 조금 어렵다. 2007년 포털 사이트 다음의 '만화속세상'(지금 '카카오웹툰')에 김영조 작가가 《그리고… 여름》을 연재했는데, 트랜스여성을 주인공으로 다루지만 크게 화제가 되지는 않았다. 더 화제가 된 웹툰은 2008년 '네이버웹툰'에 연재를 시작한 와난 작가의 《어서오세요, 305호에!》(2008년 3월 3일~2011년 9월 29일)였다. 동성애자, 양성애자, 무성애자 등 다양한 퀴어 캐릭터가 등장해 인기를 끌었다. 이 작품들은 웹툰 초창기의 한 장면을 구성하지만 그 시기를 대표하는 퀴어 웹툰은 아니다.

가장 널리 알려진 웹툰은 완자 작가가 '네이버웹툰'에서 2012년 6월 6일부터 2015년 2월 14일까지 연재한 《모두에게 완자가》다. 양성애자인 완자와 레즈비언 부치인 야부가 주인공인 '일상툰'이었다. 어떤 이는 이 작품을 보면서 퀴어가 살아가는 일상을 배우고 자기가 지니고 있던 편견을 반성하게 되더라고 말했고, 어떤 이는 작가 자신이 퀴어이면서도 퀴어에 관한 무지가 묘사되고 있다며 비판했다. 어느 쪽이건 《모두에게 완자가》가 '모완'이라는 준말로 불리며 많은 사람에게 화제가 되고 인기를 끈 퀴어 웹툰이라는 점은 분명하다. 완자가 부모에게 커밍아웃하고 두 사람이 10년 동안 쌓인 관계를 인정받는 모습을 보면서 많은 이들이 응원을 보냈다. 행복하기만 할 듯하던 최종회에서 완자와 야부가 헤어지는 바람에 많은 사람이 충격과 슬픔에 휩싸이기도 했다.

'모완'은 인기를 누린 만큼 에피소드에 따라 논란이 되기도 했다. 레즈비언 커뮤니티를 말한 내용 때문에 연재 중단을 요청하는 청원이 포털 사이트 다음 아고라에 올라가고 여러 레즈비언 사이트가 신규 회원 가입을 일시 중단하기도 했다.

완자와 와난 등은 초기 퀴어 웹툰이 인기를 누리면서 퀴어문화축제가 열릴 때면 축전을 그리는 등 퀴어 커뮤니티하고 함께했다.

## 226 〈XY 그녀〉, 1부작으로 끝나다

2012년 9월 6일, 《한국방송》이 운영하는 케이블 채널 《KBSN 조이》에서 트랜스여성 20명이 출연하는 토크쇼 〈XY 그녀〉를 처음 방영했다. 신동엽, 홍석천, 김영이 진행을 맡았고, 트랜스여성 20명이 연애 상담 등을 해주는 내용이었다.

반퀴어 혐오 세력은 '자녀교육 망치는 KBS반대 국민연합'이라는 이름을 내걸고 프로그램을 폐지하라고 요구했다. 신문에 프로그램 폐지를 촉구하는 광고를 게재하고 방송국 본사 앞에서 집회를 열었다. 방송 내용보다 반대 시위로 더 유명해지자 《한국방송》은 단 1회를 방영한 〈XY 그녀〉를 폐지했다. 트랜스여성 20명이 나온다는 이유만으로 방송되기 전부터 논란에 휩싸이고 방송 내용을 확인하기도 전에 종영이 결정된 과정을 보면 프로그램 편성에 관련해 방송국이 져야 하는 책임은 물론 공중파 방송 출연자의 자격에 관해 질문을 던지게 된다. 무엇보다 혐오 세력의 시위가 방송 내용을 결정할 수 있다면 혐오가 방송 규범이라는 현실을 공영 방송이 인정하게 되는 격이라는 점에서 심각한 문제였다.

한편 〈XY 그녀〉의 처음이자 마지막회를 보고 우리는 확인할 수 있었다. 이 프로그램은 트랜스여성, 나아가 트랜스젠더의 다양하고 구체적인 삶을 보여 주고, 그래서 트랜스젠더의 이미지를 과잉 여성성에 제한하는 한계를 넘어설 가능성이 있었다. 그래서 이 프로그램을 폐지한 결정은 단순히 트랜스젠더가 출연한 방송을 폐지한 데 그치지 않고 트랜스젠더를 구체적인 존재로 이해할 기회를 박탈했다. 소수자 집단의 다양한 생각을 경청할 기회를 놓친 이 결정은 결국 많은 퀴어가 유튜브로 넘어간 간접적 계기라고 볼 수 있다. 그렇다고는 해도 유명 연예인이 진행하고, 여러 트랜스젠더가 출연하고, 《한국방송》 관련 채널에서 방송하는 프로그램이 이토록 빨리 사라진 일은 아쉽다.

227

## 퀴어 데이팅 앱이 등장하다

퀴어는 언제나 안전하게 친구나 애인을 찾을 방법을 모색했다. 스마트폰이 인기를 끈 2012년 데이팅 앱 '틴더'가 서비스를 시작하면서 스마트폰으로 친구나 애인을 찾을 수 있다는 아이디어가 실현됐다.

데이팅 앱 자체는 더 오래전부터 쓰였다. 2009년 '그라인더(Grindr)'가 출시되면서 자기하고 비슷한 성적 지향을 지니면서도 성향과 스타일이 비슷한 사람을 훨씬 쉽게 찾을 수 있게 됐다. 그라인더가 북미와 유럽, 오스트레일리아에서 인기가 많았다면, 아시아에서는 '잭디(Jack'd)'가 더 인기를 끌었다. 2010년에 서비스를 시작한 잭디는 한국에서도 곧 인기를 끌기 시작했고, 인스타그램 다이렉트 메시지(DM)나 페이스북 메시지가 인기를 끌기 전까지는 가장 인기 있는 데이팅 앱으로 자리 잡고 있었다.

한국에서는 게이들을 위한 앱 '딕쏘'가 나왔고, 뒤이어 중국에서 만든 '블루드'도 인기를 끌었다. 레즈비언을 위한 앱도 적지 않았다. '브렌다'가 먼저 나와 인기를 끌었고, 조이'나 '탑엘'도 사용자가 많았다. '탑엘'은 2014년에 서비스를 시작했는데, 랜덤으로 쪽지를 보낼 수 있을 뿐 아니라 메가폰 기능 등을 갖춘데다 레즈비언만 사용할 수 있었다. 한때 트랜스젠더는 사용하지 못하게 해 차별 논란이 벌어지기도 했다. 2017년 출시한 '조이(Zoe)'도 레즈비언 데이팅 앱으로 인기를 끌고 있다. 그 밖에도 '엘팅'이나 '시스' 등 다양한 데이팅 앱이 있는데, 2018년에 서비스를 시작한 시스는 커뮤니티 구성이나 데이트뿐 아니라 업체나 단체 홍보도 수용하고 있는 점이 차별적이다.

SE-0000404

## 228 종이 잡지로 기록하는 퀴어 문화사

퀴어들은 잡지를 만들고 싶은 욕망이 언제나 충만했고, 그중에는 인문학 이론 잡지를 만들려는 기획도 있었다. 2012년 8월 《퀴어인문잡지 삐라》 창간호를 발간한 출판사 노트인비트윈은 2014년 6월에 2호, 2016년 9월에 3호를 출간했다. 창간호에서 연애를, 2호에서 죽음을, 3호에서 길티 플레저를 주제로 다루면서 퀴어 감정과 정동을 중심에 뒀으며, 퀴어 연구자가 적은 상황에서도 퀴어 이론을 만들어 내려 노력했다.

퀴어 라이프 스타일 매거진을 표방한 《뒤로(Duiro)》는 2016년 1월 '군대·The Military'를 특집 주제로 해 출간됐다. 처음에 게이 매거진으로 시작한 만큼 게이에게 특히 더 중요한 쟁점인 군대에 관련한 에세이, 사진, 코믹 등으로 지면을 채워 잡지 성격을 만들었다. 2017년에는 2호 '혼인·The Marriage'을 발간했고, 2018년 'Roommate'를 주제로 가족 인터뷰와 에세이를 엮은 3호를 끝으로 발행이 중단됐다.

2017년 7월에는 게이 매거진 《플래그 페이퍼》가 출간됐다. 5호까지 나온 《플래그 페이퍼》는 게이 업소 지도와 개인 인터뷰 등이 실렸는데, 편집 김철민, 일러스트 전나환, 디자인 이경민 체제로 제작됐다.

2021년에는 '퀴어예술매거진' 《them》 창간호가 나왔다. 타이틀처럼 퀴어 예술, 연극, 공연, 만화, 문학 등을 핵심 키워드로 삼았다. 2022년에 나온 2호는 퀴어 영화를 특집 주제로 삼아 인터뷰, 에세이, 비평 등을 실었다. 2023년에 나온 3호는 퀴어 웹툰을 특집 주제로 삼아 백합, 지엘, 비엘, 게이 만화 등을 다각도로 다루면서 퀴어 웹툰과 퀴어 만화의 역사를 새롭게 정리했다.

## 229 퀴어들 기 살리는 병원이 등장하다

살림의원은 2009년 1월 여성주의의료생협을 준비하면서 시작된다. 퀴어가 편하게 갈 수 있는 병원, 혐오와 차별을 하지 않는 병원이 필요하다는 고민이 병원 설립으로 이어졌다. 2012년 9월 서울시 은평구에 자리를 잡은 살림의원은 가정의학과에서 시작해 치과와 정신건강의학과 등으로 확장했다. 이곳은 트랜스젠더에게 안전한 방식으로 의료 행위를 하며, 동네병원이라는 콘셉트와 여성주의 의료라는 기획을 내세워 지금까지 가장 유명한 퀴어 친화적 병원으로 운영되고 있다. 2012년 6월 마포의료소비자생활협동조합이 창립 총회를 통해 마포구에도 퀴어 친화적 병원이 설립됐다. 2013년 11월에 마포의료생협의원을 열었는데, 2018년 12월에 무지개의원으로 이름을 바꿨다. 트랜스젠더뿐 아니라 퀴어 단체, 에이치아이브이 감염인 진료 상담 등 사회적 진료를 하며, 2022년부터는 '마포동네퀴어위크'라는 지역 퀴어 축제를 주최한다. 2014년 순천향대학교 의대 이은실 산부인과 교수는 대학 병원 최초로 젠더클리닉을 설치했다. 또한 세계트랜스젠더보건의료전문가협회에서 낸 《트랜스섹슈얼·트랜스젠더·성별비순응자를 위한 건강관리실무표준 제7판》을 공동 번역해 비온뒤무지개재단에서 정식 출간했다. 이 책 제8판은 한국성소수자의료연구회가 번역해 출간했다. 2021년 2월 강동성심병원에 문 연 'LGBTQ+센터'는 다학제적 퀴어 진료 전문 센터다. 2021년 1월에는 고려대학교 안암병원에 젠더클리닉이 설치됐고, 서울시 동작구에 색다른의원이, 경기도 화성시에 향남공감의원 산부인과가 운영 중이다. 퀴어 친화적 병원들은 트랜스젠더에 관련된 의료적 조치와 건강을 장기 추적하는 '한국 트랜스젠더 건강 코호트 연구(KITE)'를 진행하고 《차별 없는 병원—진료실을 바꿀 성소수자 의료 가이드》(2022)와 《오롯한 당신》(2018)을 출간하는 동력이 됐다. 한편 2022년 7월에는 '성소수자와 함께하는 한의사/한의대생 모임 홍진단'이 결성됐다. 홍진단은 2024년 9월 28일에 '한의사 앨라이가 꼭 알아야 할 성소수자 진료 이야기'라는 의료 포럼을 개최하는 등 활동을 이어 가고 있다.

2
3
0

## '별의별'에서 '다다름'으로, 퀴어 상담 나아가다

2012년 11월, 성소수자 전문 상담 기관 '별의별상담연구소'가 탄생했다. 한국성적소수자문화인권센터는 신촌공원에서 10대 여성 이반들을 만나는 퀴어뱅 사업을 진행하면서 청소년들에게 좀더 전문적인 심리 상담 서비스를 제공하기 위해 자원 활동가로 함께할 상담가를 모집했다. 2009년부터 한두 명씩 모이기 시작한 상담가가 예닐곱 명까지 늘어났다.

이런 활동을 기반으로 2012년 성적 지향과 성별 정체성을 편안하게 털어놓기 어려운 성적 소수자를 위한 전문 상담소가 한국성적소수자문화인권센터 부설 기관으로 문을 열었다. 바로 별의별상담연구소다. 별의별상담연구소는 2014년에 비온뒤무지개단 부설 기관으로 옮겨 규모를 확대됐다. 활발히 활동하던 별의별상담연구소는 2017년에 해산했지만, 상담가들은 각각 독립해 성소수자 친화적 상담 활동을 이어 나갔다. 또한 이때 한국상담심리학회 안에 'LGBT상담연구회'가 구성된다.

2021년 초 성소수자 인권을 위해 목소리를 내던 이들이 연이어 세상을 떠나는 일이 벌어졌는데, 3월 10일에 성소수자 친화적 상담 활동을 펼치던 상담가들이 '성소수자 차별에 반대하는 심리상담사 600명 일동' 명의로 연대 성명 〈우리는 함께 살아가야 하며 함께 살아갈 수 있습니다〉를 발표한다. 이 일을 계기로 '성소수자와 함께하는 상담사 모임 다다름'이 결성된다. 다다름은 성소수자 상담에 관련한 전문성을 높이기 위한 상담사 대상 교육 프로그램을 운영하는 한편, 안심하고 연락할 상담사를 빠르게 찾을 수 있도록 '퀴어 프렌들리한 상담사 리스트'를 제작해 배포했다. 2022년에는 '성소수자 대상 심리상담 경험 및 욕구 설문조사'를 실시해 2023년 6월에 결과를 발표했다. 2024년 9월 25일 기준 다다름이 작성한 '퀴어 프렌들리한 상담사 리스트'에 올라간 상담사는 95명이다.

## 231 국어사전 속 '연애', '애인', '연인'의 뜻을 바꾸다

2012년 11월 7일, 국립국어원은 《표준국어대사전》에 실린 '사랑', '연인', '애인', '연애', '애정'의 뜻풀이를 남녀 중심에서 성중립적 표현으로 수정했다. 사랑은 '이성의 상대에게 성적으로 끌려 그리워하거나 좋아하는 마음'에서 '어떤 상대의 매력에 끌려 그리워하거나 좋아하는 마음'으로, 연인은 '서로 사랑하는 관계에 있는 남녀 또는 이성으로서 그리며 사랑하는 사람'에서 '서로 열렬히 사랑하는 관계에 있는 두 사람'으로 바뀌었다. '남녀'나 '이성' 등 성별이 두드러지는 표현이 '사람'으로 대체됐다.

이런 변화는 대학생 조별 과제에서 비롯됐다. 경희대학교에서 '시민교육'이라는 강의를 듣던 학생 다섯 명이 '성소수자에 대한 인식과 제도 개선'이라는 과제를 맡았다. 관련된 자료를 찾던 학생들은 이성애 중심적인 언어가 차별을 만든다는 현실을 깨달아 연인, 애인, 연애의 정의를 바꾸자는 서명 캠페인을 진행했고, 500여 명이 참여한 온라인 서명과 자료를 모아 청와대 '국민신문고'에 청원을 제출했다. 이 청원을 국립국어원이 채택하면서 사랑과 애정까지 더해 5개 단어의 뜻풀이를 바꿨다.

이 사실이 알려지면서 반동성애 혐오 세력이 국립국어원에 조직적인 민원을 올렸다. 사랑의 뜻을 바꾸면 결국 동성혼도 인정하게 된다는 이유를 댔다. 결국 국립국어원은 2014년 1월에 뜻풀이를 재개정한다고 밝혔다. 사랑은 '남녀 간에 그리워하거나 좋아하는 마음'으로, 애정은 '남녀 간에 서로 그리워하는 마음'으로, 연애는 '남녀가 서로 그리워하고 사랑함'으로 바뀌었다. '연인'과 '애인'은 어차피 사랑, 연애, 애정의 뜻에 따라간다는 이유로 그대로 뒀다. 국립국어원이 보인 이런 태도는 역설적이게도 언어가 차별을 만든다는 첫 문제 제기를 인정하는 셈이었다.

## 2 3 2 〈게이봉박두〉, 게이 단편 영화 축적하기

한국게이인권운동단체 친구사이는 2012년 '게이컬처스쿨'의 한 프로그램으로 '전화기로 만든 나의 첫 영화'를 진행했다. 스마트폰이 대중화되면서 전화기에 달린 카메라로 영화를 찍을 수 있게 됐고, 이런 변화를 활용한 영화 제작 강의를 듣고 싶은 12명이 함께 모였다. 영화 전문 카메라가 없어도 게이의 삶을 포착하는 영화를 촬영할 수 있다는 면에서 장점이 크기도 했지만, 최영준 강사는 영화 만들기가 그렇게 어렵지는 않다고 말해 용기를 북돋웠다. 이 강의를 바탕으로 제작한 단편 영화 9편을 엮은 〈게이봉박두〉가 2012년 12월 서울아트시네마에서 개봉했다. 문화 강좌를 함께 들은 평범한 시민들이 제작한 작품인 만큼 취미 활동의 결과물로 치부할 수도 있지만 최영준 강사는 다른 영화에 견줘 다르지 않다며 감탄했고, 좌석이 매진되는가 하면 부천시민영상축제에서는 심사위원특별상을 받았다.

핸드폰으로 찍는 영화 제작 프로그램은 해마다 진행됐다. 2013년에는 〈게이봉박두2: 세컨드라이프〉가 개봉했는데, 2012년에 상영한 작품 중 6편을 다듬은 영화였다. 2014년에는 〈게이봉박두3: Some〉, 2015년에는 〈게이봉박두4: 루머〉, 2017년에는 〈게이봉박두5: 자유로운 연애중〉이 개봉했다. 영화는 개봉할 때마다 매진되는 등 인기를 끌었고, 국내외 여러 영화제에 초청받으면서 완성도도 인정받았다.

5년간 게이컬처스쿨을 고리로 진행된 이 프로그램은 30편에 이르는 단편 영화를 탄생시켰고, 프로그램에 참가한 수강생 중 5명은 퀴어 영화를 만드는 감독이 됐다. 이 프로그램 참가자들은 나중에 '성소수자 영화감독들이 모여 만든 퀴어 영화 창작 집단'으로 자기를 소개했다. 또한 〈게이봉박두〉을 이끈 최영준 강사는 '내 손으로 만든 퀴어 영화'라는 이름으로 한 번도 영화를 만든 적 없는 사람들이 영화를 찍을 수 있게 돕는 워크숍을 계속 진행 중이다.

## 2 3 3 비혼, 퀴어, 페미니즘 하는 '언니들'

2000년 4월, 대학 안에서 활동하던 여성주의자들이 모여서 커뮤니티 웹사이트 '언니네'를 만든다. 언니네를 기반으로 다시 2004년에는 '언니네트워크'를 창립하고 서울시에 비영리 민간 단체로 등록한다. 해마다 '언니네 캠프'를 열고, 회원들이 쓴 글을 모아 《언니네 방 1》과 《언니네 방 2》를 출간하고, 2007년 제1회 비혼여성축제를 개최하는 등 영페미니스트의 구심점 구실을 톡톡히 했다. 또한 스윙 댄스 동아리 '스윙시스터즈', 농구 모임 '어시스터', 축구를 즐기는 '짝토야간축구회' 등도 유명한 소모임이었다.

2007년 차별금지법 투쟁을 지난 뒤인 2008년 총회에서는 성격을 '퀴어 인권 의제도 다루는 단체'로 공식 결정한 뒤 퀴어 이슈에 관련된 활동도 활발하게 펼쳤다. 2015년에는 여성 성소슈자를 위한 페미니즘 캠프 '풍문으로 더럽소(The Love Show)'를 열고, 2016년부터는 퀴어페미니스트 매거진 《펢》을 발간하고 있으며, 2017년에는 퀴어페미니스트 서점 '책방꼴'을 열었다.

한국에 하나뿐인 퀴어 여성 합창단인 합창 소모임 '아는 언니들'은 2012년에 시작됐다. 처음에는 '생활밀착형 비혼여성코러스'로 시작한 아는 언니들은 4회 공연을 앞두고 '레인보우 페미니스트 비혼여성코러스'로 수식어를 바꿨고, 요즘에는 '비혼, 퀴어, 페미니즘을 노래하는 합창단'이라는 수식어를 주로 쓰고 있다.

2017년에는 지보이스하고 공동으로 제2회 아시아 성소수자 합창 페스티벌 '핸드 인 핸드 서울 2017'을 개최했고, 2019년 4월 일본 도쿄에서 열린 아시아 성소수자 합창 페스티벌에 참가했다. 2022년에는 첫 미니 앨범 《저기 무지개가 떠 있어》를 3·8 여성의 날에 맞춰 발매했고, 10주년 공연을 서울생활문화센터 서교에 자리한 서교스퀘어에서 열었다.

# 2 3 4 마포구, 플래카드를 차별하다

2010년 마포구에 사는 성소수자들이 모여 유권자 모임을 만들었다. 처음에는 '마포레인보우유권자연대'이다가 '마포레인보우주민연대'(마레연)로 활동하면서 마포구에 성소수자 주민이 있다는 사실을 알리는 캠페인을 시작했다. 2011년 마포구에서 운행하는 마을버스에 작은 광고를 내걸었고, 2012년 12월에는 좀더 큰 목소리를 내기 위해 마포구에 성소수자 인권 증진이라는 의미를 담은 플래카드를 게시하려 했다. 그런데 마포구는 내용과 디자인을 수정하지 않으면 게시할 수 없다고 통보했다. 거부 사유는 이랬다. "디자인의 일부가 청소년에 유해하고 문구가 혐오를 불러온다." 문구는 '지금 이곳을 지나는 사람 열 명 중 한 명은 성소수자입니다'와 'LGBT, 우리가 지금 여기에 살고 있다'였다. 어깨 정도만 나온 상의 탈의한 사람 모습이 청소년에게 해롭고, 열 명 중 한 명이라는 말은 과장이며, 엘지비티는 너무 직설적이라는 주장이었다.

마레연은 마포구청 앞에서 2013년 2월 18일 기자 회견을 열어 마포구를 규탄하고 사과를 요청한 뒤 국가인권위원회에 진정했다. 서초구도 비슷한 차별을 해서 인권위가 국가와 지자체는 성소수자를 보호할 의무가 있다고 결정한 적이 있었다.

마포구청에 항의하고 마레연을 지지하는 의미에서 은평구와 성북구에서도 플래카드를 게시하려는 움직임이 일어났다. 2012년 12월 17일 은평구에서 플래카드 게시가 확정됐고, 'LGBT(레즈비언, 게이, 바이섹슈얼, 트랜스젠더) 우리가 여기에 살고 있습니다'라는 문구를 넣어 12월 20일부터 새절역에, 2013년 1월 5일부터 디지털미디어시티역 근처에 게시했다. 2013년 2월 22일 성북구에도 플래카드가 걸렸다.

## 2 3 5 팟캐스트, 퀴어 방송의 붐을 열다

퀴어 문화를 기록하는 형태는 다양했다. 2010년대에는 팟캐스트가 그중 하나였다. 팟캐스트 자체는 2000년대에 애플이 아이팟을 출시하면서 시작되지만 2010년대에 스마트폰이 기본 디바이스가 된 뒤에 본격적으로 인기를 끌기 시작했다. 이미 유튜브가 유행하기 시작한 때였지만, 영상에 견줘 상대적으로 적은 데이터만 써도 되는 팟캐스트는 한동안 계속 인기를 누렸다.

최초의 퀴어 팟캐스트가 무엇인지는 더 많이 조사해야 하지만, 팟빵을 중심으로 2013년 2월 29일 리타와 철수가 내보낸 〈퀴어방송〉은 지금도 명맥을 유지하고 있는 가장 오래된, 가장 유명한, 여전히 방송되는 퀴어 팟캐스트다. 그 뒤 〈L팟캐스트 톰과제리〉, 〈드립전문 커피집〉, 〈별일없이산다〉, 〈여자와 함께하는 화요일〉, 〈당신 옆집에 우리가 있습니다〉, 〈마이퀴어라디오〉, 〈어나더미의 콜라보 팝업 팟캐스트 '콜팝 라디오'〉 등 퀴어로 정체화하는 진행자가 퀴어를 주제로 해서 제작하는 방송이 등장했다. 성별이분법에저항하는사람들의모임 여행자가 진행하는 〈트랜스젠더 퀴어 방송 젠더여행자〉, 무지개책갈피가 진행하는 〈무책임 라디오〉, 부산을 기반으로 활동하는 퀴어들이 진행하는 〈시골쥐 퀴엇쥐〉, 금개와 아장맨이 진행하는 〈생방송 여자가 좋다〉 등 개인이나 소모임 형태를 띤 팟캐스트가 다양한 주제와 기획 아래 등장했고, 팟빵 기준으로 127개 채널이 개설됐다.

어떤 채널은 몇 편 올리지 못한 채 중단됐고, 어떤 채널은 2010년대 중반 즈음해서 멈췄지만, 또 다른 어떤 채널은 지금도 부정기적으로 방송을 올리며 팟캐스트로서 명맥을 이어 가고 있다. 팟캐스트 퀴어 방송은 다양한 관점에서 제작되면서 퀴어에 관련한 더욱 다양한 기록을 남긴 점에서 역사 기록이 됐다.

# 236 이반지하 앨범 제작(분투)기

2000년대 초반 성소수자 이야기를 담은 노래를 만들고 부르는 활동을 하는 합창단은 있어도 한 사람이 혼자 활동하는 일은 흔치 않았다. 미술 작가 이반지하는 2005년 〈작전 L〉 전시회에 참여하면서 한국성적소수자문화인권센터하고 연을 맺었다.

이반지하는 가끔 통기타를 들고 친구들에게 자작곡을 불러 줬는데, 뛰어난 재능이 묻히는 현실이 아까워 한국성적소수자문화인권센터를 비롯한 여러 인권 단체들은 기회 닿을 때마다 작은 공연을 열었다. 국제인권학술대회(2005), 성소수자인권활동가캠프(2007), 서울시의회 로비 점거 농성(2011), 'KSCRC 후원 콘서트'(2012) 등 다양한 곳에서 공연하면서 이반지하가 부르는 노래는 점점 널리 알려지고 인기를 끌었다.

한국성적소수자문화인권센터는 이반지하에게 앨범을 만들자고 제안했고, 제작비를 마련하기 위해 '응답하라! 전설의 이반지하'라는 소셜펀치 모금함(www.socialfunch.org/ibanjiha)을 2012년 11월 18일에 개설했다. 1차 사전 예약을 2012년 11월 18일부터 12월 19일까지 진행했는데, 82명이 217만 5000원을 후원했다. 예산 관리, 모금, 일정 관리, 앨범 발송 등 기획과 실무는 센터가 맡았고, 앨범이 지닌 의미에 동의하는 많은 이들이 건넨 유무형의 도움과 헌신 덕분에 편곡, 기타 연주, 레코딩 엔지니어, 믹싱 엔지니어, 악보 제작, 코러스 참여, 앨범 재킷 디자인 등을 빠듯한 제작비 안에서 해결할 수 있었다. 앨범은 2013년 6월 1일 홍대에서 열린 서울퀴어문화축제 퀴어퍼레이드 센터 부스에서 처음 공개됐다. 이날 퀴어퍼레이드 공식 무대에서 앨범 발매 기념 공연도 진행했다.

이제 이반지하가 부른 노래는 유명 음원 사이트에서 들을 수 있으며, 이반지하는 《이웃집 퀴어 이반지하》, 《나는 왜 이렇게 웃긴가》, 《이반지하의 공간 침투》 등 베스트셀러 작가이기도 하다.

## 237 '종북 게이'라는 신조어

'종북 게이'라는 단어는 2013년에 등장했다. 2012년 1월 1일에 통합진보당 김재연 의원이 차별금지법을 발의했고, 2월에는 민주통합당 김한길 의원과 최원식 의원이 차별금지법을 발의했다. 차별금지법을 반대하는 이들은 통합진보당에서 법안을 낸 사실에 연결 지어 차별금지법을 '동성애자 차별금지법'으로 축소하는가 하면 '주체사상 찬양법'이라고 왜곡했다. 빨갱이에 맞서 싸우자는 명목으로 차별금지법을 반대해야 한다는 게시 글도 보수 커뮤니티에 유포됐다.

종북 게이라는 용어의 정확한 출처나 시발점은 명확하지 않지만, 2013년 국회 법사위 소속 민주당 의원실 관계자가 '민주당은 종북 세력이라서 이런 법을 추진한다, 동방예의지국에서 동성애가 말이 되느냐, 종북 게이'라는 욕설을 들은 적이 있다고 한다. 좌파나 진보 진영, 민주당을 향해 빨갱이나 종북 세력으로 낙인을 찍는 편견이 존재하는 한편 차별금지법을 제정하려는 시도가 이 세력들을 중심으로 진행되고 있다는 점에서 종북 게이라는 용어가 출현했다. 여기에는 차별금지법을 만들면 가정이 무너지고 사회가 무너지며 국가가 무너진다는 혐오 세력의 익숙한 논리가 한 축에 있다. 동시에 군대 안 동성애 관계는 군대를 약하게 만든다는 논리가 다른 한 축에 있다. 이 용어가 출현한 시기는 군형법 92조 개정을 둘러싼 논쟁이 한창 진행된 뒤였고, 2011년에 방영한 〈인생은 아름다워〉 같은 드라마를 향한 혐오나 불안이 남아 있는 때였다.

오래된 반공주의에 빨갱이 혐오와 퀴어 혐오를 결합한 '종북 게이'는 여러 가지 차별 논리를 압축한 용어이자 혐오를 효과적으로 정당화하는 수단이었다. 결국 차별금지법 제정은 무산됐다. 흥미롭게도 종북 게이라는 용어는 강한 인상에 견줘 언어로서 지니는 생명력이 길지는 않았다.

## 238 성소수자들, 춤추기 시작하다

퀴어 문화에서 댄스팀은 언제나 인기를 끌었다. 퀴어문화축제 공식 무대에서, 또는 여러 행사에서 댄스팀은 운동과 시위와 저항을 하는 한 방법으로 춤을 췄고, 춤추기 자체가 좋아서 춤을 췄다.

게이 댄스팀은 게이 청소년들이 만든 '게이시대(Gay_Generation)'가 있었다. 2009년 서울퀴어문화축제 무대 행사에서 공연하면서 인기를 끌었지만, 중고등학생이 중심인 만큼 아웃팅 때문에 학교에서 어려움을 겪기도 했다.

퀴어 댄스팀 큐캔디(QcanD)는 2013년부터 춤추며 저항했다. 다양한 젠더 정체성과 성적 지향을 지닌 퀴어들이 모인 팀으로, 2013년부터 해마다 서울퀴어문화축제 본 행사 무대에서 공연해 많은 이들을 열광하게 했다. 처음 시작할 때는 '여성퀴어댄스팀' 큐캔디라고 소개했는데, 그 뒤 다양한 젠더 정체성을 둘러싼 논의가 더욱 활발해지면서 2017년에 '퀴어댄스팀' 큐캔디로 이름을 바꿨다. 큐캔디는 퀴어문화축제뿐 아니라 여러 퀴어 페미니스트 행사에서 춤으로 저항을 실천했다. 큐캔디를 다룬 정가원 감독의 다큐멘터리 〈무브@8PM〉(2022)이 제작되기도 했다.

루시아는 2016년 '루시아의 댄스 교실'을 줄인 '루땐'을 만들어 춤 수업을 진행했다. 처음에는 별도 공간을 마련할 계획은 아니었는데, 춤 수업이 하나둘 늘어나고 인기가 많아지면서 '루땐'이라는 공간이 탄생했다. 처음에는 루시아 혼자 시작한 루땐에 인기 강사 여럿이 결합하면서 지금은 '퀴어 페미니스트 댄스 공간 루땐'으로 불린다. 코로나19 때는 온라인 춤 수업을 진행하며 춤을 향한 열정을 이어 갔다. 루땐은 권아람 감독의 다큐멘터리 〈홈그라운드〉(2023)에도 출연해서 공간 운영 방식과 퀴어 댄스 공간이 지닌 의미 등을 이야기했다.

# 239 성소수자, 드디어 산부인과를 만나다

퀴어에게 친화적인 의료 환경을 만들려는 노력은 퀴어 인권 운동에서 꽤 오래됐다. 그런 요구 또한 상당히 강력한 편이었다. 트랜스젠더에게 필요한 의료적 조치뿐 아니라 레즈비언이나 게이도 차별을 자주 경험했다. 따라서 퀴어 친화적 의료 환경은 운동에서, 개인적 삶의 질이라는 측면에서 매우 중요했다. 이런 요구와 필요, 그리고 노력 속에서 한국성적소수자문화인권센터와 한국레즈비언상담소, 대한심신산부인과학회는 2013년 5월 7일 일요일에 공동으로 행사를 마련했다.

순천향대학교 부속 서울병원 동은대강당에서 열린 이 행사는 대한심신산부인과학회가 마련한 학술 행사의 1부로 진행됐다. 1부 주제는 '성적소수자, 드디어 산부인과를 만나다'로, 두 개의 소주제로 나뉘었다. 먼저 '우리가 꿈꾸는 산부인과에 대한 수다방'이라는 소주제 아래 한채윤과 순천향대학교 의대 산부인과 전문의 이임순이 진행하는 간담회가 열렸다. 또한 '산부인과 전문의에게 묻다'라는 소주제 아래 이은실, 김정식, 최규연, 이정재 등 순천향대학교 의대 산부인과 전문의가 여럿 참석해 질의응답을 진행했다.

이날 행사에는 단체 설립을 준비하던 조각보 활동가들을 비롯해 여러 퀴어가 참가해 현실적으로 궁금한 질문을 던졌고, 의사들은 정중한 태도로 답변했다. 무엇보다 퀴어와 트랜스젠더에게 친화적인 대학 병원이 있으며 그곳이 이태원 부근에 자리한 순천향대학교 부속 서울병원이라는 사실은 성소수자들에게 큰 힘이 됐다. 먼저 출발한 살림의원하고 함께 한국 사회에서 퀴어를 차별하지 않는 병원을 만들려는 노력을 시작하는 데 소중한 초석이 된 행사였다.

# 240 레드파티는 지속된다

2010년대는 에이즈에 관련한 사회적 인식이 여전히 처참했다. 이런 상황을 개선할 수 있는 새로운 행사가 필요했다. 그중 하나로 놀면서 기부한다는 새로운 콘셉트로 행사를 기획했다. 바로 '레드파티'였다.

2013년 아이샵, 이반시티, 친구사이, 서울퀴어문화축제조직위원회, 행동하는성소수자인권연대가 함께 레드파티조직위원회를 구성했고, 에이즈 예방과 감염인 인권 증진을 목적으로 내세운 행사를 기획했다. 한국 퀴어 문화의 역사에서 클럽을 만들고 클럽에서 모여 놀고 친목을 다지는 문화가 중요한 부분을 차지한다는 점을 감안하면, 에이즈 예방과 감염인 인권 증진을 목적으로 내세워 클럽에서 모여 춤추고 노는 행사는 에이즈를 좀 더 가깝게 대할 수 있는 계기가 되기도 했다.

무엇보다 레드파티는 2013년에 시작해 지금도 이어지고 있다는 점에서도 중요하다. 많은 행사가 몇 번 진행하다 보면 현실적 어려움 때문에 중단되는 사례가 잦고, 여러 단체가 함께하는 관계가 오래 이어지는 일도 쉽지는 않기 때문이다. 그런데도 레드파티는 코로나19 때문에 집합이 어려운 때를 빼면 계속 열렸다.

또한 레드파티는 파티 수익금을 활용하기 위해서 비온뒤무지개재단에 '레드파티기금'을 만들었다. 이 기금은 에이즈 예방과 감염인 인권 증진을 위한 사업에 지원됐으며, 여러 단체가 에이즈 감염인을 위한 사업을 진행할 때 운영비로 사용했다. 놀기 위한 파티를 열고, 파티에서 생긴 수익을 기금으로 만들고, 기금을 필요한 사업을 벌이는 운영비로 활용하는 방식이었다. 이런 점에서도 레드파티는 퀴어 문화를 대표하는 모델이 됐다.

## 241 트랜스남성 집단 성별 정정 허가

2006년 대법원 결정이 나오고 7년이 지난 2013년, 한국 트랜스젠더 인권 운동 활동가와 퀴어 법률가 등은 외부 성기 재구성 수술을 하지 않은 트랜스남성의 호적을 정정하기 위한 집단 신청을 진행했다.

여기에는 입법이 아니더라도 관련 판례를 축적하게 해 사법 관행을 바꾸겠다는 오랜 고민이 한 축에 있었다. 또한 트랜스남성은 외부 성기 재구성 수술이 어렵고 비용도 더 많이 든다는 현실적 이유가 다른 한 축에 있었다. 사법적 고민과 현실적 고민에 이어 국제적 맥락에서도 유엔은 트랜스젠더에게 성전환 수술을 요구하는 관행이 반인권적이라며 금지했다. 법적 신분을 바꾸는 과정에서 요구되는 성전환 수술을 강제적 불임 시술로 규정한 유엔은 이런 관행이 인종 차별과 우생학의 연장이라며 비판했다.

다양한 맥락이 형성된 상황에서 트랜스남성을 중심으로 해 집단으로 호적상 성별 정정을 신청하는 프로젝트가 시작됐다. 이 기획에는 트랜스남성 5명이 참여했다. 2013년 3월 15일 서울서부지법은 집단 신청에 참가한 5명이 낸 '가족관계등록부 정정 신청'을 받아들였다. 여러 트랜스남성이, 한꺼번에, 성전환 수술 없는 호적상 성별 정정을 허가받은 결정이었다.

이 결정은 성별 정정에 관련한 법이나 제도가 없는 상황에서 판례나 결정을 계속 쌓아 가는 방식으로 사회를 바꾸기로 한 트랜스젠더 법률 운동이 거둔 성과였다. 또한 집단이 하는 노력은 종종 사회적 변화를 일으키는 중요한 계기가 된다는 점을 알려 준 사건이기도 했다.

## 242 40년을 동거한 여고 동창생을 갈라놓은 가슴 아픈 이별

2013년 10월 30일 오전 6시 40분께, 부산시 북구에 있는 한 아파트에서 60대 여성이 투신자살했다. 다음 날 신문에 안타까운 사연이 보도됐다. ㄱ 씨와 ㄴ 씨는 고등학교를 졸업한 뒤부터 함께 살았다. ㄴ 씨가 회사에 다니면서 돈을 벌고 ㄱ 씨는 주로 살림을 맡았다. 그렇게 40년을 함께 살던 어느 날 ㄴ 씨가 몸이 안 좋아 병원에 가보니 이미 암 말기에 접어들어 손쓸 틈이 없었다. ㄱ 씨가 열심히 간병했지만, ㄴ 씨의 유일한 혈육이라며 나타난 조카는 ㄴ 씨 명의로 된 아파트와 보험금 등을 달라는 ㄱ 씨 요구를 거절했다. 화가 난 ㄱ 씨는 집에서 패물 등을 챙겨 나왔는데, ㄴ 씨 조카는 경찰에 절도로 신고하고 아파트 현관 열쇠도 바꾸어 버렸다. 집에도 병원에도 갈 수 없는 처지가 된 ㄱ 씨는 얼마 지나지 않아 ㄴ 씨가 세상을 떠난 사실을 알게 되고, 두 사람이 20여 년을 함께 산 아파트의 옆 동 건물에서 시신은 기증해 달라는 유서를 남긴 채 스스로 세상을 떠났다.

《연합뉴스》는 10월 31일 오전 7시 37분에 〈40년 함께 산 여고동창 암 판정에 투신〉이라는 기사를 내면서 '경찰은 A씨가 함께 살던 친구가 암 판정을 받았고 친구를 자주 보지 못하게 된 것 등을 비관해'라고 썼다. 다섯 시간 지난 오후 12시 32분에 송고한 기사는 마지막 문장이 '경찰은 A씨가 동창이자 인생의 동반자였던 B씨가 암으로 숨지고'였다. '친구'가 '인생의 동반자'로 바뀌고 제목도 '40년 동거한 여고동창생의 비극적인 죽음'으로 달라졌다.

이 사건을 보도한 다른 기사들도 대부분 제목이 비슷했다. 온통 '비극적 종말'이나 '비극적인 죽음'이라는 말을 넣었다. 그렇지만 이런 비극을 막을 방법에 관해서는 말하지 않았다.

## 74개 모임이 연대한 '큐브'

2013년 차별금지법이 철회되면서 차별금지법 제정 운동은 오히려 더 뜨거워졌다. 무엇보다 박근혜 정부가 '국정 100대 과제'에 차별금지법 제정을 포함하면서 가능성이 커진 덕분이었다. 여러 곳에서 차별금지법 제정을 촉구했고, 대학생과 청년 성소수자 모임들도 2013년 5월에 차별금지법 제정을 촉구하는 공동 성명을 발표했다. 2013년 10월 서울대학교 큐이즈가 회지 《Queer, Fly》에 실을 대담을 진행하면서 함께할 수 있는 가능성을 탐색하기 시작했다. 그러다가 2014년 1월 17일 4차 회의에서 연대 모임이 공식 출범했다.

처음 이름은 '대학성소수자모임연대 QUV(Queer University)'였다. 큐브는 대학생이나 대학 안 모임이라는 관점에서 퀴어 운동에 필요한 의제와 주제를 중심에 두고 다뤘다. 의장, 부의장, 행정팀장 체제로 운영진을 꾸리고 반기별로 교체했다. 또한 대학 안에서 열리는 퀴어 관련 행사를 주최하거나 테러가 일어날 때 함께 대응하는 식으로 다양한 퀴어 운동에 연대했다.

큐브는 2019년 4월에 '대학·청년성소수자모임연대 QUV'로 단체명을 바꿨다. 전국 74개 모임이 함께하는 연대체였고, 열심히 활동하던 몇몇 성원은 졸업해 대학생이 아니었지만, 비서울 지역 대학 모임은 단순한 동아리를 넘어서 지역 퀴어 인권 운동을 이끄는 중심이 되기도 했다.

대학과 청년 퀴어 활동의 주요 거점이던 큐브는 2020년 코로나19에 가장 직접적으로 영향을 받았고, 2021년 6월 5일에 열린 상반기 2차 대표자 회의에서 그동안 비상대책위원회 체제로 운영하던 단체를 공식 해산한다고 알렸다. 큐브가 해산한 상황은 대학 중심 청년 모임이 사라진 사건이라고 해석할 수도 있지만, 다움과 성연넷 등 청년 중심, 또는 신진 연구자 중심 활동은 여전히 계속되고 있다.

## 3년 반 걸린 성소수자 재단 사단법인 되기

비온뒤무지개재단은 한국에서 처음 창립한 성소수자를 위한 재단이다. 2012년 12월 한국에도 성소수자를 위한 재단이 필요하다는 생각을 한 한국성적소수자문화인권센터 활동가들은 뜻이 같은 사람들을 모아 2013년 한 해 동안 재단 설립을 준비했고, 2014년 1월 24일 비온뒤무지개재단을 창립했다. 그런데 사단법인이라는 명칭을 공식적으로 사용할 수는 없었다. 2014년 1월 9일 서울시 복지정책과에 문의하자 '미풍양속'에 저해된다며 난색을 나타냈다. 그해 3월 국가인권위원회가 법인 신청을 검토하더니 상임위원회에서 통과되지 않을 듯하다며 인권위에는 신청하지 말라는 충고를 들었다. 마지막으로 2014년 11월 법무부에 법인 신청을 시도하지만 황당한 답변을 들었다. "(우리는) 보편적 인권을 다루는 곳이므로 한쪽에 치우친 주제를 허가할 수 없다."

비온뒤무지개재단은 그래도 포기하지 않고 2014년 11월 10일 법무부에 법인 설립 허가를 다시 신청했다. 규정을 어기며 답을 하지 않던 법무부는 2015년 4월 29일 '사회적 소수자 인권 증진을 주된 목적으로 하는 단체는 법무부의 법인설립허가 대상이 아니다'라는 이유로 불허가 처분을 내렸다. 2015년 7월 27일, 비온뒤무지개재단은 서울행정법원에 행정 소송을 제기했다. 2016년 6월 24일, 서울행정법원이 재단 승소 판결을 하면서 법무부에 불허가 처분을 취소하라고 하지만 법무부는 항소했다. 2017년 3월 15일, 서울고등법원은 법무부 항소를 기각했다. 법무부가 다시 항소하지만 2017년 7월 27일에 대법원은 상고를 기각했다. 상고 기각은 하급심 판단에 문제가 없다는 뜻이다. 법원이 성소수자 재단을 담당하는 주무 관청이 어디인지 계속 따져 물어도 법무부는 끝내 답하지 못했다.

법인 업무 주무 관청이 드러낸 혐오와 거부, 그리고 힘겨운 재판 과정을 이겨 내고 비온뒤무지개재단은 2018년 6월 18일에 사단법인 설립 허가증을 받았다.

2
4
5

## 있는 그대로 너를 안아 줄게

부모에게 커밍아웃을 할까, 한다면 어떻게 할까는 늘 가늠하기 어려운 문제였다. 커밍아웃 이후 관계가 어떻게 될지 짐작할 수 없기 때문이다. 잘 받아들이면 다행이지만 자칫 집에서 쫓겨나거나 가정 폭력이나 폭행 등을 겪을 수도 있다. 특히 청소년 퀴어라면 더욱 취약할 수밖에 없다. 양육자도 어렵기는 마찬가지다. 어느 날 자녀가 커밍아웃을 하면 어떻게 받아들이고 어떤 반응을 보여야 할지 단 한 번도 고민한 적 없을 때라면 말이다. 그냥 괜찮다고 받아들이는 정도로 충분하지 않기 때문이다.

성소수자 가족 모임을 만들자는 구상은 2000년대 말부터 있었다. 2007년 한국성적소수자문화인권센터는 '우리 여기 함께'라는 프로젝트를 열고 《성소수자 자녀를 둔 부모님들이 궁금해하는 26가지 질문》이라는 가이드북을 냈다.

성소수자와 부모 사이의 관계를 적극 고민하기 위해 2014년 2월 6일 성소수자부모모임 초동 모임이 열렸다(네이버 카페는 2013년 12월 26일 개설했다). 이 일을 계기로 당사자가 하는 고민이나 파트너하고 맺는 관계 문제를 넘어 양육자나 부모, 가족하고 관계를 맺는 방법도 퀴어 의제에 포함되기 시작했다. 성소수자부모모임은 단순한 자조 모임에 그치지 않았다. 정기 모임을 시작으로 퀴어문화축제에서 부스를 운영하고 프리 허그를 진행했다. 퀴어 의제에 관련해 인터뷰할 사람이 필요할 때, 혐오 세력이 저지르는 폭력 행동에 항의할 때 성소수자부모모임은 언제나 적극적으로 앞장섰다. 또한 《커밍아웃 스토리》(2018)와 《웰컴 투 레인보우》(2023) 등 단행본을 모임 성원이 운영하는 출판사 한티재에서 출간했고, 연분홍치마와 함께 다큐멘터리 〈너에게 가는 길〉(2021)을 만들었다. 성소수자부모모임은 퀴어 당사자 개념을 확장한 사건일 뿐 아니라 앨라이가 연대하는 방식을 보여 주는 좋은 모델이 되고 있다.

2
4
6

## 전국 대학교 벽보 훼손사

이화여대 동아리 변태소녀하늘을날다는 2001년부터 해마다 문화제를 개최한다. 이 행사는 그때마다 학생회관에 걸어 둔 무지개 걸개와 자료집을 도난당하거나 대자보가 찢기는 일을 겪어서 더 유명하다. 2008년에는 무지개 걸개를 가져간 범인을 잡았는데, 기독교 동아리 회원 세 명이었다. 2014년 2월에 고려대학교 성소수자 동아리 사람과사람이 졸업하고 입학하는 성소수자 학우들을 축하한다며 학생회관에 건 현수막이 밤새 사라졌다. 2015년 2월에는 부산대학교 성소수자 동아리 큐아이피(Queer In PNU)가 건 성소수자 신입생 환영 현수막이 훼손됐고, 단국대학교에서는 동아리 아웅다웅이 붙인 포스터가 갈기갈기 찢기거나 사라졌다.

2016년에 서울대학교 성소수자 동아리 큐이즈가 건 신입생 환영 현수막이 찢어진 채 발견됐다. 큐이즈는 찢어진 현수막을 다시 걸고 반창고를 붙이는 캠페인을 진행해 나흘 동안 반창고 564개가 현수막을 보호했다. 성균관대학교에서도 성소수자 동아리 퀴어홀릭이 건 현수막이 도난당했고, 한양대학교와 홍익대학교에서도 같은 일이 벌어졌다. 서강대학교에서는 성소수자 동아리 '춤추는Q'가 내건 현수막이 칼로 찢겨 쓰레기통에 버려진 채 발견됐는데, 폐회로 텔레비전을 확인한 결과 범인이 자연과학부 소속 교수로 밝혀져 충격을 줬다. 2017년에도 서강대학교에서는 성소수자 의제 관련 현수막이 훼손되고 사라지는 사건이 계속 발생했다. 2019년 3월 숭실대학교에서는 학교 측이 성소수자 신입생을 환영한다는 현수막 게시 자체를 불허한 일도 있었다.

각 대학 익명 게시판에도 성소수자 혐오 발언이 꾸준히 올라왔다. 2014년 9월에는 동아방송예술대학교 성소수자 동아리 '디마이너(Diminor)'를 겨냥한 '다이(die)마이너'라는 에스엔에스 계정이 만들어져 혐오 발언을 쏟아 내는 일도 벌어졌다.

## 247 전퀴모, 서울 중심을 벗어나 전국 곳곳 퀴어들이 함께

한국에서 퀴어 운동과 문화 행사는 대체로 서울 중심이다. 특히 비서울 지역 퀴어문화축제가 2010년대 후반 들어 활성화되기 전에는 지역에서 열리는 퀴어 관련 행사가 드물거나 잘 알려지지 않았다. 모든 행사, 자원, 인력이 서울로 집중되는 문제를 고민하는 활동가도 많았는데, 서울에 사는 퀴어 활동가가 모두 서울이 고향인 사람은 아니기 때문이었다.

행동하는성소수자인권연대는 이런 고민을 나누면서 '전국퀴어모여라'(전퀴모)를 만들었다. 직접 남긴 설명에 따르면 전퀴모를 만든 목표는 다음 같다. "지역에서도 즐겁게! 성소수자로서 자긍심을 가지고 살 수 있는 방법을 찾습니다. 지역에서도 우리끼리 할 수 있는 일 많잖아요! 그래서! 비정기적으로 지역에 사는 다양한 성소수자들을 만납니다." 그래서 전퀴모는 인터뷰 등 다양한 방식으로 비서울 지역에서 일하는 퀴어 활동가들을 만나 교류를 이어 가려 했다.

전퀴모가 펼친 대표적인 활동은 서울퀴어문화축제 부스 행사가 열리는 날 진행한 '퀴어 퍼레이드 지도 프로젝트'를 꼽을 수 있다. 부스 한 곳에 한국 지도를 크게 설치하고 퀴어문화축제 참가자들에게 자기 고향에 스티커를 붙이게 했다. 이런 작업을 거쳐 서울퀴어문화축제에 참가하는 이들이 서울 출신만이 아니라 전국 곳곳에서 온 사람들이라는 사실을 쉽게 파악할 수 있었다. 또한 추석에 행동하는성소수자인권연대 사무실에서 연 '명절이 싫어' 수다회도 중요하다. 전퀴모 활동가가 광주, 부산, 대구, 대전 등 여러 지역에서 살아가는 활동가를 찾아가 비서울 지역 퀴어 활동가로서 겪는 경험담을 이야기하거나 서울이 고향인 활동가가 다른 지역에서 살아가는 일상을 인터뷰로 기록하기도 했다. 전퀴모는 2024년 활동 10주년을 맞아 광주에서 10주년 기념 창립 생일 파티를 진행했다.

2
4
8

## 양성애자, 웹진을 만들다

양성애 운동은 1990년대부터 산발적으로 이어졌다. 그렇지만 2014년 3월에 모여 웹진을 발간한 '바이모임'은 양성애 운동이 구체적 기록을 남긴, 그리고 활동을 꾸준히 펼친 주요 장면 중 하나다.

바이모임은 2013년 3월 즈음부터 20명에서 30명 정도 되는 양성애자가 모여 주제를 정해 이야기를 나누는 자리에서 출발했다. 그중 몇몇은 이야기를 주고받는 데 그치지 않고 2013년 9월에 웹진을 발간하기 위한 편집회의를 진행했다. 웹진 《바이모임》은 그렇게 시작됐다.

웹진 《바이모임》은 단발적 형태에 그치지 않고 몇 년 동안 지속됐다. 2014년 3월에 처음 나온 웹진 1호의 주제는 '커밍아웃'이었고, 2호는 '연애', 3호는 '아무거나', 4호는 '가족'이었다. 양성애가 구체적 관계를 맺고 있는 다양한 상황을 출발점으로 삼은 작업이었다. 《바이모임》은 또한 폴리아모리 등 중첩된 다양한 주제를 포함하는 등 모노섹슈얼, 또는 배타적 관계 맺기를 통해 재생산되는 규범성을 문제 삼는 방식으로 논의가 확장될 가능성을 탐색했다.

1년에 2번 발간을 목표로 삼았지만, 현실적으로 어려운 탓에 2015년 11월에 3호를 발간한 뒤 2016년 비온뒤무지개재단 이창국퀴어연구기금에 선정되면서 4호 발간 작업을 재개했다. 4호는 2017년 3월 말에 나왔는데, 《바이모임》이 마지막으로 내보낸 발간물이다. 《바이모임》은 웹진 발간뿐 아니라 친구사이 인터뷰나 서울퀴어문화축제 퍼레이드에 함께 참여하는 등 다양한 활동을 이어 가며 양성애 운동을 펼쳤다. 안타깝게도 티스토리를 기반으로 웹진을 발간하다 보니 2024년 현재 휴면 계정이 돼 접근할 수 없는 상태다.

249

# 대규모 성소수자 사회 인식 조사

'한국 LGBTI 커뮤니티 사회적 욕구조사'는 친구사이가 20주년 기념사업으로 진행한 프로젝트다. 한국 사회에 팽배한 혐오와 억압 속에서 성소수자가 어떻게 살아가고 있고 앞으로 어떻게 살고 싶어하는지 조사하는 기획이었다. 조사 수행은 '성적지향·성별정체성 법정책연구회'에서 맡았고, 애초 목표 3000명을 넘어 더 많은 사람이 참여했다.

친구사이는 2014년 5월 17일 '국제 성소수자 혐오 반대의 날'을 앞두고 조사 결과를 발표했다. 자기 자신을 엘지비티아이(LGBTI)로 정체화한 성소수자 3208명(설문 조사 3159명, 면접 조사 49명)이 참여한 이 조사의 인구학적 특성을 보면 참여자 분포는 13세부터 49세까지 걸쳐 있으며 가장 많은 비중을 차지한 연령대는 19세에서 24세(26.6퍼센트)였다. 설문 조사 응답 결과는 '비가시성과 커밍아웃', '사랑과 가족제도', '불관용의 문화와 국가기관', '차별과 폭력으로부터 구제', '건강과 삶의 태도', '트랜스젠더/간성의 성별정체성 인정받기', '정치참여와 사회변화' 등 7개 주제로 나눠 분석했다.

그전에도 간간이 제한된 범위에서 성소수자 관련 조사가 시행된 적은 있었다. 그런 선례에 견줘 이 조사는 규모 면에서 중요하지만 뒤이어 한국 퀴어를 대상으로 한 실태 조사나 사회 조사 등 다양한 시도를 할 수 있는 동력이 된 점에서도 의미가 크다. 또한 퀴어 커뮤니티에서도 제한된 범위를 넘어 대규모 조사를 벌일 수 있다는 가능성을 보여 주고, 정부나 대기업에서 받는 기금이 없어도 조사를 시행할 수 있다는 사실을 확인하고, 조사를 통해 포착하고 구체화할 수 있는 자료를 많이 확보한 점에서 역사적 가치가 크다.

2
5
0

# 혐오에 맞서서 빛난 야간 퍼레이드

2014년 제15회 서울퀴어문화축제는 서울시 서대문구에 자리한 신촌에서 퍼레이드를 진행할 예정이었다. 축제 조직위원회는 서대문구에 관련 신청서를 제출했다. 그런데 혐오 세력은 퀴어문화축제 개최를 거세게 반대하며 서대문구에 강하게 항의했고, 서대문구청장은 직권으로 장소 승인을 취소했다. 이미 경찰을 상대로 협의가 끝난 상황이어서 축제는 계획대로 열릴 수 있었다. 혐오 세력은 축제 장소 주변의 여러 공터와 도로에 군데군데 모여 반대 집회를 열었다.

오후 4시쯤 퍼레이드 행렬이 출발 준비를 마치고 행진을 시작하려 하자 혐오 세력 수백 명이 몰려와 행렬 앞을 가로막고 아예 스크럼을 짠 채 도로 위에 누웠다. 경찰은 별다른 대응을 하지 못했고, 양쪽이 대치하는 시간이 길어지면서 날은 점점 어두워졌다. 혐오 세력은 차량을 포기하고 조용히 걸어가면 비켜주겠다는 제안을 했고, 조직위는 퍼레이드의 정신과 존엄을 지키기 위해 이런 제안을 받아들이지 않았다. 결국 밤 9시가 넘어서야 다른 도로를 비워 원래 계획한 대로 퍼레이드를 진행할 수 있었다. 끝까지 남아서 행진을 마친 사람들은 서로 끌어안고 감격을 나눴다.

5시간에 걸쳐 진행된 퍼레이드는 혐오 세력의 폭력적 형태를 적나라하게 드러낸 사건이었다. 또한 경찰이 중립을 빌미로 혐오 세력을 방관하거나 방치하거나 방조한 사건이기도 했다. 그렇지만 퍼레이드 참가자들이 보여 준 지치지 않는 저항은 혐오가 퀴어문화축제를 중단시킬 수 없다는 점을 명확히 확인시켰다. 축제에서 내건 구호인 '사랑은 혐오보다 강하다'는 많은 사람에게 깊은 인상을 남겨서 그 뒤에도 여러 행사나 퀴어 관련 굿즈에 쓰였다.

# 2 5 1 상담 기반 퀴어 청소년 단체 '띵동' 설립되다

사단법인 청소년 성소수자 지원센터 띵동은 위기 상황에 놓인 청소년 퀴어를 상담하고 지원하려 설립된 단체다. 2013년 5월 상담 기반 청소년 단체에 관련한 고민을 구체화하는 작업으로 모금 제안서를 마련했고, 두 달 뒤 무지개청소년세이프스페이스를 설립하기 위한 준비 단체로서 행동하는성소수자인권연대, 섬돌향린교회, 차별없는 세상을 위한 기독인 연대, 열린문메트로폴리탄공동체교회가 모여 논의를 시작했다. 그 뒤 탈가정 경험이 있는 청소년 퀴어들을 만나 간담회를 열었다. 2014년에 웹사이트를 열면서 활동을 공개했고, 여러 행사에 나가서 단체를 홍보하다가 서울퀴어문화축제 부스 행사에도 참여했다. 마침내 2014년 12월 22일과 23일에 사무실 개소식을 열고 단체 이름을 '청소년 성소수자 위기지원센터 띵동'으로 바꿨다.

띵동은 한편으로 다른 단체들하고 함께 거리 상담이나 아웃리치를 진행하면서 탈가정 청소년 등 어려운 상황에 있는 청소년 퀴어를 만나 상담을 진행하고 필요한 지원을 제공하려 했다. 또한 '띵동식당 토토밥'(토요일 토요일은 밥 먹자)이라는 이름으로 퀴어 청소년을 사무실로 초대해 함께 밥을 먹는 행사를 진행했는데, 이런 모든 시도는 위기에 놓인 퀴어 청소년을 직접 만나려는 노력이었다. 코로나19 때문에 대면 활동이 어려울 때는 온라인 상담을 진행했다.

띵동은 상담뿐 아니라 에이치아이브이 감염인 청소년 퀴어를 지원하는 사업도 벌이고 있는데, 예방 교육을 비롯해 다양한 교육을 실시하고 콘돔을 무료로 배포한다. 연구 사업도 빼놓을 수 없는데, 공동법률사무소 이채하고 공동으로 〈성소수자 학생 인권보장을 위한 법·제도 개선과제〉(2022)를, 브라이언임팩트하고 함께 〈포용적인 학교 환경을 위한 법제도 개선연구—성소수자 학생을 중심으로〉(2023)를 발표하면서 청소년 퀴어의 삶을 지원할 방안을 다각도로 모색하고 있다.

## 252 퀴어영화제가 둘로 나뉘다

2001년, 한국퀴어문화축제 조직위는 축제 프로그램의 하나로 '무지개영화제'를 운영했다. 무지개영화제는 2007년부터 '서울LGBT영화제'로 명칭을 바꾸고 한국 유일의 퀴어 영화제로 자리 잡았다. 퀴어퍼레이드하고 함께 퀴어 관련 행사의 중심으로 성장하던 영화제에 2011년 ㄱ 감독이 집행위원장으로 합류했다.

ㄱ 감독이 영화제에 들어오게 된 과정은 관련자들끼리 기억과 증언이 달라 여전히 정확하게 알 수 없다. 다만 퀴어문화축제조직위원회와 새로운 영화제 집행위원장 사이에 협의가 충분히 진행되지 않아 사업자 등록 문제나 영화제 개최 기간 결정 등을 둘러싸고 많은 오해가 쌓이면서 2013년에 양쪽이 크게 부딪쳤다. 특히 ㄱ 감독이 영화제는 이미 독립된 조직이라고 주장하면서 갈등의 골은 더욱 깊어졌다. 생각과 해석에서 드러난 차이가 이어지면서 2014년에 영화제는 두 조직으로 갈라졌다. 한국퀴어문화축제조직위는 영화제 명칭을 '한국퀴어영화제'로 바꿨지만, ㄱ 감독은 '제14회 서울LGBT영화제'라는 명칭을 계속 유지하려 했다. 급기야 ㄱ 감독이 대형 온라인 서점하고 공동 이벤트를 진행하면서 '국내 유일의 성소수자 영화제'라는 문구를 내세웠다. 양쪽은 다시 갈등하기 시작했고, 퀴어 인권 단체에 속한 이들은 '퀴어문화축제와 서울LGBT영화제 간의 문제 해결을 위한 성소수자 인권운동 공동회의'(성공회)를 꾸려 중재에 나섰다. 2014년 11월 21일에 성공회가 최종 입장서를 발표했다. '한국퀴어영화제'는 2001년부터 계속 이어지는 역사를 지닌 영화제로 유지하는 한편 '서울LGBT영화제'는 영화제 명칭은 다른 것으로 바꾸되 2011년부터 진행된 영화제로 하기로 정리한 뒤, 2011년부터 2013년까지 이어진 영화제는 양쪽 영화제가 공동의 역사로 남기기로 했다. 그렇지만 그 뒤에도 성공회에서 한 합의를 제대로 지키지 않아 갈등은 여전히 남아 있다.

## 253 퀴어'들'의 실태를 조사하다

한국 사회를 살아가는 퀴어들의 삶을 포착하려는 노력은 다양한 형태로 계속됐다.

2014년 '반성매매인권행동 이룸'은 소수자성매매연구팀 후후가 연구한 〈소수자 성매매—성적 소수자 성매매에 대한 보고서〉를 발표했다. 퀴어 성매매가 적지 않은데도 관련한 논의가 거의 없다는 점에서 이 연구는 중요한 의미가 있었다.

2016년 서울시 청년허브 공모연구에 강동희, 이권우, 이연학이 공동으로 낸 〈'청년세대' 담론 속에 없어진 '청년퀴어'의 삶 드러내기—청년으로서의 독립, 퀴어로서의 불안〉이 선정됐다. 청년 담론이 이성애 규범적 생애를 중심으로 삼고 있다는 점을 비판하고 퀴어 청년에게 필요한 제도와 정책을 제안한 내용이었다. 이 공모연구에 2017년에는 퀴즈(q's·권아람, 이동경, 이세연, 장수정, 허원)가 낸 〈청년 퀴어 예술가의 생존과 활동의 지속가능성〉이 선정됐다.

비온뒤무지개재단은 2018년부터 2020년까지 〈한국 성적소수자 인권운동 단체 현황 1차/2차 실태조사〉를 진행했는데, 전국 각 지역의 퀴어 인권 단체를 둘러싼 지역적 특징을 포착하는 작업이었다. 2020년에는 〈성소수자 혐오에 따른 인권정책의 무력화—인권조례를 중심으로〉라는 연구를 진행했는데, 계속 논란이 되는 상황에서 인권 조례가 제정되고 폐지되는 상황을 정리한 연구였다.

이 밖에 휴먼라이츠워치(HRC)가 2021년에 〈내가 문제라고 생각했어요—성소수자 학생의 권리를 도외시하는 학교의 학교들〉이라는 보고서를 발표했고, 2024년 1월에는 '청소년인권행동 아수나로' 부산지부가 〈부산지역 학생 성소수자 실태조사〉를 발표했다. 이런 보고서들은 학교와 교육에서 청소년 퀴어가 배제되고 차별받는 구조적 문제를 담았다.

254

## '실패'한 서울시민인권헌장

2011년 10월, 보궐 선거에서 박원순 변호사가 서울시장에 당선했다. 후보 시절 공약에는 '서울시민 인권·권리 증진 기본계획 수립 및 인권·권리헌장 제정 공포'가 들어 있었다. 서울시는 2013년에 서울시 인권기본조례를 제정했고, 2014년 6월에는 서울시민인권헌장을 제정하기 위한 시민위원을 모집하기 시작했다. 시민위원 150명과 전문위원 40명 등 190명으로 시민위원회가 구성되면서 헌장을 제정하는 작업이 본격적으로 시작됐다.

차별 금지 항목을 구체적으로 나열하느냐, 아니면 차별을 금지한다는 식으로 선언적으로 기술하느냐가 쟁점이었다. 혐오 세력은 서울시민인권헌장에 성적 지향과 성별 정체성이 직접 들어가면 퀴어를 '합법화'하는 조항이 된다며 거세게 반대했다. 그래서 주요 일간지에 244개 단체 명의로 전면 광고를 실어서 인권헌장은 찬성하지만 성적 지향과 성별 정체성이 구체적으로 기술되는 데에는 반대한다고 주장했다.

혐오 세력은 서울시민인권헌장 관련 공청회가 자기들한테 불리할 듯하자 인권 활동가에게 폭력을 행사하고 고성을 지르는 등 공청회 자체를 무산시켰다. 인권 단체와 서울시 인권위원회가 항의 성명을 발표하지만 서울시는 별다른 견해를 밝히지 않았다. 11월 28일, 서울시민인권헌장을 제정하기 위한 마지막 전체 회의(제6회)에서 50개 조항 중 45개 조항은 만장일치로 통과되고 5개 조항은 대표 토론을 거쳐 표결로 처리됐다. 논쟁이 된 차별 금지 사유는 성적 지향과 성별 정체성을 구체적으로 나열하는 방식이 통과됐다. 서울시민인권헌장을 제정하기 위해 조직된 시민위원회가 치열하게 논의하고 합의한 성과였다.

그런데 서울시는 11월 30일 최종적으로 합의 '실패'로 판단한다고 밝혔다. 또한 박원순 서울시장은 한국장로교총연합회 임원들을 만난 간담회 자리에서 논란을 일으켜 죄송하다며 사과한 뒤 동성애를 지지하지 않는다고 말했다.

# 255 무지개농성단, 서울시청 로비 점거하다

2014년 11월 30일 박원순 서울시장이 시민위원회 합의로 통과시킨 서울시민인권헌장을 폐기하자 '성소수자 차별반대 무지개행동'은 12월 2일부터 농성 문제를 논의하기 시작했다. 12월 6일, 무지개농성단이 꾸려져 서울시청 로비 점거 농성에 돌입했다.

농성은 11일까지 6일 동안 이어졌고, 많은 단체가 지지를 표명했다. 덕분에 무지개농성단이 벌인 농성이 성적 지향과 성별 정체성이라는 쟁점을 넘어 서울시민인권헌장을 폐기한 행위, 혐오 세력에 사과하는 행태, 인권 가치를 시정에 유용한 도구로 이해하는 태도 등 박원순 서울시장을 향해 전체 시민사회가 보내는 항의라는 점을 명확히 할 수 있었다. 또한 무지개행동이 주도한 농성이지만 성소수자 의제에 직접 연관되지 않는 단체들도 함께하면서 연대의 정치가 지닌 힘을 보여 줬다.

무지개농성단이 시청 로비를 점거하는 동안 서울시청 직원은 현수막이나 대자보를 훼손하는 등 평화로운 항의를 폭력적으로 방해했다. 박원순 서울시장이 보인 태도는 공무원인 시청 직원이 농성단을 무시하고 폄훼할 근거가 됐다. 농성은 결국 박원순 서울시장이 사과하는 대신 유감을 표명하는 정도에서 마무리됐고, 서울시민인권헌장은 폐기됐다.

진보 진영의 유력 정치인이 퀴어 혐오 세력을 적법한 정치 세력으로 인정한 점, 혐오 발언을 시민이 할 수 있는 정당한 사회적 발언으로 승인한 점, 종교가 정치에 개입하는 행위를 승인한 점, 만장일치가 아니면 다수결 합의라는 민주주의 원칙을 망가트릴 수 있다고 인정한 점, 반인권 세력이 자행한 폭력에 대응하기는커녕 서울시민인권헌장 폐기를 결정한 점 등 이 사건이 인권 운동에 끼친 해악은 상당히 컸다. 차별금지법을 반대하며 혐오 세력이 내세운 논리가 정당한 정치적 주장으로 승인된 상황에서 무지개농성단이 벌인 항의 시위는 정치가 혐오에 공모한다 해도 그냥 묵인하지 않겠다는 분명한 의사를 드러낸 사례가 됐다.

## 256 성소수자 자살 예방을 위한 '마음연결'

'마음연결'은 한국게이인권운동단체 친구사이에서 2014년부터 진행하고 있는 성소수자 자살 예방 프로젝트다. 마음연결은 한국 사회에서 성소수자 자살 문제가 상당히 심각하다는 점을 알리고, 커뮤니티 안팎에서 예방 활동에 동참하도록 독려하고, 궁극적으로 성소수자 자살률을 낮추는 데 목표를 두고 있다. 마음연결은 캠페인과 온오프라인 상담, 네트워크 형성, 자조 모임, 전문가 자문, 커뮤니티 내 자살예방지킴이 양성 같은 다양한 사업을 펼쳤다.

마음연결이 초기에 제작한 홍보물은 성소수자 자살 시도를 강조했다. 한국 전체 자살 시도율이 0.4퍼센트인데 견줘 성소수자 자살 시도율이 28.4퍼센트인 점을 제시하면서 성소수자가 훨씬 큰 차별과 억압을 당하는 취약한 위치에 있다는 현실을 부각했다. 마음연결은 단순히 취약한 현실을 알리는 데 그치지 않고 더 많은 사람의 마음을 연결해 성소수자 자살을 예방하기 위한 강사를 양성하려 했다. 먼저 자살을 고민하는 이들을 상대로 전화 상담과 게시판 상담을 진행했다. 해마다 100여 명을 여러 차례 상담했고, 유족도 상담했다. 또한 자살예방지킴이 양성 과정을 거쳐 해마다 50명 안팎 되는 지킴이를 양성했다. 강사 인력에 한계가 있는 만큼 자살 예방 홍보물을 발간해 2015년에는 전국 곳곳에 2800부를, 2017년에는 9776부를 배포했다. 또한 2016년에는 성소수자 자살예방지킴이 양성 교육 프로그램 '무지개돌봄'을 개발했고, 2017년에는 〈자살위기 상황에 놓인 성소수자의 이해와 접근〉을, 2018년에는 〈성소수자 모임에서 자살이 발생했을 때 어떻게 해야 할까〉를 발간했다.

이런 노력 덕분에 성소수자 자살예방지킴이 양성 교육 '무지개돌봄'은 2019년에 보건복지부 자살 예방 프로그램으로 인증받아 지금도 이어지고 있다. 마음연결은 성소수자에 특화된 자살 예방 프로젝트이지만, 자살을 예방하기 위해 커뮤니티가 할 수 있는 일을 제시한 모범 사례이기도 하다.

# 2 5 7 서울퀴어문화축제, 경찰서에 줄 서서 서울광장 가다

2015년에 열린 제16회 서울퀴어문화축제는 보수 기독교를 중심으로 한 퀴어 혐오 세력이 반대하고 압력을 행사한 탓에 여러 차례 취소될 위기를 겪었다. 처음에는 대학로에서 개최하려 했지만, 이 정보를 안 혐오 세력이 경찰서에 먼저 집회 신고를 해버렸다. 다른 장소를 찾던 중 조직위는 어렵게 서울 광장을 사용할 수 있게 됐다. 그렇지만 이번에도 혐오 세력은 남대문 경찰서에 내야 할 집회 신고를 편법을 써서 선점했다.

그러자 서울퀴어문화축제조직위는 부당한 집회 신고 방식에 항의하고 축제를 개최하기 위해 남대문경찰서 앞 '줄서기 이벤트'를 기획했다. 2015년 5월 21일부터 29일까지 축제를 지지하는 시민들이 자발적으로 모여 밤낮으로 교대하면서 줄을 지켰고, 덕분에 6월 28일에 제16회 서울퀴어문화축제가 무사히 열렸다.

집요한 방해가 이어졌다. 경찰은 행사 금지를 통보했다. 축제 조직위는 행정 소송을 제기해 승소해서 퍼레이드를 지켜 냈다. 공중파는 물론 여러 종합 편성 채널 프로그램에 혐오 세력이 출연해 퀴어문화축제를 비난했지만, 찬성하는 패널들도 당당히 나와서 혐오를 문제 삼고 축제를 긍정하는 발언을 했다. 덕분에 행사가 열리는 줄 모르던 퀴어들도 퀴어문화축제를 알게 됐다.

6월 28일 행사장 주변에 2만 명 정도 되는 혐오 세력이 모이지만 퀴어 퍼레이드에 3만 명이 넘는 많은 사람이 참가하면서 일정을 무사히 마칠 수 있었다. 이 모든 과정은 여러 성소수자 인권 단체와 흩어진 개인들이 결합해 일군 자긍심 넘치는 역사였다.

이런 줄서기는 2015년으로 끝나지 않았다. 2019년에는 8일 동안 3개 경찰서로 나눠 385명이 릴레이 줄서기를 했고, 2023년에도 경찰에 집회 신고를 하기 위해 줄서기를 해야만 했다.

## 2 5 8 본격 퀴어 웹툰 등장하다

초기 퀴어 웹툰은 다음웹툰이나 네이버웹툰이라는 두 대형 플랫폼에서 연재해 인기를 끌거나 개인 홈페이지나 블로그에 연재했다. 웹툰이 점점 인기를 끌면서 웹툰 플랫폼도 덩달아 늘어났는데, 드디어 퀴어 웹툰 플랫폼도 등장했다.

'까만봉지'는 2015년 6월 18일 게이들을 위한 웹툰 연재 플랫폼으로 시작했다. 퀴어 만화 전문 웹사이트를 표방했고, 모든 연재 작품이 게이 남성 취향에 맞춰져 있었다. 단독 연재를 하거나 퀴어 전용 데이트 앱인 '딕쏘'에서 동시 연재도 했다. 똥표나 한별 같은 여러 작가가 인기를 끌었는데, 2000년대 중반부터 웹툰을 그리기 시작해 2007년에는 《변태천사—살색 난무 게이 코믹》을 출간하며 퀴어 웹툰을 개척한 변천도 까만봉지에서 연재를 했다.

'레진'은 퀴어 전문 플랫폼은 아니지만 비엘이나 지엘 등 퀴어에 관련된 작품을 여럿 연재했다. 그중 다드래기의 《거울아 거울아》, 이우인의 《로맨스는 없다》, 팀 가지의 《What Does the Fox Say?》 등이 인기를 끌었다. 또한 봄툰, 코미코, 카카오페이지 등 많은 신생 플랫폼이 퀴어 관계로 해석할 수 있는 작품을 여럿 연재하며 주목받았는데, '저스툰'에서 연재한 'seri'와 비완의 《그녀의 심청》은 특히 인기가 많고 평가도 좋았다. 한편 파랑윤의 《레생보: 레즈비언 생활 보고서》 같은 인스타툰도 인기를 끌었는데, 페이스북이나 인스타그램이 새로운 웹툰 플랫폼으로 떠오른 상황을 반영한 결과였다.

웹툰 플랫폼뿐만 아니라 그래픽 노블이 단행본으로 출간되기도 했다. 퀴어함과 한국 가족을 뒤섞은 이동은과 정이용의 《환절기》, 청소년기의 가난과 친밀성을 버무린 정원의 《올해의 미숙》 등은 개인적 고민과 시대적 맥락을 엮어 좋은 평가를 받았다.

2
5
9

## 트랜스젠더 병역 면제 취소를 취소하다

원고 ㄱ 씨는 2005년 신체 등급 5급에 해당하는 성 주체성 장애 '고도 등급' 판정을 받은 뒤 병무청에서 병역 면제 처분을 받았다. 그러나 병무청은 수술하지 않은 채 트랜스젠더로 살고 있는 ㄱ 씨가 병역을 기피하려 거짓으로 정신과 치료를 받고 호르몬을 투약한 사실이 있다고 판단했다. 결국 병무청은 2014년 6월 ㄱ 씨에게 부과한 병역 면제 처분을 취소했다. 이 소식이 전해지자 인권 단체들은 2014년 7월 23일 오전 서울지방병무청 앞에서 엠티에프 트랜스젠더 ㄱ 씨에게 병무청이 내린 위법한 병역 면제(5급 제2국민역) 취소 처분을 규탄하는 기자 회견을 열었다.

서울행정법원 행정12부(재판장 이승한 부장판사)는 2015년 1월 29일 트랜스젠더 ㄱ 씨(34)가 서울지방병무청을 상대로 낸 병역 면제 취소 처분 취소 소송(2014구합63152)에서 원고 승소 판결했다.

"ㄱ 씨가 별다른 불편함, 장애가 없는데도 병역의무를 면제받기 위해 상당 기간 정신과 의사를 속이며 치료를 받아 왔다고 보기는 어렵다. …… 병역의무를 면제받기 위해 여성스러운 옷차림이나 화장을 하는 것에서 나아가 성형수술을 하고 여성호르몬 주사를 맞는 등 신체의 변화까지 꾀했다는 것은 받아들이기 어렵다." 재판부가 한 이런 지적은 ㄱ 씨를 향해 '여성의 신체 외관'으로 지내고 있지 않아 사기이거나 속임수라는 주장을 반박하는 논리이기도 했다. 재판부는 또한 성 정체성을 판단하는 기준도 제시했다. "여러 정신과 전문의가 'ㄱ 씨가 성적 정체감의 혼란을 느껴왔다'는 취지로 의학적 판단을 내렸고, ㄱ 씨는 성향·언행·직업·주변인과의 관계 등에 비춰 오랜 기간 성 정체성에 대해 상당한 혼란을 느껴왔던 것으로 보인다."

이 판결을 통해 트랜스여성이 받는 의료적 조치를 병역 기피 수단으로 의심하던 병무청은 설득력을 잃게 됐고, 트랜스젠더의 정체성이 단순히 병역 기피 정도로 결정될 수 없다는 점이 인정됐다.

# 260 드라마 키스 신, 퀴어라서 경고받다

2014년 12월 16일부터 2015년 3월 18일까지 방영한 드라마 〈선암여고 탐정단〉(JTBC)은 선암여자고등학교 탐정단 동아리에서 활동하는 10대들 이야기를 다뤘다. 이 드라마 11화에 키스하는 장면이 나와서 화제, 또는 논란이 됐다. 드라마에서 흔히 나오는 키스 장면이 문제가 된 이유는 두 사람이 10대 여성이기 때문이었다. 결국 이 드라마는 방송통신심의위원회에 회부됐다.

2015년 4월 23일에 열린 심의위원회에서 한 위원은 이 장면을 두고 성소수자가 겪는 어려움을 묘사하는 내용은 괜찮지만 동성애를 권장할 수 있는 동성 간 키스 장면을 굳이 방송에 내보낼 필요가 있느냐며 동성애 자체를 부정적으로 취급하는 발언을 했다. 또 다른 심의위원은 여고생들이 교복을 입은 채로 키스하는 장면을 1분여간에 걸쳐 클로즈업해 방송한 탓에 굉장히 혐오스럽다는 민원 내용에 동의한다고 밝혔다. 담당 프로듀서는 한 인터뷰에서 동성애 키스 신은 성소수자들의 다양성을 인정받으려 제작한 장면이라고 밝혔지만, 심의위에 출석해 소명하는 자리에서는 그런 말을 한 기억이 없다고 말했다. 결국 이 드라마는 경고 조치를 받았다.

방심위가 내린 경고 조치는 한국 사회가 퀴어에 관련해서 받아들일 수 있는 것과 없는 것 사이의 경계를 보여 줬다. 방송국에서 퀴어를 재현할 때 지켜야 할 기준을 제시한 이 조치는 창작의 자유를 침해한 행위이기도 하지만 재현 윤리를 둘러싼 문제이기도 했다. 무엇보다 불쌍해서 동정받아야 할 대상이 아니라 일상에서 능동적으로 욕망과 섹슈얼리티를 드러내는 존재로 묘사된 퀴어에게 쏟아지는 강한 거부감은 퀴어문화축제를 향한 혐오의 근간을 확인할 수 있다는 점에서 중요하다.

# 261 무지개책갈피, 한국 퀴어 문학을 기록하다

한국 퀴어 문학은 역사가 길지만 '아카이빙'은 어려웠다. 직접 읽지 않으면 퀴어 관련 문학인지 가늠할 수 없을 때가 많고 관점에 따른 해석도 필요하기 때문이다. 그래도 퀴어 문학을 정리하는 작업이 필요하다고 느낀 퀴어 연구자와 활동가들이 2015년 '무지개책갈피'를 꾸렸다. 먼저 비온뒤무지개재단 이반시티 퀴어문화기금을 받아 2015년 5월 15일 홈페이지를 열었다. 한국 문학의 다양성을 국내외 독자에게 알리자는 목적 아래 퀴어 문학 범주를 최대한 폭넓게 규정하면서 문학적 다양성을 확보하려 노력했다.

무지개책갈피는 2015년 서울퀴어문화축제 부스 행사에 참가했고, 돗자리세미나를 통해 오프라인 모임에서 사람들을 만나 대화하는 자리를 마련했다. 2017년에는 1년 정도 준비한 《Queerotica: 퀴어 에로티카 소설집》을 출간하고 창작교실을 운영했다. 또한 제1회 '무지개책갈피 퀴어문학상' 시상식도 진행했다.

2018년에는 웹진 《비유》에서 '읽는 퀴어 프로젝트'를 진행했으며, 2019년에는 제11회 성소수자 인권포럼에 참가하고, 퀴어 아포칼립스 소설집 《무너진 세계의 우리는》을 출간하고, 퀴어 문학 팟캐스트 '무책임 라디오'를 진행하는 등 활발히 활동했다. 이런 모든 활동을 하면서 홈페이지에 퀴어 문학으로 분류할 수 있는 작품 목록을 계속 업데이트하면서 퀴어 문학 아카이브 구축 작업을 이어 갔다.

2020년에는 자유인문캠프하고 함께 '대중문화 퀴어하게 읽기' 세미나를 진행하고, 계간 《자음과모음》 2020년 여름호 통권 기획으로 〈이것은 퀴어문학입니다〉를 발간했다. 2021년에는 퀴어 로맨스 단편집 《그래서 우리는 사랑을 하지》를 출간하는 등 퀴어 문학의 역사를 만드는 작업을 계속하고 있다.

## 262 퀴어 어린이 그림책이 나오다

퀴어에 관련한 지식과 정보는 몇 살 즈음에 습득해야 좋을까? 퀴어 혐오 세력은 이런 지식과 정보가 아동과 청소년에게 해롭다고 주장한다. 그렇다면 아동에게 들려주는 이야기는 퀴어에 관련한 고민이나 지식이 완전히 제거된 상태여야 할까?

'이야기 채집단 이채'는 퀴어한 아동 도서를 만드는 모임이다. 성평등한 아동 도서, 퀴어이건 아니건 상관없이 어린이들도 다양한 감수성과 상상력을 배울 수 있는 책을 만들려 노력했다. 이채가 처음 낸 책은 2015년에 출간된 《꽁치의 옷장엔 치마만 100개》(이채 글·기획, 이한솔 그림)다. 이 책은 트랜스젠더 아동 이야기일 수도 있지만 젠더 다양성과 비규범적 젠더 실천에 관한 이야기로 이해할 수도 있다. 이듬해 이채는 《꽁치랑 뽀뽀하면 안 된다고?》(이채 글, 서희 그림)을 출간했다. 이 책은 레즈비언 관계를 그린 이야기일 수도 있지만 동성 사이의 애정이나 친밀한 표현을 긍정하는 내용을 담고 있다. 편견이 닮은 데 착안한 작품이다. 실화를 바탕으로 한 만큼 실존하는 동화 주인공인 연두 고양이는 비온뒤무지개재단의 마스코트 '비욘드'로 활동 중이다.

'성평등프로젝트팀 꼬막'도 퀴어 동화책을 만들었다. 2015년에 《너도 이런 적 있어?》(해영(우야) 기획, 꼬막·난·인장·지은·토신 글, 이동경 교정, 이효정 그림)를, 2016년에 《너도 이런 적 있어? 두 번째 이야기》(꼬막 기획, 이동경 교정, 도아 그림)를 제작했다.

서울퀴어문화축제 조직위원장 양선우(류은/홀릭)는 2014년에 《연두 고양이》라는 동화책을 냈다. 퀴어에 직접 관련된 이야기는 아니지만 장애 있는 고양이를 바라보는 편견과 성소수자를 바라보는 편견이 닮은 데 착안한 작품이었다.

이런 작업들은 번역서가 아니라 한국에서 직접 기획하고 제작한 성평등 아동 도서이자 퀴어한 아동 도서라는 점에서 중요한 성취였다.

## 263 교차성과 쓰까를 고민한 《퀴어페미니스트 매거진 펢》

2016년 6월, 서울퀴어문화축제 부스 행사가 열린 날 '언니네트워크 펢' 부스에서는 새롭게 창간한 《퀴어페미니스트 매거진 펢》을 배포했다.

'언니네'라는 온라인 커뮤니티에서 출발한 언니네트워크는 커뮤니티를 종료하면서 '퀴어 페미니스트 단체'로 단체 성격과 모토를 명확히 했다. 한국에서 활동하는 단체 중 퀴어 페미니즘을 정체성으로 삼은 첫 사례였다. '퀴어페미니스트 매거진'은 이런 정체성에 기반한 작업이었다. 한국여성재단에서 지원을 받아 무가지로 배포한 창간호는 '엘(L)커뮤니티'의 역사를 정리하고 현재 상황을 정리한 특집부터 시작해서 앰버라는 아이콘을 다룬 글을 비롯해 여러 퀴어 페미니즘 이슈를 담았다.

창간호가 나오고 얼마 안 지난 2016년 10월, 《펢》은 '여/성혐오'를 특집 주제로 잡은 2호를 발간했다. 또한 아이콘으로서 아이유를 이야기하고 국내외 중요한 퀴어 이슈를 묶어 《펢》의 정체성을 분명히 했다. 2017년에 나온 3호에서는 '젠더 위반'을 특집 주제로 다뤘고, 그해 말에는 '2017 특별판 쓰까페미'를 발간했다. 이 특집호는 트랜스젠더 혐오와 퀴어 혐오가 만연한 페미니즘 논의에 적극적으로 개입하려는 시도이기도 했다. 2018년에 나온 4호의 특집 주제는 '젠더 이퀄리티'였고, 2021년에 나온 5호는 가족구성권을 다루면서 퀴어 페미니즘 정치가 개입할 지점을 찾아 나갔다.

잡지 발간 주기는 길어졌지만, 퀴어 페미니즘 의제가 중요하던 때, 무엇보다 교차성을 둘러싼 고민이 한창이던 때 나온 《펢》은 퀴어와 페미니즘이 대립한 2010년대 중후반을 기록하고 있다.

## 264 2010년대에 재부상한 트랜스젠더 인권 운동

트랜스젠더 인권 단체 '조각보'는 한국성적소수자문화인권센터가 2013년 '트랜스젠더 삶의 조각보 만들기 프로젝트' 기획단을 만들면서 출발했다. 아름다운재단 기금을 받아 3년에 걸친 준비 작업을 거친 이 프로젝트는 2015년 11월 14일 정식 발족한 뒤 지금까지 오프라인 모임과 《조각보 자기》라는 소식지를 정기 발간하는 등 여러 가지 활동을 펼치고 있다.

젠더퀴어와 논바이너리 의제를 적극 제기하는 단체인 성별 이분법에 저항하는 사람의 모임 '여행자'는 2015년 6월 13일 트위터 계정을 통해 처음 공식화됐다. 온라인에서 시작해 정기 모임을 열고 서울퀴어문화축제에 단체로 참가하면서 오프라인으로 활동 공간을 넓혔다. 트랜스젠더에게 필요한 정보를 번역하고, 자료집을 발간하고, 팟캐스트를 운영하는 등 다양한 방식으로 활동을 이어 오고 있다.

'트랜스해방전선'은 2018년 활동을 시작했다. 트랜스젠더 관련 의제에 언제나 가장 빠르게 목소리를 내면서 트랜스젠더퀴어 인권 보호에 적극 참여하고 있다. 성명서가 필요할 때면 어디보다 먼저 성명서를 냈고, 호적상 성별 정정에 요구되는 조건을 바꾸려는 활동을 펼쳤다.

청소년 트랜스젠더 해방으로 나아가는 '튤립연대'는 2018년 즈음 활동을 시작했고, 2019년 12월 29일 공식 블로그를 개설하며 본격적인 행보를 내디뎠다. 10대 청소년 트랜스젠더 의제에 집중하고 있다. 그래서 검정고시 준비반과 야학을 운영하면서 학교가 아니어도 계속 공부할 수 있는 조건을 만들려 노력하고 있다.

트랜스젠더 부모모임 '트임'은 2010년대 초반부터 부모 모임을 열다가 2018년 6월 10일 트랜스젠더 부모 모임 출범을 공식화했다.

무엇보다 이 단체들은 모두 해마다 11월 20일에 열리는 '트랜스젠더 추모의 날'(TDOR)을 공동으로 주최하고 진행한다.

## 265 불교와 성소수자, 마주 서다

불교, 그중에서도 대한불교조계종은 오랫동안 성소수자하고 함께해 왔다. 초기에 등장한 성소수자 불자 모임 '불반'은 부처님의 가르침을 받들어 행복하게 살고 싶어하는 성소수자 모임이다. '불반'은 '불교 이반'의 준말이다. 온라인 카페는 2000년에 개설됐지만, 본격적인 활동은 서울불교대학원대학교 교수이자 한국상담심리학회 상담심리사인 효록 스님이 지도법사로 함께하면서 펼쳐졌다. 매월 둘째 주에 법회를 열었는데, 좀더 적극적인 모임은 2014년 12월 17일에 열린 성소수자 초청 '무지개 야단법석'이 시작이었다. 행사를 개최한 조계종 노동위원회는 성소수자를 향한 혐오가 심해진 현실 때문에 이런 자리를 마련한다고 밝혔다.

2015년 6월 17일에는 부처님 오신 날을 기념해 한국불교역사문화기념관 2층 국제회의장에서 성소수자 초청 법회가 열렸다. 조계종은 2013년부터 매년 부처님 오신 날에 비정규 노동자 등 사회적 소수자를 초청했다. 조계종 노동위원회는 보도 자료에서 성소수자를 초청한 이유를 밝혔다. "차이와 차별을 넘어 폭력과 혐오가 성소수자에게 가해지고 있는 실정에 깊은 우려를 표시하며 성숙한 문명사회는 소수자들의 인권과 인격을 차별로부터 감싸주는 사회라는 뜻을 담아 법회를 진행할 계획이다." 2016년 5월 27일에는 한국불교역사문화기념관 2층 국제회의장에서 '성소수자 부모 초청 법회'를 열었고, 2017년부터는 조계종 사회노동위원회 이름으로 서울퀴어문화축제에서 부스를 열기 시작했다.

한편 효록 스님은 2016년 4월 28일에 〈불자 성소수자가 경험하는 한국불교〉라는 연구 보고서를 냈다. 또한 2017년에 열린 성소수자 인권포럼에서는 직접 한 주제를 맡아 불교와 성소수자의 관계 등을 설명하기도 했다. 조계종은 한국 사회에서 종교가 퀴어에게 가져야 할 태도가 무엇이고 경전을 해석할 때 유의할 점이 무엇인지 보여 주는 모범이 되고 있다.

## 266 성평등과 양성평등 사이, "나는 여성이 아닙니까?"

2015년 7월 7일에 개정돼 공표된 양성평등기본법에 따라 각 지자체는 양성평등 조례를 제정해야 했다. 대전광역시도 성평등 조례를 제정해 2015년 7월 1일에 시행했다.

대전시 성평등 조례에는 다른 지자체 조례에 없는 조항이 들어 있었다. "성소수자(성소수자란 동성애자, 양성애자, 트랜스젠더, 무성애자 등 성적 지향과 성 정체성과 관련된 소수자를 말한다) 보호 및 지원 시행 계획을 수립·시행해야 한다." 이 조항을 발견한 혐오 세력은 여성가족부에 항의 공문을 보냈다. 여성가족부는 양성평등기본법에 근거한 양성평등은 성소수자를 포함하지 않는 개념이며, 따라서 성소수자 관련 내용을 삭제하고, 조례 명칭 또한 성평등이 아닌 양성평등으로 바꿔야 한다는 공문을 대전시에 보냈다. 대전시는 '성평등 조례'를 '양성평등 조례'로 개정했다.

여성가족부가 보인 태도는 퀴어 혐오가 널리 퍼지던 시기에 나온데다 혐오 세력이 내세운 주장을 청취할 필요가 있는 의견으로 받아들인 점에서 심각한 문제였다. 그 뒤 혐오 세력은 '양성평등 YES, 성평등 NO' 같은 문구를 사용하기 시작했고, 정부나 공공 기관이 여는 행사에 성평등이라는 용어만 나와도 항의했다.

대전시 성평등 조례를 둘러싼 논쟁은 대전에서 활동하는 퀴어와 페미니스트들에게도 타격이었다. 기나긴 노력과 논쟁을 거쳐 성평등 개념에 근거해 만든 조례가 혐오 세력 때문에 한순간에 뒤집힌 탓이었다. 그렇지만 이 사건에 항의하기 위해 퀴어여성네트워크가 결성됐으며, 2015년 10월 10일에 '여성성소수자 궐기대회—"나는 여성이 아닙니까"'를 개최하는 중요한 계기가 됐다.

## 267 대학 학생회장들 커밍아웃 이어지다

2015년 11월 5일, 서울대학교는 총학생회장 선거를 위한 '총학생회장 선거 정책 간담회'를 열었다. 이 자리에서 총학생회장 후보 김보미는 자기가 레즈비언이라고 밝혔다. 대학교 총학생회장 후보가 커밍아웃한 사례가 드물기도 하고, 한국 사회에서 서울대가 지닌 의미가 특별하기도 해서 커다란 화제가 됐다. 서울대학교 성소수자 단체인 큐이즈를 비롯한 여러 대학 퀴어 단체에서 김보미가 한 커밍아웃을 환영하는 성명을 발표했다. 커밍아웃을 한 김보미는 총학생회장으로 당선했다.

같은 해에 고려대학교 동아리연합회 부회장에 출마해 당선한 이예원도 커밍아웃을 했다. 2016년에는 계원예술대학교 총학생회장에 당선한 장혜민, 한국과학기술원(KAIST) 부총학생회장에 당선한 한성진, 연세대학교 총여학생회장에 당선한 마태영 등이 커밍아웃을 했다.

2017년 3월 성공회대학교 제32대 총학생회 보궐 선거에 출마한 백승목 후보도 중앙선거관리위원회가 주최한 후보자 정책 토론회에서 커밍아웃을 했다. 이 자리에는 김보미, 한성진, 이예원 등이 참석했다. 커밍아웃하는 자리에서 예상할 수 있는 일부터 예상할 수 없는 사태까지 모든 상황을 당사자 혼자 감당하게 두기보다는 응원하고 지지하고 함께하려는 연대이면서 커밍아웃 자체가 사회적 행위라는 점을 분명히 하려는 실천이었다.

여러 대학 학생회장들이 잇달아 커밍아웃한 사건은 대학 기반 퀴어 운동의 연장선상에서 거둔 중요한 성과였다.

# 268 무대에 등장한 '무:대'

2015년 8월 출발한 에이로그 팀은 무성애를 이론적이고 대중적으로 가시화하는 작업을 벌이기 시작했지만, 활동가 한 명이 잘못된 행동을 저지른 탓에 중단됐다. 2016년 7월 17일, 다른 무성애 활동가들이 '무성애 가시화 행동 무:대'라는 단체를 새로 만들어 무성애를 가시화하고 무성애자가 쓴 에세이를 출간하는 작업을 진행했다. 또한 다른 퀴어 활동가하고 함께 강연에 참여하며 무성애를 정치적 의제이자 이론적 의제로 만들려 노력했다. 무엇보다 퀴어문화축제와 퀴어퍼레이드 행진 내내 무성애 자긍심 깃발을 들고 참여해서 다른 참가자들이 무성애를 망각할 수 없게 했다.

무:대는 열정적으로 활동하지만 다른 많은 단체가 그렇듯 2020년 불어닥친 코로나19를 넘어서지 못했다. 사람이 모이는 대면 활동을 축소하거나 폐기한 여러 단체처럼 무:대도 똑같은 어려움을 겪었다. 2023년 3월 19일, 무:대는 공식 홈페이지와 에스엔에스에 무기한 휴면을 선언했다. 성원이 많이 바뀌고 운동을 지속할 역량 있는 활동가가 소진되는 등 피로가 쌓인 탓이었다. 2023년 1월에 열린 총회에서 단체 폐회가 안건으로 올라오지만 좀더 깊은 논의를 거쳐 2023년 3월에 열린 임시 총회에서 단체 폐회보다는 무기한 휴면을 하기로 결정했다.

무기한 휴면 결정은 유일한 무성애 인권 단체가 활동을 중단한 사건이라는 점에서 안타깝지만, 무성애 활동 자체를 멈춘 상황은 아닌 만큼 언제든 다시 잠에서 깨어날지 모른다고 기대할 수 있다. 또한 무:대가 무성애 운동이 시작된 초기에 만들어진 단체 중 하나이고 가장 오래 활동한 단체라는 점을 기억하는 일도 중요하다.

## 269 전환치료근절운동네트워크, 치료의 폭력을 고발하다

퀴어 인권 운동에서 전환 치료는 역사가 길다. 전환 치료는 퀴어로 정체화하는 잘못된 행동을 바로 잡아 이성애 이원 젠더에 맞춘 삶을 살도록 강제하는 방식이다. 전세계적으로 다양한 형태를 띠는 전환 치료는 심리 상담, 전기 충격, 성폭력 등 심각한 폭력뿐 아니라 퀴어 자체를 부정하는 실천을 포함하며, 기본적으로 반인권적 행태로 비판받고 있다. 한국에서도 이요나 목사 등을 중심으로 하나님을 만나 제대로 깨달아야 한다며 전환 치료를 주장하는 종교 기관이 꽤 많다.

2015년 하반기, 경상남도 진주시에 있는 한 교회 목회자가 동성애를 치유하겠다며 트랜스여성을 여러 차례 잔인하게 폭행한 사건이 알려졌다. 그러자 전환 치료 문제에 대응할 필요가 제기돼서 2016년 '전환치료근절운동네트워크(전근넷)'가 발족했다. 전근넷은 전환 치료를 사회적 의제로 재설정하는 작업을 단체 설립의 주요 목표로 삼았다. 참여 단체는 성적소수문화인권연대 연분홍치마, 청소년 성소수자 위기지원센터 띵동, 한국게이인권운동단체 친구사이, 한국레즈비언상담소, 행동하는성소수자인권연대, 별의별상담연구소, 장애여성공감, 한국성폭력상담소, 한국여성의전화, 건강과대안 젠더건강팀, 공익인권변호사모임 희망을만드는법, 섬돌향린교회, 로뎀나무그늘교회, 대한성공회 정의평화사제단 성평등과 정의분과, 성소수자 배제와 혐오 확산을 염려하는 감리교 목회자 및 평신도 모임 등으로 다양했다.

전근넷은 퀴어 상담 경험 실태 조사를 진행하고 여러 방면에서 발생하는 전환 치료를 문제 삼았다. (사)한국상담심리학회 회원이 전환 치료를 시도하자 무지개행동이 문제를 제기해 당사자가 학회에서 영구 제명되기도 했다. 이 사례는 전근넷이 벌인 활동이 거둔 중요한 성과인 동시에 한국상담심리학회가 전환 치료를 비윤리적 행위이자 범죄로 규정하게 한 계기였다.

## 270 종로3가에서 일어난 퀴어 혐오 범죄

2016년 8월 16일, 낙원동 포차 거리에서 폭행 사건이 일어났다. 피해자는 친구사이 회원이었는데, 영문도 모른 채 행인에게 폭행당했다. 가해자는 '호모 새끼' 등 명백하게 퀴어를 혐오하는 욕설을 하면서 피해자 얼굴을 가격했다. 피해자는 곧바로 경찰에 신고했고, 가해자는 종로경찰서에 연행됐다. 사건이 일어난 장소는 많은 게이들이 모여 커뮤니티를 형성하던 곳이었다. 그래서 친구사이도 이곳에 사무실을 마련했다. 게이나 퀴어가 모이는 장소라는 정보를 알고 있는 가해자가 의도적으로 저지른 폭행이라는 점에서 친구사이를 비롯한 퀴어 인권 단체는 이 사건을 즉각 혐오 범죄로 규정했다.

종로에서는 퀴어 혐오 범죄가 종종 발생했다. 2011년 11월에는 신원을 알 수 없는 남성들이 애인하고 걷고 있던 동성애자를 집단 폭행하는 등 집단 폭행 사건이 세 건이나 발생했고, 에스엔에스에는 종로를 지날 때는 조심하라는 경고가 유행하기도 했다. 친구사이는 2016년에 다시 종로에서 비슷한 사건이 일어나자 종로경찰서에 혐오 범죄를 엄중하게 처벌해 달라고 강력하게 요구했으며, 희망을만드는법도 나서서 법률적 지원을 했다.

한편 이 사건 피해자는 나중에 개인 블로그에 사건에 관한 심경을 밝혔는데, 자기를 트랜스여성으로 소개했다. 종로에 모여드는 퀴어에는 게이뿐 아니라 트랜스여성도 있으며 게이와 트랜스여성의 역사가 중첩되기도 한다는 사실을 보여 주는 장면이었다. 또한 퀴어 중 어느 한 범주만 보호하려는 시도란 불가능한 만큼 다 같이 함께 혐오에 대응하려는 자세가 중요하다는 점을 말해 준 사건이기도 했다.

## 271 당당한 도전, 퀴어연극제

2010년대 초부터 퀴어 연극을 만든 맥놀이는 2016년 퀴어연극제를 조직하는 데 공헌했다. 제1회 퀴어연극제는 11월 28일부터 12월 4일까지 성북마을극장에서 연극 네 편을 무대에 올리며 시작을 알렸다. 페미니즘 담론이 대중화되고 퀴어 페미니즘 논의가 한창이던 시기에 연극계에서도 퀴어를 중심에 둔 작업을 모아 무대에 올렸다.

2017년부터 퀴어연극제는 매달 한 편씩 퀴어 연극을 무대에 올리는 프로젝트를 시작했다. 한겨울을 빼고 3월부터 10월이나 11월까지 매달 연극 한 편을 무대에 올렸다. 2회 때는 3월부터 11월까지 성북마을극장에서 주로 공연했다. 다만 7월에는 대구퀴어문화축제에 참가해 대구에 있는 소극장 함세상에서 예전에 공연한 작품에 새롭게 제작한 작품을 더해 5편을 무대에 올렸다. 3회 때는 3월부터 10월까지 매달 한 편을 공연했고, 2019년 4회 때는 3월부터 12월까지 진행했다. 2019년 9월에는 제주퀴어문화축제에 참가해 'W스테이지 제주'에서, 12월에는 '2019 인권연극제'에 참가해 공연했다. 5회 때는 코로나19 때문에 많은 사람이 모일 수 없는 어려운 상황에서도 3월부터 11월까지 공연을 올렸는데, 그중 4월에는 세월호 추모 공연 '2020 세월호: 극장들'이 포함돼 있었다. 1년에 10편가량 퀴어 연극을 무대에 올려서 2016년부터 2020년까지 5년 동안 창작극 46편을 상연했다. 단기간에 거둔 인상적인 성과였다.

2021년 3월, 코로나19라는 어려운 조건 속에서 제6회 퀴어연극제 준비위원회가 구성되지만 결국 잠시 쉬어 가기로 결정했다. 그 뒤 퀴어연극제는 재개되지 않고 있지만, 2010년대 후반부터 퀴어 연극이 활발하게 창작된 상황을 고려하면 퀴어 연극이 부흥하는 데 중요한 구실을 한 사실만은 확실하다.

## 272 인터섹스, 수면 위로 떠오르다

인터섹스는 조선 시대 사방지 이야기로 널리 알려져 있지만, 1920년대부터 간성, 양성구유, 반음양, 반음반양 같은 다양한 이름으로 언론에 계속 등장했다. 1960년대 이후에는 'Intersex의 치험례' 같은 식으로 의학 관련 논문에서 자주 등장했다. 치험례란 특이한 존재를 수술한 경과를 보고하는 내용이었다. 이렇듯 인터섹스는 인간적 존재가 아니라 신기하거나 특이한 치료 대상으로 취급됐다.

인터섹스가 독자적인 운동으로, 또는 그런 가능성을 품은 주제로 처음 등장한 시기를 명확히 하기는 어렵다. 그렇지만 2014년 한국성적소수자문화인권센터에서 진행한 퀴어아카데미에서 연지가 인터섹스를 주제로 해 진행한 강연은 기념비적이었다. 아마도 한국에서 처음으로 인터섹스 당사자가 한 강의이자 처음으로 인터섹스를 단일 주제로 삼은 강의이기 때문이었다. 강의 제목인 '인터섹슈얼: 우리도 똑같은 인간이에요'는 인터섹스가 한국 사회와 개별 관계에서 괴물로, 비인간으로, 추방되고 절연돼야 할 존재로 취급돼 온 과정을, 그리고 인간 범주를 구성하는 규범을 매우 잘 드러냈다.

처음 생긴 인터섹스 인권 운동 단체는 2017년 '한국인터섹스당사자모임 나선'일 듯하다. 나선은 에스엔에스 계정을 개설하고 인터섹스를 가시화하기 위해 전국 곳곳 퀴어문화축제에 인터섹스 프라이드 깃발을 들고 참여했다. 또한 나선이 설립된 사실을 공식화하기 위해 2017년 10월 26일 '인터섹스 가시화의 날'을 맞아 《경향신문》에 인터뷰도 했다. 2018년에는 성소수자 인권포럼에서 인터섹스 부문을 맡아 인터섹스의 삶과 운동에 관해 발표했다. 그 자리에는 나선에 속한 다른 활동가도 함께 참여하고 발언하면서 인터섹스 의제가 퀴어 운동의 중요한 일부라는 점을 명확하게 했다. 지금은 나선이 활동을 멈춘 상태이지만, 인터섹스 의제는 여전히 중요하게 다루어지고 있다.

## 273 '나중에'라는 한 마디

2017년 2월 16일 '대한민국 바로 세우기 제7차 포럼 — 새로운 대한민국, 성평등으로 열겠습니다'라는 행사에 더불어민주당 대통령 후보 경선에 참여한 문재인 전 민주당 대표가 기조연설자로 참여했다. 문재인 후보는 자기를 페미니스트 대통령이라 말했고, 행사에 참여한 퀴어 활동가들은 차별금지법 제정을 지지하라며 계속 항의하고 있었다.

박근혜 대통령은 2016년 12월 국회에서 탄핵돼 헌법재판소 결정을 기다리고 있었다. 민주당이 집권할 가능성이 높았고, 문재인 후보는 당대표를 하는 등 민주당에서 가장 세력이 큰 유력 정치인이었다. 노무현 정부 시절인 2007년 차별금지법 제정이 무산될 때 문재인 후보는 권한이 막강한 대통령 비서실장이었다. 차별금지법 제정을 지지하라는 요구는 단순히 문재인 개인을 넘어 민주당에 건네는 강력한 문제 제기이자 10년 전 무산된 차별금지법 제정을 이제 책임지고 마무리하라는 항의였다. 민주당, 또는 문재인은 차별금지법에 책임이 있기 때문이었다.

기조연설을 하던 문재인 후보는 차별금지법 제정을 지지하라며 퀴어 활동가들이 보내는 항의, 유력 대권 주자라면 명확히 답하라는 요구에 '나중에'라고 반응했다. 그리고 그 말을 받아 문재인 후보 지지자들도 단체로 '나중에'를 연호하며 퀴어 인권과 차별금지법 의제를 나중에 다뤄야 할 사안으로 만들었다.

퀴어 인권이 매번 가장 나중에 다뤄야 할 의제로 밀린 역사를 떠올리면 '나중에'는 순간적 회피라기보다는 의도하지 않은 역사성을 환기시키는 말이었다. '나중에'는 한국의 퀴어에게 큰 상처로 남았다.

DB-0002731

## 274 육군과 해군이 저지른 동성애자 군인 색출 사건

시작은 에스엔에스에 올라온 군인 간 성관계 영상이었다. 육군 중앙수사단이 곧바로 조사에 나섰다. 그런데 장준규 육군 참모총장이 육군 내부 동성애자 군인을 색출하라고 지시하면서 대규모 인권 침해 사건으로 확대됐다. 군형법상 추행죄로 처벌받게 하려는 목적 아래 수사 과정에서 게이 데이팅 앱에 접속해 군인을 찾아내는 함정 수사부터 아웃팅 협박, 사생활 추궁, 모욕적 발언 등 온갖 불법과 폭력적 행동을 서슴지 않았다.

2017년 4월 13일, 군인권센터가 이 사실을 폭로하는 기자 회견을 열자 육군이 저지른 행태를 비판하는 여론이 조성됐다. 50여 명이 수사를 받고 22명이 입건되자 군인들을 돕기 위한 변호사 비용 마련 모금함이 열리고, 4월 21일부터 5월 12일까지 국방부 앞에서 '육군 성소수자 군인 색출 중단·A대위 석방 촛불문화제'가 네 차례 열렸다.

2019년에는 해군에서도 동성애자 군인을 색출하려는 사건이 발생했다. 한 사병이 병영생활전문상담관에게 성적 지향 관련 고민을 상담하던 중 다른 군인하고 합의하에 성관계를 한 이야기를 했는데, 상담관이 이 사실을 소속 부대 상관에게 보고하면서 헌병이 수사에 착수했다. 해군은 휴대폰 메신저를 추적하고 게이 데이팅 앱을 시연하게 하는 등 심리적으로 압박해 자백을 유도했다.

돌이켜보면 군대 내 성소수자 인권 문제가 지적될 때 관리지침을 만드는 시늉이라도 하던 2000년대에 견줘 2010년대에는 불법까지 저지르면서 동성애자를 색출하려 한 것은 한국 사회에 동성애 혐오가 더 강해진 결과다. 그렇지만 이런 과정에서 2022년에 군형법 추행죄가 위헌 소지가 있으며 아무리 군인이라도 합의된 성관계까지 처벌할 수 없다는 점을 명확히 한 대법원 판결이 나온 성과도 있었다.

# 275 대통령 후보에게 무지개 깃발을 들다 체포당하다

대통령 탄핵에 이어 조기 대통령 선거가 진행되던 2017년 4월 25일, 대선 후보 텔레비전 토론에서 자유한국당(지금 국민의힘) 홍준표 후보는 더불어민주당 문재인 후보에게 물었다. "동성애 반대하십니까?" 문재인 후보는 대답했다. "예, 반대하죠." 나중에 '차별 금지'와 '합법화'를 구분해야 한다며 부연 설명을 했지만, 성소수자 인권 의제에 관심이 없다는 사실을 드러냈다. 이때 정의당 심상정 후보가 '찬스 발언' 시간을 써서 동성애 문제는 찬반을 다툴 거리가 아니라는 점을 지적했다.

이튿날 문재인 후보는 국회 앞에서 '천군만마 국방안도 1000인 지지선언 기자 회견'을 진행했는데, 그 자리에 퀴어 활동가 20여 명이 찾아가 사과를 촉구했다. 가장 앞에 서 있던 장서연 변호사가 6색 무지개 깃발을 펼치며 항의했고, 그 뒤를 여러 활동가가 따랐다. 문재인 후보는 이 장면을 바라보면서도 별다른 반응을 하지는 않았다. 대신 현장에 있던 경찰들이 활동가 13명을 영등포경찰서로 연행했다. 활동가들은 끌려가지 않으려고 저항했다.

연행 소식을 들은 동료 퀴어 활동가와 지지자들은 분노했고, 그날 저녁 영등포경찰서 앞에서 열린 긴급 촛불 집회에 300여 명이 참가했다. 참가자들은 유력 대선 후보가 무심코 내뱉은 퀴어 혐오 발언을 규탄했고, 정치적 저항에 경찰서 연행으로 대응한 반민주적 행태에도 분노했다.

연행된 퀴어 활동가들은 밤늦은 시간이 돼서야 모두 풀려났다. 한국 정치권이 선거 때만 되면 성소수자를 배제하는 모습을 보여 준 상징적 사건이었다.

## 2 7 6 퀴어를 응원하고 위로한 대중가요들

〈다시 만난 세계〉는 2007년 발표된 걸 그룹 소녀시대의 데뷔곡이다. 2016년 이화여자대학교 미래라이프대학 신설 반대 농성 과정에서 학생들이 투쟁가로 부르면서 새로운 의미를 얻었고, 2017년 서울퀴어퍼레이드에서 '떼창곡'이 된 뒤 해마다 전국 곳곳 퀴어퍼레이드에서 울려 퍼지는 노래가 됐다. 소녀시대 멤버인 티파니는 성소수자 유튜브 채널 〈네온밀크〉가 올린 '2021 프라이드 캠페인 영상'에 나와 이렇게 말했다. "앞으로도 엘지비티큐플러스 커뮤니티를 지지하고 응원하는 한 사람으로서 여러분들 곁에 항상 서겠습니다." 또한 〈다시 만난 세계〉를 주제곡으로 삼아 줘서 영광이라고 덧붙였다. 알엠, 문별, 이브, 버논, 선미 등 아이돌 가수가 앨라이로서 발언하는 일도 점점 늘어나고 있다.

1995년에 나온 패닉의 〈왼손잡이〉와 넥스트의 〈힘겨워하는 연인들을 위하여〉는 동성애자들에게 위로가 되는 노래였다. 이적은 방송에 출연해 〈왼손잡이〉는 성소수자를 생각하며 만든 노래라며 '틀림'이 아니라 '다름'일 뿐이라는 말을 하고 싶었다고 밝혔다. 신해철도 어느 인터뷰에서 〈힘겨워하는 연인들을 위하여〉는 동성동본뿐 아니라 동성애도 포함한다고 말했다. 성소수자 혐오에 함께 맞서겠다는 의미를 담은 노래는 2019년에 제리케이가 발표한 〈PARADE〉와 2020년에 이적이 발표한 〈돌팔매〉가 있다. 제리케이는 서울퀴어퍼레이드 무대에 올라 직접 〈PARADE〉를 불렀고, 이 곡에서 랩을 맡은 슬릭은 《엠넷》 경연 프로그램 〈굿걸: 누가 방송국을 털었나〉에 나가 레인보우 깃발을 들기도 했다. 데이식스의 〈LOVE PARADE〉도 성소수자의 사랑을 지지하는 노래로 해석하는 팬들이 있다.

뮤직비디오에서는 백지영의 〈사랑 안 해〉, 넬의 〈그리고 남겨진 것들〉, 자우림의 〈있지〉, 마크툽의 〈비로소 너에게 도착했다〉, 케이윌의 〈이러지마 제발〉, 마마무의 〈음오아예〉 등이 유명하다.

# 2 7 7 '부하 여군을 강간한 해군 간부를 처벌해 주십시오'

2010년 해군 중위 ㄱ 씨는 직속상관인 ㄴ 대령에게 여러 차례 강제 추행과 강간 피해를 입어 임신 중지 수술을 받아야만 했다. 피해자는 이런 사실을 ㄷ 함장에게 보고할 수밖에 없었는데, ㄷ 함장은 위로해 준다며 ㄱ 중위를 불러내 도리어 성폭행했다. 아무에게도 말하지 못하고 오랫동안 혼자 힘들어하던 ㄱ 중위는 2017년에 복무 중 근무지 이탈을 한 일로 여성 헌병 수사관을 만나 상담하던 중 피해 사실을 처음으로 털어놓았는데, 수사관은 고소하자고 설득했다. 가해 상관들은 ㄱ 중위가 레즈비언인 사실을 알고 '남자랑 관계를 안 해봐서 그런 것이다. 남자 경험을 알려 주겠다' 같은 말로 범행을 합리화하기도 해서 고소를 결심하기가 쉽지는 않았다. 그렇지만 ㄱ 중위가 후배 여군이 자기 같은 일을 당하지 않게 하려고 용기를 내 7년 만에 두 상관을 고소하면서 사건이 알려지게 됐다.

2018년 1심에서는 ㄷ 함장에게 징역 8년, ㄴ 대령에게 징역 10년이 선고됐다. 그런데 2019년 11월 고등군사법원은 피해자 진술이 오래돼 신빙성이 없고 적극적으로 저항하지 않은 점을 이유로 무죄를 선고했다. 대법원 판결은 2023년 5월 18일에 나왔다. ㄷ 함장은 징역 8년이 확정됐지만, 아쉽게도 ㄴ 대령은 무죄가 됐다. 성인지 능력이 부족한 법원이 성소수자 여군을 대상으로 한 성폭력 사건의 본질을 제대로 파악하지 못하고 내린 판결이었다.

13년에 걸친 긴 싸움이었다. '해군 상관에 의한 성소수자 여군 성폭력 사건 공동대책위원회'가 꾸려져서 함께 싸웠으며, 문제의식을 계속 환기시키기 위한 토론회가 열리고 탄원서가 작성됐다. '부하 여군을 강간한 두 명의 해군 간부를 처벌해 주십시오'라는 청와대 국민청원은 2018년 11월에 시작해 한 달 만에 20만 6277명의 동의를 얻었다.

## 278 해운대 옆 퀴어, 부산퀴어문화축제

2017년 9월 23일 부산시 해운대구 구남로 문화광장에서 제1회 부산퀴어문화축제가 열렸다. 부산대학교 퀴어 모임으로 시작한 큐아이피가 부산 지역 퀴어 모임으로 성격을 바꾸고 적극적으로 활동하면서 부산에서도 퀴어 운동을 펼치고 퀴어문화축제를 열자는 움직임이 본격화됐다. 부산퀴어문화축제 조직위원회가 결성돼 부산에서 가장 유명한 관광지인 해운대 바로 옆 구남로 문화광장에서 축제를 개최했다. 주최 측 추산 1만 명이 모이지만 우여곡절도 많았다. 해운대구청과 경찰이 계속 방해했고, 행사장 주변에 혐오 세력이 대규모로 결집했다.

2018년에는 경찰이 신분을 밝히지 않은 채 정보 수집 활동을 벌여서 문제가 됐다. 축제에 후원한 사업자에게 연락해 주최 측하고 어떤 관계가 있는지 따지면서 구체적인 행사 정보 등을 캐묻거나 평범한 개인처럼 에스엔에스 다이렉트 메시지로 문의하기도 했다. 경찰은 이런 사실이 들통난 뒤에야 부산서부경찰서 정보과 소속 형사라고 밝히고는 축제 사무국장에게 전화를 걸었다. 명확한 불법 사찰이라서 부산 지역 27개 단체가 꾸린 차별금지법제정부산연대가 부산지방경찰청을 찾아 규탄 기자 회견을 열었다.

2019년에는 해운대구가 기획단장을 형사 고발하고 과태료를 부과했으며, 1회 때부터 계속된 도로 점용 불허 조치도 이어졌다. 해운대구는 같은 장소에서 열리는 다른 행사에는 별다른 말 없이 부산퀴어문화축제에만 이런 조치를 취했다. 명백한 차별 행정에 분노한 부산퀴어문화축제 조직위는 축제를 취소하고 항의 행사를 진행했다.

2020년 들어 코로나19로 축제는 잠정 중단되지만 부산퀴어문화축제에 관련된 활동은 중단되지 않았다. 지금도 에스엔에스 계정을 유지하고 있는 만큼 언젠가 다시 시작할 여지는 남아 있다.

# 279 바람이 분다, 퀴어 문학 바람이

성소수자 당사자 작가들은 1990년대부터 활발히 활동했지만, 출판계 전체로 보면 소설은 2000년대 초에 《그녀의 여자》(2000), 《쉬즈 마인》(2002) 정도에 더해 《핑거스미스》(2006), 《고독의 우물》(2008), 《벨벳 애무하기》(2009) 등 외국 소설이 나왔다. 2010년대 중반을 넘어서면서 출판계는 퀴어 페미니즘 관련 도서를 그전에 견줘 많이 출간하기 시작했다. 이런 흐름은 사회과학이나 인문학만이 아니라 문학에서도 나타나서 '퀴어 문학 부흥'이라는 흐름이 형성됐다.

인터넷 서점 예스24가 2016년부터 2020년 9월까지 퀴어 문학으로 분류할 수 있는 도서를 파악했다. 2016년에는 번역서 2권이 전부였는데, 2017년에 한국 작가 작품이 출간되기 시작했다. 2020년에는 9월까지 출간된 퀴어 문학 15권 중 11권이 한국 작가가 쓴 작품일 정도로 퀴어 문학이 늘어났다.

퀴어 문학 출간 붐에는 큐큐출판사에서 2018년에 내기 시작한 '큐큐퀴어단편선'이 든든한 한 축을 떠받혔다. 김혜진의 《딸에 대하여》(2017), 최은영의 《내게 무해한 사람》(2018), 박상영의 《대도시의 사랑법》(2019), 조우리의 《내 여자친구와 여자 친구들》(2020) 등 퀴어의 일상을 다룬 작품이 여럿 출간돼 또 다른 축을 맡았다. 민음사, 문학동네, 창비, 문학과지성사 등 대형 출판사에서 퀴어 문학 작품들이 출간된 덕분이기도 했다.

퀴어 문학 붐은 퀴어를 다루려는 작가에게는 새로운 가능성을 주는 기회였지만, 다른 한편으로 퀴어 문학의 역사를 지우는 흐름이기도 했다. 이미 김비를 비롯해 여러 작가가 활동하고 있었고, 서은영이나 김별아 등이 작품에서 퀴어를 다뤘으며, 논란을 일으킨 김혜나의 《정크》(2012) 등이 있었다. 무엇보다 김현은 2014년에 시집 《글로리홀》을 출간하고 커밍아웃한 뒤 여러 퀴어 단체에서 활동하면서 작품 활동도 활발히 하고 있다. 창작 윤리로 문제가 된 소설가 김봉곤도 커밍아웃한 작가다.

## 280 '퀴어옵써예', 제주퀴어프라이드

2017년 10월 28일 제1회 제주퀴어문화축제 '퀴어옵써예'가 제주시 신산공원에서 열렸다. 제주퀴어문화축제는 제주에서 활동하는 다양한 분야의 활동가들이 주축을 형성하고 있었다. 한 카페에서 퀴어 혐오 문구를 사용한 데 문제의식을 느낀 이들이 이야기를 나누다가 제주에도 퀴어문화축제가 필요하다는 데 공감하며 조직위를 꾸려 축제를 준비하기 시작했다. 처음 계획한 행사장은 섬이라는 특성을 고려해서 함덕 해변이었다. 주변 상인 등에게 협조를 구하지만 주민회가 반대해 실패했다. 대한애국당은 공공연히 혐오를 드러냈다. 신산공원으로 장소를 바꿔 신청하지만 혐오 세력이 민원을 제기하는 바람에 제주시 민원심의위원회에서 불허 결정을 했다. 조직위는 여러 차례 공문을 보내고 기자 회견을 열면서 행정 소송을 진행했고, 결국 신산공원에서 축제를 개최할 수 있었다.

제주퀴어문화축제는 2018년에는 '탐라는 퀴어', 2019년에는 '퀴어자유도시'라는 슬로건을 내걸고 신산공원에서 진행됐다. 다른 축제들처럼 코로나19 때문에 한동안 중단되지만 그렇다고 완전히 멈추지는 않았다. 2022년 제4회 제주퀴어문화축제가 '모다들엉 퀴어의 섬'이라는 슬로건을 내걸고 신산공원에서 다시 열렸다.

제주퀴어문화축제는 2023년 8월 1일 〈새로운 물결, '제주퀴어프라이드(JEJU QUEER PRIDE)' 선포문〉을 발표하고 단순한 축제를 넘어 확장된 활동을 모색하기 위해 조직 이름을 제주퀴어프라이드로 바꿨다. 2023년은 축제를 여는 대신 세 차례에 걸쳐 '퀴어 오픈 마이크'를 개최했고, 2024년에는 제5회 제주퀴어프라이드 '다함께 퀴어로 빛나는 제주'를 개최했다.

281

## 퀴어 서점과 문화 운동

햇빛서점은 2015년 5월 서울시 용산구 이태원에 문을 연 엘지비티, 특히 게이에 집중한 최초의 퀴어 서점이다. 박철희 대표는 퀴어들이 밤에는 갈 곳이 많은데 낮에는 갈 곳이 없고 밤에도 술집이나 클럽을 중심으로 모이는 점이 안타까워 서점을 열었다. 박 대표가 여러 일을 하다 보니 서점은 주말에만 열었는데, 책 자체가 많기보다는 독립 출판물과 기성 출판을 섞어 위탁 판매했다. 2010년대 후반까지 운영하다 중단했다.

언니네트워크는 2017년 11월 25일 서울시 마포구 서교동에 '퀴어페미니스트 서점 책방꼴'을 열었다. 책과 서점은 퀴어 지식과 문화를 교류하는 장이 된다는 점에서 책방꼴은 언니네트워크가 펼친 활동의 연장선상에 있었다. 한때 한 혐오자가 유리 벽과 간판에 래커로 '동성애 반대'를 적는 혐오 폭력을 겪기도 했지만, 많은 이들이 도와 범인을 잡았다. 책방꼴이 문을 열 무렵 페미니즘 전문 책방이 여러 곳 생겼지만, 지금은 많이 사라졌다. 이제 책방꼴은 몇 안 되는 퀴어 페미니스트 서점이다.

홍예당은 부산시 부산진구 서면에 자리하고 있다. '홍예(虹霓)'는 무지개라는 뜻으로, 무지개를 닮은 아치 형태로 만든 서점 출입문을 가리키기도 한다. 홍예당을 소개하는 글에도 나와 있듯 퀴어들이 마음 놓고 문화를 꽃피우는 집이자 퀴어와 사회를 연결하는 문이 되기를 바라는 마음으로 디자인했다. 2020년 1월 초동 모임을 꾸렸고, 매달 퀴어 문화 행사를 여는 퀴어 거점 공간 구실을 했다. 2022년 2월에는 성소수자부모모임 영남지역 모임 위탁 운영을 시작했고, 2023년 '퀴어문화협동조합 홍예당'을 설립해서 홍예당 서점을 열었다. 홍예당은 '일말의 퀴어'라는 타이틀을 내걸고 퀴어에 일말이라도 관련 있는 책을 큐레이션하고 있을 뿐 아니라 '부산 최초의 낮에도 문을 여는 퀴어 공간을 운영'한다. 홍예당은 부산과 경남 지역의 퀴어 활동가, 연구자, 개개인 사이를 잇는 문이 되고 있다.

## 282 고궁 한복을 퀴어링

문화재청(지금 국가유산청)은 한복 착용을 독려하려고 고궁 등을 방문하는 이들에게 입장료를 면제하는 정책을 실행했다. 문화재청은 2015년 '궁·능 한복착용자 무료관람 가이드라인'을 개정해 남성은 바지를 입어야 하고 여성은 치마를 입어야 한다고 복장 형태를 규정했다. 또한 '붙임 Q&A'에서 여성은 여성 한복을 입어야만 무료 관람 대상으로 인정한다고 명시했다. 생물학적 본질주의에 따라 복장을 입어야 한다고 명시한 사실이 알려지자 많은 이들이 분노했다.

많은 비판을 받으면서도 문화재청은 2017년에 '궁궐의 품격에 어울리는 한복 착용을 권장'한다는 내용을 추가했다. 2017년 12월 19일 민주사회를위한변호사모임 소수자인권위원회는 기자 회견을 열어 밝혔다. "성별 이분법적인 문화재청의 한복착용자 무료관람 가이드라인에 대해 인권위에 진정을 제기하겠다." 아울러 인권 변호사 단체 회원을 포함한 진정인 96명이 성별에 맞지 않은 한복을 입은 사람에게 고궁 입장료를 받는 행위는 성별 표현 등을 이유로 한 차별 행위라며 2018년 1월 국가인권위원회에 진정했다.

2019년 4월 10일 국가인권위원회 차별시정위원회는 문화재청이 실행한 정책은 단순히 개인적 표현의 자유 영역에 그치지 않고 성별 정체성에 밀접히 관련된 사안이라는 점에서 차별이라 판단하고 문화재청에 시정하라고 요청했다. 문화재청은 입장료가 매우 적을 뿐 아니라 올바른 한복 형태를 훼손할 수 있다고 주장했지만, 결국 2019년 6월 26일 '자신의 성별이 아닌 상대 성별의 한복을 착용한 경우에도 무료 입장이 가능'하도록 가이드라인을 개정하겠다고 밝혔다.

## 283 퀴어 나오는 방송, 사라지거나 조기 종영하거나

2017년 11월 23일 《기독교방송(CBS)》 텔레비전 〈세상을 바꾸는 시간, 15분〉(세바시)에 큐브 활동가 강동희가 출연해 '성소수자도 우리 사회의 분명한 구성원입니다'라는 강연을 했다. 이날 방송이 공개된 뒤 혐오 세력이 거세게 항의했고, 영상은 비공개로 처리됐다. 제작진은 항의가 너무 심한 탓이라며 용서를 구했지만, 여파는 심각했다. 많은 이들이 비공개 조치에 항의했고, 같은 프로그램에 강연자로 나온 손아람 작가, 김지양 모델, 이선희 감독, 이은의 변호사 등이 자기들 강연도 비공개하라고 요구했다. 결국 제작진은 사과하고 영상을 다시 공개했다.

《이비에스(EBS)》 〈까칠남녀〉는 2017년 3월부터 매주 월요일 오후 11시 35분에 방송된 한국 최초 '젠더 토크쇼'로, '우리가 일상 속에서 무심코 지나쳤던 성에 대한 고정 관념과 성역할에 대한 갈등을 유쾌하고 솔직한 목소리로 이야기한다'는 취지를 내세웠다. 피임, 졸혼, 맘충, 군대, 데이트 폭력, 낙태죄, 10대 성적 자기결정권, 성희롱, 꽃뱀, 냉동 난자, 페미니스트 교사 등 다양한 주제를 다뤘는데, 2017년 12월 25일과 2018년 1월 1일에 이어진 2회 연속 방송은 성소수자를 주제로 삼았다.

이 방송에는 엘지비티 각각을 대표한다는 명목으로 고정 출연자 은하선을 비롯해 서울대학교 전 총학생회장 김보미, 서울퀴어문화축제 조직위원장 강명진, 트랜스젠더 변호사 박한희가 출연했다. 예고편이 공개된 순간부터 〈까칠남녀〉 홈페이지 게시판에는 방영을 중단하라는 게시물이 수백여 건 올라왔다. 특히 온갖 트집을 잡아 은하선을 괴롭혔다. 《이비에스》는 혐오에 대응하기는커녕 '개인적인 결격 사유'를 들어 은하선에게 프로그램 하차를 통보했다. 다른 고정 출연자 손아람, 손희정, 이현재 등이 '녹화 보이콧'을 선언했다. 결국 마지막회 녹화는 취소되고 프로그램은 조기 종영했다.

## 284 퀴어 아이돌이 등장하다

퀴어 아이돌 홀랜드는 정체성을 숨기지 않고 활동할 소속사를 찾지만 계약이 되지 않았다. 스스로 돈을 모아 2018년 1월 22일 첫 싱글 〈네버랜드(NEVERLAND)〉를 발표했다. 홀랜드는 데뷔하는 동시에 커밍아웃을 해서 엄청난 주목을 받았는데, 특히 미국 《빌보드》는 인상적인 평가를 내렸다. "홀랜드가 성 정체성을 전면에 내세워 데뷔하면서 한국 음악계가 진일보했다." 해외 팬이 많은 홀랜드는 유튜브 구독자가 83만 명이 넘고 인스타그램 팔로워도 100만 명이 넘는다.

라이오네시스는 2021년에 결성된 성소수자 남성 그룹으로 데뷔곡은 〈쇼 미 유어 프라이드(Show me your pride)〉다. 리더인 배담준이 비온뒤무지개재단 이반시티퀴어문화기금을 받고 용기를 내어 그룹을 꾸렸다. 처음에는 4인조로 출발하지만 랩을 맡은 사막여우가 계약 만료로 빠지면서 2022년 10월부터는 담준, 강한, 이말랑 등 3인조로 활동하고 있다. '뭉쳐서 사냥할 때 가장 강한 암사자 무리처럼 성소수자 커뮤니티의 팬들 모두 서로 보호하는 커다란 무리가 되자'라는 의미로 라이오네시스라는 그룹 이름을 지었는데, 처음에는 가면을 쓰고 활동하다가 2024년부터 가면을 벗었다. 라이오네시스가 부른 노래 〈이츠 오케이 투 비 미(It's OK to be me)〉는 《문화방송》에서 '동성애'를 이유로 방송 금지곡이 됐고, 〈크리스마스 미라클(Christmas Miracle)〉은 《시비에스》에서 '기독교 정신에 위배되는 가수'라는 이유로 금지곡 판정을 받았다.

퀴어 아이돌을 전면에 내건 큐아이엑스(QI.X)는 2023년 3월 22일에 디지털 싱글 〈라이츠 업(Lights Up)〉을 발표하며 데뷔했다. 4인조로 출발하지만 한 명이 줄어 지금은 프린, 지국, 센 등 3인조로 활동하고 있다. 팀 이름은 '퀴어 아이돌(Queer Idol)'의 준말 'QI'와 '무한대'나 '지정되지 않음' 등 여러 의미를 담은 'X'를 결합해 지었다. 멤버들은 젠더퀴어나 젠더플루이드 등으로 자기를 나타내고, 성별 이분법을 넘어선 스타일로 작업하면서 그룹과 솔로 활동을 병행한다.

# 285 프라이드 하우스, 평창에 열리다

2018년 평창 동계 올림픽에서 '프라이드 하우스'가 열렸다. 프라이드 하우스란 스포츠에서 호모포비아를 종식하자는 캠페인 차원으로 올림픽 같은 국제 스포츠 대회가 열리는 도시에 성소수자 선수와 코치, 관객을 환영하려고 만드는 공간을 가리킨다.

프라이드 하우스는 올림픽 개최국에 거주하는 성소수자 인권 활동가들이 준비한다. 2014년 소치 동계 올림픽 때는 반동성애 정책을 펼치는 러시아 정부 때문에 프라이드 하우스를 설치할 수 없었다. 이 정책에 반발해 성소수자 차별 금지 캠페인이 벌어졌고, 2014년 12월에 국제올림픽위원회 헌장 제6조에 성적 지향에 따른 차별 금지가 들어갔다.

평창동계올림픽조직위원회도 이런 사실을 의식해 평창 올림픽 윤리 헌장에 '올림픽 대회 운영 전 과정에서 장애인, 여성, 노인, 이주외국인, 성소수자 등 소수자의 참여 기회를 확대해야 하며, 참여에 있어서 어떠한 형태의 차별과 불이익을 허용해서는 안 됩니다'라는 문구를 넣었다. 그렇지만 시늉일 뿐이었다. 평창 프라이드 하우스 준비를 맡은 한국성적소수자문화인권센터가 조직위원회에 여러 번 문의하고 협조를 구해도 긍정적인 답변은 오지 않았다. 결국 평창 프라이드 하우스는 캐나다 올림픽위원회에서 도움을 받아 캐나다 하우스의 한쪽 공간을 빌려 꾸려졌다. 또한 평창 프라이드 하우스는 혐오 표현을 막기 위해 '스포츠 보도용 성소수자 미디어 가이드라인'을 만들어 여러 언론사에 배포했다.

평창 프라이드 하우스에는 에릭 래드포드, 거스 켄워시, 피겨 선수 김연아 코치를 지낸 브라이언 오서 등이 방문하고 평창 올림픽 자원활동가들도 끊임없이 찾아왔다. 서울에서는 커밍아웃한 다른 나라 선수를 응원하기 위해 이태원에 있는 한 카페에 모여 해설자하고 함께 단체 관람회를 열기도 했다.

## 286 선거를 무지개로 물들인 퀴어 정치인들

2008년 제18대 국회의원 총선거에서 서울시 종로구에 출마한 최현숙 이후에 시간을 두고 더 많은 퀴어 정치인들이 등장하기 시작했다.

임푸른은 트랜스젠더 정치인이자 트랜스해방전선의 활동가였다. 2020년 제21대 국회의원 총선거에서 정의당 비례 대표 24번으로 출마했는데, 당선권에서 멀어도 꽤 주목받았다. 제주도에서 주로 활동한 트랜스젠더 정치인이자 제주퀴어문화축제 공동조직위원장을 지낸 김기홍은 2020년에 녹색당 비례 대표 4번을 받았다. 녹색당과 더불어민주당이 선거 연대 가능성을 탐색하는 과정에서 민주당 주요 인사가 한 퀴어 혐오 발언에 적극 항의했지만, 예전에 에스엔에스에 쓴 글이 문제가 돼 중도 사퇴했다.

정혜연은 약사이자 레즈비언 정치인으로 정의당에서 오래 활동했다. 2018년 제7회 전국동시지방선거 서울시의회 비례 대표에서 낙선한 이력이 있으며, 2020년에는 제21대 국회의원 선거 서울 중·성동갑에서 지역구 후보로 출마해 득표율 4.21퍼센트로 낙선했다. 그 밖에도 행성인에서 활동한 오승재와 임아현 등이 정의당 소속으로 출마했다.

많은 이들이 낙선하는 와중에 차해영 서울시 마포구의원은 최초의 퀴어 정치인으로 이름을 알렸다. 차해영은 퀴어 동화를 내는 등 퀴어 다양성을 위해 오랫동안 퀴어 활동가로서 적극적으로 활동했고, 이런 과정을 거쳐 퀴어 커뮤니티하고 긴밀한 관계를 형성했다. 2022년 제7회 전국동시지방선거에서 마포구 바 선거구 민주당 경선에 참여했는데, 경선 상대에게서 퀴어 혐오와 비방을 듣기도 했다. 그런데도 경선에서 승리해 본선에서 득표율 47.53퍼센트로 당선했다. 선거 때보다 당선 뒤에 더 유명해져서 여러 방송에 나가 인터뷰도 했다. 이런 과정에서 퀴어 정치인이 탄생한 사실을 최대한 많이 알렸고, 그 뒤에도 기회가 될 때마다 일 잘하는 퀴어 정치인으로서 존재를 드러내려 했다.

## 287 퀴어들이 사는 집 무지개하우스

퀴어라면 거주지나 살고 있는 동네에 관련해 갖가지 불안과 불편을 겪는다. 이런 문제를 해결하려고 다양한 모색을 하던 중에 만약 퀴어가 한 건물에서 함께 살아간다면 어떨까 하는 아이디어가 나왔다. 2011년 즈음부터 퀴어 공동체와 주거를 고민하던 전재우 등 몇몇 퀴어가 2014년 11월 6일 함께주택협동조합을 만나 퀴어들만 사는 건물을 만들기로 했다. 입주자들은 2주에 한 번씩 모여 워크숍을 진행한 뒤 서울시 마포구 망원동에 새집을 짓기로 했다. 처음에는 리모델링을 염두에 뒀지만, 다양한 요구를 모두 갖추기 힘들어서 결국 새집으로 방향을 틀었다.

2015년 5월 9일에 건축가와 시공 기술자를 만나 구체적인 계획과 진행 상황 등을 논의하기 시작했고, 2015년 8월 22일에 공사를 시작했다. 2015년에 비온뒤무지개재단 이반시티퀴어문화기금도 받았는데, 이 기금은 무지개하우스를 기획하고 건축하고 입주하는 시간을 담은 다큐멘터리 〈무지개 동居동樂〉을 제작하는 데 쓰였다. 2016년 2월 2일에는 무지개하우스가 퀴어들이 겪는 주거 문제에서 출발한 프로젝트라는 데 착안해 퀴어 주거 문제를 환기하는 소셜 펀딩을 시작했고, 3월 18일까지 목표한 1000만 원을 모금하는 데 성공했다. 마침내 2016년 3월 26일에 다양한 성적 지향과 젠더 정체성을 지닌 사람 15명과 반려묘 4마리가 입주하면서 무지개하우스가 문을 열었다.

무지개하우스가 완공된 뒤에는 한 건물에 모여 사는 퀴어 공동체가 겪은 일을 담아 가족구성권연구소가 기획하고 엮은 단행본 《여기는 무지개집입니다》가 2023년에 출간됐다. 무지개하우스는 퀴어들이 주거에 관련된 고민을 하면서 시작한 프로젝트이지만 다큐멘터리를 제작하고 단행본을 출간하는 등 퀴어 공동체와 공간 구성의 역사를 기록하는 작업을 병행하면서 의미가 확장됐다.

## 288 전주퀴어문화축제, 예향의 도시다운 시작과 끝

2018년 4월 7일 제1회 전주퀴어문화축제가 풍남문광장에서 열렸다. 전주 특유의 분위기 속에서 진행된 축제에 많은 사람이 참여했는데, 4월인데도 저녁에 눈이 내려 기억에 뚜렷이 새겨진 날이었다.

2019년 5월 19일에 열린 제2회 전주퀴어문화축제는 '퀴어온고을, 전주'라는 슬로건을 내걸고 전주시청 바로 앞 노송광장에서 진행됐다. 어디서든 전주시청이 보이는 곳이라 많은 사람이 모여 축제를 즐겼다. 축제 현장 주변을 관리한 경찰은 혐오 세력이 접근하지 못하게 철저히 막아서 차별 없이 행사를 진행하는 모범 사례를 보여 줬다.

1회와 2회 때 모두 퍼레이드가 인기를 끌었다. 행사장을 출발한 행렬이 시내를 지나 한산한 도로를 따라 이동하면 주요 관광지인 전주한옥마을을 거쳐 퍼레이드를 마칠 수 있었다. 축제 참가자들은 퍼레이드를 신나게 마무리할 뿐 아니라 언제나 사람이 가득한 전주한옥마을에서 퀴어 가시성을 확실하게 확보했다.

2020년 3회 때는 코로나19 때문에 오프라인 행사를 취소하는 대신 전주 곳곳에 현수막을 설치하고 '2020 전주랜선퀴어문화축제'(2020년 5월 15일~17일)를 열었다. 2021년에도 '전주랜선퀴어문화축제 '플랑 퍼레이드''를 진행했다.

이렇게 코로나19라는 어려운 상황에서도 온라인으로 진행하며 축제를 계속 이어 갈 의욕을 드러냈지만, 2022년 6월 29일 전주퀴어문화축제 조직위원회는 해산을 알렸다. 내부 구성원 간 소통 문제, 자금 고갈, 공동조직위원장 잠적 등 더는 축제를 지속하기 어려운 상황이 계속된 탓이었다. 다른 많은 단체가 공식적인 해산 결정 없이 끝나는 사례가 많은 점을 고려하면 어렵지만 용기 있는 결정이었다.

## 289 개신교 교단, 학생과 목사를 탄압하다

2007년 차별금지법 반대를 기점으로 성소수자들에게 차별과 혐오를 적극적으로 드러내던 보수 개신교계는 화살을 내부로 돌리기 시작했다. 교단 헌법에 동성애를 찬성하거나 지지하면 징계한다는 문구가 2016년 기독교대한감리회, 2017년 예장통합과 예장합동, 2018년 예장합신에 추가됐다.

2017년 12월, 기독교계 사립대인 한동대학교는 교내 학술 동아리에서 페미니즘과 동성애를 주제로 강연회를 연 이유로 관련 학생 다섯 명에게 무기정학과 특별 지도 처분 등을 내렸다. 장로회신학대학교는 2018년부터 신입생을 상대로 성소수자를 지지하는 행위를 하면 징계나 정학 처분을 감수하겠다는 서약을 받기 시작했고, 그해 5월 17일 채플 시간에 무지개색 옷을 맞춰 입고 사진을 찍어 올린 학생들에게 최고 6개월 정학과 근신 등 징계 처분을 내렸다. 이어 동성애자와 동성애 지지자를 교원이나 일반 직원으로 임용하지 못하도록 정관도 개정했다. 호남신학대학교는 2019년 신입생 모집 요강에 동성애자는 입학을 취소한다는 조항을 넣었다. 2023년 총신대학교는 학내 성소수자 인권 모임 카카오톡 단체 대화방에 참여한 학생 7명에게 무기정학 등 징계를 내렸다.

2019년 8월 31일 열린 제2회 인천퀴어문화축제에서 성소수자 축복식을 집례한 이동환 목사는 기독교대한감리회가 연 교회 재판에 회부됐다. 정직 2년 징계를 받은 뒤 복직한 이 목사를 반동성애 감리회 목사 12명이 다시 고발해서 2024년 3월 4일에 출교 확정 판결이 나왔다. 2020년에는 동성애를 지지하거나 옹호하는 자는 교회 직원이나 신학대 교수 또는 교직원이 될 수 없다는 대한예수교장로회 총회 헌법 시행 규정에 따라 대전신학교 허호익 교수가 면직, 출교됐다.

# 290 우리 모두 드랙을, 서울드랙퍼레이드

드랙퀸 공연은 1990년대부터 퀴어 문화에서 중요한 부분을 차지했다. 드랙은 클럽은 물론 인권 단체 행사에서 축하 공연 형태로 많이 진행됐다. 드랙 전문 클럽에서 하는 공연이 아니면 드랙은 퀴어 문화 행사에 딸린 축하 공연 정도로 받아들여지거나 여성 혐오라는 이유로 평가 절하되기도 했다. 2018년 5월 26일에 열린 제1회 서울드랙퍼레이드는 이런 맥락을 고려해야 한다.

히지양 조직위원장을 필두로 이태원에서 열린 서울드랙퍼레이드는 '모든 개인이 드랙이라는 매체를 통해 자신의 정체성을 찾아가고, 본인의 감정과 생각, 스타일을 진실되게 표출할 수 있게끔 장려'하려 한다며 행사 취지를 밝혔다. 1회 때는 단 하루만 진행했지만, 2회 때는 전시회와 영화제 등이 사흘 동안 이어졌다. 참가자가 늘어날 뿐만 아니라 행사 규모도 커지고 있다는 뜻이었다. 많은 이들이 참여하면서 서울드랙퍼레이드는 2024년에도 계속 이어지고 있다.

서울드랙퍼레이드는 '서울 드랙 캬바레'도 진행하고 있다. 이 행사를 고리로 드랙 문화의 저변을 확대하는 동시에 클럽이나 제한된 공간에서 퍼레이드 같은 공공장소로 공연 공간을 확장하고 있다. 미국에서 2020년대 들어 공공장소에서 드랙 공연을 하지 못하게 규제하는 법안이 등장하고 드랙과 트랜스젠더를 향한 혐오가 거세진 현실을 고려하면 한국에서 드랙퍼레이드가 계속 열리고 있다는 사실은 특히 중요한 의미를 지닌다.

# 291 차별 없이 평등한 퀴어여성생활체육대회

2015년 10월 10일 여성성소수자궐기대회를 계기로 구축된 퀴어여성네트워크는 2017년 10월 21일 서울시 동대문구 동대문구체육관에서 '퀴어여성생활체육대회'를 열기로 했다. 9월 19일에 동대문구시설관리공단 대관 심의를 통과해 사용료를 납부하고 대관을 허가받았다.

대회 기획단은 행사 비용 등을 마련하려고 온라인 모금 플랫폼에 행사 취지와 일정을 소개하는 글을 게시했다. 누군가 이 글을 본 탓인지, 아니면 다른 이유 때문인지, 9월 22일부터 동대문구시설관리공단에 항의 민원이 쏟아지기 시작했다. '성소수자 행사를 왜 허가하냐'는 민원에 시달린 동대문구청은 대관을 취소하고 다른 곳을 알아볼 수 없느냐고 물었고, 기획단은 성소수자 혐오성 민원 때문에 대관을 취소하는 조치는 부당하다고 항의했다. 공단은 성소수자 행사가 '미풍양속'에 저해될 수 있고 대회 날 체육관 앞에서 반대 집회라도 열리면 '시설 안전 관리상 위해 우려'도 있다며 결국 대관을 취소했다.

이 싸움은 희망을만드는법과 공익인권법재단 공감을 법률 대리인으로 해 법정으로 옮겨 갔다. 2022년 5월 13일 서울서부지방법원은 동대문구와 동대문구시설관리공단이 대관을 취소한 행위가 '성적 지향, 성별 정체성을 이유로 한 차별 행위로서 평등권을 침해'한 만큼 900만 원을 배상하라 판결했고, 2022년 8월 19일 대법원에서 확정 판결이 나왔다.

소송하고는 별개로 2017년 행사는 무산됐지만, 2018년 6월 17일 '퀴어여성게임즈'로 이름을 바꿔 은평구민체육센터에서 첫 행사가 열렸다. 배드민턴, 농구, 계주 등 3개 종목에 선수와 관객 300명이 참가해 기획 의도대로 차별 없이 평등한 스포츠가 무엇인지를 보여 주는 자리가 됐다. 2019년 'KBS스포츠월드 제2체육관'에서 열린 제2회 대회 때는 풋살이 추가되고 모두 500명이 참가했다. 코로나19로 잠시 중단된 대회는 2022년 10월 2일에 제3회 퀴어여성게임즈가 개최된 뒤 지금까지 이어지고 있다.

## 292 아무도 안 내주면 내가 직접 출판한다

1990년대 후반에 해울과 이연문화가 있었다면, 2000년대 이후에도 여러 퀴어 전문 출판사가 새롭게 등장했다.

그중 가장 유명한 곳으로 꼽히는 '퀴어문학 출판사' 큐큐는 출판사 이름 그대로 퀴어 문학 전문 출판사라는 기조로 시작했다. 2018년부터 등단 작가들이 쓴 퀴어 단편 소설을 엮어 내는 '큐큐퀴어단편선'과 아직 번역 안 된 퀴어 문학 작품을 우리말로 옮긴 '큐큐클래식'을 출간하고 있다. 퀴어 문학 작품이 독자들에게 가깝게 다가갈 수 있는 새로운 장을 마련하려는 시도다. 무엇보다 큐큐는 아이템 수준을 일관되게 유지하면서 퀴어 문학이 붐을 일으키기 직전부터 지금까지 계속 퀴어 문학 출판에서 중요한 구실을 해왔다.

움직씨는 큐큐하고는 다른 방식으로 퀴어 문학 작품을 출판하고 있다. 퀴어 성폭력 생존자의 기록으로 시작한 출간 목록은 앨리슨 벡델의 그래픽 노블, 대만 퀴어 작가 구묘진의 소설, 오드리 로드의 시집 등 유명하지만 번역되지 않은 동시대 작품으로 구성된다. 만화와 그림책 등 새로운 아이템을 출간하기도 하지만 팬덤이 확고한 아이템을 재출간해서 출판과 팬덤을 잇는 연결 고리를 만들려 한다.

퀴어 문예지 출판을 내건 출판사 18도의 얼그레이는 2021년부터 《일곱 개의 원호》라는 퀴어 문예지를 3호까지 내고 최예은이 쓴 소설집 《스물네 자 진심, 일곱 갈래 인연》을 출간하는 등 퀴어 전문 출판사를 만들려는 또 다른 시도를 했다. 그 밖에도 크고 작은 출판사가 일회성으로, 또는 지속적인 기획을 바탕으로 퀴어 출판이라는 또 다른 지형을 확장하고 있다. 이런 움직임은 퀴어에 관련된 모든 서사와 논의가 출간으로 이어지지는 않는다는 점에서 기성 출판사가 포괄하지 못하는 퀴어 서사와 논의의 장을 넓히려는 시도다.

293

## 혐오 세력, 인천퀴어문화축제에 난입하다

2018년 9월 8일 제1회 인천퀴어문화축제는 폭력적이고 충격적이었다. 축제는 행사를 개최하기 전부터 많은 방해에 부딪혔다. 구청과 경찰은 어떤 행사에도 요구하지 않던 주차장 확보 같은 조건을 내걸었고, 행사장 주변 학교는 퀴어 혐오로 가득한 가정통신문을 발송했다.

혐오 세력은 행사장인 동인천역 북광장 자체를 점거해서 20평 남짓한 공간에 축제 참가자들을 가뒀다. 행사장 출입은 사실상 경찰이 아니라 혐오 세력이 관리했는데, 혐오 세력이 승인하면 경찰이 출입할 수 있게 조정하는 식이었다. 이런 과정에서 휠체어 이용자를 비롯한 많은 참가자가 물리적 폭력을 당했다.

부스 행사는 좁은 구역에서 벼룩시장처럼 열렸고, 무대 행사는 아예 할 수 없었다. 그런 상황에서도 조직위는 퍼레이드를 진행하기 위해 노력했다. 오후 4시, 참가자들이 퍼레이드를 시작하려 하자 혐오 세력은 출발 지점을 가로막았다. 많은 목사와 혐오 세력이 도로를 무단 점거해 대치 상황이 이어졌다. 7시 즈음 경찰이 작은 틈을 만들어 퍼레이드 참가자가 혐오 세력 사이로 한 명씩 빠져나갈 수 있었지만, 혐오 세력은 계속 행진을 방해했다. 경찰도 혐오 세력에 동조했고, 결국 축제 참가자들은 깃발을 들지 않는다는 조건으로 퍼레이드를 진행할 수 있었다. 이 과정에서 경찰은 혐오 세력에게 스피커폰을 넘겨줘 혐오 발화가 울려 퍼지게 했다. 원래 계획한 경로가 아니라 동인천역 4번 출구에서 2번 출구까지 300여 미터 거리를 5시간 가까이 투쟁하며 행진했다. 행사가 끝나자 많은 사람이 외쳤다.

"깃발 올려!"

행진하는 동안 들지 못한 깃발을 올리라는 절규였다.

이날 많은 퀴어들은 혐오 세력이 퍼레이드를 방해할 뿐 아니라 물리적 폭력을 행사한데다 경찰도 혐오 세력의 폭력을 사실상 용인하는 정도를 넘어 친밀성을 공공연히 드러내는 바람에 큰 상처를 받았다.

# 294 '깃발 올려'라는 외침에 빠르게 대응한 퀴어 동료들

제1회 인천퀴어문화축제는 그날 현장에 있던 이들에게 큰 충격을 줬다. 그런 만큼 후속 조치가 중요했다.

현장에서 폭력 피해를 겪은 이들이 많아 의료 부문과 법률 부문에서 지원이 필수였다. 비온뒤무지개재단은 정신건강의학과 진료와 심리 상담이 필요한 이들에게 비용을 지원했고, 변호사 단체는 법률 지원을 약속했다. 인천퀴어문화축제 참가자의 심리 상태를 조사한 고려대학교 보건과학대 연구팀은 연구윤리심의위원회(IRB) 승인을 받지 못해 관련 논문을 출판하지는 못했지만, 그 뒤에도 여러 행사에서 축제 참가자가 겪은 트라우마를 알리는 작업을 계속했다. 레인보우스토어는 '깃발 올려'라는 문구를 적은 깃발을 제작해 피해자들의 목소리를 상징적으로 담았다. 퀴어락은 현장에서 촬영한 사진과 영상을 수집하는 작업을 진행해 제1회 인천퀴어문화축제에서 벌어진 혐오와 폭력을 기록했다.

인천퀴어문화축제 조직위원회는 큰 충격을 받은 와중에도 9월 10일에 기자 회견을 열어 인천지방경찰청을 규탄하고 적절한 대응책을 마련하라고 요구했다. 그날 벌어진 일들을 우발적 사건이 아니라 의도성 짙은 적극적 무능과 혐오 세력을 편든 적극적 공모로 규정하면서 인천지방경찰청이 저지른 반인권 행태를 규탄했다. 또한 조직위는 여러 포럼이나 행사에서 모든 과정을 상세히 기록한 자료를 발표했다. 두 번 다시 똑같은 일이 생기지 않도록 반성하고 검토하는 과정이었는데, 트라우마 속에서도 용기를 낸 결정이었다.

조직위를 포함한 여러 단체는 적극적으로 사건에 대응하는 과정에서 혐오 세력이 저지른 행위를 명백한 고의적 폭력으로 규정했으며, 무엇보다 피해자를 혼자 놔두지 않겠다는 공동체적 가치를 실현했다.

# 295 퀴어, 난민 지위를 인정받다

2022년 10월 18일, 서울고등법원에서 말레이시아 출신 트랜스젠더가 난민 지위를 처음으로 인정받았다. 한국 사회가 난민 지위를 거의 인정하지 않는다는 점에서 매우 중요한 판결이었다. 말레이시아에서 태어난 원고는 2014년 여성으로 보이는 옷을 입은 혐의로 체포돼 벌금형과 구금형을 받았다. 이슬람 관습법인 샤리아에 따르면 태어날 때 남성으로 지정받은 이가 여성스러운 복장을 하거나 동성애를 하면 처벌을 받았다. 2016년 한국에 입국한 원고는 체류 기간 중에 난민으로 인정해 달라고 신청했다. 난민 신청이 받아들여지지 않자 소송을 했고, 1심은 근거가 없다고 판단하지만 2심은 '특정 사회 집단의 구성원'에 해당한다며 난민으로 인정했다.

대법원이 난민으로 인정할 수 없다고 결정한 판결을 파기 환송심에서 다시 인정한 사례도 있다. 2018년에 사건을 맡은 파기 환송심 재판부는 원고를 난민으로 인정하는 23쪽짜리 판결문을 작성했다. 2013년 12월 우간다에서 동성애 혐의로 체포된 원고가 보석으로 풀려나 살해 등 위협에 시달리던 중 한국으로 와 난민 신청을 한 점, 처음부터 일관되게 자기를 양성애자로 주장한 만큼 세부 사항에서 진술이 일치하지 않는 부분은 의사소통이 어려운 탓일 수 있다는 점을 인정했다. 2011년에는 나이지리아 출신 동성애자 난민이 서울행정법원에서 난민 지위를 인정받았다.

이런 전향적인 판결은 그냥 나오지 않았다. 소수자난민인권네트워크 등 퀴어-난민 의제를 중심에 둔 활동이 계속 이어지는 한편 난민 단체와 이민자 단체들도 퀴어 단체를 연대 대상으로 삼기 시작하면서 거둔 소중한 성과였다.

한편 2011년 양심적 병역 거부를 한 한국 동성애자가 군 복무 중 괴롭힘을 당할 수 있다는 사유가 인정돼 캐나다에서 난민으로 인정받았다. 2013년에는 오스트레일리아도 양심적 병역 거부를 한 동성애자를 난민으로 인정했다.

# 296 광주퀴어문화축제, 인권 도시에 질문하다

2018년 10월 21일 제1회 광주퀴어문화축제가 광주시 동구 5·18민주광장에서 열렸다. 광주는 민주화 운동에서 가장 중요한 도시다. 게다가 2018년 10월 18일부터 21일까지 나흘간 김대중컨벤션센터에서 세계인권도시포럼이 열리고 있었다. 광주퀴어문화축제 조직위는 참가자가 많지 않겠다고 짐작하지만 1500명이 넘는 사람들이 모였다. 혐오 세력도 많이 결집했다. 행사장 주변을 둘러싼 채 계속 혐오 발언을 했고, 행사장으로 들어가려는 참가자와 벗어나려는 참가자를 공격해서 몇몇 사람이 피해를 봤다. 혐오 세력이 길을 막아서 퍼레이드 경로도 수정해야 했다. 이 소식을 들은 세계인권도시포럼 참가자들이 축제를 지지하는 성명을 발표하지만 눈앞에서 벌어지는 폭력을 멈출 수는 없었다.

2019년 제2회 광주퀴어문화축제는 금남로4가 일대에서 열렸다. 지역 일간지 《전남일보》가 제호를 6색 무지개로 바꾸는 등 축제를 적극 지지하는 여론이 높은데도 혐오 세력이 몰려들어 행사를 방해했다. 광주퀴어문화축제를 둘러싸고 벌어진 사건들은 민주화 운동과 인권 도시가 퀴어를 만나는 방식에 관한 어려운 질문을 제기했다.

광주퀴어문화축제도 코로나19 때문에 중단됐다. 그렇지만 광주퀴어문화축제는 광주 시민단체들이 꾸린 혐오문화대응네트워크가 주축이어서 2022년에는 11월 21일에서 11월 26일까지 '광주퀴어문화주간'을 진행하는 형태로 대체됐다. 축제가 아니라 문화주간 형태를 취했지만, 퀴어를 향해 날아드는 혐오를 결코 보고만 있지는 않으려는 노력이기도 했다. 무엇보다 광주퀴어문화축제 조직위원회와 혐오문화대응네트워크는 퀴어 활동가뿐 아니라 지역 여성 단체 활동가와 페미니스트 활동가들이 모인 연대-결합체였고, 그래서 다양한 혐오에 대응하는 바탕을 품고 있었다.

# 297 퀴어와 유튜브, 그리고 '큐플래닛'

유튜브는 많은 퀴어에게 새로운 가능성으로 다가왔다. 기성 미디어 같은 편집 과정을 거치지 않고 하고 싶은 말을 거침없이 할 수 있기 때문이었다. 퀴어 유튜브 중 무엇이 최초인지, 가장 인기 있는 유튜버는 누구인지 명확하게 구분하기는 어렵다. 너무 많아 모든 이름을 다 적을 수는 없어서 일부만 꼽아 봐도, 이열, 수낫수, 다나나, 김철수, 망원댁, 은초비, 풍자, 쌀이었어요, 파니, 어링, 김똘똘, 조송, 예지주, 우유커플, 발라TV, 센치십사, 단하나, 토돌이네, 저스트줄리엣, 선율, 남규, 풀포유, 레드큐, 위엔데이, 퍼플큐 등 많은 채널이 인기를 끌거나 끌고 있다. 퀴어 유튜버들은 구독자 사연을 받아서 읽은 뒤 나름대로 조언하거나, 자기만 알 수 있는 개인사와 일상을 다루거나, 특정한 콘셉트를 정해 콘텐츠를 제작한다.

비온뒤무지개재단이 론칭한 《큐플래닛》이 2019년 3월 15일 첫 영상을 공개했다. 《큐플래닛》은 열린사회재단에서 지원을 받아 진행한 앨라이 캠페인의 하나로, 유튜브를 활용해 퀴어에 관련된 정보와 지식을 제대로 제공하자는 목표 아래 진행한 사업이었다. 《큐플래닛》은 초창기에 은하선과 신필규가 함께 진행하는 〈퀴어 업데이트〉, 손희정이 진행하는 〈손희정은 TMI〉, 특별 행사에 관련된 〈Q_side〉를 주요 프로그램으로 내세웠다. 그 뒤 권김현영, 손희정, 신필규가 함께하는 〈권손징악〉이라는 정치 비평 프로그램을 추가하고 손희정, 은하선, 신필규가 함께하는 〈아찔한 무지개〉를 론칭하는 등 방송 콘텐츠를 계속 변주하고 확장했다. 또한 〈덜지니어스〉를 송출하기도 했다. 2023년부터는 케이 팝을 퀴어링하는 영상을 제작했다.

298

## 방대한 퀴어 미술의 한 흔적

퀴어 문화의 다양한 흐름 중 하나는 미술이다. 〈작전 L〉은 그 역사를 대표하는 중요한 기록이다. 또한 한국 퀴어 역사와 미술적 재현, 젠더 규범에 관한 질문을 담아 퀴어 미술의 정치학과 방법론을 탐색한 정은영의 〈여성국극 프로젝트〉(2009~ )는 국립현대미술관이 주는 '올해의 작가상 2018'을 받았다.

서울퀴어콜렉티브는 2010년대 중반부터 종로라는 지역과 공간을 전시하는 작업을 진행하고 《타자 종로3가/종로3가 타자》를 출간하기도 했다. '여성, 괴물'팀은 괴물성과 창조성을 탐색하는 작업을 진행하면서 2020년 〈씨 뿌리는 여자들 Spread Her Seeds〉 전시회를 열어 그동안 쌓인 고민과 성과를 공유했다.

제람이나 김경묵은 군대와 병역에 깃든 폭력성을 드러내는 전시를 여러 차례 열었고, 이정은과 양진아는 2021년에 이주를 키워드 삼아 퀴어 여성의 소속과 위치성을 질문했다. 문상훈은 레즈비언 정체성을 긍정하는 작업에서 시작해 젠더 범주 자체를 다시 질문하는 작업으로 나아갔다. 2021년에는 최하늘이 기획하고 게이 남성 작가 9명이 참가한 전시 〈Bony〉가 열려 게이의 몸을 다뤘다. 한편 이경민은 2022년에 퀴어 잡지 뒤표지를 전시해서 잡지를 다시 한 번 퀴어링하고 기록의 의미를 미술사에 배치하는 작업을 했다.

한편 허니듀(듀 킴)는 퀴어와 비디에스엠(BDSM) 사이의 관계, 그리고 폭력과 위험과 쾌락 사이의 관계를 탐색하며 퀴어의 의미를 확장했다. 최장원의 〈HIV 감염 7주년 축하 RSVP〉(2021)나 김재원의 〈로맨틱 판타지〉(2021) 같은 작품은 에이치아이브이 감염을 사랑과 퀴어에 연결했고, 전나환은 2022년 전시 〈범람하고, 확장하는 Q〉에서 퀴어와 앨라이의 옆모습을 전시하며 이미지와 말 사이의 관계를 재배치하려 했다. 그리고 퀴어 미술에는 여기에 언급하지 못한 더 많은 작품과 전시, 작가가 있다.

# 2 9 9 신혼여행 휴가 받은 레즈비언 커플, '모모'가 되다

2019년 9월 2일, 트위터에 '한국 레즈비언인데 회사에서 신혼여행 휴가랑 경조금 신청 승인 받은 썰 푼다!!!!!!!!!!!!!!'는 글이 올라왔다. 느낌표 개수만큼이나 기쁜 마음이 드러나는 이 한 줄은 글쓴이가 한 예상보다 훨씬 더 세상에 큰 영향을 끼쳤다.

자기를 '한국 국적 유부녀 레즈비언'이라고 묘사하기를 즐기는 김규진은 연애를 하고, 결혼을 결심하고, 2019년 봄에 미국 여행을 가는 김에 뉴욕에서 혼인 신고를 했다. 부모님과 지인들을 부르는 결혼식은 11월에 한국에서 할 예정이었다. 우연히 회사에 결혼에 관련해 내야 하는 서류가 청첩장뿐이라는 사실을 안 뒤 인사과에 신혼여행 휴가와 경조금 지급 신청서를 냈고, 아무 문제 없이 바로 승인됐다. 이 소식이 트위터를 타고 알려지자 언론에서 인터뷰 요청이 쇄도했다. '숨 쉬듯 커밍아웃을 했다'는 표현대로 김규진은 《한국방송》 〈뉴스 9〉 인터뷰까지 감당했다.

2020년에는 지금까지 겪은 이야기를 담아 에세이 《언니, 나랑 결혼할래요?》를 냈다. 그리고 2022년 12월, 김규진은 벨기에에 있는 한 난임 병원에서 정자를 기증받아 임신한 소식을 다시 세상에 들려줬다. 이 소식을 전하면서 그때까지는 공개 커밍아웃을 하지 않은 김세연도 함께 인터뷰를 하고 방송에 출연했다.

2023년 8월 30일, 두 사람의 딸 '라니'가 세상에 태어났다. 부부라는 사실을 온 천하가 알고 있는데도 김세연은 직장에서 '배우자 출산 휴가'를 받지 못했다. 법적 혼인 관계에만 적용된다는 규칙 때문이었다. 두 사람은 동성 결혼 법제화를 위한 활동을 펼치고 있으며, '부모'가 아니라 '모모'로서 살아가는 이야기를 《한겨레》에 〈김규진의 모모일기〉로 연재했다.

# 300 케이 팝을 드랙하다

2019년 9월, 《엠넷(Mnet)》 예능 프로그램 〈컴백전쟁: 퀸덤〉에 출연해 경연을 펼친 그룹 에이오에이(AOA)는 마마무가 부른 히트곡 〈너나 해〉를 커버한다. 〈컴백전쟁: 퀸덤〉은 인기 걸 그룹을 모아 한 날 한 시에 컴백한다는 콘셉트로, 그날은 커버 곡 경연을 진행하는 날이었다. 에이오에이는 자기들에게 익숙하지 않은 방식을 골랐다. 턱시도를 입은 멤버들이 노래 중간에 드랙퀸 여러 명하고 함께 보깅 댄스를 선보이는 순간은 경연 순위(6팀 중 3위)에 상관없이 큰 화제가 됐다. 익숙한 문법을 반복한다는 평가를 받던 에이오에이는 〈너나 해〉 커버 무대에서 드랙을 채용해 익숙한 성역할 문법에 질문을 던지고 검은색 턱시도를 착장해 새로운 모습을 보여줬다. 무엇보다 이 무대는 보깅 댄스와 드랙이 다시 주목받는 계기가 됐다. 또한 여자 아이돌이 그룹 콘셉트나 무대 재현 방식에서 고를 수 있는 선택지의 범위를 확장했다.

에이오에이 사례뿐이라면 이런 시도가 우발적 기획에 그칠 수 있었지만, 얼마 안 지나 브라운 아이드 걸스가 오랜만에 새 앨범을 발매했다. 리메이크곡으로 채운 이 앨범에 실린 〈원더우먼〉 뮤직비디오에 유튜브 채널 〈네온밀크〉가 함께했는데, 그런 덕분에 가사를 퀴어하게 해석할 수 있는 장이 마련됐다.

에이오에이가 펼친 무대에 드랙 공연자로 참여한 이들 중 한 명은 양육자에게 자기가 트랜스젠더라고 커밍아웃하는 방송을 진행했다. 이 무대는 오랫동안 케이 팝을 향유한 퀴어 팬들이 케이 팝을 퀴어하게 다시 해석해 온 방식을 대중적으로 확장할 수 있는 계기가 된 동시에 현실의 퀴어와 케이 팝이 만나는 장이 됐다.

3
0
1

## 퀴어락을 전시하다

2009년 설립한 퀴어락은 아카이브로서 내실을 다지는 작업을 중시했다. 물론 서울퀴어문화축제에서 독자 전시회를 하거나 부스 내부 전시회를 열기도 했다. 그래도 퀴어락은 자료를 수집하고 보존하는 작업을 중시하면서 아카이브로서 시대를 기록하는 기능에 충실하려 했다. 이런 방향은 2019년 합정지구에서 연 전시회를 거치며 바뀌기 시작했다.

퀴어락은 에이펙스아트(apexart)가 지원한 기금을 바탕으로 이강승과 합정지구가 기획한 〈퀴어락〉 전시를 합정역 부근에 자리한 전시관 합정지구에서 2019년 10월 6일부터 2019년 11월 4일까지 진행했다. 이 전시는 퀴어락이 처음으로 다른 공간으로 옮겨서 진행한 행사이자 연인원 1000명이 넘는 관람객이 찾은 인기 전시였다. 전시관이 주택가에 자리한 덕분에 트랜스젠더가 여럿 출연하는 방송을 계속 노출하면서 동네 주민이 생활 공간에서 우연히 퀴어를 만나는 장면을 연출할 수 있었다.

퀴어락은 2020년 구찌에서 기획하고 대림미술관에서 진행한 전시 〈이 공간, 그 장소: 헤테로토피아〉에 참가한 이강승을 거쳐 다시 한 번 외부로 나갔다. 이번에는 실물보다는 스캔 이미지가 주된 형태였는데, 퀴어락 소장 단행본, 연속 간행물, 논문 등의 표지가 대림미술관 복도와 계단 벽면을 채웠다. 건물 곳곳에 퀴어락 서지류 표지를 전시하면서 코로나19 시대에 퀴어 전시에 관심이 없거나 퀴어 작품을 관람할 계획이 없던 이들도 퀴어락 기록물을 마주할 수 있게 했다.

퀴어락 전시 작업은 퀴어락 기록물이 지향하는 방향을 보존에서 전시로 전환하는 계기인 동시에 퀴어 기록물이 공공장소에서 안전하게 많은 사람을 만나는 또 다른 방법이 됐다.

## 302 드랙킹 공연, 다시 부흥하다

드랙 공연은 대체로 드랙퀸을 중심으로 부흥했고, '트랜스(Trance)' 같은 클럽에서 열리는 드랙 공연도 드랙퀸이 중심에 있었다. 반면 드랙킹 공연은 2000년대 초반부터 인기를 끌기 시작해 클럽 공연부터 인권 단체 축하 공연 등을 진행했다. 그중 장군, 제11회 서울퀴어문화축제 축하 무대에서 공연한 싼초와 싼티(버리) 등이 유명했다. 높은 인기에 견줘 명맥이 끊어질 듯하던 드랙킹 공연은 2010년대 중후반 들어 퀴어-페미니즘 문화 운동을 구성하는 중요한 형태로 부흥했다.

아장맨, 존존슨, 아키라 같은 드랙킹 퍼포머들은 개인적 드랙킹을 넘어 드랙킹을 하나의 문화로 만들려 노력했고, 이런 노력은 2010년대 후반 올 헤일 더 킹, 하우스 오브 허벌, 드랙킹 콘테스트 같은 공연과 무대로 결실을 맺었다. 특히 2018년 10월 9일 한글날에 열린 제1회 드랙킹 콘테스트로 본격 부흥하기 시작했는데, 이런 흐름은 한동안 이어져서 여러 드랙킹 퍼포머가 등장해 다양한 의미와 맥락을 창출하는 공연을 진행했다. 또한 미국 등에서 시작된 볼 문화에 착안해 허볼이라는 볼을 만들어서 진행한 행사가 하우스 오브 허볼이었다. 이런 모든 작업은 드랙킹을 중심에 두고 젠더 규범성에 의문을 제기한다는 목적 아래 진행됐다. 그러면서도 그런 과정을 유희로 만들려는 노력을 함께했다.

이어서 〈드랙×여성국극 춘향전〉이라는 기획을 바탕으로 춘향전을 드랙킹 공연으로 재해석한 뒤 관객 대화를 활용해 한국 고전에 담긴 성폭력 등을 문제 삼았다. 또한 두 차례에 걸쳐 진행한 〈DRAG×남장신사〉 공연에서 명우 형과 색자 등 퀴어 선배하고 함께하며 드랙 공연을 통해 한국 퀴어 운동의 역사성을 현재화했다.

## 303 퀴어의 마음을 흔드는 영화들

2010년대에는 퀴어의 마음을 흔드는 영화가 많았다. 2014년에는 압델라티프 케시시 감독의 〈가장 따뜻한 색, 블루〉가 개봉했다. 2016년은 레즈비언 영화로 꽉 찬 해였다. 먼저 2월에 개봉한 토드 헤인즈 감독의 〈캐롤〉이 레즈비언들 마음을 뒤흔들었고, 6월에는 레즈비언 소설 《핑거스미스》를 각색한 박찬욱 감독의 〈아가씨〉가 화제를 모았으며, 11월에는 독립 영화이지만 흥행 돌풍을 일으킨 이현주 감독의 〈연애담〉이 개봉했다.

2019년에는 〈캐롤〉의 뒤를 이어 겨울이면 떠오르는 임대형 감독의 레즈비언 영화 〈윤희에게〉가 등장한다. 임 감독은 청룡영화제에서 감독상과 각본상을 받으면서 이런 소감을 밝혔다. "〈윤희에게〉는 퀴어 영화입니다. 지금은 엘지비티큐 콘텐츠가 자연스러운 2021년입니다. 그게 정말 기쁘고요." 2020년에는 프랑스 출신 셀린 시아마 감독의 〈타오르는 여인의 초상〉이 개봉하고 한제이 감독의 한국 독립 영화 〈담쟁이〉가 나왔다. 남성 동성애를 다룬 화제작은 배리 젠킨스 감독의 〈문라이트〉(2017), 루카 구아다니노 감독의 〈콜 미 바이 유어 네임〉(2018), 이동은 감독의 〈환절기〉(2018)가 있다. 아동기 성별 정체성을 다룬 셀린 시아마 감독의 〈톰보이〉가 2020년에 개봉해 호평을 받았다. 이 밖에도 퀴어 영화로 읽을 수 있는 작품은 장진 감독의 〈하이힐〉(2014), 정주리 감독의 〈도희야〉(2014), 발레리 페리스 감독과 조나단 데이톤 감독의 〈빌리진 킹: 세기의 대결〉(2017), 이경미 감독의 〈비밀은 없다〉(2016), 요르고스 란티모스 감독의 〈더 페이버릿: 여왕의 여자〉(2019), 김보라 감독의 〈벌새〉(2019) 등이 있다.

영화 제작자 브리이언 리가 주도하고 서울퀴어문화축제조직위원장 양선우가 힘을 합쳐 2019년부터 부산국제영화제에 비공식 부문으로 '퀴어 카멜리아 상'이 제정됐다. 베를린 영화제, 베네치아 영화제, 칸 영화제는 각각 최고의 퀴어 영화에 테디베어 상, 퀴어 사자상, 퀴어 종려상을 주는데, 부산국제영화제는 부산을 상징하는 동백꽃을 넣어 '퀴어 카멜리아 상'이라 이름 지었다.

## 3 0 4 퀴어 연구자들 모이다

한국 퀴어 연구자들은 퀴어 인권 운동의 시작과 함께했다고 해도 지나치지 않다. 한국 최초의 대학 퀴어 동아리를 만든 사람도 퀴어 이론과 섹슈얼리티 이론을 연구했으며, 대학원에서는 당사자 여부에 무관하게 다양한 학제에서 퀴어 연구가 끊이지 않고 계속됐다. 퀴어 커뮤니티 성원이면서 학계에 몸담은 연구자가 많이 등장하지만 개별적 친분을 넘어 상징적 대표성을 띠는 모임은 생기지 않았다.

한국에서 퀴어 연구가 등장한 지 사반세기 정도가 지난 2019년에 '성소수자 대학원생/신진연구자 네트워크'(성연넷)가 정식 결성됐다. 퀴어 연구자 중에는 대학원생 신분인 사람이 많았고, 대학원 체제에 몸담고 있지 않더라도 연구자로 살아가는 이들도 많았다. 이런 이들을 모두 포괄하려 노력하면서 성연넷은 성소수자 인권포럼에서 '퀴어-젠더 연구포럼'을 전담하며 자리를 잡았다. 또한 2019년 11월 22일부터 정기 모임을 시작해 월례 세미나, 워크숍 등 자체 프로그램을 정기적으로 진행했다. 연구 중이거나 학위 논문을 쓰는 연구자가 논문을 발표하고 피드백을 받는 등 퀴어 연구자들이 모여 충분히 논의할 수 있는 장이 됐다.

2024년 7월 19일, 성연넷은 제1회 학술대회 '한국 성소수자/퀴어 연구의 과거, 현재, 미래'를 개최했다. 한국 최초로 열린 퀴어 연구 학술 대회로, 이제 퀴어 연구가 독자적인 학술 대회를 꾸릴 정도로 성장한 현실을 보여 주는 행사였다. 기획 세션을 포함해 9개 세션에 14개 개별 발표와 워크숍 등으로 진행했는데, 발표 신청자가 몰려 선정되지 못한 이들이 많을 정도로 인기를 끌었다. 행사 당일에도 자리가 부족할 정도였다. 한국에는 개별적으로 흩어져서 지지를 못 받는 퀴어 연구자가 여전히 많다. 성연넷은 이런 이들을 묶어 한국에서 퀴어 연구를 이어 갈 수 있게 하는 중요한 구실을 한다.

DB-0002740

## 305 '경남퀴어문화축제'에서 '부울경퀴어웨이브'로

'부울경'이나 '부산경남' 같은 표현을 흔히 쓴다고 해서 경상남도가 부산에 부속된 지역은 아니다. 경상남도와 부산시는 문화적 배경과 지리적 환경이 서로 다르다. 부산퀴어문화축제가 있다고 해서 경남퀴어문화축제가 열리지 못할 이유가 없다는 말이다. 다만 도 단위 광역 지자체가 대체로 그렇듯 경상남도도 꽤 넓기 때문에 축제 개최 장소는 언제나 논란일 수밖에 없다. 그렇다고 해도 한국이 곧 서울은 아니듯 경남에서 퀴어문화축제가 열리는 일은 축제를 확장한다는 점에서 중요한 시도다.

경남퀴어문화축제는 2019년 11월 30일 '무지갯빛 해방물결, 완성은 경남이다!'를 슬로건으로 경상남도 창원시 성산구 창원광장 남측 도로에서 열렸다. 이날 북측 도로에서는 혐오 세력이 반대 집회를 크게 열어 충돌 가능성도 있었다. 다행히 큰 충돌 없이 많은 인원이 참여해 행사와 퍼레이드를 진행했다. 또한 혐오 세력이 내건 문구 '퀴어망제'는 그 뒤 경남퀴어문화축제를 대표하는 중요 슬로건이 됐다. 2020년에는 코로나19 때문에 제2회 경남퀴어문화축제 '무지개 88'을 온라인으로 개최했고, 2023년 11월 25일에는 창원광장 남측 도로에서 제3회 경남퀴어문화축제 '퀴어망제 시즌3—무지개로 물들여라'를 개최했다.

2024년 11월에 예정된 제4회 축제는 날씨 따뜻할 때 열기로 하고 연기했고, 2024년 8월 18일에는 단체 이름을 '부울경퀴어웨이브'로 바꿨다. 경남과 부산과 울산은 생활 기반과 직장 등을 공유하고 있어서 부울경 메가시티를 출범시키자는 논의가 나올 정도였다. 그런 상황을 반영해 퍼레이드 중심 축제를 벗어나 실질적 생활권을 중심으로 행사 이름을 다시 정했고, 이런 변화를 기반으로 새로운 퀴어 문화를 만드는 단체로 확장할 수 있었다.

# 306 인권조례, 혐오에 떠밀려 망가지다

2010년부터 전국 곳곳에서 거세게 반대하는 혐오 세력들을 뚫고 인권조례가 어렵게 제정됐다. 그렇지만 조직적인 반대 운동이 시작되면서 '동성애를 조장한다'는 이유로 인권조례가 폐지되거나 개악됐으며, 새롭게 제정하려는 시도가 무산되기도 했다.

앞으로 닥칠 어려운 상황에 대비하기 위해 비온뒤무지개재단은 2019년 12월 19일에 〈전국 인권 조례 실태 조사〉를 발표했다. 조사 결과에 따르면 2012년부터 조례가 폐지, 개악, 제정 무산된 사례는 118건에 이르며, 그 뒤 더 늘어나고 있다. 따라서 '보수 개신교회를 배경으로 하는 조직화된 반대 운동이 없으면 조례가 제정된다'는 사실을 알 수 있다. 인권조례뿐 아니라 '민주시민교육조례', '문화다양성조례', '학생인권조례', '혐오 및 차별예방조례', '성평등조례', '청소년노동인권조례' 등 다양한 인권 관련 조례가 모두 똑같은 논리에 떠밀려 제정이 무산되는 현실은 더 심각하다. 성소수자 인권을 명시적으로 규정하는 조항이 없어도 인권, 민주, 다양성, 평등, 차별, 노동 같은 단어가 조금이라도 들어가면 동성애를 조장할 염려가 있다며 조례를 반대하거나 폐지하는 실정이다. 더구나 학생 인권을 지나치게 보호하는 바람에 학생들이 교사를 괴롭힌다는 인과 관계 없는 주장이 힘을 얻으면서 인권 조례는 더욱 거센 공격을 받고 있다.

2024년 충청남도학생인권조례는 폐지안이 도의회를 통과하고, 교육감이 재의 요구를 하고, 재발의하고, 다시 가결되는 등 네 차례나 표결이 반복된 끝에 2024년 4월 24일에 최종 폐지됐다. 충남교육청은 대법원에 '폐지안 집행정지 신청'을 냈고, 6월 10일에 대법원은 본안 판결이 나올 때까지 학생인권조례의 효력을 다시 살리는 결정을 내렸다. 서울특별시학생인권조례도 비슷한 과정을 거쳐 폐지되지만 2024년 7월 23일에 대법원에서 임시로 효력을 살렸다.

307

## 지역 성소수자 인권 운동은 계속 이어진다

1990년대 153 전화 사서함 서비스를 기반으로 왕성하게 활동하던 지역 모임은 2000년대에 인터넷이 발전하면서 약화되다가 2010년대 들어 되살아났다. 2012년에는 대구경북성소수자인권모임 '대소인'이 결성됐고, 2015년에는 대구에 기반을 둔 '무지개인권연대'가 창립했다. 2015년에 생긴 울산대학교 성소수자 동아리 '디스웨이(THISWAY)'는 점점 규모를 키워 2018년에는 울산 지역 모임이 됐다. 2018년에는 울산청소년성소수자모임 '다채로운'이 적극적인 활동을 펼쳤다. 같은 해 결성된 청소년 성소수자 지지모임 '영남권'은 2023년에 영남지역 성소수자 지지모임 '영남퀴어'로 변신해서 부산, 대구, 양산, 창원, 포항 등을 돌면서 성소수자 가시화 거리 캠페인을 펼치고 있다.

부산성소수자인권모임 큐아이피(QIP)도 2013년에 부산대학교 동아리로 출발해서 2016년 5월에 부산 지역 모임으로 확대, 개편했다. 청소년인권행동 아수나로 부설 기관인 '부산어린퀴어센터'도 '부산지역 학생 성소수자 실태조사'를 진행하는 등 활발히 움직이고 있다. 2016년에 만들어진 전북대학교 성소수자 모임 '열린문'은 2018년에 동아리 회원 명부를 제출하지 않는다는 이유로 동아리 자격을 상실하는 사건을 겪었는데, 이런 탄압에 맞서 전라북도 성소수자 모임으로 활동 범위를 넓혔다. 대전에서는 2015년 성평등 조례 개악에 대응하는 과정에서 뜻을 같이한 사람들이 모여 2016년에 대전 성소수자 인권모임 '솔롱고스'를 발족했다.

대구, 부산, 제주, 광주, 전주, 인천, 창원(경남), 춘천, 대전 등에 퀴어문화축제조직위원회가 꾸려져 지역에서 활동하는 인권, 여성, 시민, 문화 단체들하고 연대 활동을 펼치는 움직임도 주요한 지역 운동이다. 한국에서 활동하는 성소수자 인권 단체 실태는 비온뒤무지개재단이 두 차례에 걸쳐 조사해 2018년과 2020년에 〈한국 성적소수자 인권운동단체 현황 실태조사〉 보고서를 냈다.

## 308 2010년대 성소수자 관련 여론 조사를 읽다

아산정책연구원이 2010년과 2014년에 실행한 설문 조사에 따르면 동성애에 거부감이 없다는 대답은 2010년 15.8퍼센트에서 2014년 23.7퍼센트로 올랐고, 동성결혼에 거부감이 없다는 대답도 16.9퍼센트에서 28.5퍼센트로 높아졌다.

2013년 5월 22일, 미디어리서치에 따르면 동성애를 비정상적인 사랑이라고 생각한다는 대답이 73.8퍼센트로, 정상적인 사랑이라고 생각한다는 21.4퍼센트보다 3배가량 높게 나왔다. 동성혼을 법적으로 허용해야 하는지 묻는 질문에는 반대가 68퍼센트이고 찬성이 32퍼센트였다. 한국갤럽도 2001년에 이어 2013년과 2014년에 동성 커플이 결혼할 권리를 갖는 문제에 관해 물었는데, 2013년에 25퍼센트이던 찬성이 2014년에 35퍼센트로 증가했다. 외국 여론 조사 기관인 '퓨 리서치'가 2013년에 한 조사에서는 동성애를 사회적으로 수용해야 한다는 대답이 39퍼센트로 나왔는데, 2007년 조사에서 기록한 18퍼센트에 견줘 무려 21퍼센트포인트나 증가한 수치였다.

2017년 6월 두잇서베이가 전국 10세에서 99세까지 남녀 3932명을 대상으로 성적 지향에 관해 물은 결과에 따르면, 이성애자 91.8퍼센트, 동성애자 2.8퍼센트, 양성애자 5.4퍼센트였다. 남성만 보면 동성애자 3퍼센트, 양성애자 2.7퍼센트였고, 여성만 보면 동성애자 2.7퍼센트, 양성애자 7.3퍼센트였다. 연령별 결과도 흥미로운데, 동성애자는 10대(3.1%)를 비롯해 20대와 30대(3.3%)에 높았다가, 40대(1.6%)에 떨어졌고, 50대 이상(2.4%)에서 다시 올랐다. 양성애자는 10대에서 16퍼센트로 가장 높았고, 20대는 11.6퍼센트, 30대는 2.8퍼센트였다. 차별금지법 제정은 공감(45.9%), 보통(33.1%), 비공감(21%)으로 나타났다.

한국행정연구원이 실행한 '2018년 사회통합실태조사'에서 성소수자를 나의 이웃, 직장 동료, 친구 등으로 받아들일 수 있다고 답한 사람은 2013년 37.9퍼센트에서 2018년 51퍼센트로 올랐다.

6부

# 무지개색 미래를 향한 여정

2020년대

# 309 농인퀴어 운동이 시작되다

한국 퀴어 인권 운동은 자주 장애 인권 운동하고 연대하며 다양한 일을 함께해 왔다. 그런 과정에서 '한국농인LGBT+'(한농퀴)는 2019년 12월 첫 모임을 시작했다. 농인 퀴어 당사자와 앨라이가 함께하는 자리였고, 농인 일곱 명, 코다 두 명, 통역 활동가 두 명, 청인 한 명이 참석했다. 2020년부터 '한국농인LGBT(준)'을 설립할 준비를 하면서 퀴어 관련 한국수어를 개발하기 시작했다. 농인 커뮤니티에서 쓰는 퀴어 관련 수어가 혐오를 담고 있는 사례가 많아서 '동성연애'를 '동성애'로 바꾸듯 퀴어 관련 수어를 바꾸는 작업은 모든 퀴어에게 중요했다.

한농퀴는 농사회와 청사회를 넘나들며 한국수어와 한국구어 사이를 통번역하고 서로 정보를 교류할 수 있는 장을 마련하려 했다. 전국 여러 퀴어문화축제를 비롯해 퀴어에 관련된 연극, 공연, 행사 등에 한농퀴 성원이 참가해서 수어 통역을 했다. 비장애인 중심 진행 방식이 지닌 문제점을 고민한 결과이자 수어를 우리 삶의 기본값으로 만들려는 노력이었다. 수어가 필수 요소로 자리 잡으면서 청인도 공연을 새롭게 이해할 수 있는 기회를 얻었다.

한농퀴는 《농인성소수자×한국수어》라는 자료집을 발간하고, 단체를 상징하는 배지를 판매하고, 꾸준히 수어를 배울 수 있는 장을 마련했다. 2024년 6월에는 '농인성소수자 실태조사 보고회'를 열었고, 《농인성소수자와의 대화를 제안하다》를 발간했다. 한농퀴는 이 밖에도 계속해서 다양한 정치적 의제에 참여하면서 연대와 논의의 장을 확장하는 활동을 이어가고 있다.

# 310 튤립연대, 학교 밖 퀴어의 또 다른 배움

2017년 활동을 시작한 '청소년 트랜스젠더 인권모임 튤립연대'는 한국에서 활동하는 여러 트랜스젠더 인권 단체 중 청소년 트랜스젠더 의제를 중심으로 다루는 곳이다. 청소년 트랜스젠더의 지위는 성인 트랜스젠더보다 훨씬 불안정한데, 역설적으로 성인 트랜스젠더가 쓴 자서전이 이런 상황을 분명하게 증언한다. 하리수와 김비부터 박에디의 《잘하면 유쾌한 할머니가 되겠어》(2023), 다채롬의 《다채로운 일상》(2022), 데이지의 《페이보릿 데이지》(2020), 말랑이 쓴 《내 이름은 말랑, 나는 트랜스젠더입니다》(2020)와 샤이앤이 쓴 《내 이름은 샤이앤, 나는 트랜스젠더입니다》(2020), 약과의 《트랜스젠더도 마라탕을 좋아하나요?》(2022)에 이르기까지 트랜스젠더가 이야기하는 자기 기록은 청소년 시기, 특히 중고등학교에서 겪은 괴롭힘이나 젠더 표현을 대상으로 한 처벌과 규제 등으로 가득하다. 그런 일들은 학교를 그만두게 하는 직접적 원인이 되고 스스로 원하는 삶이 무엇인지를 상상하기 어렵게 했다. 무엇보다 학교를 떠나는 결정은 공부가 싫거나 학교 아닌 다른 삶의 가능성을 원해서 자발적으로 선택한 경로가 아니었다. 학교에 만연한 이원 젠더 규범에 시달리고 방치된 끝에 강요된, 생존을 위한 탈학교였다. 그래서 학교를 벗어난 청소년 트랜스젠더에게는 공부를 이어 갈 새로운 공간이 필요했다.

청소년 트랜스젠더에게 집중하는 단체가 필요하다고 깨달은 튤립연대는 청소년이 학교에서 겪는 차별을 다루고 인터뷰하는 등 여러 활동을 했다. 또한 직간접으로 탈학교를 한 이들을 위한 배움터인 무지개교실을 열었다. 시민단체 '노동·정치·사람'이 주관하는 무지개교실은 검정고시를 준비하는 퀴어를 위한 수업뿐 아니라 다양한 교양 강의를 개설해 학교 밖에서도 계속 공부할 수 있는 장을 마련했다. 차별하는 학교를 벗어나 있을 뿐 공부를 그만두고 싶지는 않은 청소년들에게 무지개교실은 학교 밖에도 대안적 안전망이 있다는 사실을 알려 준다.

3
1
1

## 다양성을 향한 지속 가능한 움직임, 다움

2019년 8월 19일부터 8월 23일까지 서울에서 열린 제8회 국제성소수자협회 아시아지부(ILGA ASIA) 컨퍼런스 조직위원회에 참여한 청년 활동가들은 청년 성소수자 활동 단체가 필요하다는 데 공감하고 '청년의 지속 가능한 삶'을 기조로 삼아 의기투합했다. 한국에는 퀴어 단체가 많고, 대학 기반 모임도 많고, 청소년에 초점을 맞춘 단체도 있는데, 청년에 초점을 맞춘 곳은 별로 없었다. 모든 청년이 대학생은 아니며, 대학을 졸업한다고 해서 청년에 초점을 맞춘 의제가 사라지지도 않기 때문이다.

2020년 1월 7일 '다양성을 향한 지속가능한 움직임 다움'이 설립됐다. 다움은 성소수자, 인권, 다양성, 청년, 지속 가능성 등을 키워드로 삼아 활동을 이어 가고 있다. 무엇보다 청소년과 성인이라는 익숙한 구분에서 벗어나 청년을 중심에 둔 점에서 한국 사회 청년 담론에 연결되는 동시에 퀴어 인권 운동과 퀴어 연구에서 청년이라는 키워드가 지닌 중요성을 부각하는 계기가 되고 있다.

다움은 여러 단체하고 협업해 공동 행사를 진행했는데, 단독 진행한 〈2021 청년 성소수자 사회적 욕구 및 실태조사 결과보고서〉는 청년 퀴어들을 둘러싼 현실을 파악할 수 있는 중요한 자료다. 이 자료는 지금도 인쇄본과 피디에프 형태로 구할 수 있다. 그 밖에도 《공무원 인권교육 프로그램 개발 연구 자료집》과 《성소수자 주거지원 매뉴얼》 발간, 코로나19 성소수자 긴급대책본부 활동 등을 진행하면서 청년 퀴어가 처한 구체적인 상황에 필요한 자료를 생산했다.

또한 다움은 청년 성소수자 여름 워크숍을 개최하고 성소수자 인권포럼에 참여하는 등 오프라인에서도 적극 활동했다. 이제 한국도 퀴어 청소년과 퀴어 노년에 퀴어 청년을 더하게 되면서 퀴어 의제를 뭉뚱그리지 않고 세세하게 다룰 역량을 지니게 됐다.

3
1
2

## 변희수 하사, "저는 대한민국 군인입니다"

2017년 2월에 전차승무 특기로 육군에 임관한 변희수 하사는 2019년 11월에 부대장 승인을 거쳐 태국에서 성전환 수술을 받았다. 주변 여러 사람이 한 증언처럼 변 하사는 강제 전역은 없다고 진심으로 믿은 듯하다. 2019년 12월 29일, 변 하사는 법원에 성별 정정 신청서를 냈다. 2020년 1월 16일, 익명의 부사관이 휴가 중 성전환 수술을 받은 뒤 여군으로 계속 복무하고 싶어한다는 기사가 나왔다.

성별 정정 관련 법원 결과를 기다리던 변 하사에게 육군은 전역 심사를 하겠다고 통보했다. 2020년 1월 21일, 국가인권위원회는 긴급구제 조치 차원으로 육군에 전역심사위원회 개최를 연기하라는 의견을 보냈다. 그렇지만 2020년 1월 22일에 열린 전역심사위원회는 군인사법 제37조 제1항 1호와 군인사법 시행규칙 제53조에 따라 심신 장애 3급으로 판정해 강제 전역을 결정했다. 변 하사는 군 복무를 계속할 수 있게 해달라고 직접 호소하는 기자 회견을 열었다.

강제 전역 뒤인 2020년 2월 10일 법원에서 성별 정정 허가가 나오고 2020년 6월 29일에 인사소청 심사가 진행됐지만, 2020년 7월 3일에 육군본부는 인사소청을 기각했다. 2020년 7월 29일에는 유엔 인권최고대표사무소(OHCHR)가 한국 정부에 '일할 권리와 성별 정체성에 기초한 차별을 금지하는 국제 인권법을 위반한 것'이라고 지적하는 편지를 보냈다. 2020년 8월 11일, 변 하사는 인사소청 기각에 관련한 행정 소송을 제기했다.

2021년 3월 3일, 변희수 하사가 집에서 숨진 채로 발견됐다. 사망일은 2021년 2월 27일로 판명됐다. 2021년 10월 7일, 대전지방법원 행정2부는 군 복무 중 여성으로 성전환한 트랜스젠더 변희수 하사를 강제 전역시킨 처분이 위법하다고 판결했다. 법원 판결에 따라 육군이 내린 전역 처분은 취소되고, 법무부는 육군에 항소 포기를 지휘했다. 변희수 하사는 순직자로 인정받아 현충원에 안치됐다.

## 313 트랜스젠더, 숙명여대 입학을 포기하다

여성이 여대에 입학하는 일이 왜 문제가 될까? 2020년 1월 30일 뉴스 통신사 《뉴시스》는 〈'남→여' 성전환 20대, 여대생 된다〉는 기사를 단독으로 보도했고, 이 기사는 인터넷 포털 사이트 메인에 노출됐다. ㄱ 씨는 2019년 8월 태국에서 성전환 수술을 하고 호적상 성별 정정까지 끝내 법적으로 여성인 트랜스여성이었다. 법적 여성 신분으로 숙명여자대학교 법학과에 합격했다. 이 기사는 크게 화제가 됐는데, 당사자는 트랜스젠더 여성도 다른 여성들하고 함께 대학에 다닐 수 있다는 사실을 알리는 한편 논란의 한가운데에 있는 변희수 하사를 공개 지지하고 싶다는 뜻이 있었다.

여론은 엉뚱한 방향으로 흘러갔다. 숙명여대를 비롯한 여러 여대에서 몇몇 재학생을 중심으로 트랜스여성 입학을 거세게 반대하고 생물학적 여성에게 안전을 보장하라며 강조하기 시작했다. 논란은 날이 갈수록 커졌고, 변희수 하사를 둘러싼 논쟁에 겹쳐서 거의 모든 언론이 이 사건을 다뤘다. 숙명여대를 비롯한 다른 여대 재학생이나 졸업생들을 포함해 많은 페미니즘 단체와 모임, 대학 동아리, 퀴어 동아리 등이 ㄱ 씨를 지지했지만, 입학을 반대하고 트랜스를 혐오하는 목소리가 더 주목받았다. 결국 ㄱ 씨는 2020년 2월 7일에 대학 입학을 포기하고 재수를 결정했다. 이 과정에서 진행한 《한겨레》 인터뷰에서는 이런 말을 했다. "신상 유출의 두려움이라던지 색출될 가능성이 있어서 앞으로 학교 생활을 감당할 수 있을지 고민이 들었다."

이 사건은 트랜스젠더의 학습권, 몇몇 페미니스트가 지속적으로 저지르는 트랜스 혐오, 페미니즘의 보수화, 트랜스젠더의 공간과 안전 문제 등 다양한 의제가 중첩돼 있었다. 무엇보다 페미니즘과 트랜스젠더 커뮤니티 사이에서만 논쟁이 되던 페미니스트의 트랜스 혐오가 널리 알려지는 계기가 됐다.

# 3 1 4 대법원, 트랜스젠더의 법적 조건을 또 한 번 개정하다

트랜스젠더 인권 운동 진영은 2006년 6월에 대법원이 만든 〈성전환자의 성별 정정 허가 신청 사건 등 사무처리지침〉을 개정하려고 다양하게 노력했다. 단번에 만족할 수준으로 개정하지는 못했지만, 지치지 않고 계속 노력한 끝에 〈사무처리지침〉은 조금씩 바뀌었다.

2020년 2월 22일, 대법원 법원행정처는 2020년 3월 16일부터 〈사무처리지침〉을 개정하겠다고 밝혔다. 먼저 2명 이상의 정신과 의사 진단서와 인우인(타인의 법률 행위에 보증을 서주는 사람)의 보증서를 요구하던 조항에서 '2명 이상'이라는 조건을 삭제했다. 또한 성전환 수술을 한 의사의 소견서 등을 필수 서류에서 참고용으로 바꾸고 관련 절차를 간소화하면서 구체적 지침을 없앴다. 2019년 개정 때 필수 서류에서 '부모 동의서'를 삭제한 사례처럼 2020년 개정도 중요한 변화였다.

2020년 개정 과정에서 우선 주목할 사항은 이런 변화가 대법원 법원행정처가 노력한 결과이기도 하지만 트랜스젠더퀴어 활동가와 개인이 끈질기게 소청하고 항의해 거둔 성과라는 점이었다. 2019년 개정에 앞서 그해 7월 인천가정법원은 부모 동의서가 꼭 필요하지는 않다는 결정을 했는데, 이런 결정이 나오는 과정에서 트랜스해방전선 등이 기울인 다양한 노력이 중요하게 작용했다. 이 조항들은 성인이 된 뒤에도 트랜스젠더의 젠더 범주에 관한 결정권이 당사자보다는 부모에게 있다는 점, 의사가 내리는 진단을 거쳐야만 성별 정정이 진정성을 인정받게 된다는 점, 무엇보다 의료 수술을 호적상 성별 정정의 필수 조건으로 가정한다는 점에서 문제였다. 〈사무처리지침〉 개정 사례는 직접적 입법 행동이 없어도 법적 조건을 바꿀 수 있다는 새로운 선례를 만든 변화였다.

## 315 퀴어 운동, 대한민국역사박물관에 전시되다

2020년 봄, 대한민국역사박물관은 2012년 개관 뒤 처음으로 상설 전시 주제를 개편하는 작업을 진행하면서 사회운동 코너를 신설하기로 했다. 그래서 시민사회 운동의 일부로 퀴어 인권 운동을 포함하기로 하고 한국퀴어아카이브 퀴어락에 기본 자료를 제공해 달라고 요청했다. 디지털 형태로 요청한 자료는 한국 퀴어 인권 운동 단체 중 시작이라 할 수 있는 초동회에서 낸 소식지였다.

대한민국역사박물관은 개편된 상설 전시가 지니는 의미를 이렇게 밝혔다. "민(民)이 주인임을 자각하고 근대적인 국가 만들기를 모색한 시기에서 출발하여 국민국가의 새로운 경계를 질문하게 된 오늘날에 이르기까지를 탐색합니다." 근대 국가 형성을 모색한 다양한 움직임, 그리고 국민국가의 경계를 질문하는 작업은 규범성 자체인 대한민국이 아니라 다양한 투쟁과 논쟁의 장으로서 국가라는 이해에 근거하고 있었다. 그리하여 독립운동부터 시작해 시민 운동, 노동 운동, 여성 운동 등 다양한 사회운동 기록이 전시됐고, 퀴어 인권 운동도 한 부분을 차지했다. 디지털 전시라 대충 보면 잘 드러나지 않는다고 해도 초동회 소식지가 전시됐고, 무엇보다 상설 전시 마지막 부분에는 학생인권조례를 만들려 한 노력과 6색 무지개 깃발을 보여 주면서 이 전시가 지닌 의의와 방향성을 분명하게 드러냈다.

한편 퀴어락은 이 전시가 지닌 의미를 살리려고 2024년 3월에 세 차례에 걸쳐 대한민국역사박물관과 국립현대미술관을 잇는 역사 투어를 진행했다. 그때 국립현대미술관 서울관에는 퀴어와 에이즈에 관련해 이강승이 한 작업이 전시 중이었는데, 그 안에는 퀴어락이 제공한 내용도 들어 있었다. 이 두 전시관을 연결하는 투어는 알게 모르게 변해 가는 한국 사회의 현재를 탐색하는 과정이었다.

# 316 코로나19와 혐오에 맞선 퀴어들

2020년 2월, 코로나19가 한국에서도 본격적으로 유행하기 시작했다. 몇몇 사건을 거치며 사회적 공포와 혐오가 고조되다가 4월 중순을 지나며 얼마간 안정됐다. 일일 확진자 수가 한 자릿수로 줄어들자 이제 코로나가 끝날 수도 있겠다는 이야기도 나왔다. 그러다 2020년 5월 6일 확진자 중 한 명이 이태원 게이 바에 간 사실이 보도되면서 분위기가 바뀌었다.

《국민일보》는 이태원에 자리한 게이 바 킹클럽 사진을 싣고 악의적으로 편집한 사진을 사용해 코로나19가 확산하는 데 퀴어가 관련이 있다는 식으로 호도하기 시작했다. 그렇지 않아도 코로나19 공포증이 고조되고 특정 종교를 비난하며 코로나19와 혐오를 연결하던 시기에 '이태원 게이 바'라는 문구는 퀴어 혐오를 부채질하기 쉬웠다. 곧이어 게이 찜질방 이야기를 담은 르포 기사도 등장하며 음습, 불결, 불안, 오염, 위험 담론을 강화했다. 많은 미디어가 퀴어 혐오를 부추겼고, 한 기독교 방송은 게이 당사자로 밝힌 사람을 인터뷰해 퀴어 혐오를 재생산했다.

파문은 20여 일에 걸쳐 250여 명이 확진되면서 일단락됐다. 코로나19가 끝난 지금 보면 매우 적은 수인데도 지나치게 화제가 되면서 혐오를 정당화한 사건이었다. 이 사건을 계기로 퀴어 혐오가 재생산되자 성소수자 단체 등은 '코로나 19 성소수자 긴급대책본부'를 만들어 활동하고 백서도 발간했다.

이태원을 둘러싼 이 사건은 질병이나 감염병을 사회적 소수자나 약자에 연결함으로써 추방하거나 비난하기 쉬운 대상을 생산하는, 한국 사회에 유서 깊은 과정을 여실히 드러냈다. 그리고 우리는 혐오란 내재한 속성보다는 사회적 생산물이라는 점을 실시간으로 확인했다.

# 317 신촌역 광고 훼손 사건

2020년 7월 31일, 성소수자차별반대 무지개행동은 서울시 지하철 2호선 신촌역에 '성소수자는 당신의 일상 속에 있습니다'라는 문구를 적은 광고를 설치했다. 많은 사람이 직접 보낸 사진을 편집해서 만든 광고로 국가인권위원회가 후원했다. 신촌역 광고가 에스엔에스를 중심으로 유명해지면서 많은 이들이 이 광고판 앞에서 사진을 찍었다.

8월 2일 오전, 누군가가 칼로 광고를 찢어 메시지를 읽을 수 없도록 훼손했다. 명백하게 퀴어 인권을 향한 혐오 폭력이었다. 설치하는 데 긴 시간이 걸린 광고여서 많은 분노를 불러일으켰다. 애초 이 광고는 5월 17일 아이다호 행사에 맞춰 홍대입구역에 게시할 예정이었지만, 서울교통공사가 심의를 거쳐야 한다며 결정을 미루다가 6월 12일에야 게시 불허 판정을 내렸다. 결국 국가인권위원회에 진정을 낸 뒤 7월 13일 재심의를 거쳐 광고를 게시할 수 있었다.

광고 게시 과정 자체에서 서울교통공사가 저지른 혐오 행정이 개재된데다가 설치된 지 겨우 사흘 만에 훼손된 만큼 더욱 분노할 일이었다. 무지개행동은 곧장 성명을 발표하고 경찰에 신고했다. 그 뒤 임시 현수막을 걸어 포스트잇 손 글씨로 광고 메시지를 복구했고, 누군가가 '성소수자는 당신의 혐오를 이길 겁니다'라고 편집한 사진이 에스엔에스에 올라오기도 했다. 그러고 나서도 포스트잇 메시지가 훼손되고, 다른 활동가가 복구하고, 새 광고를 다시 설치하고, 혐오 세력이 또 훼손하는 일이 이어졌는데, 가해자는 성소수자가 싫어서 한 짓이라고 밝혔다.

이 사건은 2020년 벽두부터 등장한 트랜스 혐오와 그 혐오에 대응하기 위한 아이다호 행사, 공공장소에 퀴어 인권 관련 현수막을 게시하지 못하게 하려는 공공 기관의 오랜 방해가 역사적으로 얽혀 있다. 그런데도 많은 이들은 혐오와 방해에 굴복하기보다 저항하는 힘을 보여 줬다.

## 3 1 8 개신교 안에서 꿋꿋하게 이어지는 저항

2016년에 성소수자 기독교인과 앨라이들이 모여 '무지개예수'를 결성했다. 전국에 흩어진 성소수자 친화적 교회 목록을 비롯해 관련 자료를 한눈에 살필 수 있는 홈페이지를 운영하며, 2024년 7월 현재 23개 단체가 참여하고 있다.

2018년에는 한국기독교청년회전국연맹(한국YMCA) 산하 생명평화센터와 간사회 젠더정의분과는 회원 교육용 책자로 사용할 《성소수자 인권 이해》를 발간했다. 2019년 5월 17일에는 한국에서 퀴어 신학을 수립하는 데 관심 있는 사람들이 모인 '한국퀴어신학아카데미'가 출범했다. 2019년 12월에는 장로회신학대학교에서 부당 징계를 받은 이들이 '배제되고 쫓겨난 사람들이 살아남을 수 있는 안전하고 선명한 공간'을 내걸고 '무지개신학교'를 만들었다. 성소수자에게 축복식을 해서 정직 2년에 이어 출교까지 당한 이동환 목사는 2022년에 '한국 교회를 향한 퀴어한 질문 큐앤에이'를 창립했다.

'호남지역 성소수자부모모임'에 매달 모임 장소를 제공하는 광주광역시 옥합교회, 감리교 내부에서 활동하는 '차별을넘어서는감리회모임'(차별너머), 감리교 퀴어함께, 성공회 소속 용산나눔의집, 기독교장로회 소속 '모두의교회 P.U.B', 섬돌향린교회, 향린교회, 크리스천 페미니즘 운동을 하는 '믿는페미', 호남신학대학교에서 싸우다 사직한 오현선 교수가 만든 '공간 엘리사벳', 기독 시민 플랫폼 '청어람ARMC' 등도 한국 개신교 내부의 성소수자 혐오와 차별에 힘껏 맞서 싸우고 있다.

이 밖에 멀리 캐나다에 있는 한인 퀴어와 앨라이인 목회자와 평신도로 구성된 '캐나다연합교회 무지개연대'도 한국 개신교의 성소수자 차별에 맞서 함께 싸우고 연대하기 위해 노력하고 있다.

# 319 나다움 어린이책부터 검열과 금서 사태까지

여성가족부는 2019년에 어린이가 여성다움이나 남성다움이라는 두 개의 틀 안에 갇히지 않고 나답게 살아갈 수 있도록 하자는 취지에서 '나다움 어린이책 교육 문화사업'을 시작했다. 좋은 반응을 얻으며 순항하던 나다움 어린이책 사업은 2020년 8월 25일에 뜻하지 않은 암초를 만났다. 김병욱 국회의원이 국회 교육위원회 전체 회의에서 여성가족부가 동성애를 조장하고 남녀 간 성관계를 노골적으로 묘사한 책을 초등학교에 보급한다며 비난했다. 이성 간이든 동성 간이든 사람들은 서로 사랑하며 지낼 수 있다는 책은 '동성애 조장 도서'로, 엄마와 아빠를 이불 덮은 채가 아니라 벗은 몸으로 그린 책은 '음란 도서'가 됐다. 여성가족부가 이런 궤변을 반박하기는커녕 다음 날 관련 도서를 모두 회수하겠다고 발표하면서 파장은 더 커졌다.

2023년에는 충청남도 지역 공공 도서관에 소장된 성교육과 성평등을 주제로 한 어린이책 등을 폐기 처분하라는 민원이 몰리면서 여러 도서관에서 책들이 사라졌다. 보수 개신교 관련 단체들은 억지 주장을 쏟아냈다. "교육과정에 남아 있는 성혁명적 용어들. 즉, 다양성, 사회문화적 성, 성인지(감수성) 등을 근거로 동성애, 성전환, 조기성애화, 낙태 등을 정당화하거나 이를 반대하지 못하는 내용이 담겨 있는 도서는 마땅히 폐기 처분되어야 한다." 여기에 김태흠 충남도지사까지 나서서 도서관 열람 제한에 힘을 실었다.

2024년에는 경기 지역 학교에서만 성교육 도서 2500권이 폐기됐다. 이 폐기 목록에 노벨문학상 수상 작가 한강이 쓴 소설도 들어 있어서 금서 지정과 폐기 목록을 둘러싼 논쟁이 다시 부각됐다.

# 3 2 0 길벗체, 모든 존재를 환영하는 서체

2020년 1월 퀴어를 주제로 한 비주얼 미디어 아카이브 전시 '편견을 넘어 자긍심으로(Pride Over Prejudice)'에 낯선 서체가 처음 선보였다. '길벗체'였다. 겨우 몇 글자만 만든 형태였는데, 전시를 준비한 작가 겸 서체 개발자는 누구나 사용할 수 있는 서체로 개발하고 싶어했다. 서체 개발에 뜻을 둔 7명이 모였지만, 프로그램을 구입하고 최소한의 인건비를 충당할 제작비가 필요했다. 비온뒤무지개재단에서는 길벗체 개발팀에 착수금 300만 원을 지원하고 서체를 개발하는 동안 나머지 비용 1200만 원을 모금하기로 했다. 2020년 5월, 비온뒤무지개재단과 길벗체 개발팀 7인, 곧 숲(배성우), 제람(강영훈), 에이미, 김수현, 김민정, 임혜은, 강주연은 협약을 맺고 길벗체 프로젝트를 시작했다.

2020년 6월 29일부터 9월 18일까지, 82일에 걸친 모금 기간에 공동 제작자 474명이 참여해서 2694만 9000원이 모였다. 그리고 2020년 9월 20일, 성소수자의 자긍심을 담은 한글 최초의 전면 색상 적용 완성형 서체 길벗체가 공식 출시됐다.

목표 금액인 1500만 원보다 훨씬 많은 금액이 모금되자 트랜스젠더와 바이섹슈얼의 상징색을 적용한 길벗체를 추가로 제작해서 서체 가족을 만들기로 했다. 비온뒤무지개재단 창립기념일인 2021년 1월 24일 트랜스젠더 길벗체와 바이섹슈얼 길벗체가 공식 출시됐다. 다시 1년 뒤인 2022년 1월 24일에는 길벗체 해례본이 공식 발간됐다. 현재 길벗체 3종은 비온뒤무지개재단 홈페이지에서 누구나 자유롭게 무료로 다운로드해서 사용할 수 있다.

퀴어 자긍심을 나타내는 글꼴은 '길벗체(Gilbeot Project)'가 세계 최초는 아니다. 앞서 2017년 미국에서 '길버트체(Gilbert Typeface)'가 나왔다. 다만 트랜스 자긍심과 바이 자긍심을 상징하는 색을 적용한 서체를 모두 제작한 사례는 길벗체가 처음이다.

3
2
1

# 동성 파트너도 건강보험 피부양자가 되다

동성 부부인 소성욱과 김용민은 2017년부터 함께 살기 시작해서 2019년 5월에 결혼식을 올렸다. 2020년 2월 건강보험 직장 가입자인 김용민이 소성욱을 건강보험 피부양자로 등록하기 위해 건강보험공단에 문의했다. 건강보험공단 담당자는 사실혼 관계 배우자는 피부양자 자격을 취득할 수 있다고 안내했다. 두 사람은 동성 부부라는 점을 분명하게 밝혔고, 담당자도 이런 사실을 알고 있었다. 김용민은 소성욱을 피부양자로 등록했다. 그러나 2020년 10월 이 사실이 한 언론에 보도되며 화제가 되자 담당자는 '착오 처리'라며 피부양자 자격을 상실시켰다.

김용민과 소성욱 부부는 건강보험공단을 상대로 동성인 배우자도 건강보험 직장 가입자의 피부양자로 인정해 달라는 소송을 제기했다. 1심 재판부인 서울행정법원 행정6부는 현행법 체계상 동성 부부를 사실혼 관계로 평가하기는 어렵다면서 원고 패소 판결을 했다. 반면 2심 재판부는 판단이 달랐다. 동성이라는 점을 제외하면 실질적으로 사실혼하고 같은 생활 공동체 관계에 있는 사람의 집단이기 때문에 원고는 이성 배우자 집단하고 '본질적으로 동일한 집단'이라며 원고 승소로 판결했다. 소송은 대법원까지 이어졌고, 2024년 7월 18일에 원고 승소 판결이 나왔다. 기본 논리는 2심 때하고 비슷했는데, 재판부는 보충 의견에서 사회 구성원의 안전을 책임지고 보호해야 할 국가의 의무를 강조했다. "가장 기본적인 사회 안전망인 건강보험 제도의 보호에서조차 공식적으로 배제되는 것은 당사자에게는 사회와 국가의 공인된 보호를 받을 존재 가치를 부정당하는 것이다." 그 뒤 건강보험공단은 동성 파트너 피부양자 자격을 인정하기 위한 절차를 마련했고, 현재 동성 커플에게도 피부양자 자격을 부여하고 있다.

3
2
2

## 점점이 늘어나는 소규모 퀴어문화축제

퀴어문화축제는 한 지역을 대표하는 퀴어 행사로 자리 잡고 있지만, 반드시 광역 지자체나 기초 지자체 수준에서 개최될 필요는 없다. 소규모이지만 의미 있는 퀴어문화축제가 계속 생기고 있고, 지속되는 중이다.

충청북도 제천시에 자리한 제천간디학교에서는 2021년 퀴어와 앨라이 14명이 모여 '무아(MuA)'('무지개 핀 아침'의 준말)라는 팀을 만들고 퀴어문화축제를 열었다. 축제 이름은 '무아지경(無我之境)'이었으며, 비온뒤무지개재단과 친구사이 등에서 지원을 받아 2021년 9월 3일부터 4일까지 진행했다. 무아는 2022년 서울퀴어문화축제 부스 행사에 참여했고, 2022년 11월 19일에 제2회 '청소년퀴어문화축제 무아지경'을 개최했다.

지리산 부근 전라북도 남원시 산내면에 살던 상글, 칩코, 꼬리는 2020년부터 '산내성다양성축제'를 열었다. 딱히 혐오 세력이 없는 시골에서 주민들 지지를 받으며 열린 이 축제는 2022년까지 세 차례 진행됐다. 그 뒤 상글, 칩코, 꼬리는 구례군으로 이사했고, 산내성다양성축제는 이제 구례성다양성축제로 바뀌어 구례에서 계속 이어지고 있다. 인스타그램 아이디 'rainbow_mago'에서 알 수 있듯이, 지리산 마고할미하고 함께하는 행사라고 알리면서 소규모 지역 퀴어문화축제의 특징을 잘 살리고 있다.

소규모 퀴어문화축제는 축제가 반드시 대규모일 이유는 없고, 서울 같은 대도시에서 열릴 필요도 없으며, 각 지역이나 공동체의 특색에 맞춰 얼마든지 더 많은 퀴어문화축제가 열릴 수 있다는 점을 보여 준다. 또한 여전히 혐오와 낙인이 강하다고 해도 한국 사회에 퀴어문화축제가 풀뿌리처럼 조직되고 확산하고 있을 뿐 아니라 이런 과정에서 퀴어 문화를 더욱 단단하게 만들 수 있다는 사실을 확인하게 해준다.

## 323 의대에 성소수자 의료 강의가 개설되다

의료 분야가 한국 퀴어에게 관심을 가진 지는 오래됐다. 1960년대는 인터섹스 대상 치험례 논문이 나왔고, 1980년대 후반 들어 트랜스젠더를 대상으로 한 성전환 수술 기술 관련 논문이 나왔다. 1990년대 들어서서 성전환 수술 관련 논문이 몇몇 의사를 중심으로 여러 편 출간됐지만, 대체로 기술에 관련된 내용이었다.

퀴어 의료인 모임도 1990년대 후반부터 크고 작게 조직됐지만, 의료 체계에 참여하는 퀴어의 인권이나 퀴어만의 요구를 중심에 둔 방식은 아니었다. 퀴어 의료에 관련된 첫걸음은 2012년 9월에 개원한 살림의원으로, 이곳은 페미니즘을 기본 가치로 삼는 퀴어 친화적 병원이다.

그렇지만 의대에는 퀴어 의료를 다룬 강의가 잘 개설되지 않았다. 가장 널리 알려진 사례는 2021년 3월 서울대학교 의대 윤현배 교수가 개설한 강의다. 파트너가 성소수자 의료에 관련된 공부를 하고 관련 작업을 하는 모습을 본 윤현배 교수는 스스로 무지를 깨닫는 동시에 한국 의대에서 지금까지 성소수자 의료를 따로 다루지 않는 데 문제의식을 느꼈다. 이렇게 개설된 강의에서 의대생들은 성소수자에 관련된 기본 개념부터 필수 정보까지 공유했는데, 그중 한 명이 트랜스젠더 의료를 더 배우고 싶다고 해서 여름 계절 학기 강좌도 개설됐다. 또한 2022년에는 2학년 필수 과목으로 지정돼 1시간을 반드시 들어야 하는 과정이 됐다.

의료와 퀴어의 관계는 오랫동안 중요한 의제였다. 의사가 된 퀴어가 꽤 있는데도 커밍아웃하기 어려운 분위기를 감안하면, 성소수자 의료 관련 강의는 퀴어 친화적인 전문 병원이 등장한 사건하고 함께 한국 사회에서 일어난 중요한 변화를 상징한다.

3
2
4

## 지하철 2호선을 순환하는 릴레이 추모 행사

2021년 여러 유명 트랜스젠더가 비보를 전했다. 특히 2020년대 들어 가장 크게 화제가 된 변희수 하사 소식은 많은 이들을 분노하고 절망하게 했다. 반복되는 죽음과 방조되는 혐오를 개개인이 감당하기가 너무 힘들다는 공감대가 형성되면서 차별금지법제정연대와 성소수자차별반대 무지개행동 등이 추모 행동을 기획했다.

첫 행사는 2021년 3월 6일 13시 30분에 서울 지하철 2호선 시청역에서 열차를 타 순환선인 2호선을 한 바퀴 돌아 다시 시청역에서 내리는 행동이었다. 지하철을 타고 가는 동안 퀴어 관련 굿즈를 착용하고 퀴어 관련 책을 읽으면서 다른 이들에게 퀴어가 존재한다는 현실을 알렸다. 또한 코로나19 시기여서 마스크를 착용하고 퀴어 도서를 읽는 침묵시위이기도 했다. 8개 차량마다 진행자가 함께 타 일어날지도 모를 사태에 대비했다. 시청역에서 지하철을 타지 못한 이들은 각자 시간에 맞춰 다른 역에서 같은 열차를 탔다. 시청역에서 다시 내린 3시부터는 서울광장에 모여 애도 집회를 진행했다. 광장을 원형으로 둘러싸고 애도를 표했는데, 주최 측 추산 400여 명이 함께했다.

'변희수 하사의 복직과 명예회복을 위한 공동대책위원회'는 트랜스젠더 가시화의 날(3월 31일)을 앞두고 3월 27일에 다시 한 번 추모 행사를 치렀다. 이날은 비가 많이 내리는 날씨에도 더 많은 사람이 모여 항의 구호를 외쳤다.

추모의 조각보에 이어 릴레이로 벌어진 이런 추모 행사는 잇따른 트랜스젠더의 죽음을 지켜본 사람들이 느낀 슬픔과 분노, 절망을 짐작하게 했으며, 그런 감정이 개인적 차원을 넘어 집단적 정동으로 구성되고 있는 현실을 드러냈다. 많은 사람이 모이기 어렵고 외출을 꺼리는 코로나19만 아니라면 이런 집단적 정동은 더 큰 파문으로 이어질 수 있었다.

DB-0002744

325

## 신촌에 펼쳐진 대형 추모 플래카드

잇따른 부고를 전한 유명 트랜스젠더들은 어떤 이에게는 존재 자체로 롤 모델이 됐으며, 트랜스젠더를 향한 사회적 차별과 억압에 맞서 싸우는 상징이었다. 군대나 직장에서 벌어지는 차별에 저항하거나 트랜스젠더의 감정을 담은 연극을 제작해 동료 트랜스젠더를 위로하는 소중한 존재였다. 따라서 잇따른 죽음은 트랜스젠더나 퀴어 개개인이 겪은 비극일 뿐 아니라 친밀감을 형성한 구체적인 사람이자 운동을 상징하는 존재가 사라지는 사건이었다. 또한 개인적 죽음이기보다는 2020년 들어 더욱 가시화된 트랜스 혐오에 따른 사회적 죽음이었다.

많은 이들이 슬퍼하는 와중에 비온뒤무지개재단, 한국성적소수자문화인권센터, 트랜스젠더 인권단체 조각보, 서울퀴어문화축제조직위원회, 성별이분법에 저항하는 사람들의 모임 여행자, 트랜스해방전선, 언니네트워크 등 7개 단체가 이 상황을 그냥 넘어가지 말고 추모와 애도를 공론화하자며 뜻을 모았다. 2021년 3월 3일부터 6일까지 사흘간 전국에서 400여 명이 추모를 담은 글과 그림을 보냈다. 글과 그림을 모두 모아 하루 만에 조각보로 만들었고, 2021년 3월 7일 오후 3시에 서울시 서대문구 연세로에서 조각보를 펼쳐 전시하는 추모 행사를 진행했다. 인근에 현대백화점 신촌점과 대학 등이 모여 있어 유동 인구가 많은 곳이라 여러 사람이 추모 행사를 지켜봤다. 또한 조각보를 모으는 행사는 퀴어 운동사에서 중요한 전략이어서 추모와 저항의 역사를 잇는 자리이기도 했다.

추모하는 마음을 공론화하는 작업은 3월 내내 진행됐다. 그런 흐름이 시작된 계기인 추모의 조각보는 많은 이들의 추모하는 마음을 상징한다는 점에서 소중했다.

## 326 드디어 시사 프로그램에도 변화가 생기다

2010년대 들어서면서 시사 프로그램을 제작하는 방송국 노동자들도 세상을 보는 눈이 바뀌기 시작했다. 2014년 11월 《문화방송》 〈PD수첩〉은 '게이 레즈비언, 안녕들하십니까?'(1016회)에서 미국 애플사 최고 경영자 팀 쿡이 한 커밍아웃을 계기로 한국 사회에서 퀴어가 살아가는 모습을 다뤘다. 2017년 5월에는 '소수자 인권, 나중은 없다'(1129회)에서 문재인 대통령 관련 '나중에' 항의 시위를, 2020년 3월에는 '나는 트랜스젠더입니다'(1235회)에서 변희수 하사와 숙명여자대학교 법학부에 합격한 트랜스 여성을 둘러싼 혐오 폭력을 다뤘다. 2021년 4월에는 '변희수, 그녀에 대한 오해'(1283회)에서 트랜스젠더의 죽음을 애도했다.

시사 프로그램에서 트랜스젠더와 퀴어의 인권이 중심에 떠오르는 흐름은 변희수 하사와 숙명여대 합격생을 향한 사회적 혐오가 공공연하게 드러나고 비보가 잇따를 때 두드러졌다. 《한국방송1》 〈시사직격〉은 2020년 3월 '시민, 트랜스젠더'를 방영했고, 2021년 3월에는 《한국방송1》 〈더 라이브〉가 '故 변희수 하사가 남긴 숙제'를, 《문화방송》 〈스트레이트〉가 '누가 '혐오'를 파는가?'를 내보냈다. 4월에는 《에스비에스》 〈그것이 알고 싶다〉가 '오롯한 당신에게 — 故 변희수 전 하사가 남긴 이야기'(1255화)를 다뤘다.

공중파 라디오도 변희수 하사와 숙명여대 합격생을 둘러싼 논쟁을 적극 다뤘다. 《문화방송》 라디오 〈김종배의 시선집중〉은 트랜스해방전선 부대표 등을 거의 한 꼭지 분량으로 인터뷰했다. 《시비에스》에는 이런 사안이 거의 안 나왔지만, 2021년 3월 〈김종대의 뉴스업〉에서 변희수 하사 관련 내용을 10분 넘게 다뤘다. 라디오 방송은 중요한 사회적 사안이라고 판단할 때만 특정 주제를 10분 넘게 다룬다는 점에서 퀴어 의제가 지닌 위상이 바뀌고 있는 현실을 보여 주는 장면이었다.

## 327 광주비엔날레에서 국립미술관까지 퀴어하다

1995년 시작된 광주비엔날레는 한국에서 가장 크고 가장 유명한 비엔날레이자 세계적으로도 명성이 높은 비엔날레 중 하나다. 미술계에서 광주비엔날레는 꽤 높은 위상을 인정받는다. 아시아에서 처음 열린 비엔날레이자 아시아 최대 규모 비엔날레로 평가받기도 한다. 퀴어락은 2019년부터 함께 작업한 이강승 작가하고 함께 2021년 제13회 광주비엔날레에 참가해 퀴어락 소장 기록물을 관객에게 소개했다.

퀴어락 기록물을 미술관에 전시하는 작업은 광주비엔날레에서 끝나지 않고 계속 이어졌다. 따라서 광주비엔날레에 참가한 일이 유난한 사건은 아닐 수 있지만, 퀴어락이 적극적으로 관여하면서 광주 지역 퀴어 활동의 역사를 별도로 전시한 덕분에 퀴어락 기록물이 지닌 역사적 가치를 함께 다룰 수 있었다. 지역 퀴어 활동에 관심이 많지 않고 관련 기록도 별로 없는 상황에서 광주를 중심으로 한 퀴어 인권 운동의 역사를 별도 주제로 전시한 프로젝트는 기록과 전시 행위로 할 수 있는 바람직한 작업 형태를 잘 보여 줬다. 무엇보다 광주와 전남 지역 퀴어 인권 운동의 역사를 광주비엔날레에 전시한 작업은 퀴어의 역사를 공공 기관이 만든 장에 위치시킨 행위라는 점에서 중요했다.

퀴어락하고 함께한 이강승의 프로젝트는 2023년 올해의 작가상 후보에 선정돼 국립현대미술관 서울관에 전시되면서 다시 한 번 퀴어의 역사와 퀴어락 기록물이 대중을 만나는 기회를 만들었다. 이때 이강승은 《에스비에스》 아트멘터리 〈아트, 퀘스천〉을 촬영하며 일부러 퀴어락을 찾아서 퀴어락이 방송에 나갈 수 있게 노력했다.

## 설문 조사로 퀴어의 삶을 알아 가다

성소수자주거권네트워크는 가족에게서 독립한 만 19세 이상 성소수자 949명을 대상으로 2020년 12월부터 2021년 1월까지 주거 환경을 조사했다. 보증금 500만 원 미만 월세 30만 원에서 50만 원 사이 원룸에 거주하는 응답자가 가장 많았다. 전국 2030세대 아파트 거주 비율이 47퍼센트인데 견줘 2030세대 성소수자 아파트 거주 비율은 13.4퍼센트였다. 수도권 기준 본인 소유 집에 사는 비율은 2030세대가 12.7퍼센트인데 견줘 성소수자는 6.6퍼센트였다. 성소수자의 월세(53%)나 전세(37.4%) 거주율은 전체 청년 세대(각각 48.1%, 34.1%)보다 높았다.

2021년 9월 23일 청소년 성소수자 위기지원센터 띵동은 〈청소년 성소수자의 탈가정 고민과 경험 기초조사 보고서〉를 발표했다. 탈가정을 고민하는 이유는 무지와 혐오(54.2%), 가족 간 말다툼(60.8%), 자유롭게 살고 싶어서(60.1%), 성정체성에 관련(27.5%)되거나 또 다른 이유에 따른 정서적 폭력(49.0%), 성정체성에 관련(9.8%)되거나 또 다른 이유에 따른 신체적 폭력(19.6%), 방임(22.2%), '전환 치료'(시도)(10.5%) 등이었다. 경찰 신고 등 공적 도움을 요청한 비율은 18.6퍼센트였고, 신고 경험이 있는 청소년 중 94.4퍼센트가 '도움이 되지 않았다'고 답했다.

2022년 2월 3일 '다양성을 향한 지속가능한 움직임 다움'은 19세부터 34세 사이 청년 성소수자 3911명이 참여한 실태 조사 결과를 발표했다. 성소수자 정책 중 가장 필요한 사항으로 차별금지법(60.3%), 동성 결혼 인정(42.5%)이 꼽혔다. 지난 1년간 차별을 경험한 적 있다고 답한 사람은 33.6퍼센트였다. 성소수자라는 이유로 폭력이나 위협, 괴롭힘이 걱정돼 정체성을 드러내기 꺼려지는 곳은 어디냐는 물음(중복 답변)에는 직장이 66.3퍼센트로 1위였고, 입사가 취소되거나 채용을 거부당한 적 있다는 답변도 5.4퍼센트였다. 특히 트랜스젠더 여성은 17.9퍼센트, 트랜스젠더 남성은 8.8퍼센트가 채용이 취소되거나 거부된 경험이 있다고 답했다.

329

## 트랜스젠더를 다룬 연극, '백상' 받다

무대에 선 트랜스젠더의 역사는 오래됐다. 1960년대에도 한 연극 무대에 트랜스젠더 인물이 등장한다는 소문에 가까운 기록을 언론이 보도했다. 그렇지만 트랜스젠더 공연을 분류하는 방식은 언제나 정하기 어렵다.

하리수가 2013년 리얼 버라이어티 쇼뮤지컬 〈드랙퀸〉에서 주연으로 출연한 뒤에도 트랜스젠더의 서사, 경험, 인물 비중, 재현 양상 등을 진지하게 고민하는 작품들이 크고 작은 무대에서 계속 등장했고, 그런 노력이 쌓이면서 2020년대 들어 중요한 성취가 나왔다.

극작가 이은용은 구자혜 연출가하고 함께 '여기는 당연히, 극장'이라는 기획 아래 2020년 7월 23일부터 2020년 8월 2일까지 서울시 성북구 미아리고개예술극장에서 〈우리는 농담이(아니)야〉를 상연했다. 이 연극은 모든 회차에 수어 통역과 자막, 음성 해설을 제공했다. 또한 성별 이분법 사회에서 트랜스젠더퀴어가 부딪히는 경계와 문, 그리고 그 경계에서 경험하는 삶과 고민을 다층적으로 다뤘다. 작품은 호평을 받았지만, 2021년 벽두에 이은용 작가의 부고가 알려지면서 많은 이들에게 충격을 줬다. 이 연극은 2021년 5월 13일 권위 있는 백상예술대상에서 백상연극상을 받아 작품이 거둔 성취와 작가가 겪은 비극이 교차하면서 다시 한 번 화제가 됐다. 수상식에서 구자혜 연출가는 이은용이 트랜스젠더의 삶에 마음을 기울이는 작가인 만큼 한 개인의 삶과 선택에 누군가가 하는 승인은 필요 없다고 밝혔다.

다른 한편 2019년 12월 나온씨어터에서 상연한 퀴어 연극 〈로테르담〉에서 트랜스남성 역을 맡은 배우 김정이 2020년 백상예술대상 최우수연기상을 받았다. 이런 성과들은 단순히 수상 여부를 떠나 트랜스젠더를 다룬 연극이 공적 평가 체계에서 정당한 경쟁자가 되고 있다는 점에서 중요한 변화를 상징했다.

330

## 차별금지법 입원 청원에 성공하다

차별금지법제정연대는 오랫동안 차별금지법을 법제화하려고 다양한 시도를 하지만 번번이 실패했다. 그렇지만 노력을 멈추지는 않았다. 2021년 5월 24일, 차별금지법제정연대는 차별금지법 입법 청원을 시작했다. 입법 청원이란 10만 명이 서명하면 국회에서 입법을 논의해야 하는 제도로, 많은 국회의원이 차별금지법 제정을 시도하다가 그만둔 상황에서 남아 있는 몇 안 되는 방법이었다.

입법 청원은 온라인과 오프라인을 통틀어 다양한 방식으로 홍보됐다. 퀴어 인권 단체뿐 아니라 여러 페미니즘 단체를 비롯한 인권 운동 진영 등에서 적극적으로 참여를 독려했다. 마침내 2021년 6월 14일에 10만 명 입법 청원에 성공했다. 코로나19 시대를 살아가면서 차별을 대하는 민감도가 달라진 분위기 덕분인지 여론 조사를 하면 차별금지법 제정에 동의하는 비율이 압도적으로 높게 나왔다.

문제는 정당 정치에 있었다. 더불어민주당 주요 정치인이자 제20대 대통령 선거 민주당 예비 경선에 참여한 이낙연 전 총리 등은 개신교계를 찾아 차별금지법이 통과될 리 없다는 말을 했고, 이런 발언은 입법 청원에 찬물을 끼얹었다. 2022년 들어서서는 미류와 이종걸 등 두 활동가가 46일에 걸쳐 목숨을 건 단식 투쟁을 진행했다. 단식 투쟁 현장에 사람들이 모여 다양한 문화 행사를 열고 시위를 벌이면서 법 제정을 독려했다. 또한 하리수를 비롯한 여러 활동가가 비상 시국 선언을 하고 국회를 방문해 국회의원들에게 차별금지법 제정을 촉구하기도 했다. 그렇지만 2022년 5월 25일 국회 법제사법위원회 법안심사 제1소위에서 차별금지법 관련 공청회가 열린 뒤 아직까지 아무런 진전이 없다.

## 331 성소수자 양심적 병역 거부, 처음 인정되다

한국 사회에서 병역 거부는 가장 뜨거운 주제 중 하나다. 헌법에서 보장하는 양심이 병역 문제에서는 곤란하고 어려운 문제로 여겨지기 때문이다. 2010년대 양심적 병역 거부에 관련한 논의가 재점화될 때 양심적 병역 거부를 인정하면 입영하는 이들은 비양심적이냐는 조롱 섞인 반응이 쏟아지기도 했다. 한국에서 그나마 양심적 병역 거부 사유로 인정하는 범위는 종교, 그중에서도 여호와의 증인을 믿는 신도뿐이다. 그러다 보니 다른 사유에 따른 양심적 병역 거부는 거의 논의되지 않았다. 종교가 양심적 병역 거부를 하는 유일한 이유는 아니었는데, 이를테면 임태훈은 커밍아웃을 하고 양심적 병역 거부를 한 첫 사례로 꼽힌다. 그 뒤에도 이런 사례는 더 있지만 대법원 판례는 2021년에 등장한다.

2021년 6월 21일, 대법원은 퀴어 페미니스트이자 기독교도인 사람에게 신앙을 근거로 양심적 병역 거부를 인정하는 판결을 했다. 2010년대 후반에 진행된 대체 복무 논의하고 궤를 같이하는 사건인데, 오랫동안 양심적 병역 거부를 고민한 원고는 퀴어 페미니스트로 활동하면서 종교에 근거한 폭력뿐 아니라 다양한 형태의 폭력에 문제 제기를 하는 활동도 이어 갔다. 그 뒤 양심적 병역 거부를 하며 재판에 들어갔다. 1심은 양심적 병역 거부를 인정할 만한 정당한 사유가 아니라면서 징역 1년 6개월을 선고했지만, 2심은 기독교 신앙과 퀴어 페미니스트 활동이 양심적 병역 거부를 결심할 정당한 사유라고 판단했고, 대법원도 이런 점을 인정했다.

이 판결은 양심적 병역 거부를 할 수 있는 정당한 사유를 확장한 사례이자 헌법상 양심의 의미를 적극 해석한 결과다. 그렇지만 현행 제도상 양심적 병역 거부에 따른 대체 복무 기간이 36개월로 일반 병역에 견줘 두 배 정도 길다는 점에서 한계는 여전히 남아 있다.

# 332 1990년대 초 역사를 담은 전해성 컬렉션 오픈하다

한국 퀴어 인권 운동의 역사는 대체로 초동회에서 시작한다. 그렇지만 알려진 정보는 소식지 발간 정도라서 구체적인 상황을 알 수 없었다. 기록 부재라는 현실 때문에 한국 퀴어 인권 운동사는 아주 단순해질 수 있었다. 바로 여기에서 전해성 컬렉션이 나타나 1990년대 초중반 한국 퀴어 인권 운동사가 풍성해졌다.

2021년 8월 퀴어락이 공개한 전해성 컬렉션은 1993년 초동회가 설립되기 직전부터 1996년 끼리끼리 회의록, 총회 자료, 연락처, 서신 등을 포함한 기록물 130여 건으로 구성된다. 김경민(오준수)이 쓴 책에 관한 소감을 담은 편지부터, 초동회 회의록, 초동회 해산 뒤의 회의록, 끼리끼리 설립을 준비할 때 한 고민부터 설립한 뒤 회원 사이에 오간 고민 등이 포함된다.

전해성 컬렉션 덕분에 우리는 1990년대 초중반 한국 퀴어 인권 운동에 관련된 구체적 기록을 파악할 수 있을 뿐 아니라 회원이나 지지자가 보낸 편지를 통해 그 시기의 퀴어 정동을 포착할 수 있다. 또한 국내 퀴어 의제를 넘어 미국, 일본, 대만 등 여러 국가의 여성 퀴어 단체들을 상대로 연대를 모색하는 시도를 보면서 한국 퀴어 인권 운동이 펼친 국제 연대의 역사를 알 수 있다.

전해성 컬렉션은 오랫동안 전해성이 개인적으로 보관하던 자료들이다. 한국성적소수자문화인권센터 활동가 한채윤이 전해성을 만나 받아 온 자료를 모두 스캔해서 사본을 제작한 퀴어락은 원본을 다시 돌려주고 사본을 등록하는 방식으로 전해성 컬렉션을 완성했다.

전해성 컬렉션은 기록물을 모으고 정리하는 작업이 지닌 중요성을 알려줄 뿐 아니라 한국 레즈비언, 또는 여성 퀴어 운동사를 정교하게 보여 준다는 점에서도 중요한 기록이다. 지금 전해성 컬렉션은 개인 정보 보호 등 때문에 사전 신청을 받아 열람할 수 있다.

3
3
3

# 법무부, 퀴어 수용인 관련 지침을 바꾸다

구금 시설에 갇힌 퀴어 수용인을 둘러싼 논란은 대체로 부정적이었다. 퀴어는 부당한 대우를 받았고, 트랜스젠더에게 필요한 의료적 조치는 구금 시설 관리자의 의지에 좌우되는 불안정한 상태였다. 많은 인권 활동가가 구금 시설에 갇힌 퀴어 수용인이 겪는 처우를 개선하려는 노력을 계속했다. 마침내 2019년 법무부는 〈성소수자 수용처우 및 관리방안〉이라는 문서를 작성했고, 국가인권위원회의 재검토 요청을 거쳐 2020년 4월에 관련 지침을 개정했다.

이 지침에 따르면 성소수자란 트랜스젠더, 동성애자, 양성애자로 구분되며, 트랜스젠더란 트랜스여성과 트랜스남성뿐 아니라 논바이너리(비이분법적) 트랜스젠더를 포함한다. 또한 성전환 수술을 받지 않은 사람도 자기가 생각하는 성별과 지정 성별이 다르면 트랜스젠더에 해당한다. 법무부가 내린 이 지침을 바탕으로 트랜스젠더가 수용될 구금 시설에 관해 논의할 수 있다. 이 지침에 따르면 성확정 수술을 하지 않은 트랜스여성은 여성 구금 시설에 수용돼야 한다. 그렇지만 퀴어와 비퀴어를 분리해서 수용하게 한 점은 심각한 인권 침해 요인이 될 수 있다. 독거 수용이 대체로 징벌로 취급되는 상황에서 분리 수용은 인권 친화적 대응이 아니라 법적 처분을 넘어서는 과잉 징벌이 되기 때문이다.

법무부 지침에 포함된 또 다른 중요 사항은 '욕야카르타 원칙'이다. 국제적인 인권 관련 논의에서 중요한 토대로 자리 잡고 있는 욕야카르타 원칙을 인용한 사실은 법무부가 국제적 인권 지침을 수용 시설에도 적용하겠다는 견해를 밝힌 일이나 마찬가지이기 때문이다.

3
3
4

## '미워해도 소용없어, 왜냐하면'

퀴어가 느끼는 우울과 부정적 정동이 계속 이어지던 2021년 11월, 국제앰네스티 한국지부와 트랜스해방전선은 트랜스젠더의 삶을 축하하는 캠페인을 진행했다. 보통 11월은 트랜스젠더 추모의 날이 있는 달이라 다른 때라면 폭력으로 세상을 떠난 트랜스젠더를 추모하며 보냈다. 두 단체는 슬픔과 애도가 넘쳐 나는 상황에서 트랜스젠더의 삶을 추모하는 일만큼이나 여전히 삶을 이어 가고 있는 태도를 축하하고 기억하고 응원하는 캠페인도 중요하다는 데 뜻을 같이했다.

캠페인 이름은 '랜스야, 생일 축하해'였다. 두 단체는 이태원 광장에 대형 케이크를 설치하고 10월 8일 이태원을 시작으로 11월 20일 트랜스젠더 추모의 날까지 서울과 부산 곳곳에서 게릴라 퍼포먼스를 진행했다. 또한 대형 버스를 빌려 캠페인 내용을 래핑한 뒤 곳곳을 돌아다녀 많은 사람이 캠페인을 접할 수 있게 했다. 온라인에서도 죽음을 망각하기보다는 삶을 축하하면서 트랜스젠더의 삶을 이야기하는 방식을 선택한 사실을 명확히 했다. 슬픔 속에서도 계속 살아갈 힘을 키우자는 뜻이었다.

2022년 앰네스티는 '미워해도 소용없어'라는 캠페인을 진행했다. 퀴어를 향한 혐오와 미움에 굴하지 않겠다는 힘을 담은 이 문장은 '국제 성소수자 혐오 반대의 날'에 맞춘 캠페인이기도 했다. 2022년에는 혐오와 차별에 맞서는 모습을 중심에 두고 '미워해도 소용없어, 왜냐하면'이라는 문장 뒤에 마음을 잇는 문장을 만들어 유튜브 영상을 공개하는 활동을 펼쳤다. 이 캠페인은 2023년에도 계속됐는데, 이때는 퀴어가 자기 삶을 긍정하면서 현재를 살아가는 모습에 초점을 맞췄다. 여러 퀴어 셀러브리티를 인터뷰한 영상을 공개하고 넘치는 에너지를 공유하는 콘셉트였다. 이런 캠페인들은 퀴어의 삶을 다양한 방식으로 조명하는 새로운 방법이 됐다.

3
3
5

## 2020년대 퀴어 다큐, 가족과 역사를 다루다

2020년대 들어 대표적인 퀴어 다큐멘터리에 담긴 주제는 가족과 공간이다. 그중 변규리 감독의 〈너에게 가는 길〉(2021)은 성소수자부모모임으로 유명해진 비비안과 예준, 나비와 한결을 주인공으로 한 다큐멘터리다. 비비안과 나비가 처음으로 자기 자녀가 퀴어라는 사실을 들은 때 받은 충격, 그 뒤 이 현실을 받아들이고 성소수자부모모임에 참여하며 활동가로 나선 과정을 담았다. 또한 양육자하고 함께하는 퀴어의 삶에서 가족이란 지지자이자 든든한 앨라이인 동시에 동료 활동가가 될 수 있다는 가능성을 보여 줬다. 퀴어의 가족이 퀴어 활동가가 된다는 점에서 앨라이의 새로운 역할 모델을 제시했다.

2022년에 처음 공개하고 2023년 공식 개봉한 권아람 감독의 다큐멘터리 〈홈 그라운드〉는 레즈비언 공간의 역사를 추적하는 동시에 기억과 재현을 통해 역사를 복원하고, 레즈비언 공간을 트랜스젠더를 포함하는 공간으로 확장한다. 카메라는 레즈비언 카페 레스보스를 운영하는 명우 형의 삶을 따라가면서 1970년대 샤넬다방에서 겪은 경험을 2000년대 신촌공원에서 한 경험에 연결하고, 명우 형하고 친하게 지낸 또 다른 선배들 이야기를 함께 들으며 역사를 더 풍부하게 만들고, 1990년대부터 운영한 레스보스의 역사를 재구성한다. 또한 끼리끼리에서 촬영하고 한국레즈비언상담소가 보관하고 있던 1990년대 후반 레스보스를 담은 영상 기록과 신촌공원을 드나든 이들이 간직한 기억을 조합해 영상 속에서 퀴어 공간을 재현한다.

2000년대 퀴어 다큐멘터리는 가족에 관한 고민을 한 축으로 하고 다른 한편에서는 역사와 공간에 관한 고민을 담았는데, 이런 특징은 퀴어 운동과 퀴어 연구의 현재를 포착하려는 흐름이기도 했다.

336

## 미술관에 걸린 어느 트랜스젠더의 일기장

2020년대 들어 미술 작가 이강승이 한 작업에는 어느 트랜스젠더의 일기장을 모티브로 한 작품이 여럿 있다. 이 일기장은 1998년 《버디》 사무실을 직접 들른 어느 트랜스젠더가 남기고 갔다. 《버디》가 창간한다는 소식이 《문화방송》 〈MBC 뉴스데스크〉와 여러 신문을 거쳐 알려진 뒤 어느 날 오후 한 사람이 예고 없이 찾아왔다. 《버디》가 창간된 소식을 우연히 듣고 인천에서 택시를 타고 왔다고 했다. 이런 잡지가 만들어져서 정말 좋다고 말하더니 자기가 살아온 이야기를 한참 하다가 올 때처럼 또 홀연히 돌아서 갔다. 가기 전에 예전에 쓴 일기장이라며 한쪽 귀퉁이가 찢어진 연습장 한 권을 편집팀에 건넸다. 그 뒤 일기장의 주인하고 다시 연락이 닿지는 않았다. 편집팀은 이 일기장을 잘 보관하고 있다가 2009년 한국퀴어아카이브 퀴어락이 출범하자 1990년대 이전 트랜스젠더의 삶을 보여 주는 생생한 자료라고 생각해 기증했다. 퀴어락에 들른 이강승은 이 일기장을 보고 깊이 감동해서 작품에 녹여 냈다.

어느 트랜스젠더의 일기장은 둘로 나뉘는데, 하나는 원고지에 쓴 자서전으로 70매 정도에 초등학교를 다닌 이야기와 가난한 집에서 배고프게 산 경험이 담겨 있다. 아마도 자서전을 쓰려고 한 듯하다. 연습장에는 한 쪽마다 이야기 한 편이 담겨 있다. 독립해서 살다가 일자리를 못 찾아서 본가로 돌아와 누군가를 그리워하며 농사를 지으며 사는 이야기, 그러면서도 추석 명절에 오빠들을 피해 산속에 숨어 라면만 먹고 지낸 이야기가 기록돼 있다.

3
3
7

## 우리는 소양강퀴어, 춘천퀴어문화축제

2017년 강원퀴어캠프는 1997년 강원 지역 '거아사'(거치른땅에 아름다운 사람들)가 출범한 뒤 오랜만에 강원도에 등장한 중요한 퀴어 행사였다. 강원퀴어캠프는 대구퀴어문화축제에 참여한 사람들이 강원대학교 성소수자 동아리 등하고 협조해서 진행한 행사였다. 2017년은 서울과 대구를 빼면 다른 지역에는 아직 퀴어문화축제가 없던 때이고, 그래서 여러 지역에서 퀴어문화축제가 열리기 시작한 점을 감안하면, 강원퀴어캠프는 퀴어문화축제가 아니기는 해도 강원도에서 열린 퀴어 관련 행사 중 가장 널리 알려진 축에 들었다.

강원퀴어캠프가 끝나고 몇 년이 지나, 코로나19가 한창이던 2021년에 다양한 배경을 지닌 네 명이 만나 강원도 전체를 포괄하기보다는 춘천시에서 퀴어문화축제를 열기로 뜻을 모았다. 그 뒤 춘천퀴어문화축제조직위원회가 만들어져서 11월에 제1회 춘천퀴어문화축제를 열었다. 춘천퀴어문화축제는 2022년에는 9월에, 2023년에는 5월에 열렸는데, 해마다 200명 가량이 참가해 지역 퀴어문화축제의 한 장을 장식했다.

보통 퀴어문화축제가 열리면 주변에 혐오 세력이 모여 시위를 하고 온갖 혐오 발화를 남발하는데, 춘천퀴어문화축제도 마찬가지였다. 2021년 1회 때는 춘천퀴어문화축제 행사장 주변에서 '제1회 춘천 생명·가정·효 대행진'이 열렸다. 2017년 즈음부터 서울 등지에서 대규모로 열리던 행사가 갑자기 춘천에 모습을 드러냈지만, 시간이 지날수록 20명 남짓만 참가하는 이름뿐인 이벤트로 쪼그라들었다. 2024년에는 제4회 춘천퀴어문화축제 소양강퀴어 '퀴어가 뿌리내렸네'가 열려 많은 사람이 참가하는 행사로 진행됐다.

DA-0000493

## 338 청소년 성소수자 생활 실태를 조사하다

청소년, 청년, 중년 등 연령대별 성소수자 단체는 있지만 노년을 위한 단체는 아직 없다. 이런 현실을 깨달은 한국성적소수자문화인권센터는 성소수자의 나이 듦을 생각하고 준비하는 프로젝트 '큐라이프'를 시작했다. 먼저 2021년과 2023년에 두 차례에 걸쳐 '성소수자 노후 인식조사'를 진행했다. 성소수자라는 사실이 노후에 미치는 영향에 관해 묻는 질문에 성소수자라서 노후가 '더 괜찮을 것'이라고 답한 비율은 4.1퍼센트뿐이었고, 65퍼센트가 성소수자라서 노후가 '더 불안할 것'이라고 답했다. 성소수자로서 나이 들어 가는 과정에서 느끼는 걱정이나 두려움이 무엇인지 묻는 질문에는 두 번 조사에서 모두 '나를 돌봐 줄 가족, 친척, 친구 등 지인이 거의 남지 않을까 봐'와 '인권 향상이 되지 않아 나이 들었을 때도 성적 소수자라서 무시하고 차별하는 사회일까 봐'가 가장 높게 나왔다.

큐라이프는 성소수자의 나이 듦이라는 주제를 계속 환기하고 논의를 진전시키기 위해 노력했다. 인터뷰를 하고 유튜브를 제작하거나 강좌와 수다회를 열었고, 《동성 커플을 위한 실용 법률 가이드북》과 《퀴어 웨딩 A-Z》 등도 발간했다. 네팔, 대만, 일본, 태국, 한국 등이 참여한 아시아 성소수자 콘퍼런스 '성소수자의 노후 준비, 어떻게 하고 있나?'(2023)와 '아시아 8개국 나이듦 현황 발표회'(2024) 등 비슷한 상황에 놓인 아시아 국가 사례를 참조하고 연대를 모색하고 있다.

또한 함께 어울리며 살아가는 공동체성을 강화하는 방향도 대안으로 삼아 2024년에 '퀴어텃밭'을 처음으로 열었다. 경기도 파주시에 자리한 밭 300여 평을 기부받아 퀴어 40여 명이 모여 자연에 가장 친화적인 퍼머컬처(permaculture)를 지향하며 텃밭을 꾸리고 있다.

339

## 신문에 실린 특별한 '청소년 트랜스젠더 보고서'

2021년 12월 중순, 《서울신문》은 '벼랑 끝, 홀로 선 그들 — 청소년 트랜스젠더 보고서'라는 연속 기사를 내보내기 시작했다. 청소년 트랜스젠더 224명을 만나 설문 조사를 하고 인터뷰를 진행한 뒤 학교에서 겪은 차별, 종교 차별, 사회적 인식, 필요한 지원 등을 자세히 다뤘다.

이 기획 기사는 몇 가지 이유에서 중요했다. 트랜스젠더 의제를 다루되 청소년에 초점을 맞춰서 청소년 트랜스젠더가 겪는 어려움과 학교에서 당하는 차별을 부각시켰다. 또한 학교에 다니는 트랜스젠더만이 아니라 학교 밖에서 살아가는 탈학교 청소년이 겪은 경험을 구체적으로 다뤄 학교가 어떻게 바뀌어야 하는지를 질문했다. 학교가 트랜스젠더에게 안전하지 않다면 무엇을 해야 하는지 묻거나 청소년 트랜스젠더가 겪는 어려움을 다룬 논의가 그동안 없지는 않았지만, 기성 미디어에서 연속으로 심층 보도를 한 사례는 드물었다.

이 기획 기사는 지면에 크게 실렸지만, 인터넷 판본은 단순 텍스트형 기사를 벗어난 인터랙티브형 기사였다. 텍스트 흐름에 따라 읽는 방식이 아니라 독자가 다양한 선택을 하면서 내용이 나타나는 형태였는데, 단발성 기사가 아니라 맥락을 드러내고 독자 참여를 유도하는 공들인 기획이라는 점을 보여 주는 대목이었다.

이 기획 기사는 나중에 단행본 《당신의 성별은 무엇입니까?》(2023)로 출간됐다. 사진과 텍스트를 다시 조합하고 차별 현황, 교사가 하는 구실, 필요한 대책 등까지 실으면서 기사에 다 싣지 못한 내용을 담았다.

다양한 인권 실태 조사가 진행되고 관련된 보도가 많이 나왔지만, 《서울신문》이 보도한 청소년 트랜스젠더 기획 기사는 내용뿐 아니라 형태 면에서 인상적인 기록이었다.

## 340 필요 없는 성별 정보를 삭제하다

국회에 방문하려면 방문신청서를 작성하고 신분증을 제출해야 한다. 방문신청서에는 성명, 생년월일, 성별, 연락처, 소속 기관, 만날 사람 등을 적어야 하는데, 성별은 남성이나 여성 중 하나에 표시해야 한다. 공공 기관은 왜 방문자 성별을 알아야 할까? 꼭 필요한 정보라면 왜 남성 아니면 여성 중 하나만 선택하게 해야 할까? 많은 트랜스젠더가 이 문제를 불편하게 느꼈고, 이런 정보를 요구하는 곳은 방문을 꺼렸다. 여러 사람이 2022년 1월 국가인권위원회에 이런 표기 방식은 트랜스젠더 등 퀴어를 차별하는 행위라는 진정을 제출했다. 인권위가 진정 사건을 조사하는 도중에 국회사무처는 방문신청서에 성별 정보 입력 항목이 필요 없다고 판단해서 삭제하겠다고 밝혔다.

2022년 3월과 5월에는 각각 다른 대학교에 관련한 진정도 제기됐다. 학습이나 출결 관리 시스템을 이용하려면 성별을 입력해야 했는데, 입력한 성별을 다른 학생이 확인할 수 있어서 문제가 됐다. 호적상 성별 정정은 하지 않은 상태이지만 자기가 원하는 젠더로 살아가는 트랜스젠더 학생이 의도하지 않게 아웃팅을 경험할 수 있었고, 무엇보다 출결을 관리하는 데 굳이 필요 없는 정보이기도 했다. 인권위가 조사에 들어가자 각 대학은 성별 기입이 적절하지 않다고 자체 판단해서 관련 항목을 삭제했다.

이 두 사안은 인권위가 시정을 권고하기 전에 조사 과정에서 자체 변경한 사례였다. 무엇보다 성별 관련 정보가 필요 없을 때도 당연하다는 듯 요구할 뿐 아니라 양자택일식 이분법으로 나누고 있는 곳이 여전히 많다.

# 3 4 1 트랜스 노년, 연극으로 재현하다

퀴어의 노년, 특히 트랜스젠더의 노년은 지금껏 상상하기 어려웠다. 의료적 조치를 한 트랜스젠더의 노년과 의료적 조치를 하지 않은 트랜스젠더의 노년이 각각 어떤 식으로 펼쳐질지 상상하기 어렵기 때문이었다. 무엇보다 사회적 롤 모델로서 노년 트랜스젠더를 찾기 어려운 상황에서, 트랜스젠더의 노년은 새롭게 발명해야 할 정치적 의제이기도 했다.

2021년에 상연한 연극 〈물고기로 죽기〉는 쉰 살을 넘긴 소설가 김비의 생애를 물고기 형상으로 다시 기억하고 기록한다. 이 작품은 현재 활동 중인 트랜스젠더 활동가이자 작가가 나이 드는 모습을 무대에서 직접 재현하면서 트랜스젠더가 나이 드는 문제를 중요한 화두로 제안한다. 많은 트랜스젠더가 세상을 떠나던 시기여서 공연 자체가 추모와 애도의 의미를 담을 수밖에 없었는데, 제작에 참여한 음악가 키라라도 음악에 추모의 의미를 담았다. 트랜스젠더 음악가이자 2017년 제14회 한국대중음악상에서 '최우수 댄스&일렉트로닉 음반상'을 받은 셀럽인 키라라에게 동료들의 죽음을 추모하고 노년을 기획하는 일은 각별했다.

극단 '여기는 당연히, 극장'의 구자혜 연출이 제작한 〈곡비〉(2023)는 트랜스젠더 노년의 또 다른 가능성을 제안한다. 이미 상연한 적 있는 작품을 새롭게 올린 이 공연에서 위대한 곡비 역에는 색자가 캐스팅됐다. 이태원에서 트랜스젠더 업소를 운영하면서 트랜스젠더 무대를 만들어 온 색자에게 〈곡비〉는 첫 무대가 아니었다. 그렇지만 이 공연에서 색자는 위대한 곡비로, 또한 나이 든 노년으로 등장하며서 더 많은 사람에게 트랜스 노년의 롤 모델을 직접 재현했다. 색자는 2024년 구자혜 연출하고 함께 〈빰을 맞지 않고 사는 게 삶의 전부가 될 순 없더라〉라는 일인극도 상연했다. 이 연극은 전석 매진을 기록할 정도로 큰 인기를 끌었고, 무엇보다 트랜스 노년의 동시대성을 제시하며 관객에게 용기를 전했다.

3
4
2

## 대학, 성중립 화장실을 설치하다

2022년 3월 16일 성공회대학교에 '모두의 화장실'이 문을 열었다. 한국 대학 중 공식적으로, 그리고 학교 당국이 협조해서 성중립 화장실을 설치한 첫 사례였다. 성중립 화장실은 긴 시간이 필요했다.

2017년 성공회대 총학생회는 성중립 화장실을 설치하려 하지만 반대에 부딪혀 무산됐다. 예상할 수 있는 결과였지만, 총학생회는 이런 결과를 그냥 받아들이지 않았다. 2021년 총학생회는 다시 성중립 화장실 설치를 추진했고, 마찬가지로 반대에 부딪혔다. 한 번 무산된 경험이 있기 때문에 총학생회는 학교 당국과 학생들을 설득했다. 한편으로 캠페인을 벌여 성중립 화장실, 또는 모두를 위한 화장실이 무엇인지 설명했고, 성중립 화장실에 관련한 특강을 마련했다. 또한 성중립 화장실을 설치할 장소를 직접 찾아다녔다. 2021년 10월 21일에 열린 대토론회에서 학생복지처장은 반대하는 학생을 설득할 필요가 있다고 말하면서도 혐오에 기반한 의견은 배제하겠다고 말했다. 끈질긴 노력 끝에 2021년 11월에 모두를 위한 화장실을 설치하기로 결정됐다. 이렇게 선례가 만들어졌다.

선례는 다음을 가능하게 했다. 2023년 들어서서 서울대학교, 고려대학교, 카이스트 등에서 모두를 위한 화장실을 추진하기 시작했다. 무엇보다 2020년 들어 트랜스젠더를 향한 혐오가 심해지고 여성 전용 공간을 둘러싼 논쟁이 잦아진 상황에서도 성중립 화장실, 또는 모두를 위한 화장실이 만들어진 점은 어려운 상황에서도 어떤 가능성이 나타날 수 있다는 희망을 안겨 줬다. 또한 화장실은 자연스러운 공간이 아니라 정치적 공간이며 젠더를 생산하는 공간이라는 사실을 공론화한 점에서 보면 인권 운동과 학술적 논의에서 모두 중요한 성과였다.

3
4
3

# 동성 파트너, 혼인 신고도 하고 마일리지도 쌓고

2023년 진행된 국정감사 때 장혜영 정의당 의원은 2022년 3월 25일 전자가족관계등록시스템이 변경된 뒤 2023년 9월 말까지 동성 파트너가 낸 혼인 신고가 20건이라고 밝혔다. 이 신고들은 모두 접수된 뒤 현행법에 따라 불수리로 처리됐다.

그동안 동성 파트너가 혼인 신고를 전산 등록할 수 없어서 접수 자체가 불가능했다. 이런 상황이 차별로 지적되자 동성일 때에도 전자가족관계등록전산시스템에서 혼인 신고를 접수할 수 있게 바뀌었다. 이 변화가 중요한 이유는 동성 간 혼인 신고 통계를 구체적으로 확인할 수 있기 때문이었다. 요즘에는 신고 접수를 해도 불수리로 처리된다는 사실을 알지만, 불수리 통지서도 의미 있다고 여겨서 혼인 신고를 접수하는 커플이 늘어나고 있다.

2019년 12월 대한항공은 여성 동성 부부를 가족으로 인정해 마일리지를 합산해서 사용할 수 있게 했다. 대한항공은 스카이패스 회원을 상대로 가족 마일리지 제도를 운영했는데, 이때 가족은 배우자, 자녀, 부모, 형제자매, 조부모, 손자녀, 배우자의 부모, 사위, 며느리였다. 마일리지는 가족관계일 때만 양도하거나 합산해서 쓸 수 있었다. 형식상 이성애 관계인 배우자만을 지칭하지는 않더라도 실질적으로 이성애 결혼 관계만 상정하고 동성 배우자는 인정하지 않았다. 그런데 캐나다에서 동성 결혼식을 올린 40대 한국인 여성 부부가 그곳에서 받은 혼인증명서를 제출하자 대한항공은 세계 인권의 날에 즈음해 가족 등록을 허용했다. 한국 대기업에서 동성 커플 간 가족 관계를 인정한 첫 사례였다.

## 344 대법원, 감동적인 판결문을 쓰다

2022년 4월 21일 대법원은 군형법 제92조 6항에 따른 추행 혐의로 기소된 군인에게 무죄 취지 판결을 내렸다. 대법원은 판결문에서 명확한 이유를 밝혔다. “어떤 행위가 추행에 해당하는지에 대한 일반적인 관념이나 동성 간의 성행위에 대한 규범적 평가는 시대와 사회의 변화에 따라 바뀌어 왔고, 동성 간의 성행위가 객관적으로 일반인에게 성적 수치심이나 혐오감을 일으키게 하고 선량한 성적 도덕관념에 반하는 행위라는 평가는 이 시대 보편타당한 규범으로 받아들이기 어렵게 되었다.”

그동안 쟁점이 된 성적 자기결정권에 관해서도 이렇게 못 박았다. “성적 자기결정권은 군형법의 적용 대상인 군인에게도 당연히 인정되는 보편적 권리로서, 군인의 신분에 수반되는 국가안전보장·질서유지 또는 공공복리를 위하여 필요한 범위 내에서 법률로 이를 제한하는 경우에도 그 본질적인 내용은 침해될 수 없다. 이를 처벌하는 것은 합리적인 이유 없이 군인이라는 이유만으로 성적 자기결정권을 과도하게 제한하는 것으로서 헌법상 보장된 평등권, 인간으로서의 존엄과 가치, 그리고 행복추구권을 침해할 우려가 있다.”

또한 군형법이 직업 군인에게도 적용된다는 점에서 군인이라는 이유만으로 사적 공간에서 일어나는 성행위에 관련된 수사를 받게 된다면 사생활의 비밀과 개인적 자유를 지나치게 제한하게 되는 문제가 생긴다는 지적도 했다. 특히 이 판결은 2017년에 육군이 벌인 성소수자 색출 사건 때 기소된 군인에게 내려졌다는 점에서 더욱 뜻깊다.

## 3 4 5 〈XX+XY〉, 인터섹스가 주인공인 퀴어한 가족 드라마

2022년 5월 9일부터 10일까지, 《티브이엔》은 드라마 프로젝트 '오프닝(O'PENing)'의 하나로 〈XX+XY〉를 방영했다. 신인 작가를 지원하는 오펜(O'PEN) 공모전 당선작인 이 작품은, 제목에서 짐작할 수 있듯 인터섹스인 주인공이 학교를 다니면서 겪는 어려움과 복잡한 친구 관계 등을 담았다. 대안 학교를 다니고 홈스쿨링으로 공부하던 주인공 정재이는 자기가 인터섹스라는 사실을 알고 있는 친구하고 함께 다닐 수 있는 학교에 들어갔다. 드라마는 그 뒤 화장실부터 탈의실 등 성별 이분법이 단단한 학교에서 인터섹스 정재이가 충돌하고 적응하는 과정을 그렸다.

먼저 이 작품은 인터섹스를 주인공으로 삼아 오늘날 학교에 다니는 청소년들이 구체적으로 겪는 고민과 갈등을 경쾌하게 다룬 점에서 많은 사람이 쉽게 접근할 수 있었다. 인터섹스로 살아가려면 의료적 문제를 넘어 사회 시스템에 충돌하고 편견을 마주해야 할 뿐 아니라 연애할 때도 곤란을 겪기 마련인데, 이 드라마는 그런 지점을 잘 포착한다.

또한 인터섹스를 다루는 데 머물지 않고 퀴어한 가족을 모색하는 여러 단서를 녹여냈다. 정재이의 엄마인 한수영은 무성애자다. 아빠 정연오는 게이인데 애인 문태현을 만나고 있다. 정재이는 한수영과 정연오, 그리고 정연오의 애인 문태현하고 한집에 산다. 이런 구도는 인터섹스, 무성애, 게이 파트너 등 다양한 가족 형태를 고민할 수 있게 만든 장치다. 또한 학교처럼 이성애 이원 젠더 규범이 강압적으로 작동하는 공간보다는 다양성을 실천하는 공간이 훨씬 더 안전하다는 점을 암시하기도 한다. 〈XX+XY〉는 인터섹스 같은 사회적 소수자, 또는 퀴어에게 필요한 공간이 지녀야 할 감수성에 관련한 이야기를 재미있게 풀어낸 뛰어난 드라마다.

## 3 4 6 맥락 없는 혐오와 엠폭스 사태

코로나19의 여파는 남아 있지만 경계심은 많이 줄어든 2022년 5월, 유럽에서 '원숭이두창'이라고 불린 엠폭스가 유행하기 시작했다. 새로운 전염병은 코로나19가 일으킨 공포 또는 불안을 또다시 자극했다. 무엇보다 엠폭스는 대형 축제를 중심으로 감염됐는데, 때마침 유럽 곳곳에서 퀴어퍼레이드 등 퀴어 관련 행사가 한창 진행 중이어서 퀴어와 엠폭스가 밀접한 관련이 있는 듯 보도되기 시작했다. 한국 언론도 원숭이두창과 퀴어를 함께 언급했고, 혐오 세력은 기회를 놓치지 않았다. 혐오 세력은 곧 열릴 서울퀴어문화축제 때문에 엠폭스가 유행할 수밖에 없다며 혐오와 불안을 조장하려 애썼다.

엠폭스는 직접적인 신체 접촉을 통해 전염되는 질병이다. 2022년에는 이런 이유를 들어 전염성이 높지 않다고 발표한 질병관리청은 2023년 대구퀴어문화축제를 앞둔 시점에는 퀴어문화축제에서 엠폭스가 확산될 수 있다고 밝혔다. 정권이 바뀌면서 별다른 근거 없이 혐오에 동조한 탓이었다. 세계보건기구와 미국 질병통제센터(CDC)도 엠폭스와 퀴어를 연결하는 주장은 혐오만 재생산할 뿐이라고 경고하면서 엠폭스와 퀴어문화축제는 무관하다고 분명하게 밝혔다. 혐오 세력은 퀴어가 어떤 상황에서도 성적 접촉을 하는 존재라는 인식을 퍼트리기 위해 가짜 뉴스를 양산했다. 퀴어문화축제가 문란하고 질병을 전파하는 현장이라는 편견을 조장하려는 속셈이었다.

축제가 끝난 뒤 엠폭스 신규 확진자가 늘어난 근거는 어디에서도 찾을 수 없었고, 2023년에도 신규 확진자는 1명뿐이었다. 문란이 아니라 맥락 없는 혐오가 문제라는 진실을 다시 한 번 확인하는 계기였다. 엠폭스 논란은 혐오를 각인시키려는 의도가 확산될수록 감염병에 관한 올바른 정보를 전달하는 데 실패할 가능성이 크다는 점을 알려 줬다.

347

# 퀴어동네, 퀴어 노동자의 노동 인권 지키다

2022년 서울퀴어문화축제가 열리는 서울광장에는 '퀴어동네'라는 부스가 있었다. 퀴어 노동자 노무 상담을 전문으로 하는 단체가 공식적으로 퀴어 대중에게 자기 존재를 알린 자리였다. '퀴어노동법률지원네트워크 퀴어동네'는 공인 노무사들이 결합한 단체로, 퀴어 당사자와 앨라이가 함께하는 모임이다.

한국에서 퀴어 노동자를 둘러싼 의제는 한국 퀴어 인권 운동사하고 궤를 같이한다. 1996년과 1997년 노동법 개정 투쟁 총파업에 퀴어 인권 단체들이 참여했고, 몇몇 퀴어 인권 단체는 노동 의제를 계속 중시했다. 여러 퀴어 활동가와 연구자들이 퀴어 노동자가 차별당한 경험을 연구했고, 트랜스여성의 노동 경험만 따로 다룬 연구도 나왔다. 여러 퀴어 인권 단체에 직장 내 차별 사건이 자주 접수됐고, 종종 차별 없는 직장을 만들고 싶은 고용주가 고민을 나누는 전화를 걸어오기도 했다. 또한 기록 노동자 희정은 《퀴어는 당신 옆에서 일하고 있다》(2019)를 출간해 퀴어 노동자에 관련된 르포를 선보였다.

다른 한편 노무사는 인사와 노무 업무를 전문으로 하기 때문에 고용주나 기업 편에 서서 일하는 사례도 많았다. 그렇지만 인권 의제에 집중하는 노무사도 적지 않았다. 노동인권실현을 위한 노무사모임, 수습노무사 모임 '노동자의 벗'(노벗)이 대표적이다. 그중 노벗에서 활동하던 몇몇 노무사가 퀴어 노동 인권을 위해 따로 모였고, 그 모임이 지금도 활동하고 있는 퀴어동네다.

퀴어동네의 등장은 한국 퀴어 인권 운동사에서 한편으로 익숙한 장면이지만, 다른 한편으로는 여러 전문직처럼 노무사를 중심에 둔 퀴어 전문직 단체가 등장한 사실을 알리는 사건이다. 또한 퀴어에게 아무런 편견 없이 일하는 현장에서 겪는 차별을 상담할 수 있는 창구가 생긴 점에서 앞으로 더욱 중요한 구실을 기대해 봄 직하다.

## 348 혐오가 교과서와 성교육 현장을 덮치다

교육부는 2022년 11월 9일에 발표한 〈2022 개정 교육과정 개정안〉에서 '성소수자'와 '성평등'이라는 용어를 삭제했다. '장애인, 이주 외국인, 성소수자 등'이라는 표현을 '성별, 연령, 인종, 국적, 장애 등으로 차별받는 사회구성원 등'으로 바꿔 '성소수자'를 뺐다. 또한 도덕·보건 교육 과정에 담긴 '성평등' 표현을 '성에 대한 편견'이나 '성차별의 윤리적 문제'로 수정했다. '섹슈얼리티'라는 용어는 아예 삭제했다. 교육 과정은 교과서를 집필하는 기준인 만큼 이번 개정은 2025학년도 고등학교 통합사회 교과서부터 반영돼 '성소수자'라는 표현이 교과서에서 사라지게 된다. 교육부는 삭제 이유를 이렇게 밝혔다. "성 정체성을 확립하는 과정인 청소년기에 교육과정 안에 성소수자가 사회적 소수자의 구체적 예시로 들어갔을 때 발생할 여러 청소년들의 정체성 혼란을 우려했다."

2017년에는 대구시에 자리한 한 어린이집에 봉사 활동을 온 초등학생 18명에게 어린이집 원장이 에이즈의 위험성을 교육한다는 명분으로 동성애 혐오를 담은 영상을 보여 주는 사건이 있었다. 동성애에 관한 편견을 강화하려는 목적으로 만든 탓에 폭력적인 장면이 있었고, 이 영상을 본 초등학생들은 큰 충격을 받았다. 결국 어린이집 원장은 아동 학대로 처벌받았지만, 이렇게 동성애와 에이즈를 엮어 혐오를 부추기려는 시도는 보수 개신교에 기반한 이들을 매개로 학교와 교회에서 계속 벌어지고 있다.

성교육 현장을 공격하는 행위도 2010년대 중반부터 시작해 점점 더 집요해지고 있다. 청소년 기관에서 강사로 성소수자나 페미니스트를 부른다며 민원을 넣거나, 성교육 수업을 몰래 녹음하고 교묘히 짜깁기해서 청소년들에게 안 좋은 강의를 한다는 내용으로 다큐멘터리를 만들기도 했다. 이런 이들은 지금도 유네스코에서 권장하는 '포괄적 성교육' 대신 금욕에 기반한 '성경적 성교육'을 해야 한다고 주장하고 있다.

# 349 대법, 미성년 자녀를 둔 트랜스여성 성별 정정을 허가하다

2022년 11월 24일, 대법원은 전원 합의체에서 미성년 자녀를 둔 트랜스여성의 호적상 성별 정정을 허가하는 결정을 내렸다. 법과 제도를 바꾸려 노력한 한국 트랜스젠더퀴어 인권 운동에서 상당히 중요한 결정이었다.

2006년 9월 대법원은 호적상 성별 정정에 관련한 법원이 참조할 수 있도록 〈성전환자의 성별 정정 허가 신청 사건 등 사무처리지침〉을 마련했다. 이 지침은 다양한 제한을 뒀는데, 그중 하나가 바로 자녀를 둔 사례였다. 자녀가 있는 트랜스젠더는 호적상 성별 정정을 할 수 없다는 제한은 다양한 쟁점을 양산했다. 민법과 가족법 관점에서 보면 자녀를 둔 트랜스젠더의 호적상 성별 정정을 허가하는 결정은 동성혼을 허용하지 않는 가족 제도 규범에 관련이 있었다. 자녀 처지에서 동성혼이 나쁜 결과로 이어질 수 있다는 염려를 근거로 한 논리였다. 실제로 2022년 대법원 결정이 나오기 전에 1심과 2심 재판부는 모두 자녀가 받을 수 있는 정신적 혼란과 충격을 우선 고려해야 한다고 주장했다. 트랜스젠더 인권 운동뿐 아니라 자녀를 둔 트랜스젠더 당사자들은 이런 주장을 끊임없이 비판했다. 어떤 트랜스젠더는 비트랜스로 살려고 노력하며 결혼을 했고, 어떤 트랜스젠더는 결혼한 뒤에야 정체성을 고민하기 시작했다. 무엇보다 정작 자녀들은 성별 정정을 허가받지 못한 부모 때문에 더 큰 곤란을 겪었다. 학교 다니는 자녀들에게는 양육자 중 한 명이 트랜스젠더인 상황보다 법적 서류에 담긴 문제가 더 큰 혼란을 일으켰다. 트랜스젠더 인권 단체들은 〈사무처리지침〉에서 해당 문구를 삭제하고 판례를 바꾸려 계속 노력했다.

2022년 11월 대법원이 내린 결정은 이런 오랜 노력이 거둔 결과다. 대법원은 자녀가 있다는 사정만으로 성별 정정을 불허해서는 안 되며 미성년 자녀가 누려야 할 보호와 복리를 복합적으로 고려해야 한다고 지적했다.

# 350 서울과 대구, 공공기관이 퀴어문화축제를 방해하다

서울퀴어문화축제는 코로나19 시기인 2020년과 2021년을 빼면 2015년부터 서울광장에서 부스 행사와 퍼레이드를 진행했다. 서울시는 한 해도 빠짐없이 축제를 방해했다. 서울광장을 사용하는 방식은 신고제인데도 서울퀴어문화축제만은 허가제처럼 운용해 열린광장운영시민위원회에서 심의한 뒤 결정하게 했다. 그 밖에도 여러 행정 절차를 내세워 방해하려 했지만, 서울퀴어문화축제는 행정 소송 등 다양한 노력을 기울여 서울광장에서 축제를 열었다. 2023년에 오세훈 서울시장은 서울퀴어문화축제가 낸 서울광장 사용 신청을 불허하고 같은 기간에 기독교 단체인 'CTS문화재단'이 주최하는 '청소년·청년 회복콘서트'가 열린다고 밝혔다. 서울시는 기독교 행사를 구실로 서울퀴어문화축제를 광장에서 내쫓았다.

2023년 6월 17일 대구퀴어문화축제가 대구시 중구 동성로 일대에서 열렸다. 대구퀴어문화축제도 대구시가 집요하고 지속적으로 방해하는 바람에 축제를 열 때마다 어려움을 겪었다. 그런데 이날은 달랐다. 대구광역시청과 대구 중구청은 '지방자치단체의 허가 없는 도로 무단 점거는 불법'이라며 행정대집행을 시도하면서 대구시 공무원 500여 명을 현장에 투입했다. 대구광역시경찰청은 경찰 1500여 명을 투입해 '집시법 및 법원의 판결에 따라 시위를 보호하겠다'며 맞섰다. 대구퀴어문화축제를 둘러싸고 지자체와 경찰청이 대립한 상황이었다. 또한 동성로상점가상인회 등이 영업 자유를 제한한다며 법원에 집회 금지 가처분 신청을 내지만 법원은 기각했다.

2023년 7월 12일, 대구퀴어문화축제조직위원회와 대구참여연대는 홍준표 대구시장과 대구시를 검찰에 고발하고 손해 배상 청구 소송을 제기했다. 2024년 5월 24일, 1심 재판부는 대구시가 대구퀴어문화축제조직위원회에 700만 원을 배상하라고 판결했고, 현재 대구시가 항소한 상태다.

## 351 커밍아웃한 운동선수의 등장

스포츠에서 퀴어 선수는 언제나 논란이었다. 2001년 여자 프로농구에서 활약한 외국인 선수를 두고 한 스포츠 신문이 '몇몇은 레즈비언임에 확실하다'는 기사를 내보내 큰 논란이 됐다 농구 선수가 레즈비언이라는 점 자체가 문제라는 식이었다. 또한 올림픽에서 인터섹스 선수나 트랜스여성 선수가 여성부에 출전하는 사안이 매번 논란으로 취급됐다. 트랜스여성이 여성부로 출전하면 무조건 유리하고 비트랜스여성은 무조건 불리하다면서 태어날 때 지정받은 젠더가 한 사람이 지닌 역량과 실력을 이미 결정한다는 식이었다.

2023년 5월 말, 제58회 강원도민체육대회에 트랜스여성 나화린이 출전하기로 한 사실이 알려졌다. 고등학교 1학년 때부터 사이클을 시작해 성인이 돼서도 사이클 동호회에서 활동한 나화린은 2012년 강원도민체육대회 남성부 선수로 출전해 우승하기도 했다. 한편 나화린은 2008년부터 호르몬 투여를 하고 2022년 성전환 수술을 해서 2023년 4월에 호적상 성별을 여성으로 정정했다. 따라서 여성부 대회 참가는 문제없지만 2020년에 이런 사안을 둘러싸고 큰 논쟁이 벌어진 적이 있어서 퀴어 활동가와 언론 등은 조심스러웠다. 나화린은 예정대로 대회에 참가해 여성부 경륜과 스크래치 종목에서 우승했다.

나화린은 대회가 끝난 뒤 예상을 벗어난 행동을 했다. 인터뷰에서 자기는 '신체적 우월성을 주장하기 위해서' 출전한 사람이며 다른 트랜스여성이 여성부에 출전하면 '일반 여성 선수들의 꿈과 노력을 헛되게 만드는 것'이라고 주장했다. 그해 9월에는 대법원 앞에서 성전환 수술 없는 성별 정정에 반대한다며 법원이 이런 시도를 허가하면 안 된다는 일인 시위도 벌였다. 의료적으로 정확한 정보가 아닌데다 트랜스젠더 운동 차원에서도 문제가 많은 내용이었다. 유명세를 가진 첫 커밍아웃 운동 선수가 등장한 역사는 이렇게 곤혹감을 남겼다.

## 352 동성혼 인정을 향한 혼인평등연대와 모두의 결혼

가족 다양성 문제를 활발히 논의하던 가족구성권 운동은 방향 전환을 모색한다. 몇몇 활동가는 가족구성권의 다양성, 다양한 형태의 가족구성권을 중심에 둔 운동을 펼쳤다. 제도에 포섭되지 않는 가족이 있고 제도가 모든 가족 형태를 포괄할 수 없다는 점에서 이런 고민은 확장을 중심에 두고 있었다.

동성 결혼 법제화를 준비하던 사람들은 그 뒤 '혼인평등'이라는 용어를 내세우며 새로운 운동을 펼쳤다. 이 과정에서 건강보험 피부양자 자격을 둘러싼 법적 논쟁이 벌어졌고, 일본 일부 지역이나 대만 등 동아시아에서 동성 결혼이 제도화되기 시작하면서 생긴 세계사적 변화도 어느 정도 영향을 끼쳤다.

이런 변화에 맞춰 가족구성권네트워크는 혼인평등연대로 단체 이름을 바꿨고, 2023년 6월 20일에는 '모두의 결혼, 사랑이 이길 때까지!'를 슬로건으로 내건 동성혼 법제화 캠페인 '모두의 결혼' 론칭 기자 회견을 열어 혼인평등 운동을 본격 시작했다. 2023년과 2024년 서울퀴어문화축제 부스에 참가하고 '모두의 결혼'을 내건 퍼레이드 차량도 운행했다.

다양한 캠페인을 펼치면서 결혼 제도에 속하는 퀴어 관계를 가시화하는 작업은 '혼인평등'이나 '모두의 결혼'이라는 슬로건 아래 진행되지만, 대체로 동성 결혼이 중심에 자리하고 있다. 2024년 10월 10일에는 동성 부부 열한 쌍이 동성혼 법제화를 위한 집단 소송에 돌입한다. 동성 간 혼인을 허용하지 않는 민법 규정을 두고 위헌 여부를 따지는 소송으로, 새로운 국면을 예고하고 있다.

## 353 지자체, 돈을 무기로 퀴어 영화를 혐오하다

2023년 6월 22일, 인천여성영화제 조직위원회가 기자 회견을 열었다. 조직위원회는 인천시 보조금 지원 사업에 선정돼 영화제를 진행하려 했는데, 인천시는 보조금 지원을 근거로 삼아 상영작 중에서 퀴어 영화를 빼라고 요청했다. 조직위원회가 이런 요구를 무시하고 사업 실행 계획서를 그대로 제출하자 인천시는 '퀴어 등 의견이 분분한 소재 제외'라고 적은 공문을 보냈다. 조직위원회는 계속 항의했고, 인천시 여성정책과 과장은 대답했다. "아이들이 동성애를 트렌드처럼 받아들이고 잘못된 성 인식이 생길 수 있기 때문에 교육적으로 악영향을 끼친다." 면담 자리에서 인천시 문화복지정무부시장은 말했다. "동성애 영화 1편, 탈동성애 영화 1편을 같이 상영하면 나중에라도 반대 세력에게 할 말이 있지 않겠나." 2020년부터 인천시에서 보조금 4000만 원을 지원받던 인천여성영화제는 인천시가 하는 요구뿐 아니라 보조금도 거부하면서 처음 계획대로 영화제를 진행하기로 했다.

2024년 8월 30일에는 대전여성단체연합이 기자 회견을 열었다. 9월 5일과 6일 이틀 동안 개최하는 대전여성영화제 상영작 중 한 편인 이미랑 감독의 〈딸에 대하여〉(2024)에 관련해 대전시가 성소수자 문제는 사회적으로 논란이 되고 있어 양성평등주간에 상영하는 일은 바람직하지 않다고 말하더라고 밝혔다. 영화제에 보조금을 지급하는 대전시는 이 영화가 영화제에 적절하지 않다는 태도였고, 영화제를 운영하는 대전여성단체연합은 강하게 반발했다. 결국 대전여성단체연합은 보조금을 반납하고 1000만 원을 목표로 긴급 모금을 진행해 영화제를 진행했다. 〈딸에 대하여〉를 배급한 영화 배급사 찬란은 연대하는 의미로 상영료를 받지 않았다.

퀴어 혐오를 공공연히 드러내는 지자체가 예산을 무기로 문화 행사를 위협할 때 지역 기반 영화제를 만드는 사람들은 연대와 지지를 드러내면서 혐오에 무릎 꿇지 않는 역사를 기록했다.

## 354 퀴어 연극의 역사를 아카이빙하다

다른 많은 분야처럼 퀴어 연극 또한 어떤 작품이 최초인지는 가늠하기 힘들다. 1992년 서울앙상블이 제작한 〈런던 양아치〉는 1990년대 초반에 제작한 퀴어 연극으로 종종 분류된다. 실험극장에서 제작하고 남성 동성애를 다룬 〈무화과꽃〉 같은 작품도 이름을 남기고 있다.

퀴어 연극은 2010년대 들어서면서 활발하게 제작되기 시작했다. 〈거미여인의 키스〉, 〈나는 나의 아내다〉, 〈프라이드〉, 〈래러미 프로젝트〉처럼 규모가 큰 극단이 제작한 작품도 있지만, 〈2017 이반검열〉, 〈삼일로창고극장 봉헌예배〉, 〈오르막길의 평화맨션〉, 〈아웃스포큰〉, 〈드랙×여성국극 춘향전〉, 〈우리는 농담이(아니)야〉, 〈에로 그로-경성〉, 〈13 후르츠케이크〉, 〈DRAG×남장신사〉, 〈물고기로 죽기〉, 〈이것은 사랑이야기가 아니다〉, 〈요즘 퀴어 공연이 많은가요?×이리〉, 〈그로토프스키 트레이닝〉, 〈뺨을 맞지 않고 사는 게 삶의 전부가 될 순 없더라〉, 〈정원사와의 산책〉, 〈다정이 병인 양하여〉 등 너무 많아서 다 기록할 수 없을 정도다.

퀴어 연극이 많이 등장하고 있는 이런 상황은 한국퀴어연극아카이브(Korea Queer Theater Archives·KQTA)에서 진행하는 퀴어 연극 기록 작업이 지닌 중요성을 역설한다. 아카이브는 2023년 퀴어 연극 제작자와 연구자 5명이 모여 조직됐고, 힘겨운 과정을 거쳐 퀴어 연극 목록 초기 버전을 작성해서 2023년 12월 27일 '한국 퀴어연극 아카이브—베타(Beta)'라는 제목으로 결과 발표회를 진행했다. 이 자리에서는 아카이브의 의의, 연극 10편에 관한 작품론, 그리고 관객, 극작가, 배우 인터뷰 등을 공유했다. 아카이브는 2024년에도 계속 활동하면서 퀴어 연극 목록을 갱신하고 있으며, 퀴어 연극에 함께하는 이들이 겪은 경험을 엮어 내는 작업도 진행 중이다.

3
5
5

## 앨라이를 늘리기 위한 적극적 노력, 앨라이 먼스

비온뒤무지개재단은 2014년 재단을 설립한 때부터 앨라이 확산을 중시했다. 앨라이는 퀴어 인권을 지지하고 퀴어 동료하고 함께하는 이들을 의미하는 용어로, 비온뒤무지개재단이 적극 사용하기 전까지는 한국 퀴어 인권 운동에서 큰 비중을 차지하지 않았다. 비온뒤무지개재단은 혐오 세력이 나날이 기세를 더하고 퀴어의 삶이 더욱더 위험해지던 시기에 혼자 싸우기보다는 함께할 수 있는 힘을 모으기 위해 앨라이 확대를 중요한 의제로 내세웠다. 앨라이 선언과 앨라이 모델 등을 매개로 앨라이 개념을 홍보해서 더 많은 사람이 퀴어를 지지하게 되고 퀴어도 다른 퀴어의 지지자가 될 기회를 만들려 했다.

2016년에 시작해 앨라이 선언자를 1만 명 넘게 모은 재단은 앨라이를 중심에 둔 행사를 만들려 했다. 바로 '앨라이 먼스'다. 1969년 6월 미국 뉴욕에서 벌어진 스톤월 항쟁을 기념하면서 시작된 '프라이드 먼스'가 자긍심을 중심에 둔 행사라면 9월에 열리는 앨라이 먼스는 퀴어 앨라이의 가치와 의미를 중심에 두고 있다. 또한 개인적 자긍심뿐 아니라 각자의 지지와 연결을 중심에 둔 가치를 새롭게 창출하려는 기획이기도 했다. 그만큼 퀴어 인권 운동에서, 그리고 비온뒤무지개재단이 펼친 활동에서 앨라이가 중요한 가치를 지닌다는 뜻이다.

앨라이 먼스의 의미를 더 구체화하는 프로그램으로 비온뒤무지개재단은 2023년부터 앨라이 도서전을 진행했다. 성소수자 관련 도서를 낸 출판사들이 도서전에 참여하겠다고 신청하면 신청 도서를 검토해 큐레이션을 해서 독자들이 원하는 책을 읽을 수 있게 돕는다. 이런 방식은 퀴어 도서를 알리는 동시에 지금 우리 사회에 퀴어 관련 지식이 증가하는 현실을 잘 드러낸다.

3
5
6

## 퀴어함을, 자긍심을 드러내다

안톤 허(Anton Hur·허정범)는 게이로 커밍아웃한 한국 문학 작가이자 번역가다. 2022년에 안톤 허가 번역한 정보라의 단편집 《저주토끼》가 영국 부커상 인터내셔널 부문 최종 후보에 올랐다. 세계적 권위를 자랑하는 문학 상인 부커상에서 백인이 아닌 번역가가 최종 후보에 오른 일은 처음이라 크게 화제가 됐다. 2023년에는 안톤 허가 번역한 방탄소년단의 《비욘드 더 스토리》가 미국 일간지 《뉴욕 타임스》 베스트셀러 순위 1위에 올랐다. 한국 저자가 쓴 책이 이 순위에서 1위를 차지한 일은 처음이어서 번역자에게도 관심이 쏠렸다. 안톤 허는 2024년에 자전적 에세이 《하지 말라고는 안 했잖아요?》도 냈다. 커밍아웃을 한 사람도 유명해지면 되레 그 사실을 감추기도 하는데, 저서와 인터뷰를 통해 동성애자의 삶을 주저 없이 드러낸다는 점에서 안톤 허가 보여 주는 행보는 의미 있다.

소설가 중에는 김현과 김봉곤 말고도 퀴어 로맨스를 다룬 장편 소설 《커스터머》를 쓴 이종산이 양성애자라고 커밍아웃했다. 이종산은 퀴어 창작자를 위한 커뮤니티 '큐연'을 만들어 활동하고 있다. 퀴어의 자긍심을 드러내며 커밍아웃을 한 유명인으로는 2014년에 올리브티브이 〈셰어하우스〉에서 커밍아웃한 패션 디자이너 김재웅이 있다. 연예인 중에는 《엠넷》 서바이벌 오디션 프로그램 〈아이돌학교〉 출신 가수 솜혜인, 〈고등래퍼 3〉 준우승자인 래퍼 강민수, 그룹 와썹의 지애, 배우 겸 개그우먼 송인화 등이 있다. 자기가 누구를 사랑하고 어떤 삶을 바라는지를 에스엔에스에 솔직히 쓴 게시물을 기자들이 인용해 보도하면서 널리 알려졌다.

퀴어로서 누리는 자긍심, 앨라이로서 보내는 응원을 일상에서 드러내는 일이 이제는 세상을 변화시키는 실천의 하나로 여겨진다. 큰 수익을 내지 못하는데도 꾸준히 퀴어 굿즈를 기획해 제작하며 자긍심을 드러내는 일을 돕는 전문 업체로 레인보우스토어(2015년 설립)와 라온( 2017년 설립)이 있다.

## 357 퀴어 영화, 상영 거부와 장면 삭제와 임의 편집에 시달리다

퀴어 영화는 다양한 수난을 겪었다. 공공 기관에서 보조금을 지급하지 않거나 예정된 상영을 거부하거나 자의적으로 편집하는 식이었다.

2023년 10월 독립영화 공공상영회 프로그램으로 서초구립반포도서관, 서초구립양재도서관, 송파도서관에서 상영하려던 서아현 감독의 다큐멘터리 〈퀴어 마이 프렌즈〉(2023)가 특정 종교 단체에서 제기한 민원에 떠밀려 행사 자체가 취소되는 일이 벌어졌다. 퀴어 영화를 공공장소에서 상영하는 행사 자체를 문제 삼은 혐오 민원을 반려하지 않고 곧바로 수용한 행태는 대법원 판결에 상관없이 공공 기관이 퀴어를 사회에서 제거해야 할 부적절한 요소로 여기는 현실을 보여 줬다.

2021년 2월 13일 《에스비에스》는 그룹 퀸과 프레디 머큐리의 삶을 다뤄 큰 인기를 끈 브라이언 싱어 감독의 영화 〈보헤미안 랩소디〉(2018)를 설 특선 영화로 방영했다. 그런데 동성 간 키스 장면을 두 번 삭제하거나 남성 엑스트라들이 나눈 키스를 모자이크 처리하는 등 임의로 편집했다.

더 오래전, 2009년 11월 9일 영상물등급위원회는 게이 관계를 다룬 김조광수 감독의 영화 〈친구사이?〉(2009)에 청소년 관람 불가 판정을 내렸다. "'영상의 표현에 있어 선정적인 부분은 성적 행위 등의 묘사가 노골적이며 자극적인 표현이 있기에 청소년에게 유해한 내용을 포함하고 있는 영화(청소년이 관람하지 못하도록 각별한 주의가 필요한 영화)'라는 게 이유다." 영화 제작진과 퀴어 단체는 기자 회견을 열어 15세 관람가 판정을 받은 영화에 견줘 선정적 수위가 아주 낮은데도 청소년 관람 불가로 판정하는 행태는 동성애 관계나 게이 관계 자체를 청소년에게 해로운 요소로 낙인찍는 만행이라며 비판했다. 영화 제작사는 소송에 들어갔고, 대법원은 동성애를 해로운 요소로 취급하는 행태가 퀴어의 인격권을 침해한다며 청소년 관람 불가 판정을 취소하라는 판결을 내렸다.

이런 일들은 모두 공공에서 영화를 매개로 재현되는 퀴어를 거부하는 혐오 행동이다.

## 358 트랜스젠더 풍자, 방송연예대상 여자 신인상 받다

트랜스젠더 풍자는 2019년 유튜브로 방송을 시작했다. 욕설과 거침없는 말투, 그러면서도 선을 지키는 입담을 바탕으로 트랜스젠더 유튜버 중 가장 큰 인기를 끌었다. 유튜브 개인 채널과 합방, 유튜브 전용 웹 예능에 섭외되는 등 유튜브에서 종횡무진으로 활약하면서 새로운 트랜스젠더 셀럽으로 우뚝 섰다.

그동안 인기를 누린 퀴어 연예인은 각각 2000년과 2001년에 커밍아웃한 홍석천과 하리수 정도였다. 그 뒤에도 커밍아웃한 연예인은 계속 이어지지만 대부분 잠깐 화제를 끄는 데 그쳤다. 풍자는 공중파가 아니라 가장 인기 있는 동영상 플랫폼인 유튜브에서 먼저 인기를 끌며 대중적 인지도를 높인 사례였다. 유튜브에서 인기를 끈 이들이 공중파에 적응하지 못하는 사례가 많았는데, 풍자는 숨겨진 실력을 유감없이 발휘해 살아남았다. 2022년 〈오은영의 금쪽상담소〉(채널A)에 출연해 평소에 보여 준 유쾌한 성격하고 다르게 트랜스젠더로 살아가며 겪는 차별과 어려움을 털어놓아 한국 사회가 풍자를 받아들일 수 있는 정서적 지형을 스스로 개척했다. 2023년에는 〈전지적 참견 시점〉(MBC)과 〈혓바닥 종합격투기 세치혀〉(MBC) 등 여러 프로그램에 출연했다. 활동 폭과 인기를 기준으로 보면 2023년 'MBC 방송연예대상' 여자 신인상 수상이 그리 놀랍지는 않다. 홍석천과 하리수는 인기를 끌 때도 공중파 방송에서 수상한 적은 없다. 유행에 민감하다는 방송계에 만연한 보수성이 단적으로 드러난 장면이다. 퀴어 예능인을 앞다퉈 소비하면서도 정작 퀴어들이 지닌 능력과 퀴어들이 한 기여는 인정하지 않는 현실은 이성애 규범성을 보여 주는 또 다른 증거다.

풍자가 퀴어 연예인 중 처음으로 공중파 방송에서, 무엇보다 호적 정정을 하지 않은 트랜스여성으로서 받은 여자 신인상은 하리수가 데뷔한 일만큼이나 한국 사회에서 중요하게 기록해야 할 사건이다.

## 359 성별 변경 위한 수술 강요는 위법이라는 판결

트랜스젠더의 호적상 성별 정정에 관련해 하급 법원이 내리는 판결은 종종 예상하지 못한 결과를 불러오기도 한다. 트랜스젠더에게 긍정적 영향을 끼친 여러 판결은 이런 적극적 해석에서 시작됐다.

2024년 5월 청주지방법원 영동지원은 성전환 수술을 하지 않은 트랜스젠더 5명이 남성에서 여성으로 성별을 바꿔 달라며 낸 성별 정정 신청을 허가했다. 대법원은 〈성전환자의 성별 정정 허가 신청 사건 등 사무처리지침〉을 개정해 성전환 수술 여부 등을 허가 기준에서 참고 사항으로 변경했다. 영동지원은 이런 상황에서도 몇몇 하급 법원이 여전히 수술 서류를 요구하고 수술 서류가 없으면 정정을 불허하는 현실을 비판한다. “인간은 누구나 자신의 성 정체성에 따른 인격을 형성하고 삶을 살 권리가 있고 성전환자 또한 우리 사회의 동등한 구성원으로서 행복을 추구하며 살아갈 수 있어야 한다. …… 성전환자에게 외과적 수술 등까지 받도록 강제하는 것은 신체의 온전성을 스스로 침해할 것을 강요하는 것이다.”

이 결정은 트랜스젠더 인권 단체와 인권 활동가, 연구자들이 한목소리로 요구할 뿐 아니라 유엔도 인정한 논리를 따르고 있다. 곧 트랜스젠더에게 수술을 강제하는 행위는 강제 불임 시술이나 마찬가지이고 당사자가 원하지 않을 때도 법적으로 신체 변형을 요구하는 만큼 신체의 자유를 침해한다는 해석이다. 따라서 이 결정은 이런 비판적 논리를 한국 법원도 본격적으로 받아들이는 신호탄이라 할 수 있다. 또한 그동안 트랜스젠더 인권 운동이 기울인 노력이 녹아든 성과이기도 하다. 트랜스남성이든 트랜스여성이든 수술 없는 허가 결정이 나온 적은 있지만, 이 판결은 다수를 대상으로 내린 결정이자 하급심이라고는 해도 사법 기관이 나서서 변화를 제도화하려 한 시도로서 의미가 크다.

## 360 무성애 운동의 또 다른 흐름이 등장하다

코로나19는 퀴어 인권 운동에 치명적인 영향을 끼쳤다. 물론 코로나19에 따른 격리와 단절에 영향을 받지 않은 모임이나 운동은 없지만, 퀴어 인권 운동 중 2010년대 활발하게 운영되던 많은 단체가 문을 닫거나 잠시 활동을 중단해야 했다. '무성애 가시화 행동 무:대'도 2023년 3월 19일에 무기한 활동 중지를 선언했다. 이 선언은 공식적으로 유일한 무성애 인권 단체가 이제 존재하지 않을 수도 있다는 의미였다.

그렇지만 많은 퀴어 인권 운동이 그러하듯 단체 하나가 활동을 중단한다고 해서 운동 자체가 멈추지는 않는다. 오히려 개인이 힘을 내 다양한 기획을 시도하면서 문화 운동이나 사회 운동을 활발히 펼치기도 한다. 무성애 연구자가 나타나 한국 무성애 커뮤니티의 지형을 정리하기도 했지만, 무성애를 주요 주제로 삼아 장은하가 기획한 전시회 〈스퀴시! 숲 속에서〉가 인사미술공간에서 열렸다. 이 전시회에는 조윤희가 강사로 나서 무성애 커뮤니티에서 만든 용어 '스퀴시'에 담긴 의미를 설명하는 등 무성애 지식과 운동을 대중화하려 시도했다. 또한 한국성적소수자문화인권센터가 2023년과 2024년 여름에 연 퀴어아카데미에 개설된 무성애 강의에 많은 수강생이 함께하며 무성애에 관련된 지식과 이론을 공유했다. 2024년 열린 대전퀴어문화축제에서는 축제에 참여하려 결성한 에이엄 가시화×자긍심 프로젝트 '팀 에일리언즈'가 비디에스엠(BDSM)을 가시화하는 '퀴어욕망실천연대'하고 함께 부스를 운영했다.

한 단체가 활동을 중단한 상황은 안타깝지만, 이런 흐름은 그런 속에서도 흩어진 개인과 단체가 다양한 방식으로 운동을 이어 갈 힘이 있다는 사실을 증명한 장면이다. 또한 2020년대 초반 무성애 인권 운동이 만들고 있는 특징적인 모습이기도 하다.

# 3 6 1 탄압을 뚫고 가장 많은 성직자가 모인 축복식

2024년 7월 1일 오전 11시 30분, 개신교 목회자 37명이 제25회 서울퀴어퍼레이드 행사장 입구 앞으로 모였다. 기독교대한감리회, 대한예수교장로회 통합, 한국기독교장로회 등 서로 다른 교단에 소속돼 있지만 성소수자를 축복하고 차별과 혐오에 반대한다는 메시지를 전하는 축복식을 열려는 사람들이었다. 무지개 스톨을 목에 두른 목회자들이 꽃잎을 뿌리며 이 세상 모든 성소수자를 위해 기도했다. "천지 만물 당신 보시기에 좋은 모든 것들에 깃들어 계신 우리의 하나님, 이 좋은 날 복된 자리에 우리를 불러 모아 서로의 기도와 용기가 되게 하시니 감사하나이다. 이 시간 간절히 비오니 교회에서 상처받고 쫓겨난 모든 이들과 성소수자 길벗들이 그 모습 그대로 우리의 새로운 식구가 되게 하시고, 하나님의 입맞춤이 주시는 힘으로 사랑의 관계를 되찾게 하소서."

퀴어퍼레이드 성직자 축복식은 2014년 신촌에서 열린 제15회 서울퀴어퍼레이드에서 처음 있었고, 그 뒤 전국에서 열리는 퀴어퍼레이드마다 매년 이어졌다. 2019년 제2회 인천퀴어문화축제에서 축복식을 한 이동환 목사가 4년 정도 편파적 재판에 시달리다가 출교되기도 했다.

이날 열린 축복식 때문에 옥합교회 엄기봉 목사가 소속 교단이 설치한 '포괄적차별금지법·동성애 대책위원회'에 출두해 조사를 받았다. 대전 빈들공동체교회 남재영 목사는 서울과 대전에서 열린 퀴어퍼레이드에 참석해 축복식을 하고 동성애를 찬성하거나 동조하는 행위를 저질렀다는 이유로 2024년 12월 5일에 출교됐다.

보수적 개신교 교단들이 목사직을 내놓아야 할 정도로 강하게 징계를 내려 묶어 두려 하지만 성직자들은 굴하지 않고 축복식을 열 것이다. 언젠가는 환대와 연대가 혐오를 이길 날이 오리라고 믿는 이들이 벌이는 투쟁이다.

## 362 "성심당은 저짝이고 퀴어축제는 이짝이유!"

2024년 7월 6일 대전에서 드디어 대전퀴어문화축제가 열렸다. 2010년대 후반으로 가면 전국 곳곳에서 퀴어문화축제가 열리기 시작했다. 이미 오래된 대구부터 부산, 광주, 전주, 경남, 제주, 인천, 춘천에서 퀴어문화축제가 열렸고, 이런 변화는 서울에서 열리는 '한국퀴어문화축제'를 '서울퀴어문화축제'로 바꾸게 하는 계기가 됐다. 대전 성소수자 인권 모임 '솔롱고스'가 오랫동안 활동하는 등 대전을 기반으로 한 퀴어 모임이 없는 상황은 아니었다. 그렇지만 개최가 쉽지 않다가 2024년에 마침내 대전 지역 시민단체들이 모여 충분히 협의하고 논의한 끝에 대전에서도 퀴어문화축제를 준비하기 시작했다.

대전퀴어문화축제조직위원회는 2024년 7월 1일에 공식 기자 회견을 열어 장소와 날짜 등을 알렸다. 조직위원회에는 대전충청성소수자부모모임, 성소수자교사모임을 비롯한 성소수자 단체와 대전시민사회단체연대회의 등 모두 33개 단체가 공동 주최자로 이름을 올렸다.

축제는 대전시 동구 소제동 '대전전통나래관' 앞에서 도로 일부를 통제하고 부스 25개를 꾸려 진행됐다. 근처에 카페가 몰려 있어 유동 인구가 많고 대전역에서도 가까운 곳이었다. 대전역에서 행사장으로 이동하는 경로에서 혐오 세력이 모여 집회를 열었지만, 거리가 꽤 떨어져 있어 딱히 방해되지 않았다. 몇몇 혐오 세력이 퍼레이드가 출발하는 지점을 막아서는 상황에서도 경찰이 곧바로 혐오 세력을 빠르게 밀어내 전반적으로 수월하게 진행됐다.

참가 인원이 줄잡아 2000명에 이를 정도로 대전퀴어문화축제는 많은 관심과 참여 속에 진행됐다. 퍼레이드는 많은 직장이 모여 있는 도로를 지나서 유명한 빵집 성심당 본점 부근에서 끝났다. 축제 현장에는 '성심당은 저짝이고 퀴어축제는 이짝이유'라는 플래카드가 걸렸다.

# 3 6 3 퀴어들, 더 많은 퀴어의 이야기를 출판하다

퀴어의 언어를 기록하려는 노력은 에세이에서 이론, 문화 비평 등으로 확장하고 있다.

《브라보 게이 라이프》(2011), 기무상의 《커밍아웃북》(2016), 《내 이름은 군대》(2019), 유성원의 《토요일 외로움 없는 삼십대 모임》(2020), 김철수의 《보통 남자 김철수》(2022), 모어의 《털 난 물고기 모어》(2022), 영이의 《호르몬 일지》(2024), 호영의 《전부 취소》(2024) 같은 에세이를 비롯해, 《후천성 인권 결핍 사회를 아웃팅하다》(초판 2011년, 개정판 2017년), 김현경과 송재은이 엮은 《어느 날 네가 말했다, 나는 좀 다르다고》(2023), 김보미의 《키스하는 언니들》(2023), 진영현의 《퀴어한 관계》(2024) 같은 인터뷰집도 출간되고 있다.

박이은실의 《양성애》(2017), 한국성소수자연구회의 《무지개는 더 많은 빛깔을 원한다》(2019), 비사이드 콜렉티브의 《퀴어 페미니스트, 교차성을 사유하다》(2018), 박차민정의 《조선의 퀴어》(2018), 박종주 등이 쓴 《배틀그라운드》(2018), 오혜진 등의 《원본 없는 판타지》(2020), 전혜은의 《퀴어 이론 산책하기》(2021), 한채윤의 《우린 춤추면서 싸우지》(2023) 등은 퀴어 이론을 만들려는 노력이었다.

이은지의 《우리 집 퀴어》(2023), 추주희 등이 쓴 《퀴어한 가족커뮤니티에 대한 상상과 실천》(2024), 우승연이 쓴 《홈, 프라이드 홈》(2020) 등 주제 또한 확장되고 있다.

퀴어 예술의 부흥은 문화 비평과 미술 비평도 확장시켰다. 박주연의 《누가 나만큼 여자를 사랑하겠어》(2024), 김대현의 《세상과 은둔 사이》(2021), 연혜원이 엮은 《퀴어돌로지》(2021), 이연숙과 남웅의 《퀴어 미술 대담》, 이정은의 《빌롱잉 노웨얼》(2022) 같은 작업이 출간됐다.

## 364 드라마와 영화, 동성애 코드에서 퀴어 캐릭터로

1990년대 대중문화에서는 동성애자일 수 있다는 느낌만 주는 이른바 '동성애 코드'가 많았다. 〈남자 셋 여자 셋〉(MBC·1996~1999)에서 홍석천이 맡은 '쁘아송'은 여성스러운 패션 디자이너일 뿐인데도 사람들이 '동성애자'를 연상했듯이. 비슷한 시기에 방영된 인기 시트콤 〈순풍산부인과〉(SBS·1998~2000)의 김찬우와 권오중, 영화 〈지상만가〉(1997)의 이병헌과 신현준, 영화 〈태양은 없다〉(1999)의 이정재와 정우성 등은 게이 커플로 해석되기도 했다.

1990년대 말 광고계는 레즈비언 코드를 적극 활용했다. 화장품 광고는 두 여성이 나와 서로 얼굴을 쓰다듬으며 '나는 네가 남자였으면 좋겠어'라며 말했고, 구강 청결제 광고는 두 여성이 향기를 맡다가 키스할 뻔하는 식이었다.

2000년대에 들어서면 퀴어는 '코드'가 아니라 '캐릭터'로 등장한다. 2001년 방영을 시작한 시트콤 〈연인들〉(MBC·2001~2002)은 '나는 트랜스젠더를 사랑했다'편을 내보냈다(트랜스젠더 역은 변정수가 맡았고, 다른 에피소드에 출연한 하리수는 시스젠더 여성 역을 맡았다). 2005년 방영한 〈떨리는 가슴〉(MBC)은 트랜스젠더를 가족 이야기 속에서 깊이 있게 다뤘다. 2010년 방영한 〈인생은 아름다워〉(SBS)에는 게이 커플이, 2011년 방영한 〈클럽 빌리티스의 딸들〉(KBS2)에는 레즈비언 커플 세 쌍이, 2015년 방영한 〈선암여고 탐정단〉(JTBC)에는 레즈비언 청소년이 등장했다. 〈굿 와이프〉(tvN·2016), 〈가족입니다〉(tvN·2020), 〈야식남녀〉(JTBC·2020), 〈안녕 드라큘라〉(JTBC·2020), 〈구경이〉(JTBC·2021) 등에 성소수자 캐릭터가 등장했다. 이제 드라마 속 퀴어 캐릭터는 〈이태원 클라쓰〉(JTBC·2020), 〈마인〉(tvN·2021), 〈대도시의 사랑법〉(티빙·2024)까지 나아갔다.

3
6
5

## 2020년대 성소수자 관련 여론 조사를 읽다

한국갤럽이 2021년 5월에 실행한 설문 조사에 따르면, 동성애자 커플에게 결혼할 권리를 주자는 의견에 찬성 38퍼센트, 반대 52퍼센트, 의견 유보 11퍼센트였다. 한국갤럽은 2001년부터 똑같은 질문을 던져 조사했다. 동성혼 찬성은 2001년에 17퍼센트이다가 2013년 25퍼센트, 2014년 35퍼센트로 확 오른 뒤 2017년 34퍼센트, 2019년 35퍼센트, 2021년 38퍼센트로 큰 변화가 없다. 다만 반대 의견이 2001년에 67퍼센트에서 2021년에 52퍼센트로 줄었다.

한국리서치도 매년 같은 조사를 진행하는데, 한국 사회가 성소수자를 받아들여야 한다는 데 동의하느냐는 질문에 찬성하는 비율이 2021년 41퍼센트에서 2023년 31퍼센트로 떨어진 뒤 2024년 36퍼센트로 올랐다. 성전환을 받아들여야 한다는 데 동의하는 비율은 2021년 46퍼센트, 2023년 33퍼센트, 2024년 38퍼센트였다. 성소수자를 향한 호감과 적대적 감정을 보면 연령대가 높아질수록, 개신교 신자일수록, 삶에서 종교가 중요하다고 생각하는 사람일수록 적대감이 올라가는 경향이 뚜렷했다. 이 조사에서 한 가지 눈여겨볼 사실은 아는 사람 중에 성소수자가 있는 사람이 없는 사람보다 서너 배가량 호의적인 태도를 취한다는 점이다.

한국행정연구원이 실행한 '사회통합실태조사'에서는 성소수자를 이웃, 직장 동료, 친구 등으로 받아들일 수 있다고 답한 사람이 2018년 51퍼센트로 최고치를 찍은 뒤 2020년에 43퍼센트로 떨어졌다가, 2021년에 45.9퍼센트 조금 오르고 2023년에는 47.7퍼센트가 됐다.

입소스가 2023년에 실행한 조사를 보면 자기가 동성애자라고 답한 이는 1퍼센트였고, 양성애자는 3퍼센트, 범성애자 1퍼센트, 무성애자 1퍼센트였다. 성별 정체성에 관한 질문에는 트랜스젠더나 논바이너리라고 답한 이가 2퍼센트였다. 동성혼 법제화에는 35퍼센트가 동의했는데, 2013년 조사에서 기록한 26퍼센트보다는 상승했다.

366

# 오늘 당신의 역사를 쓰다

# 또 다른 퀴어 한국사를 기대하며

루인

## 잘못된 과욕이 부른 5년

이 책은 2019년에 어떤 잘된 기획에서 출발했다. 그해는 퀴어락 설립 10주년이었고, 퀴어락 운영위원(정민, 지효, 채윤, 루인)은 10주년을 기념하는 간단한 굿즈를 만들자는 계획을 세웠다. 시작은 다이어리나 책상 달력 정도였고, 달력에 퀴어 관련 중요 사건을 적으면 퀴어락 굿즈로 괜찮겠다 싶었다. 그렇지만 운영위원 회의가 끝난 뒤 이 책을 쓴 저자 둘이 따로 회의하는 과정에서 도대체 무슨 일이 있었는지, 크게 잘못된 기획으로 바뀌었다. 다이어리나 달력에 간단하게 사건 몇 개 적어 넣자는 아이디어는 365일 모든 날짜에 하나씩 사건을 찾아 표시하는 작업으로 바뀌었다. 그러니까 1월 1일, 1월 2일, …… 6월 28일, 6월 29일, …… 12월 31일까지 모든 날짜를 그날 발생한 사건으로 채우겠다는 포부. 당연하게도 과욕이었다. 이때부터 퀴어락은 비온뒤무지개재단 총회 때마다 당해 연도 사업 계획을 설명하면서 같은 말을 반복했다. "올해는 단행본을 내겠습니다!" "올해는 단행본을 내겠……." "올해는 단행본……." "올해는……." "올……."

짐작하겠지만 불가능에 가까운 기획이었다. 사건 수가 적어서 불가능하다는 말이 아니라 모든 날짜를 채울 수가 없었다. 퀴어 관련 행사를 하기 좋은 날과 나쁜 날이라도 있는지 어떤 날에는 사건이 10개가 넘고 어떤 날은 하나도 없었다. 그러다 보니 날짜를 얼마간 조작해야 했고, 날짜에 따라 밀도가 달랐다. 두세 줄이면 설명할 수 있는 사건과 10장으로도 부족한 사건. 무엇보다 어떤 식으로 날짜를 조작해도 채울 수 없는 날짜가 20개를 넘었다. 그리하여 결국 (그사이 기획안 26개가 버려진 끝에) 날짜에 상관없이 365개 사건을 고르기로 했다.

## 주제를 고르는 위험

365개 주제를 고르는 작업은 또 다른 질문을 제기했다. 무엇이 퀴어한 사건이고 퀴어 사건인가. 또한 어떤 사건을 좀더 비중 있게 설명할 것인가. 15년 동안 퀴어락을 운영하면서 깨달은바, 예산 집행은 가치를 재분배하는 일이다. 퀴어락이 제한된 예산 범위 안에서 퀴어 관련 자료를 수집하다 보니 어떤 자료를 더 비중 있게 수집하느냐 하는 문제가 중요하다. 되도록 청소년 퀴어 관련 자료, 비서울 관련 자료, 동성애보다는 트랜스젠더와 양성애, 무성애 관련 자료 등 퀴어 문화에서도 주류가 아닌 사안에 관련된 자료를 우선 수집한다는 정책은 예산 집행에 담긴 가치 지향을 의미한다. 마찬가지로 365개라는 제한된 날짜에서 사건을 고르는 일에는 의도성이 들어가기 마련이며, 퀴어락이나 이 책을 쓴 두 저자가 지닌 가치 지향을 표현한다. 이 책의 차례와 주제가 이런 점을 말하고 있다.

그렇지만 주제를 선택한다는 말은 필연적으로 어떤 주제가 누락된다는 뜻이다. 여기에서 우리는 걱정을 많이 했다. 최종적으로 공개하지는 않았지만 이 작업을 하는 사이에 영화, 연극, 공연, 시사 프로그램, 문학 등 퀴어 관련 문화 행사 연대기를 따로 작성했다. 그리고 이 연대기 공개를 두고 긴 이야기가 이어졌다. 나는 비공개하자는 쪽이었다. 이유는 간단한데, 빠진 요소가 너무 많아서 민망할 수 있기 때문이었다.

그렇다고 퀴어락이 누락 없는 완벽한 아카이브라는 의미는 아니다. 사건을 기록하고 주제를 선별하다 보면 의도하지 않은 누락은 필연적으로 생긴다. 퀴어아카이브를 운영하며 깨달은 중요한 교훈은 아카이브란 역사와 사건의 완벽한 총합이 아니라 계속 갱신하면서 역사 기록을 늘려 가는 과정이라는 점이었다. 빠지는 사건은 생길 수밖에 없는 만큼 사건이 빠지는 상황이 문제가 아니라 누락된 사건을 제보하는 누군가가 아카이브의 핵심이었다. 아카이브는 끊임없이 생성 중에 있을 뿐 이미 완성된 무엇이 아니다. 그러니 퀴어 문화 연대기에 누락이 많다고 해서 문제가 될 일은 없었다. 그래도 공개를 망설였다(다행스럽게도 퀴어 영화사를 다룬 책이 나오고 한국퀴어연극아카이브도 구축되면서 공개하지 않아도 될 빌미가 생겼다). 마찬가지로 365개 사건 또한 완성된 목록이 아니라 누락되거나 놓친 주제가 많을 수밖에 없다. 혹시 우리가 기록한 주제 목록에서 누락된 중요한 주제나 사건이 있을 때는 너그럽게 알려 주시면 기쁜 마음으로 읽겠다. 그리고 나중에 직접 새로운 '퀴어 역사 365'를 만들어 주시기를 바란다. 일단 나는 못 하겠다. 사람들이 이런 작업을 하지 않는 데는 이유가 있더라.

### 건조한 사건 기술과 해석 사이

두 저자가 글을 쓰는 일은 조율할 요소가 많았다. 그중에는 365개 주제 중 누가 한 편이라도 적게 쓰느냐 하는 문제도 있지만, 독자 처지에서는 형식과 문체가 가장 중요했다. 사건을 최대한 상세하게 설명해야 할지, 아니면 적극적인 해석을 많이 해야 할지 결정하기가 어려웠다. 또한 두 사람이 당연히 문체가 달라서 한 사람이 적극적으로 수정하는 작업을 해야 할지, 아니면 어떤 문장은 조율하더라도 기본적으로 각자 문체를 그대로 두는 편이 나을지도 결정하기 어려웠다.

일단 서로 다른 문체는 지나치게 손대지 않기로 했다. 일반적인 단행본이 아니라 365개나 되는 사건을 다룬 책이니까 문체가 일치하지 않아도 괜찮겠다 싶었다. 그래도 둘이 번갈아 글을 쓰는 과정에서 서로 수정을 많이 한 주제도 있고 각자가 집중한 주제도 있다. 문체가 다른 만큼 독자도 이 책을 한 번에 다 읽어야겠다는 부담을 느끼기보다는 관심 있는 주제부터 골라 읽기 시작해도 괜찮을 듯하다.

기술 방식에서는 사건을 상세히 설명하는 데 중점을 두고 적극적인 해석도 포함하기로 했다. 찾아 둔 사건에 관련된 상세 사항은 되도록 자세히 적기로 했는데, 한번 정리하면 독자들도 다양한 방식으로 활용하기 좋기 때문이었다. 그런 과정에서 오류가 발견되면 독자가 정확하게 지적할 수 있다는 점도 고려해서 말이다. 적극적 해석을 포함한 이유는 사건이나 주제에 재미있게 다가가려는 측면도 있지만 퀴어의 역사를 계속해서 새롭게 해석해야 하는 장으로 만들려는 측면도 있다. 한국의 퀴어 역사는 아직 충분히 설명되지 못해 종종 새로운 사건을 발굴하는 일이 가장 중요한 성과로 오인된다. 모르던 역사적 사건을 새롭게 발굴하는 일은 대단한 성과이지만, 최초 발견만큼이나 계속해서 새롭게 해석하는 작업도 중요하다. 발굴된 새로운 사건이라는 사실이 유일한 평가라면 그 사건은 다시 잊힐 뿐이다. 그러니 이 책을 쓴 두 저자가 한 해석에 동의하건 동의하지 않건 새로운 해석과 비평을 해준다면 나로서는 매우 기쁘겠다. 새로운 해석과 비평이 이 책에 담긴 가치라는 점에서도 그런 작업은 더욱 소중하다.